हिन्दी आलोचना शिखरों का साक्षात्कार

डॉ. रामचन्द्र तिवारी

भूतपूर्व आचार्य एवं अध्यक्ष
हिन्दी विभाग
गोरखपुर विश्वविद्यालय
गोरखपुर

लोकभारती प्रकाशन

लोकभारती प्रकाशन
पहली मंजिल, दरबारी बिल्डिंग, महात्मा गांधी मार्ग
प्रयागराज-211 001
वेबसाइट : www.lokbhartiprakashan.com
ईमेल : info@lokbhartiprakashan.com

शाखाएँ : 1-बी, नेताजी सुभाष मार्ग, दरियागंज
नई दिल्ली-110 002
अशोक राजपथ, साइंस कॉलेज के सामने
पटना-800 006
36 ए, शेक्सपियर सरणी, कोलकाता-700 017

प्रथम संशोधित संस्करण : 2009
आवृत्ति : 2012, 2016, 2019, 2022

आस्था पेपर कन्वर्टर
प्रयागराज द्वारा मुद्रित

HINDI ALOCHNA
SHIKHRON KA SAKSHTKAR
by Dr Ramchandra Tiwari

ISBN : 978-81-8031-360-8

मूल्य : ₹ 350

भूमिका

हिन्दी-आलोचना का मूल स्वर आरंभ से ही रीति-विरोधी रहा है। भारतेन्दु-युग से ही रचनाओं को उनके सामाजिक संदर्भ में रखकर देखा गया है। हिन्दी नवजागरण के पुरोधा 'भारतेन्दु' ने देश-वत्सलता और समाज-हित की भावना को सर्जनात्मक प्रेरणा के रूप में स्वीकार किया है। द्विवेदी-युग में आचार्य द्विवेदी की समग्र साहित्य-साधना नैतिक मूल्यों, बौद्धिक-दृष्टि, देश-प्रेम और लोक-हित को समर्पित है। उस युग की तुलनात्मक आलोचना आलोचनावादी-रीतिवादी स्वर पुनर्जागरण का स्वर नहीं है। इसीलिए न तो वह आलोचना की मुख्यधारा बन सकी न रचनाओं को प्रेरित और प्रभावित कर सकी। द्विवेदी-युग के उत्तरार्द्ध में आचार्य शुक्ल के रूप में पहली बार हिन्दी-आलोचना ने पांरपरिक भारतीय काव्य-चिन्तन की अन्तर्वर्ती प्राणधारा और आधुनिक यूरोप के विज्ञानालोकित कला-चिन्तन के उल्लसित प्रवाह की संश्लिष्ट शक्ति का आधार लेकर अपने मौलिक व्यक्तित्व का निर्माण किया उनका मूल स्वर रीति-विरोधी और लोक-मंगल की साधना के गत्यात्मक सौन्दर्य का पोषक है। छायावादकालीन सौन्दर्य-बोध का प्रेरक तत्त्व स्वातंत्र्य चेतना है जो देश की अभिनव आकांक्षा और नवीन सांस्कृतिक मूल्यों के स्वीकार का द्योतक है, रचना के कलावादी रुझान का नहीं। छायावादोत्तर प्रगतिशील आलोचना का प्रेरक-तत्त्व सामाजिक न्याय की प्रतिष्ठा की सात्विक आकांक्षा है। वैचारिक आग्रहजन्य सीमाओं के बावजूद हिन्दी-साहित्य में उसकी ऐतिहासिक भूमिका का महत्त्व सर्वमान्य है। छायावादोत्तर आलोचना के शिखर व्यक्तित्व मार्क्सवाद से प्रेरित और प्रभावित हैं। मार्क्सवाद-विरोधी नव मानतावादी रचनाकार भी नाम उन्हीं का लेते हैं। साहित्य की सापेक्षिक स्वायत्तता को स्वीकारने और रूप-तत्त्व को रचना का सहज धर्म मान लेने के बाद प्रगतिशील आलोचना पूरी तरह प्रासंगिक हो गई है। वस्तुतः आज हिन्दी–आलोचना की आवश्यकता मार्क्सवाद और गैर मार्क्सवाद के द्वन्द्व से ऊपर उठकर अपने मौलिक व्यक्तित्व के निर्माण की है।

प्रस्तुत कृति में हिन्दी-आलोचना के विकास की दशा और दिशा का आग्रह-मुक्त होकर आकलन किया गया है। शिखरों के चयन में यदि कोई असंगति प्रतीत हो तो उसे हमारी युग-धर्म-निर्वाह-जनित दुर्बलता माना जा सकता है।

—प्रो. रामचन्द्र तिवारी

सरस्वती सदन
बेतियाहाता
गोरखपुर-273001
फोन-2204656, मो. 9838691026

विषय-सूची

प्रथम खण्ड

क्रम संख्या

द्वितीय खण्ड

मूल्यांकन

हिन्दी आलोचना

शिखरों का साक्षात्कार

हिन्दी-आलोचना का विकास

हिन्दी-आलोचना आज एक स्वतंत्र और समृद्ध गद्य विधा के रूप में स्वीकृत है। अन्य गद्यविधाओं की तरह 'आलोचना' का विकास भी आधुनिक काल में भारतेन्दु-युग से ही माना जाता है। इसका यह अर्थ नहीं कि भारतीय आचार्य काव्य-सौन्दर्य के विधायक तत्त्वों का निरूपण नहीं कर सके थे। वस्तुतः भारतीय आचार्यों ने काव्य के सौन्दर्य-विधायक तत्त्वों को लक्षित और परिभाषित करने के प्रयत्न में स्वतंत्र सिद्धान्त ग्रन्थों की रचना की थी। वे काव्य-शास्त्र निर्माता थे। कवि-विशेष या कृति-विशेष के रचना-सौष्ठव के विश्लेषण में उनकी रुचि नहीं थी। उन्होंने रस, अलंकार, रीति, वक्रोक्तिं, औचित्य और ध्वनि सिद्धान्तों की मीमांसा करते हुए काव्य के बाह्य और आन्तरिक सौन्दर्य के आधारभूत तत्त्वों का स्वरूप निर्दिष्ट किया था। उनकी स्थापनायें आज भी प्रासंगिक हैं और हिन्दी-आलोचना ने अपने विकास के प्रत्येक चरण में उनसे प्रेरणा और शक्ति ग्रहण की है। आधुनिक काल से हिन्दी-आलोचना का आरम्भ मानने का अर्थ यह है कि हिन्दी के साहित्य-मनीषियों में कवि-विशेष या कृति-विशेष का अध्ययन करने के बाद उसके महत्त्व और मूल्य का प्रतिपादन करते हुए स्वतंत्र रूप से प्रबन्ध या निबन्ध लिखने की शुरुआत आधुनिक काल में की है। हिन्दी-साहित्य के आधुनिक काल का आरम्भ भारतेन्दु-युग से माना जाता है। अतः हिन्दी-आलोचना के स्वरूप को निर्दिष्ट करने के लिए हमें इसी युग से अपनी विचार-यात्रा आरम्भ करनी होगी।

भारतेन्दु-युग में हिन्दी-आलोचना का आरम्भ पत्र-पत्रिकाओं के माध्यम से हुआ, किन्तु आधुनिक आलोचना का उत्कृष्ट उदाहरण इस काल में नहीं मिलता। 'हिन्दी-प्रदीप' (1877-1910) ही एक ऐसा पत्र था जो अपेक्षाकृत गम्भीर आलोचनायें प्रकाशित करता था। पत्र-पत्रिकाओं में पुस्तक समीक्षा के रूप में प्रकाशित होने वाली आलोचनाओं के अतिरिक्त इस युग में तीन प्रकार की आलोचनाओं का अस्तित्व भी स्वीकार किया जा सकता है--

1. रीतिकालीन लक्षण-ग्रन्थों की परम्परा में लिखित सैद्धान्तिक आलोचना
2. ब्रजभाषा एवं खड़ी बोली गद्य में लिखी गयी टीकाओं के रूप में प्रचलित आलोचना
3. इतिहास-ग्रन्थों में कवि परिचय के रूप में लिखी गयी आलोचना।

प्रथम वर्ग के अन्तर्गत पिंगल, अलंकार, रस, नाटक तथा सम्पूर्ण काव्यशास्त्र -- इन सभी विषयों पर लक्षण ग्रन्थों की रचना की गयी। उदाहरणस्वरूप ज्वालास्वरूप कृत 'रुद्र पिंगल' (1869), उमराव सिंह कृत 'छन्द महोदधि' (1878), जगन्नाथ प्रसाद 'भानु' कृत 'छन्द : प्रभाकर' (1894) और जगन्नाथ दास 'रत्नाकर' कृत 'घनाक्षरी-नियम-रत्नाकर' (1897) इस युग में रचित उल्लेखनीय पिंगल ग्रन्थ हैं। इसी प्रकार लछिराम कृत 'रावणेश्वर कल्पतरु' (1892) तथा मूरारिदान कविराज कृत 'जसवन्त-जसो-भूषण' (1897) आलोच्य युग के महत्त्वपूर्ण अलंकार-ग्रन्थ हैं। रस-ग्रन्थों में कृष्ण लाल कृत 'रस सिन्धुविलास' (1883), साहब प्रसाद सिंह कृत 'रस-रहस्य' (1887) और प्रताप नारायण सिंह कृत 'रस कुसुमाकर' (1894) उल्लेखनीय हैं। 'रस कुसुमाकर' में लक्षण स्वच्छ खड़ी

बोली गद्य में दिये गये हैं। इसलिए रसशास्त्र के स्पष्ट और सुबोध ज्ञान के लिए यह ग्रन्थ महत्व का है। सम्पूर्ण काव्यशास्त्र को दृष्टि में रख कर लिखे गये लक्षण ग्रन्थों में जानकी प्रसाद का 'काव्य सुधाकर' (1886) उल्लेखनीय है। नाट्यशास्त्र सम्बन्धी सर्वाधिक महत्त्वपूर्ण कृति भारतेन्दु का 'नाटक' (1883) है। इसकी सबसे बड़ी विशेषता यह है कि इसमें प्राचीन नाट्यशास्त्र की जानकारी कराने के साथ ही युग-प्रवृत्ति का ध्यान रख कर प्राचीन जटिल शास्त्रीय नियमों के छूट लेने की आवश्यकता पर भी बल दिया गया है। इन लक्षण-ग्रन्थों से दो महत्त्वपूर्ण बातें प्रकट होती हैं। एक तो ये इस बात के सूचक हैं कि किसी भी युग में शिक्षित जनता की मनोवृत्ति का प्रवाह समानान्तर कई धाराओं में हो सकता है - आलोच्य-युग में एक ओर जहाँ पत्र-पत्रिकाओं में व्यापक राष्ट्रीय हित एवं समाज-कल्याण को दृष्टि में रखकर पुस्तकों की समीक्षा की जा रही थी, वहीं दूसरी ओर रीतिकालीन मूल्यों में विश्वास करने वाले कुछ विद्वान् पिंगल, नायिका-भेद, रस-निरूपण एवं अलंकार-विवेचन में प्रवृत्त थे। दूसरी महत्त्वपूर्ण बात यह लक्षित करने की है कि समाज को प्रभावित करने वाली कुछ विकृतियों का उल्लेख कर देने मात्र से काव्य-समीक्षा का स्तर ऊँचा नहीं उठता। जब तक शास्त्रीय सिद्धान्तों का पुनराख्यान करके उनकी कसौटी पर नवीन कृतियों की गम्भीर एवं मार्मिक परख नहीं की जाती तब तक शास्त्रीय सिद्धान्तों की पुरानी परंपरा अलग घिसटती रहती है और सामान्य समीक्षा का प्रवाह अलग चलता रहता है।

ब्रजभाषा गद्य में लिखी जाने वाली टीकाओं की परम्परा को आलोच्य युग के पूर्व तक सरदार कवि ने जीवित रखा। उनके द्वारा रचित 'कवि प्रिया', 'रसिक प्रिया' और 'बिहारी सतसई' की टीकाएँ अधिक लोकप्रिय हुई थीं। आलोच्य-युग में 'बिहारी सतसई' पर लल्लू लाल जी की टीका 'बालचन्द्रिका' (1819) का संशोधन करके दुर्गादत्त कवि ने सन् 1864 में और पुनः ग्रियर्सन ने 1896 में प्रकाशित कराया। यह टीका ब्रजभाषा-प्रभावित खड़ी-बोली गद्य में थी प्रभुदयाल पाण्डेय ने भी 1896 ई० में खड़ी बोली गद्य में 'बिहारी सतसई' की एक अच्छी टीका लिखी थी। इन टीकाओं में कहीं-कहीं उत्तम एवं सूक्ष्म काव्य-गुणों का संकेत मिल जाता है। इसलिए टीका-पद्धति की व्याख्या को भी एक प्रकार की आलोचना कहा जा सकता है। आलोच्य-युग में दो इतिहास ग्रन्थ भी लिखे गये-- शिवसिंह सेंगर कृत 'शिवसिंह सरोज' (1878) और जार्ज ग्रियर्सन कृत 'द माडर्न वर्नाक्युलर लिटरेचर ऑफ नार्दर्न हिन्दुस्तान' (1889)। इनमें से शिवसिंह सेंगर की आलोचना-पद्धति में प्रशंसात्मक उक्तियों की बहुलता है। उदाहरण के लिए 'देव' कवि के सम्बन्ध में सरोजकार ने लिखा है 'शब्दों में ऐसी समायी कहाँ कि उनमें इनकी प्रशंसा की जाय।' इस प्रकार के वाक्यों के अतिरिक्त जो कुछ कहा गया है वह सब प्रायः सूचना मात्र है। ग्रियर्सन ने अवश्य कुछ कहने की चेष्टा की है। उनमें समीक्षा-दृष्टि का आभास मिलता है। तुलसीदास के सम्बन्ध में विचार करते हुए उन्होंने इनके वस्तु-वर्णन की स्वाभाविकता को सराहा है। पात्रों के वार्तालाप के लालित्य की दाद दी है और उनके भाषाधिकार की प्रशंसा की है। किन्तु उनकी यह दृष्टि जायसी, सूर और तुलसी जैसे कुछ थोड़े से कवियों के परिचय में ही लक्षित होती है। सामान्यतः उन्होंने एक इतिहासकार की भूमिका अदा करते हुए कवियों और लेखकों का वृत्त ही प्रस्तुत किया है। अतः आलोच्य-युग के इतिहास-ग्रन्थों में दिये गये कवि-परिचयों में आलोचना के तत्त्व नहीं के बराबर हैं।

वस्तुतः भारतेन्दु-युग में आधुनिक आलोचना का रूप यदि कहीं बीज-रूप में सुरक्षित है तो वह पत्र-पत्रिकाओं में प्रकाशित पुस्तक-समीक्षाओं में ही है। इस क्रम में सबसे पहला उल्लेखनीय नाम बदरी नारायण चौधरी 'प्रेमघन' का है। उन्होंने श्री निवासदास कृत 'संयोगिता स्वयम्बर' और गदाधर सिंह कृत 'बंग विजेता' के अनुवाद की विस्तृत आलोचना 'आनन्द कादम्बिनी' में की थी। इसके

बाद बालकृष्ण भट्ट और बालमुकुन्द गुप्त ने इस परम्परा को आगे बढ़ाया। भट्ट जी की 'नीलदेवी', 'परीक्षा गुरु', 'संयोगिता स्वयंवर' और 'एकान्तवासी योगी' आदि ग्रंथों की आलोचनाएँ तत्कालीन समीक्षा-साहित्य में महत्त्वपूर्ण स्थान रखती हैं। बालमुकुन्द गुप्त द्वारा लिखित आलोचनाएँ भी इसी परम्परा को आगे बढ़ाने वाली हैं किन्तु उनका कृतित्व बहुत कुछ द्विवेदी युग की सीमा में आता है।

सब मिलाकर कहा जा सकता है कि भारतेन्दु-युग में आधुनिक हिन्दी-आलोचना का सूत्रपात तो हो गया था, किन्तु तत्कालीन समीक्षकों में न तो सूक्ष्म काव्य सौन्दर्य-विधायक तत्त्वों को पहचानने की क्षमता थी और न रचना में निहित जीवन-मूल्यों को सौन्दर्य-तत्त्व से जोड़कर व्याख्यायित करने की शक्ति।

द्विवेदी-युग में हिन्दी-आलोचना का गम्भीर एवं तात्विक रूप तो नहीं निखरा, किन्तु उनकी कई महत्त्वपूर्ण पद्धतियाँ अवश्य विकसित हुईं। सामान्यतः इस युग में हिन्दी-आलोचना के पाँच रूप लक्षित किये जा सकते हैं-- **शास्त्रीय आलोचना** अर्थात् लक्षण ग्रन्थों की परम्परा में काव्यांग-विवेचन, **तुलनात्मक मूल्यांकन** एवं **निर्णय, अन्वेषण एवं अनुसंधानपरक आलोचना, परिचयात्मक आलोचना** तथा **व्याख्यात्मक आलोचना**। संस्कृत-आचार्यों की पद्धति पर लक्षण ग्रन्थ प्रस्तुत करने की परम्परा रीति काल की एक प्रमुख प्रवृत्ति थी। आलोच्य-युग में भी इस परम्परा में जगन्नाथ प्रसाद 'भानु' ने काव्य प्रभाकर (1910) तथा 'छन्द सारावली' (1917) और लाला भगवानदीन ने 'अलंकार मंजूषा' (1916) की रचना की। 'भानु' जी ने भूमिका अंग्रेजी में लिखी है और हिन्दी के अनेक पारिभाषिक शब्दों के अंग्रेजी पर्याय भी दिये हैं। दीन जी ने अलंकारों की समुचित जानकारी कराने के उद्देश्य से ही उपर्युक्त ग्रन्थ की रचना की है। उन्होंने यथा"थान हिन्दी-अलंकारों के समकक्ष फारसी, अरबी और अंग्रेजी अलंकारों का भी उल्लेख किया है। इससे प्रकट है कि अंग्रेजी पढ़े-लिखे पाठकों का ध्यान दोनों ही लेखकों को रहा है।

तुलनात्मक मूल्यांकन आलोच्य युगीन समीक्षा की प्रमुख प्रवृत्ति कही जा सकती है। तुलनात्मक आलोचना का आरम्भ सामान्यतः 1907 ई० में पद्मसिंह शर्मा द्वारा 'बिहारी' और 'सादी' की तुलना से माना जाता है। किन्तु यह सही नहीं है। बाबू शिवनंदन सहाय के सन् 1905 ई० में भारतेन्दु बाबू हरिश्चन्द्र की कविता की विस्तृत समीक्षा करते हुए उनकी तुलना 'शेखर', 'पद्माकर' 'तुलसीदास' आदि कवियों से की है और उन्हें एक प्रकृत कवि के रूप में प्रस्तुत किया है। यह तुलना बहुत ही संयत और सारगर्भित है। इसलिए श्री पद्म सिंह शर्मा को तुलनात्मक आलोचना का पुरस्कर्ता नहीं कहा जा सकता। यह अवश्य है कि उन्होंने तुलना को ही समीक्षा का पर्याय मान लिया और 1908 ई० से 1912 ई० तक वे 'सरस्वती' में संस्कृत और हिन्दी-कविता के बिम्ब-प्रतिबिम्ब भाव की परीक्षा करते रहे। इसके बाद 1910 ई० में मिश्रबन्धुओं का 'हिन्दी-नवरत्न' प्रकाशित हुआ। इसमें भी तुलनात्मक आलोचना को महत्त्व दिया गया। आगे चलकर तुलनात्मक आलोचना की धूम मच गयी। लाला भगवान दीन और कृष्ण बिहारी मिश्र ने देव और बिहारी की विशद तुलना करते हुए एक को दूसरे से बड़ा सिद्ध करने का प्रयत्न किया। **अन्वेषण और अनुसन्धानपरक आलोचना** का विकास 'नागरी प्रचारिणी पत्रिका' (1897) के प्रकाशन से हुआ। 'मिश्रबन्धु विनोद' (1913) में भी शोधपरक दृष्टि को महत्त्व दिया गया था और कवियों के वृत्त-संग्रह के साथ उनकी प्राप्य-अप्राप्य कृतियों की सूचना तथा उनके काव्य के सम्बन्ध में मत-प्रकाश भी किया गया था। मिश्रबन्धुओं के अतिरिक्त शोधपरक आलोचना के उन्नायकों में बाबू श्यामसुन्दर दास, राधाकृष्ण दास, जगन्नाथदास 'रत्नाकर' और सुधाकर द्विवेदी उल्लेखनीय हैं। इन सभी का सम्बन्ध

'नागरी प्रचारिणी पत्रिका' से रहा। 1902 ई० में चन्द्रधर शर्मा गुलेरी की प्रेरणा से जयपुर से 'समालोचक' पत्र का प्रकाशन आरंभ हुआ। इसके संपादक बाबू गोपाल राम गहमरी थे। यह गम्भीर आलोचना का पत्र था। इस पत्र में समालोचनायें व्यक्ति-विशेष के नाम से न छपकर 'समालोचना-समिति' के नाम से प्रकाशित होती थीं। 'समालोचना-समिति' में श्री दुर्गाप्रसाद मिश्र, महावीरप्रसाद द्विवेदी, राय देवीप्रसाद पूर्ण, बाबू तोता राम, श्रीधर पाठक, विश्वनाथ शर्मा, गंगा प्रसाद अग्निहोत्री, शिव प्रसाद शर्मा, बाबू मुन्नीलाल जैसे साहित्यकार थे।[1] इस पत्र का प्रकाशन अधिक दिनों तक नहीं हो सका किन्तु इससे आलोचना का स्तर निश्चित रूप से ऊँचा हुआ था।

परिचयात्मक-आलोचना का आरम्भ भारतेन्दु-युग में ही हो गया था। आलोच्य युग में 'सरस्वती' के माध्यम से इस समीक्षा-पद्धति में स्थिरता और गम्भीरता आई तथा समीक्षा का आदर्श स्थिर हुआ। परिचयात्मक आलोचनाएँ आलोच्य कृति के सामान्य परिचय, उसकी प्रशंसा या निन्दा, आलोच्य विषय या कृति के सम्बन्ध में स्वतन्त्र लेख, कृति-विशेष को किसी परम्परा या ऐतिहासिक सन्दर्भ में रखने की प्रवृत्ति तथा आलोच्य विषय के प्रति भावात्मक लगाव व्यक्त करते हुए प्रभावाभिव्यंजन के रूप में लिखी गयीं। 'सरस्वती' में प्रकाशित परिचयात्मक आलोचनाएँ प्रायः महावीरप्रसाद द्विवेदी द्वारा ही लिखी गयी हैं। द्विवेदी जी समालोचना को पत्रकारिता से अलग करके नहीं देख सके। यही उनकी दुर्बलता या सीमा थी। उन्होंने समालोचक का कर्तव्य निर्धारित करते हुए कहा था-- ' किसी पुस्तक या प्रबन्ध में क्या लिखा गया है, वह विषय उपयोगी है या नहीं, उससे किसी का मनोरंजन हो सकता है या नहीं, उससे किसी को लाभ पहुँच सकता है या नहीं, लेखक ने कोई नयी बाद लिखी है या नहीं, यही विचारणीय विषय हैं। समालोचक को प्रधानतः इन्हीं बातों पर विचार करना चाहिए।' द्विवेदी जी ने विषय-विवेचना के साथ ही भाषा सम्बन्धी त्रुटियों की ओर भी ध्यान आकृष्ट किया। आलोचना के क्षेत्र में उनके महत्त्व को स्वीकार करते हुए आचार्य शुक्ल ने कहा है--'यदि द्विवेदी जी न उठ खड़े होते तो जैसी अव्यस्थित, व्याकरण-विरुद्ध और ऊटपटाँग भाषा चारों और दिखायी पड़ती थी, उसकी परम्परा जल्दी न रुकती।'[2]

व्याख्यात्मक आलोचना किसी रूढ़ि का अनुसरण न करके आलोच्य विषय की व्यापक उपयोगिता को दृष्टि में रखकर नैतिक, सामाजिक, सांस्कृतिक, राष्ट्रीय एवं सौन्दर्यपरक मूल्यों के आधार पर की जाती थी। कभी-कभी परिचयात्मक आलोचना विशद और गम्भीर होने पर व्याख्यात्मक आलोचना का रूप ले लेती थी। इस प्रकार की आलोचना का सूत्रपात बदरीनारायण चौधरी 'प्रेमघन' ने 'आनन्द कादम्बिनी' में लाला श्री निवास दास के नाटक 'संयोगिता स्वयंवर' की आलोचना से कर दिया था। बालकृष्ण भट्ट ने 'हिन्दी प्रदीप' में 'नील देवी', 'परीक्षागुरु' और 'संयोगिता स्वयंवर' की गम्भीर आलोचना करके इस पद्धति को पुष्ट किया था। बालमुकुन्द गुप्त ने 'हिन्दी बंगवासी' में 'अश्रुमती' नामक बंगला नाटक के हिन्दी अनुवाद (मुंशी उदित नारायण-कृत) की आलोचना द्वारा इस परम्परा को आगे बढ़ाया, किन्तु ये प्रारम्भिक प्रयास मात्र थे। आलोचना की इस शैली का विशद वैज्ञानिक स्वरूप आगे चलकर आचार्य रामचन्द्र शुक्ल की समालोचनाओं में प्रतिष्ठित हुआ।

वस्तुतः आलोच्य-युग की उपर्युक्त सभी प्रकार की आलोचनाओं में प्रतिमान के रूप में दो

1. सरस्वती और राष्ट्रीय जागरण, पृ० 140
2. हिन्दी साहित्य का इतिहास, पृ० 528

दृष्टियाँ लक्षित होती हैं-- एक तो परम्परागत शास्त्रीय दृष्टि, जिसके आधार पर आलोच्य कृति का गुण-दोष विवेचन करके उसकी उत्कृष्टता या हीनता प्रमाणित की जाती थी, दूसरी नैतिक-सांस्कृतिक मूल्यों की दृष्टि, जो आलोच्य कृति के व्यापक प्रभाव के परिणाम को दृष्टि में रखकर उसकी श्रेष्ठता या हीनता घोषित करती थी। जिस तुलनात्मक आलोचना ने आलोच्य युग में सबसे अधिक प्रतिष्ठा प्राप्त की थी, उसका मूल आधार शास्त्रीय दृष्टि से गुण-दोष विवेचन ही था। इस आलोचना से प्राचीन कवियों की ओर सामान्य शिक्षित जनता का ध्यान आकृष्ट हुआ। तुलनात्मक समीक्षकों में पद्म सिंह शर्मा का महत्त्व शृंगार-वर्णन की दीर्घकालीन परम्परा का निदर्शन करते हुए उसके बीच बिहारी का मूल्यांकन करने के कारण, कृष्ण बिहारी मिश्र का महत्त्व प्राचीन शास्त्रीय समीक्षा को सच्चे रूप में प्रतिष्ठित करने के कारण और लाला भगवानदीन का महत्त्व बिहारी की बारीकियों को लक्षित करने में है। इन सभी समीक्षकों ने आलोच्य कृतियों का गम्भीर अध्ययन किया था। इसलिए इनके कथनों में तत्त्व और प्रभावोत्पादन की क्षमता है। यहाँ यह ध्यान देने की बात है कि चाहे द्विवेदी जी की कठोर नैतिक दृष्टि हो चाहे पद्म सिंह शर्मा की उल्लसित भाव-तरल दृष्टि, चाहे मिश्रबन्धुओं की लचीली और अस्थिर सौन्दर्य-दृष्टि हो, चाहे लाला भगवान दीन और कृष्ण बिहारी मिश्र की स्थिर शास्त्रीय दृष्टि, प्राचीन रस-दृष्टि से किसी का कोई विरोध नहीं था। अपनी सीमाओं के बावजूद ये सभी आलोचन रसात्मक कविता को ही महत्त्व देते रहे।

आलोच्य युग में पाश्चात्य समीक्षकों की आलोचनात्मक कृतियों के कुछ अनुवाद भी प्रस्तुत किये गये। इस युग के आरम्भ होने से कुछ वर्ष पूर्व जगन्नाथ दास 'रत्नाकर' ने 'समालोचनादर्श' (1897) नाम से पोप के 'एस्से ऑन क्रिटिसिज्म' का पद्यात्मक अनुवाद प्रस्तुत किया था। सन् 1905 में आचार्य शुक्ल ने एडिसन के 'एस्से ऑन इमेजिनेशन' का 'कल्पना का आनन्द' नाम से अनुवाद किया। बाबू शिव नंदन सहाय ने अपनी व्यावहारिक समीक्षा और महावीर प्रसाद द्विवेदी ने अपने काव्य-सिद्धान्त प्रतिपादक कुछ निबन्धों में कई अंग्रेज लेखकों का आधार लिया। इन सारे प्रयत्नों ने एक ऐसी पृष्ठभूमि प्रस्तुत की, जिस पर आगे चल कर आचार्य शुक्ल और बाबू श्यामसुन्दर दास ने हिन्दी की वैज्ञानिक आलोचना का भव्य भवन निर्मित किया। भारत में समालोचना काव्य सिद्धान्त-निरूपण के रूप में ही प्रचलित थी। कवियों की निजी विशेषताओं को या तो सूक्तियों और प्रशस्तियों के माध्यम से प्रकट किया जाता था अथवा टीकाओं के अन्तर्गत कभी-कभी काव्य-सौन्दर्य विधायक सूक्ष्म तत्त्वों का संकेत कर दिया जाता था। पाश्चात्य साहित्य से परिचित होने और उसका स्वस्थ प्रभाव ग्रहण करने का परिणाम यह हुआ कि आलोचना एक स्वतन्त्र विषय के रूप में मान्य हुई। कवि-विशेष के सामान्य गुण-दोष प्रकट करने के साथ ही उसके काव्य की मूल प्रवृत्तियों की छानबीन करके उसमें निहित देश-काल-सापेक्ष और शाश्वत तत्वों का उद्‌घाटन करने तथा व्यापक मानवीय मूल्यों की दृष्टि से उसका महत्त्व प्रतिपादन करने की नयी परिपाटी का विकास आगे चल कर आचार्य शुक्ल की आलोचनाओं द्वारा हुआ।

द्विवेदी युग की उपलब्धि

उपर्युक्त समस्त विवेचन के आधार पर कहा जा सकता है कि द्विवेदी युग में हिन्दी-आलोचना का व्यापक विकास एवं प्रभूत उत्कर्ष हुआ। इस युग की सबसे बड़ी उपलब्धि संस्कृत-समीक्षा सिद्धान्तों का पुनराख्यान करके तथा पाश्चात्य समीक्षा सिद्धान्तों को भारतीय संस्कारों के अनुकूल ढालकर, दोनों के समन्वित आधार पर हिन्दी के लिए उचित शास्त्रीय समीक्षा सिद्धान्तों का निर्माण माना जा सकता है। साथ ही इन सिद्धान्तों का उचित उपयोग करते हुए व्यावहारिक

समीक्षा की व्याख्यात्मक पद्धति के विकास को इस युग की दूसरी महती उपलब्धि मान सकते हैं। इनके अतिरिक्त इस युग की एक बहुत बड़ी उपलब्धि है कृतियों के मूल्यांकन में सामाजिक मूल्यों को महत्त्व देने की परम्परा का विकास। यह परम्परा भारतेन्दु-युग में प्रारम्भ हुई थी। इस युग में उसे और महत्त्व दिया गया। यह महत्त्व आलोचना के क्षेत्र में द्विवेदी-युग की प्रगतिशील चेतना की सक्रियता का द्योतक है। यह सर्वविदित है कि द्विवेदी जी नायिका-भेद और 'रीतिवाद' के विरोधी थे। वे अपने युग के साहित्य को नवजागरण की वैज्ञानिक जीवन-दृष्टि के अनुकूल प्राणवान बनाना चाहते थे। इसीलिए जब मैथिलीशरण गुप्त की 'भारत भारती' प्रकाशित हुई तो उन्होंने उसकी समीक्षा करते हुए लिखा-- 'यह सोते हुओं को जगाने वाला है, भूले हुओं को ठीक राह पर लाने वाला है, निरुद्योगियों को उद्योगशील बनाने वाला है, आत्म विस्मृतों को पूर्व-स्मृति दिलाने वाला है, निरुत्साहियों को उत्साहित करने वाला है, उदासीनों के हृदयों में उत्तेजना उत्पन्न करने वाला है।' (विचार-विमर्श, पृष्ठ - 195) आचार्य द्विवेदी के साथ ही श्री बालमुकुन्द गुप्त भी साहित्यिक रचनाओं की श्रेष्ठता का निर्णय देश और समाज की भलाई में उनके योगदान के आधार पर करते थे। बंगला नाटक 'अश्रुमती' के हिन्दी अनुवाद की आलोचना करते हुआ उन्होंने लिखा--'हमारी समझ में नहीं आया कि इसके बनाने वाले ने क्यों इस पुस्तक को बनाया है? बनाने में उसका उद्देश्य क्या था? देश की भलाई, समाज की भलाई, साहित्य की भलाई-- तीनों में कौन सी बात इस पुस्तक के बनाने में सोची गयी?' (गुप्त निबन्धावली, प० भा०, पृ०-543) आचार्य द्विवेदी की समर्थनमूलक और गुप्त जी की विरोधमूलक आलोचनाएँ एक ही समीक्षा-दृष्टि का समर्थन करती हैं। वह दृष्टि है--'रचनाओं की श्रेष्ठता का निर्णय मात्र कला की दृष्टि से न करके उनकी सामाजिक-नैतिक उपयोगिता के आधार पर करना।' यही दृष्टि आगे चलकर आचार्य शुक्ल के 'लोकमंगल के प्रतिमान' की प्रतिष्ठा का आधार बनी। आचार्य शुक्ल की आलोचना में पाश्चात्य एवं भारतीय समीक्षा-पद्धतियों के संश्लिष्ट उत्कर्ष के साथ ही मूल्यांकन की लोक मांगलिक दृष्टि का भी चरम विकास हुआ। उन्होंने द्विवेदी युग की समस्त रचनात्मक ऊर्जा को आत्मसात करके हिन्दी-आलोचना को ऐसी ऊँचाई प्रदान की, जिसे आज भी श्लाघ्य और अनुकरणीय माना जाता है। उनकी आलोचना द्विवेदी-युग का अतिक्रमण करके भविष्य का पथ प्रशस्त करने वाली है। उन्होंने आगे चल कर विकसित होने वाले अनेक समीक्षा सिद्धान्तों एवं पद्धतियों को बहुत दूर तक प्रभावित किया है। हिन्दी-आलोचना के प्रशस्त-पथ पर वे एक ऐसे आलोक स्तम्भ के रूप में प्रतिष्ठित हैं, जिसके प्रकाश में हम आगे और पीछे दोनों ही ओर बहुत दूर तक देख सकते हैं।

'छायावाद' और उसके बाद की हिन्दी-आलोचना

द्विवेदी-युग की जीवन-दृष्टि मूलतः नैतिक एवं सुधारवादी थी। साहित्य-समीक्षा के क्षेत्र में भी इस जीवन-दृष्टि का प्रभाव पड़ना स्वाभाविक था। इसलिए इस युग के समीक्षक काव्य की उत्कृष्टता की परख नैतिकता के स्तर पर ही करते थे। आचार्य शुक्ल का 'रसवाद' आलम्बन में ऐसे धर्मों की प्रतिष्ठा पर बल देता था जो लोक के लिए आदर्श उपस्थित करते हुए उसका पूर्ण समर्थन प्राप्त कर सकें। इसीलिए उन्होंने ऐसे काव्य को उत्कृष्ट माना, जिसका नायक लोक-मंगल की साधना में प्रवृत्त हो अर्थात् पीड़ा, बाधा, अन्याय, अत्याचार के दमन में तत्पर हो। जिस काव्य का नायक सुख, सौन्दर्य, माधुर्य एवं प्रेम-क्रीड़ा में ही लीन रहता है, उसकी महत्ता आचार्य शुक्ल को मान्य नहीं थी। इसकी प्रतिक्रिया स्वाभाविक थी। तरुण कवियों-- प्रसाद, पन्त, निराला, महादेवी और रामकुमार वर्मा आदि ने नैतिकता और स्थूल उपयोगिता के बन्धन को काव्य के लिए अनावश्यक समझा। इन

कवियों ने काव्य के नवीन आदर्शों की प्रतिष्ठा की। कवि पन्त के शब्दों में -- 'नवीन युग की नवीन आकांक्षाओं, क्रियाओं, नवीन इच्छाओं, आशाओं के अनुसार कवि की वीणा से नये गीत, नये छन्द, नये राग, नई रागिनियाँ, नई कल्पनाएँ फूट पड़ीं।'[1] इस नवोन्मेष के परिणामस्वरूप छायावादी काव्य में व्यक्ति-चेतना को महत्त्व प्राप्त हुआ। उसका यही व्यक्ति-भाव "प्रसाद में 'आनन्द भाव', 'निराला' में 'अद्वैतभाव', पन्त में 'आत्मरति' और महादेवी में 'परोक्ष-रति', के रूप में प्रकट हुआ।"[2] छायावादी कवियों ने वैयक्तिक भावानुभूति, कल्पना की अतिशयता, भाषा की कोमलता, अभिव्यक्ति में लाक्षणिक एवं चित्र-व्यंजनात्मक शैली के प्रयोग तथा सौन्दर्य-प्रियता पर अधिक बल दिया। इन कवियों के मूल्यांकन के लिए जिस नवीन समीक्षा सिद्धान्त की प्रतिष्ठा हुई, उसे छायावादी या स्वच्छन्दतावादी आलोचना कहते हैं।

छायावादी या स्वच्छन्दतावादी आलोचना

स्वच्छन्दतावादी आलोचना के प्रमुख स्तम्भ पं० नन्ददुलारे वाजपेयी माने जा सकते हैं। वाजपेयी जी ने भारतीय रस-सिद्धान्त को पाश्चात्य सौष्ठववाद से जोड़कर इन शब्दों में अपने काव्यादर्श की घोषणा की-- 'काव्य का महत्त्व तो काव्य के अन्तर्गत ही है, किसी बाहरी वस्तु में नहीं। काव्य और साहित्य की स्वतन्त्र सत्ता है। काव्य तो मानव की उद्भावनात्मक या सर्जनात्मक शक्ति का परिणाम है। उसके उत्कर्ष-अपकर्ष का नियन्त्रण बाह्य स्थूल व्यापार या बाह्य बौद्धिक संस्कार और आदर्श थोड़ी ही मात्रा में कर सकते हैं।'[3] ठीक यही घोषणा अपनी काव्य-प्रतिभा के उन्मेष काल में, 'प्रसाद' जी ने 'इन्दु' के माध्यम से की थी-- 'साहित्य का कोई लक्ष्य विशेष नहीं होता और उसके लिए कोई विधि या निबन्धन नहीं है, क्योंकि साहित्य स्वतन्त्र प्रकृति, सर्वतोगामी प्रतिभा के प्रकाशन का परिणाम है।'[4] इससे प्रकट है कि द्विवेदी-युग के भीतर से ही स्वच्छन्दतावादी प्रवृत्तियाँ स्फुटित होने लगी थीं। साहित्य की 'स्वतन्त्र सत्ता की स्वीकृति' ही स्वच्छन्दतावाद का केन्द्रीय तत्त्व है। कल्पनाचारुता, आनन्दप्रियता, भावात्मकता, मानवतावाद, राष्ट्रीयता, रहस्यात्मकता, आदि विशेषताएँ तो इसके अनुसारी परिणाम के रूप में इसमें स्वतः आ जाती हैं।

स्वच्छन्दतावादी समीक्षा को पाश्चात्य रोमांटिक समीक्षा का भारतीय संस्करण कहा जा सकता है। आलोचकों ने पन्त जी के 'पल्लव' की तुलना वर्ड्सवर्थ और कोलरिज के 'लिरिकल वैलेड्स' से की है और उसे हिन्दी की रोमांटिक कविता का 'मेनीफेस्टो' बताया है। हिन्दी के स्वच्छन्दतावादी कवियों पर वर्ड्सवर्थ, शेली, कीट्स आदि का प्रभाव भी स्वीकार किया जा चुका है। ऐसी स्थिति में हिन्दी स्वच्छन्दतावादी या छायावादी आलोचना को पाश्चात्य रोमांटिक साहित्यशास्त्र के समकक्ष सरलता से रखा जा सकता है। दोनों ही एक प्रकार की परिस्थितियों की उपज भले ही न हो या दोनों में सभी बातों की समानता भी चाहे न हो, किन्तु काव्य की स्वतन्त्र सत्ता, उसमें व्यक्ति-चेतना का महत्त्व, कल्पना-तत्त्व की प्रधानता, प्रकृति के प्रति जिज्ञासा, विस्मय और प्रेम का भाव तथा आनन्दवादी उद्देश्य दोनों में ही समान रूप से मान्य हैं। पन्त जी की भाँति अन्य छायावादी कवियों ने

1. पल्लव की भूमिका
2. डॉ० नगेन्द्र के श्रेष्ठ निबन्ध, पृष्ठ- 96
3. हिन्दी साहित्य : बीसवीं शताब्दी, भूमिका पृष्ठ 8
4. 'इन्दु', 1910 ई०

भी अपनी रचनाओं के साथ लम्बी भूमिकायें लिखकर 'छायावाद' की विशेषताओं को स्पष्ट किया और प्रकारान्तर से छायावादी समीक्षा-दृष्टि को पुष्ट और समृद्ध किया।

छायावादी या स्वच्छन्दतावादी आलोचकों में आचार्य नन्ददुलारे वाजपेयी, शान्तिप्रिय द्विवेदी और डॉ० नगेन्द्र उल्लेखनीय हैं। नन्ददुलारे वाजपेयी ने 'प्रसाद', 'निराला', और 'पन्त' की समीक्षा स्वच्छन्दतावादी एवं सौन्दर्य-बोधक मूल्यों की दृष्टि से की और इन्हें 'छायावाद' की बृहत्त्रयी के रूप में प्रतिष्ठित किया। आचार्य शुक्ल की नैतिक एवं लोक-मंगल-केन्द्रित आलोचना-दृष्टि का अतिक्रमण करके आपने सौन्दर्य बोधात्मक एवं सांस्कृतिक आलोचना दृष्टि की प्रतिष्ठा की। तत्कालीन परिस्थितियों को देखते हुए यह ऐतिहासिक महत्त्व का कार्य समझा जायेगा। शान्तिप्रिय द्विवेदी ने गांधी एवं रवीन्द्र की मानववादी दृष्टि को 'छायावाद' की केन्द्रीय चेतना माना। उनकी समीक्षा-पद्धति में तर्कपूर्ण विश्लेषण का अभाव लक्षित होता है। वे 'छायावाद' के रागात्मक प्रभाव से अभिभूत थे। उनकी समीक्षा इसी प्रभावाभिव्यक्ति के रूप में सामने आयी। डॉ० नगेन्द्र ने 1938 ई० में 'सुमित्रानन्दन पन्त' की समीक्षा 'छायावादी स्वच्छन्दतावादी' (सौन्दर्य बोधात्मक) मूल्यों की दृष्टि से किया। यह समीक्षा अधिक संतुलित एवं तर्क-पूर्ण है। 1940 ई० तक आते-आते 'छायावाद' ह्रासोन्मुख हो गया। स्वयं छायावादी कवि कल्पना के स्वप्नलोक से उतर कर धरती पर आ गये। इसके साथ ही स्वच्छन्दतावादी आलोचना का भी ह्रास हुआ और देखते-देखते 'प्रगतिवादी' कविता का दौर आरम्भ हुआ। इसके साथ ही प्रगतिवादी समीक्षा-पद्धति का उदय हुआ।

छायावादी या स्वच्छन्दतावादी आलोचना के विकास काल में ही हिन्दी में एक अन्य आलोचना-पद्धति का उन्मेष देखा गया, जिसे प्रभाववादी-समीक्षा कहते हैं। इसके उन्मेष के मूल में भी 'छायावाद' की भावाकुलता ही प्रधान थी। इसलिए यहाँ संक्षेप में इसका निदर्शन अवांछित न होगा।

प्रभाववादी आलोचना

प्रभाववादी आलोचना काव्य-वस्तु के प्रति सहृदय की मार्मिक प्रतिक्रिया है। इसमें सहृदय आलोचक सबसे पहले काव्य को पढ़कर प्रभाव ग्रहण करता है और फिर उसे मार्मिक ढंग से व्यक्त करके दूसरों तक पहुँचाता है। इस समीक्षा में आलोचक स्वयं एक प्रकार की रचना करने लग जाता है और प्रायः आलोच्य-विषय से दूर चला जाता है। प्रभाववादी समीक्षक कलाकृति से प्रभावित होकर नूतनकला को जन्म देता है। एक प्रकार से वह आलोच्य कवि का समानधर्मी बन कर सामने आता है। हिन्दी में पद्मसिंह शर्मा ने 'बिहारी सतसई' की आलोचना करते समय प्रभाववादी आलोचना का आभास दिया था। छायावादी युग के आलोचक शान्तिप्रिय द्विवेदी की आलोचना प्रायः प्रभाववादी ढंग की हो गयी है। श्री भगवतशरण उपाध्याय ने गुरुभक्त सिंह 'भक्त' की 'नूरजहाँ' की आलोचना इसी पद्धति पर की है। वे स्वयं कहते हैं-- ''नूरजहाँ के अध्ययन का मेरे ऊपर बड़ा मार्मिक प्रभाव पड़ा। फलतः कुछ अनुकूल अन्तर्ग्रन्थियाँ खुल पड़ीं। मैं एक बात को स्पष्टतया कह देना चाहता हूँ कि प्रस्तुत प्रयास समालोचक का नहीं, प्रत्युत सहानुभवी और समानधर्मी का है। मैं 'प्रभाववादी' हूँ। जब अनुकूल प्रभाव का स्पर्श होता है, प्रभाववादी चुप नहीं बैठ सकता।'[1] यों उपाध्याय जी प्रगतिशील विचारक हैं। इससे यह प्रमाणित होता है कि विचारधारा-विशेष के प्रति प्रतिबद्ध लेखक भी रचना-विशेष से प्रभावित होकर प्रभावाभिव्यंजक शैली में आलोचना कर सकता है। 'छायावाद' युग के अन्य आलोचकों में कहीं-कहीं प्रभावाभिव्यंजन की

---

1. 'नूरजहाँ' भगवतशरण उपाध्याय, भूमिका भाग

झलक मिलती है। यह होते हुए भी हिन्दी-आलोचना-साहित्य में प्रभाववादी समीक्षा का उचित विकास नहीं हो पाया। मार्क्सवादी समीक्षा की बौद्धिक, तर्कपूर्ण एवं वस्तु-विश्लेषिणी पद्धति ने इसके विकास को अवरुद्ध कर दिया। स्वच्छन्दतावादी एवं प्रभाववादी आलोचनाओं के बाद हिन्दी-आलोचना के क्षेत्र में 1-- समाजशास्त्रीय या प्रगतिवादी, 2-- मनोवैश्लेषिक या अन्तश्चेतनावादी तथा 3-- ऐतिहासिक सांस्कृतिक, इन तीन नवीन समीक्षा-सिद्धान्तों एवं पद्धतियों का विकास हुआ। इनके साथ ही द्विवेदी-युग में विकसित शास्त्रीय समीक्षा या सैद्धान्तिक समीक्षा एवं अनुसन्धानपरक समीक्षाओं का भी विशेष उत्कर्ष हुआ। अगले पृष्ठों में इनका संक्षिप्त विवेचन प्रस्तुत करना अप्रासंगिक न होगा।

मनोवैज्ञानिक या अन्तश्चेतनावादी आलोचना

मनोवैज्ञानिक आलोचना का मूल उत्स फ्रायड (सिगमण्ड फ्रायड 1856-1930 ई०) का अन्तश्चेतनावादी कला-सिद्धान्त है। फ्रायड के अनुसार, ''मानव मन की अनेक वासनाएँ धार्मिक, नैतिक एवं सामाजिक प्रतिबन्धों के कारण अन्तर्मन में दबी रह जाती हैं। ये वासनाएँ अवचेतन मन में चेतन क्षेत्र में आने तथा व्यक्त होने के लिए निरन्तर प्रयत्नशील रहती हैं। मानव का यह अवचेतन मन (Unconcious Mind) अधिक सक्रिय होता है। चेतन और अवचेतन के बीच मन की अर्धचेतन स्थिति भी होती है। इसी से होकर दमित वासनाएँ अवचेतन मन में प्रविष्ट होती रहती हैं। ये दमित वासनाएँ काम-मूला होती हैं। कला और साहित्य के माध्यम से इन वासनाओं की अभिव्यक्ति सुन्दरतम रूप में होती है, क्योंकि यहाँ इनका उदात्तीकरण हो जाता है। कलाकार अन्तर्मुखी प्रवृत्ति का व्यक्ति होता है। जब उसकी प्रेम, यश, धन, शक्ति सम्बन्धी एषणाएँ यथार्थ जगत् में पूर्ण नहीं हो पातीं तो वह अपनी वासनाओं की तुष्टि कल्पनालोक में करने लगता है। इस व्याख्या के अनुसार काव्य-कला दमित काम-वासना की ही उदात्त काल्पनिक अभिव्यक्ति है। मनोवैज्ञानिक आलोचना कवि के व्यक्तिगत जीवन के अध्ययन के बल पर उन वासनाओं का विश्लेषण करती है जो कवि के मन में दमित रह गयी होती हैं और जिनकी अभिव्यक्ति उसकी काव्य-कृतियों में होती है। फ्रायड के बाद उनके शिष्य एडलर और युंग ने उनकी मान्यताओं को व्यापक आधार देने की चेष्टा की। एडलर (1870-1937) ने काम-भावना से अधिक महत्त्व अधिकार-भावना (Self assertion) को दिया। उसने अधिकार भावना को शारीरिक हीनता-(Organic-inferiority) जनित मनोग्रन्थि से उद्‌भूत माना और कला को इस हीनता की पूर्ति का साधन बताया। युंग (1875-1961) ने फ्रायड की 'काम-भावना' और एडलर की 'अधिकार-भावना' दोनों को ही एकांगी बताया।

उसने अवचेतन मन के भी दो भेद स्वीकार किये हैं-- वैयक्तिक अवचेतन और सामूहिक अवचेतन। उसके अनुसार यह सामूहिक अवचेतन ही हमारी समस्त शक्तियों का अन्धकारमय कोश है। इसमें हमारे पूर्वजों के लाखों वर्षों के अनुभव तथा विश्व में घटित युगों-युगों की ऐतिहासिक घटनाएँ पर्त-दर-पर्त संचित रहती हैं। यह अनुभव अभिव्यक्ति के लिए बिम्बों और प्रतीकों का सहारा लेते हैं। संसार के साहित्य में ऐसे अनेक आद्य-बिम्ब लक्षित किये जा सकते हैं, जिनकी व्याख्या से मानव की विकास-यात्रा की आदिम स्थितियाँ स्पष्ट होती हैं। डॉ० बच्चन सिंह आदि बिम्ब और मिथक को लगभग एक ही चीज मानते हैं। वे कहते हैं-- ''मिथक आदिम मनुष्य की भाषा है, जिसके माध्यम से वह जीवन और प्रकृति के रहस्यों के प्रति अपनी प्रतिक्रियाओं को अलौकिक गाथाओं के रूप में अभिव्यक्त करता था। यह आदिम यथार्थ के प्रति सामूहिक अवचेतन मन का

सहज स्फूर्त बिम्बात्मक सृजन है।"[1] किसी युग-विशेष, में जब व्यक्ति या समष्टि का चेतन दृष्टिकोण पुराना पड़ जाता है तो उसकी पूर्ति के लिए यह सामूहिक अवचेतन क्रियाशील होता है और प्रतिभावान युगद्रष्टा या कवि इस सामूहिक अवचेतन से प्रेरित होकर उस नवीन युग-चेतना को लेकर सामने आता है, जिसकी आवश्यकता जन-जन को होती है। युंग की मान्यता का आधार व्यापक है और इसलिए इसके द्वारा युग-विशेष की काव्य-चेतना की अधिक उचित व्याख्या हो सकती है।

हिन्दी में इलाचन्द्र जोशी मनोवैज्ञानिक आलोचना के क्षेत्र में सर्वाधिक क्रियाशील आलोचक माने जा सकते हैं। 'साहित्य-सर्जना' (1940 ई०) लिखकर उन्होंने मनोवैज्ञानिक आलोचना की प्रतिष्ठा की थी। उसके बाद 'विवेचना' (1948 ई०) 'विश्लेषण' (1954 ई०) 'देखा-परखा' (1957 ई०) आदि कृतियों में उनका मनोवैज्ञानिक आलोचक निरन्तर सजग रहा है। जोशी जी के अनुसार हिन्दी का भक्ति साहित्य दमित काम-कुण्ठा का ही प्रतीक है। 'छायावादी-काव्य' में भी उन्होंने यौन-सम्बन्धी मनोभावनाओं को ही शब्दजाल में अवगुण्ठित शालीन स्थिति में रूप में देखा है। जोशी जी के चिन्तन पर फ्रायड के काम मनोविज्ञान का विशेष प्रभाव है। अन्य मनोवैज्ञानिक आलोचकों में डॉ० नगेन्द्र, डॉ० देवराज उपाध्याय और अज्ञेय का नाम उल्लेखनीय है। डॉ० नगेन्द्र मूलतः रसवादी आलोचक हैं, किन्तु वे मनोविज्ञान को रसवाद का पूरक मानते हैं। 'अज्ञेय' के अनुसार, "अपनी अनुपयोगिता की अनुभूति से आहत होकर कलाकार जब विद्रोह कर देता है तो उसका यह विद्रोह ही कलात्मक सृष्टि के रूप में प्रकट होता है।"[2] इस प्रकार 'अज्ञेय' जी ने प्रकारान्तर से कला के मूल में हीनता की अनुभूति और उसकी पूर्ति के प्रयत्न की बात को स्वीकार किया है। डॉ० देवराज उपाध्याय ने हिन्दी कथा साहित्य की मनोवैज्ञानिक दृष्टि से अच्छी आलोचना की है। आपकी 'साहित्य का मनोवैज्ञानिक अध्ययन' (1964 ई०) नामक महत्त्वपूर्ण कृति प्रकाशित हुई है। डॉ० ज्वाला प्रसाद खेतान ने 'अज्ञेय की रचना में काम-तत्त्व और उसकी परिणति' (1978 ई०) लिखकर उनके उपन्यासों में चिरन्तन नारी के आद्य-बिम्ब और काव्य-कृतियों में विज्ञ पुरुष के आद्य-बिम्ब का अनुसन्धान किया है। इसमें सन्देह नहीं कि काव्य रचना एक मनोवैज्ञानिक प्रक्रिया है। इसलिए उसका मनोवैज्ञानिक अध्ययन होना चाहिए। पश्चिम में इस प्रकार के अध्ययन की समृद्ध परम्परा है। मनोविश्लेषण के चलते रचनाकार की रचना-प्रक्रिया का भी अध्ययन होने लगा है। किन्तु इस समीक्षा-पद्धति की अपनी सीमायें हैं। मनोवैज्ञानिक आलोचना मनोविश्लेषण के सहारे कथा साहित्य में पात्रों के आचरण की व्याख्या कर सकती है, वर्णित और घटित घटनाओं के आधारभूत मनोवैज्ञानिक कारणों का अनुसंधान कर सकती है, पुरुष और नारी पात्रों में आद्य पुरुष और आद्य नारी के बिम्बों की झलक देख सकती है, रचनाकार द्वारा प्रयुक्त विशेष प्रकार के प्रतीकों और बिम्बों के भीतर छिपे अभिप्राय की व्याख्या कर सकती है, मिथकीय रचनाओं और कल्पनाओं के भीतर छिपे हुए जीवन-सत्य का उद्घाटन कर सकती है, फैंटेसी के भीतर झिलमिलाते हुए यथार्थ का विवेचन कर सकती है, किन्तु साहित्य और कला के समग्र सौन्दर्य की व्याख्या नहीं कर सकती। कहा जा सकता है कि-- "कला का केवल वही पक्ष जो कलात्मक रूप-विधान की प्रक्रिया से सम्पृक्त है मनोविज्ञान का विषय हो सकता है। जो पक्ष कला की आधारभूत प्रकृति से सम्बद्ध है वह सदैव मनोविज्ञान के क्षेत्र से बाहर है।"[3] इसीलिए इधर मनोवैज्ञानिक आलोचना का जोर कम पड़ गया

---

1. आधुनिक हिन्दी आलोचना के बीच शब्द, पृष्ठ-77
2. 'त्रिशंकु', अज्ञेय, देखिए, 'कला का स्वभाव और उद्देश्य' निबन्ध
3. पाश्चात्य काव्यशास्त्र की परम्परा, पृष्ठ-342.

है। अब मिथकीय आलोचना का प्रचलन बढ़ गया है। डॉ० नगेन्द्र, डॉ० रमेश कुन्तल मेघ, डॉ० जगदीश श्रीवास्तव, डॉ० अश्विनी पाराशर, डॉ० उषापुरी विद्यावाचस्पति, प्रभुनाथ आदि की मिथिकीय आलोचनाएँ उल्लेखनीय हैं।

ऐतिहासिक एवं सांस्कृतिक आलोचना

ऐतिहासिक एवं सांस्कृतिक आलोचना आलोच्य-कृति का मूल्यांकन इतिहास एवं संस्कृति के व्यापक परिप्रेक्ष्य में करना चाहती है। वर्तमान की किसी भी गम्भीर जटिल एवं उलझनपूर्ण समस्या का कारण कभी-कभी सुदूर अतीतवर्ती किसी महान् ऐतिहासिक घटना में ढूँढ़ा जा सकता है। इसलिए युग-विशेष के साहित्य को समझने के लिए हमें समूची ऐतिहासिक एवं सांस्कृतिक परम्परा का अनुशीलन करना होगा। हिन्दी में पं० विश्वनाथप्रसाद मिश्र की समीक्षाएँ इसी कोटि की हैं। ऐतिहासिक आलोचक के अनुसार मानव समुदाय की चिन्तनशीलता देशकाल के अनुसार परिवर्तित होते हुए भी परम्परा से बँधी होती है। इसी कारण निर्गुण सन्तों को समझने के लिए हमें नाथ योगियों एवं बौद्ध सिद्धों का भी अध्ययन करना पड़ता है। हिन्दी-साहित्य की अनेक प्रवृत्तियों को हमें अपभ्रंश साहित्य से सम्बद्ध करके देखना पड़ता है। समीक्षा की यह ऐतिहासिक पद्धति व्याख्यात्मक आलोचना का ही एक पूरक अंग है। इसका उपयोग आचार्य शुक्ल ने भी 'जायसी' की आलोचना में किया था, किन्तु इसका आदर्श रूप उनके बाद पं० हजारीप्रसाद द्विवेदी की आलोचनाओं-- 'हिन्दी साहित्य की भूमिका' (1940 ई०), 'कबीर' (1942 ई०) एवं 'हिन्दी साहित्य का आदिकाल' (1952 ई०) में प्रस्फुटित हुआ। पं० परशुराम चतुर्वेदी की 'उत्तरी भारत की संत परम्परा' (1951 ई०) तथा पं० विश्वनाथप्रसाद मिश्र की 'भूषण ग्रन्थावली' (1953 ई०) की भूमिका इसका अच्छा उदाहरण है। चतुर्वेदी जी में वैज्ञानिक अन्वेषक की तटस्थता अधिक है जबकि द्विवेदी जी तटस्थ नहीं रह पाते और उनकी संवेदनशीलता उभर आती है। इधर हिन्दी के शोध प्रबन्धों में ऐतिहासिक एवं सांस्कृतिक परिवेश के अध्ययन को महत्त्व देकर इस समीक्षा-पद्धति की उपयोगिता स्वीकार की जा रही है। ऐतिहासिक आलोचना एक प्रकार से साहित्य की इतिहास-दृष्टि को स्पष्ट करती है। इधर हिन्दी में भी साहित्य के इतिहास दर्शन पर कार्य होने लगा है। इतिहास दर्शन ऐतिहासिक-सांस्कृतिक समीक्षा के सिद्धान्त पक्ष को पुष्ट करता है। साहित्य के इतिहास की अवधारणा बदलती रही है। इस दृष्टि से ऐतिहासिक समीक्षा का स्वरूप भी बदलता रहा है। साहित्य, सापेक्षिक दृष्टि से ही कालजयी होता है। उसकी अन्तर्वस्तु और रूप दोनों ही देश-काल-बद्ध होते हैं। इस प्रकार युग-बोध के सन्दर्भ में साहित्य का मूल्यांकन एक प्रकार से ऐतिहासिक समीक्षा की सीमा में ही आता है। किसी भी साहित्य को शाश्वत न मानकर उसकी देश-काल-बद्धता को रेखांकित करने वाली समीक्षा ऐतिहासिक ही मानी जायेगी।

शास्त्रीय समीक्षा

हम देख आये हैं कि द्विवेदी युग में शास्त्रीय समीक्षा या सैद्धान्तिक समीक्षा का विकास दो रूपों में हुआ था। कुछ आलोचकों ने तो रीतिकालीन लक्षण-ग्रंथों की परम्परा में नवीन विवेचना पूर्ण लक्षण-ग्रन्थों की ही रचना की थी और कुछ ने संस्कृत और पाश्चात्य काव्यशास्त्र का समन्वय करके नवीन सिद्धान्त-ग्रन्थों का प्रणयन किया था। 'छायावाद' युग में शास्त्रीय विवेचन कुछ रुक सा गया था। छायावादोत्तर युग से लेकर अब तक इन दोनों परम्पराओं का पुनः महत्त्वपूर्ण विकास हुआ है।

इधर नवीन लक्षण-ग्रन्थों की रचना न करके विद्वानों ने संस्कृत के मूल सिद्धान्त ग्रन्थों का

हिन्दी में भाष्य सहित प्रामाणिक संस्करण प्रस्तुत करने में अपूर्व उत्साह दिखाया है। 'हिन्दी अनुसन्धान परिषद्' दिल्ली ने 'काव्यादर्श' (दण्डीकृत), 'काव्यालंकार सूत्र' (वामन कृत) 'ध्वन्यालोक' (आनन्दवर्धन कृत), 'वक्रोक्ति जीवित' (कुंतक कृत), 'काव्य-मीमांसा' (राजशेखर कृत)। 'औचित्य विचार चर्चा' (क्षेमेन्द्र कृत), 'काव्य प्रकाश' (मम्मट कृत), 'अभिनव भारती' (अभिनव गुप्त कृत), 'नाट्य दर्पण' (रामचन्द्र गुणचन्द्र कृत) आदि संस्कृत के सिद्धान्त ग्रन्थों का प्रामाणिक संस्करण हिन्दी में अवतरित करके बड़ा भारी काम किया है। इसी प्रकार परिषद् ने पाश्चात्य काव्यशास्त्र के प्रसिद्ध ग्रन्थों-- अरस्तू के 'काव्यशास्त्र', लांजाइनस के 'दि सब्लाइम' तथा होरेस के 'आर्स पोएटिका' का भी हिन्दी में अनुवाद कराया है। इन ग्रन्थों से हिन्दी-काव्यशास्त्र समृद्ध हुआ है।

पाश्चात्य एवं भारतीय सिद्धान्तों के समन्वित आधार पर सिद्धान्त ग्रन्थों की रचना भी कम नहीं हुई है। 'जीवन के तत्त्व और काव्य के सिद्धान्त' (1942 ई० लक्ष्मी नारायण सुधांशु), 'साहित्यशास्त्र' (1955 ई० रामकुमार वर्मा), 'काव्यशास्त्र' (1963 ई० भगीरथ मिश्र), 'समीक्षाशास्त्र' (1954 ई० सीताराम चतुर्वेदी), 'नया साहित्य नये प्रश्न' (1955 ई० नन्ददुलारे वाजपेयी), 'आलोचना का इतिहास तथा सिद्धान्त' (1952 ई० एस० पी० खत्री) आदि कृतियाँ पर्याप्त गम्भीर और विश्वसनीय सामग्री दे सकी हैं। हिन्दी साहित्य में पाश्चात्य काव्यशास्त्र का विवेचन भी अब थोड़ा बहुत होने लगा है। इस क्षेत्र में 'पाश्चात्य साहित्यालोचन के सिद्धान्त' (1952 ई० लीलाधर गुप्त), 'रोमांटिक साहित्यशास्त्र' (1951 ई० डॉ० देवराज उपाध्याय), 'पाश्चात्य साहित्यालोचन और हिन्दी पर उसका प्रभाव' (1960 ई० डॉ० रवीन्द्रसहाय वर्मा), 'पाश्चात्य काव्यशास्त्र' (डॉ० केसरीनारायण शुक्ल) जैसी कृतियाँ उल्लेखनीय हैं।

काव्यशास्त्रीय पारिभाषिक शब्दों के कोश और विश्व कोश भी निर्मित हुए हैं। राजेन्द्र द्विवेदी का 'साहित्य शास्त्र का पारिभाषिक शब्द कोष' (1955 ई०) इस दिशा में एक अच्छा प्रयास है। दूसरा महत्त्वपूर्ण कार्य 'हिन्दी साहित्य कोश' (प्रथम भाग 1958 ई०) के रूप में सामने आया है। यह एक सामूहिक प्रयास है और अत्यन्त उपयोगी सिद्ध हुआ है। यह सब कुछ होने पर भी काव्यशास्त्रीय सिद्धान्तों का जैसा गम्भीर, तात्त्विक, मर्मग्राही एवं संश्लिष्ट विवेचन आचार्य रामचन्द्र शुक्ल ने किया है, उसका अभाव बना हुआ है। उपर्युक्त ग्रन्थों में मात्र सामग्री उपस्थित की गयी है, तत्त्व का विवेचन नहीं किया गया है। डॉ० नगेन्द्र के बहुचर्चित ग्रन्थ 'रस-सिद्धान्त' (1964 ई०) में भी संस्कृत और हिन्दी में उपलब्ध समस्त सामग्री को क्रमबद्ध एवं सुनियोजित ढंग से सजा दिया गया है, ग्रन्थ का बहुत बड़ा भाग मौलिक आख्यान न होकर अनुशीलनपरक है। नवीन चिन्तन और विचार की दृष्टि से सबसे सशक्त अन्तिम अध्याय-- 'रस सिद्धान्तः शक्ति और सीमा' है। डॉ० नगेन्द्र ने रस-सिद्धान्त को मानववाद के दृढ़ आधार पर प्रतिष्ठित मान कर उसके माध्यम से निरन्तर विकासमान कला-चेतना का मूल्यांकन सम्भव माना है। पिछले 25 वर्षों में इस क्षेत्र में पर्याप्त कार्य हुआ है। शास्त्रीय समीक्षा के महत्त्वपूर्ण ग्रन्थों में राममूर्ति त्रिपाठी कृत 'औचित्य दर्शन' (1964 ई०), तारकनाथ बाली कृत 'रस सिद्धान्त की दार्शनिक और नैतिक व्याख्या' (1964 ई०), भगीरथ मिश्र कृत 'काव्य मनीषा' (1965 ई०), राममूर्ति त्रिपाठी कृत 'लक्षणा और उसका हिन्दी काव्य में प्रसार' (1966 ई०) कुमार विमल कृत 'सौन्दर्यशास्त्र के तत्त्व' (1967 ई०), डॉ० नगेन्द्र द्वारा संपादित 'भारतीय काव्य सिद्धान्त' (1969 ई०), शंकर देव अवतरे कृत 'काव्यांग प्रक्रिया' (1977 ई०), भगीरथ दीक्षित कृत 'अभिनव साहित्य चिन्तन' (1977 ई०), राममूर्ति त्रिपाठी कृत 'काव्य तत्त्व विमर्श' (1980 ई०) रवि प्रकाश कृत 'हिन्दी काव्य शास्त्र में रस-स्वरूप' (1981 ई०), प्रेमकान्त टण्डन कृत 'साधारणीकरण और सौन्दर्यानुभूति के प्रमुख सिद्धान्त' (1983 ई०), देवेन्द्र नाथ शर्मा

कृत 'पाश्चात्य काव्यशास्त्र' (1984 ई०), विजेन्द्र नाथ सिंह कृत 'भारतीय काव्य समीक्षा में वक्रोक्ति सिद्धान्त' (1984 ई०), राममूर्ति त्रिपाठी कृत 'भारतीय काव्यशास्त्र के नये क्षितिज' (1988 ई०) तथा भगीरथ मिश्र कृत 'पाश्चात्य काव्यशास्त्र' (1088 ई०) उल्लेखनीय है। मार्क्सवादी समीक्षा के व्यापक प्रभाव के परिणामस्वरूप अब मार्क्सवादी सौन्दर्यशास्त्र का भी विवेचन होने लगा है। इस विषय पर शिवकुमार मिश्र कृत 'मार्क्सवादी साहित्य चिन्तन' (1973 ई०), और कमला प्रसाद द्वारा सम्पादित 'मार्क्सवादी सौन्दर्यशास्त्र' (1977 ई०) महत्त्वपूर्ण प्रयास हैं। उपर्युक्त कृतियों को सामने रखकर कहा जा सकता है कि अब हिन्दी में काव्यशास्त्रीय चिन्तन की परिधि विस्तृत हो गयी है। अब हम भारतीय और पाश्चात्य काव्य सिद्धान्तों का अलग-अलग विवेचन करने के साथ ही दोनों का तुलनात्मक अध्ययन करने लगे हैं। अन्य भारतीय भाषाओं के काव्यशास्त्रीय चिन्तन के समकक्ष हिन्दी के शास्त्रीय चिन्तन के महत्त्व और मूल्य की परीक्षा भी कर रहे हैं। संस्कृत की काव्यशास्त्रीय मान्यताओं के आलोक में आधुनिक हिन्दी काव्य के मूल्यांकन के भी कुछ प्रयास हुए हैं। भारतीय काव्यशास्त्र में निरूपित काव्यास्वाद की प्रक्रिया के साधारणीकरण और पाश्चात्य सौन्दर्यशास्त्रीय चिन्तन परम्परा में विकसित 'सौन्दर्यानुभूति' के सिद्धान्तों का बारीकी से विवेचन भी किया जाने लगा है। यह सब होने पर भी अभी हम यह दावा नहीं कर सकते कि हमने कोई मौलिक स्थापना कर ली है। हम इतना ही कह सकते हैं अब हमें मौलिक स्थापनाओं की कठिनाइयाँ समझ में आने लगी हैं और हम अपना दायित्व समझने लगे हैं।

अन्वेषण एवं अनुसन्धानपरक आलोचना

द्विवेदी-युग में अन्वेषण एवं अनुसन्धानपरक आलोचना का आरम्भ मात्र हुआ था। विगत 60 वर्षों में इस आलोचना का अभूतपूर्व विकास हुआ है। इसका प्रधान कारण यह है कि विश्वविद्यालयों में पी-एच० डी० और डी० लिट्० की उपाधियों के लिए प्रस्तुत होने वाले प्रबन्धों की संख्या में निरन्तर वृद्धि होती गयी है। हिन्दी में साहित्य सम्बन्धी विषय पर लिखा गया पहला शोध प्रबन्ध डॉ० पीताम्बर दत्त बड़थ्वाल का 'हिन्दी काव्य में निर्गुण सम्प्रदाय' सन् 1934 ई० में स्वीकृत हुआ था। इसके बाद क्रमशः 'हिन्दी काव्यशास्त्र का विकास' डॉ० रमा शंकर शुक्ल 'रसाल' (1937 ई०), 'तुलसी दर्शन' (डॉ० बलदेव प्रसाद मिश्र, 1938 ई०), 'तुलसीदास' (डॉ० माताप्रसाद गुप्त, 1940 ई०), 'आधुनिक हिन्दी साहित्य' (डॉ० लक्ष्मीसागर वार्ष्णेय, 1940 ई०), 'आधुनिक काव्य धारा' (डॉ० केसरीनारायण शुक्ल, 1940 ई०), 'आधुनिक हिन्दी साहित्य का विकास' (डॉ० श्री कृष्ण लाल,1941 ई०), 'प्रसाद के नाटकों का शास्त्रीय अध्ययन' (डॉ० जगन्नाथ शर्मा, 1943 ई०), 'अष्टछाप और वल्लभ सम्प्रदाय' (डॉ० दीनदयालु गुप्त, 1944 ई०), 'सूरदास' (डॉ० ब्रजेश्वर शर्मा, 1945 ई०), 'हिन्दी साहित्य और उसकी सांस्कृतिक भूमिका, 1757 ई० से 1857 ई०' (डॉ० लक्ष्मीसागर वार्ष्णेय, 1946 ई०), 'महावीरप्रसाद द्विवेदी और उनका युग' (डॉ० उदय भानु सिंह,1946 ई०), 'हिन्दी काव्यशास्त्र का इतिहास' (डॉ० भगीरथ मिश्र, 1947 ई०), 'चन्दबरदाई और उनका काव्य' (डॉ० विपिन बिहारी त्रिवेदी, 1948 ई०), 'राम कथा उत्पत्ति और विकास' (डॉ० कामिल बुल्के, 1949 ई०), 'अकबरी दरबार के हिन्दी कवि' (डॉ० सरयूप्रसाद अग्रवाल, 1949 ई०), 'आचार्य केशवदास' (डॉ० हीरालाल दीक्षित, 1950 ई०), 'हिन्दी-साहित्य में आलोचना का उद्‌भव और विकास' (डॉ० भगवत स्वरूप मिश्र, 1951 ई०), 'ध्वनि सम्प्रदाय और उसके सिद्धान्त' (डॉ० भोलाशंकर व्यास, 1952 ई०), 'अपभ्रंश साहित्य' (डॉ० हरिवंश कोछड़, 1952 ई०), 'सिद्ध साहित्य' (डॉ० धर्मवीर भारती, 1953 ई०), हिन्दी में महाकाव्य का स्वरूप विकास' (डॉ० शम्भुनाथ

सिंह, 1955 ई०), 'काव्य में रस' (डॉ० आनन्द प्रकाश दीक्षित, 1956 ई०), 'हिन्दी को मराठी सन्तों की देन' (डॉ० विनय मोहन शर्मा, 1956 ई०), 'सूरपूर्व ब्रजभाषा काव्य' (डॉ० शिव प्रसाद सिंह, 1957 ई०) 'अवध के प्रमुख हिन्दी कवियों का अध्ययन' (डॉ० ब्रज किशोर मिश्र, 1957 ई०), 'रामभक्ति में रसिक सम्प्रदाय' (डॉ० भगवती प्रसाद सिंह, 1958 ई०), 'आधुनिक हिन्दी और मराठी काव्यशास्त्र का तुलनात्मक अध्ययन (डॉ० मनोहर काले 1960 ई०), 'आधुनिक हिन्दी कवियों के काव्य सिद्धान्त' (डॉ० सुरेश चन्द्र गुप्त, 1959 ई०), 'तुलसी दर्शन मीमांसा' (डॉ० उदय भानु सिंह, 1959 ई०), आदि अनेक महत्त्वपूर्ण शोध-कृतियाँ प्रकाशित हुई हैं। इसमें सन्देह नहीं कि इन अनुसन्धानपरक कृतियों में बहुत सा अंश तथ्यपरक होता है। जिसे आलोचना नहीं कहा जा सकता, किन्तु यह उससे भी बड़ा सत्य है कि आलोचना-दृष्टि के अभाव में अच्छा शोध-प्रबन्ध नहीं लिखा जा सकता। कुछ भी हो, हिन्दी के जो शोध-प्रबन्ध प्रकाशित हुए हैं, उनमें आलोचना के तत्त्व पर्याप्त मात्रा में लक्षित होते हैं। शोध का विद्यार्थी शोध-सामग्री का अनुशीलन करते हुए तत्त्वों और मूल्यों का भी अन्वेषण करता है। इस प्रकार का अन्वेषण आलोचना-दृष्टि की अपेक्षा रखता है। पिछले पच्चीस वर्षों में संख्या और वैविध्य दोनों दृष्टियों से अनुसन्धानपरक आलोचना समृद्ध हुई है। विशेषतः दक्षिण की द्रविड़ परिवार की भाषाओं-- तमिल, तेलगु, कन्नड़ और मलयालम तथा आर्य परिवार की भाषाओं-- मराठी, गुजराती, बंगला आदि की प्राचीन और आधुनिक काव्य-प्रवृत्तियों से हिन्दी की तत्कालीन काव्य-प्रवृत्तियों के तुलनात्मक अध्ययन से पूरे भारतीय साहित्य की मूलभूत एकता का जो उद्घाटन हुआ है वह हिन्दी की शोध-यात्रा की महत्त्वपूर्ण उपलब्धि माना जा सकता है। इस अवधि में 'हिन्दी भाषा का अर्थ-तात्विक विकास' (शिवनाथ, 1960 ई०), 'वैष्णव साहित्य में रस परिकल्पना' (प्रेमस्वरूप गुप्त, 1963 ई०), 'हिन्दी तथा बंगला काव्यशास्त्र का तुलनात्मक अध्ययन' (इन्द्रनाथ चौधरी, 1964 ई०), 'हिन्दी भक्ति-साहित्य के सन्दर्भ में भक्ति-आन्दोलन का अध्ययन' (रतिभानु सिंह नाहर, 1964 ई०), 'हिन्दी और मराठी के सामाजिक उपन्यासों का तुलनात्मक अध्ययन' (चन्द्रकान्त महादेववांदिवडेकर, 1964 ई०), 'केशव का आचार्यत्व' (विजय पाल सिंह, 1964 ई०), 'जाम्भोजी विश्नोई : सम्प्रदाय और साहित्य' (हीरालाल माहेश्वरी, 1968 ई०), 'तमिल और हिन्दी साहित्य के आधार पर वैष्णव भक्ति आन्दोलन का अध्ययन' (मलिक मोहम्मद, 1970 ई०), 'प्राचीन भारत में काव्यरूपों का विकास और पुरानी हिन्दी के काव्य रूप' (शंभुनाथ सिंह, 1971 ई०), मध्ययुगीन कवियों के काव्य सिद्धान्त (सुरेशचन्द्र गुप्त, 1972 ई०), 'हिन्दी निर्गुण साहित्य में तांत्रिक दृष्टि का संचार' (राममूर्ति त्रिपाठी, 1972 ई०), 'निर्गुण कवियों का रामकाव्य' (जयंत्री प्रसाद, 1972 ई०), 'हिन्दी सूफी काव्य का समग्र अनुशीलन' (शिवसहाय पाठक, 1974 ई०), 'सन्त साहित्य का अभिव्यञ्जनापरक अध्ययन' (नजीर मुहम्मद, 1976 ई०), 'आधुनिक हिन्दी काव्य में मिथकीय कल्पना' (जगदीश प्रसाद श्रीवास्तव, 1976 ई०), 'हिन्दी में अनुवादित मराठी साहित्य ग्रन्थ' (पी०वी० जोशी, 1977 ई०), 'राजपूत चित्रकला शैलियाँ और रीतिकालीन काव्य' (सरला शर्मा, 1980 ई०) 'हिन्दी और तेलगु के उपन्यासों में चरित्र-निर्माण में मनोवैज्ञानिक ग्रंथियों की भूमिका का तुलनात्मक अध्ययन' (आर० श्रीधारा राव, 1981 ई०), 'सरस्वती और राष्ट्रीय जागरण' (हर प्रकाश गौड़ 1981 ई०), 'मधुर भक्ति साहित्य का तुलनात्मक अध्ययन हिन्दी और तेलुगु' (के० रामनाथन, 1983 ई०), 'प्रेमचन्द का जीवन' (कमल किशोर गोयनका, 1984 ई०), आदि महत्त्वपूर्ण शोध-प्रबन्ध स्वीकृत हुए हैं। 1980 से 1986 ई० के बीच स्वीकृत शोध-प्रबंधों की संख्या लगभग 3261 है। यह संख्या हिन्दी के व्यापक प्रचार-प्रसार की द्योत्तक है। जहाँ तक गुणात्मक उत्कर्ष का प्रश्न है, शोधपरक आलोचना की स्थिति बहुत उत्साह वर्धक नहीं है।

स्वीकृत शोध-प्रबन्धों में पिष्टपेषण की प्रवृत्ति दुर्भाग्यपूर्ण है। तत्त्व-चिन्तन और नवीन व्याख्या का तो नितान्त अभाव है। एक अच्छे शोध-प्रबन्ध के प्रकाशित होते ही उसे आधार बना कर कई शोध-प्रबन्ध तैयार करा लिए जाते हैं। सम्भव है, प्रवाह के स्थिर होने पर शोध-स्तर में सुधार हो और अनुसंधानपरक आलोचना हिन्दी के गौरव के अनुकूल प्रतिष्ठा प्राप्त करे।

मार्क्सवादी या प्रगतिवादी आलोचना

छायावादी कवि कल्पना-लोक में विचरण करता हुआ जीवन की यथार्थता से कुछ दूर चला गया था। वह स्वप्नलोक के मोहक सौन्दर्य को देख ही रहा था कि जीवन की वास्तविकता ने उसे झकझोर कर चौंका दिया। वह वस्तु-सत्य की उपेक्षा नहीं कर सकता था। 'पन्त और निराला', जैसे समर्थ कवि सामाजिक यथार्थ के चित्रण की ओर उन्मुख हुए। 'सुमन', 'नरेन्द्र शर्मा', 'अंचल' आदि कवियों ने उत्तर छायावाद काल से ही नवीन प्रगतिशील काव्य की रचना आरम्भ कर दी थी। इसके साथ ही आलोचना के क्षेत्र में मार्क्सवादी या प्रगतिवादी आलोचना का प्रचलन हुआ। प्रगतिवादी आलोचना का मुख्य आधार मार्क्सवादी जीवन-दर्शन है। मार्क्स का जीवन-दर्शन 'द्वन्द्वात्मक-भौतिकवाद' के नाम से प्रसिद्ध है। इस दर्शन के अनुसार जगत् की प्रत्येक वस्तु में परस्पर विरोधी तत्त्व विद्यमान रहते हैं। इनमें निरन्तर द्वन्द्व चलता रहता है। एक ऐसी अवस्था भी आती है जब वस्तु में सन्निहित परस्पर विरोधी तत्त्वों में सन्तुलन स्थापित हो जाता है। इस प्रकार वस्तु का प्रस्तुत अवस्थान (थीसिस) अपने में ही सन्निहित विरोधी तत्त्वों से द्वन्द्व करता हुआ प्रत्यवस्थान (ऐण्टी थीसिस) में परिणत हो जाता है और आगे चलकर जब दोनों तत्त्वों में सन्तुलन हो जाता है तो वह साम्यावस्था (सिन्थेसिस) की स्थिति में आ जाता है, किन्तु यह स्थिति अधिक समय तक नहीं रह पाती। विरोधी तत्त्व पुनः उद्भूत होते हैं, द्वन्द्व चलने लगता है और नवीन अवस्थानक्रम प्रारम्भ हो जाता है। विकास की यह द्वन्द्वात्मक प्रणाली स्वीकार करता हुआ मार्क्स वर्तमान समाज की व्याख्या करते हुए बताता है कि पूँजीवादी वर्ग प्रस्तुत अवस्थान (थीसिस) है, सर्वहारा वर्ग प्रत्यवस्थान (ऐण्टी थीसिस) है। इन दोनों का द्वन्द्व अनिवार्य है। द्वन्द्व के पश्चात् साम्यवाद के रूप में साम्यावस्थान (सिन्थिसिस) की स्थिति का आना अवश्यंभावी है। मार्क्स के अनुसार वस्तु-जगत् ही चरम सत्य है। चेतनसत्ता तो जड़ जगत् में ही क्षोभ उत्पन्न होने के कारण उद्भूत हुई है। विचार जगत् वस्तुतः भौतिक जगत् का ही मानव मस्तिष्क में पड़ा प्रतिबिम्ब है।

इस प्रकार 'चेतन-तत्त्व' को 'जड़-तत्त्व' का ही विकास मान लेने पर जगत् से परे 'ईश्वर' जैसी पृथक् चेतन सत्ता की मान्यता के लिए स्थान ही न रहा। ईश्वर के अस्तित्व को अस्वीकार कर देने पर जगत् की समस्त व्यवस्था के मूल में मनुष्य के क्रियाकलाप को ही महत्त्व देना पड़ा। संसार में ऊँच-नीच एवं अमीर-गरीब का सारा प्रपंच मनुष्य द्वारा ही खड़ा किया गया है। यह ईश्वरीय न्याय का नहीं, मानवीय स्वार्थ का परिणाम है। मार्क्स के अनुसार-- मनुष्य की चेतना वस्तु-जगत् का नियमन नहीं करती, वरन् वस्तु-जगत् ही मानव-चेतना एवं विचारों के रूप में अन्तरित होता है। मानव-समाज के विकास पर विचार करते हुए मार्क्सवाद यह स्वीकार करता है कि आरम्भ में एक प्रकार की साम्यवादी व्यवस्था थी, जिसे 'आदिम साम्यवाद' कहा जा सकता है। इस आदिम साम्यवाद की परिणति दास प्रथा, 'दास प्रथा' की परिणति 'सामन्तशाही' और 'सामन्तशाही' की परिणति आधुनिक 'पूँजीवाद' में हुई है। आज की समस्त दुर्व्यवस्था के मूल में यह पूँजीवादी जीवन-दृष्टि ही कार्य कर रही है। चूँकि मानव-चेतना का नियमन सामाजिक परिस्थितियाँ करती हैं और कला-चेतना मानव-चेतना का ही उदात्त रूप है, इसलिए प्रत्येक युग का कलाकार आने-अनजाने

उस वर्ग-विशेष का ही प्रतिनिधित्व करता है जिसमें वह पला होता है। इस प्रकार आज की पूँजीवादी व्यवस्था के समानान्तर विकसित होने वाली रोमांटिक कला-चेतना पूँजीवादी प्रवृत्ति का ही पोषण करती है। पूँजीवाद वस्तुतः व्यक्ति-स्वातन्त्र्य की आर्थिक परिणति है। रोमांटिक कला इसी व्यक्ति-स्वातन्त्र्य को सर्वोपरि महत्व देती है, उसे व्यक्ति-स्वातंत्र्य की कलात्मक परिणति कहा जा सकता है। पूँजीवाद को मिटाने और 'साम्यवाद' की स्थापना करने के लिए 'सर्वहारा वर्ग' के स्वाभिमान को जाग्रत करना होगा। अतः आज के कवि और कलाकार का कर्तव्य है कि वह सर्वहारा वर्ग के प्रति सहानुभूति प्रकट करे और ऐसी काव्य रचना करे जिससे यह वर्ग पूँजीवाद को मिटाने के लिए सन्नद्ध एवं सक्रिय हो सके। मार्क्सवादी समीक्षक जीवन और काव्य की उपर्युक्त व्याख्या स्वीकार करता हुआ कवियों का मूल्यांकन करते समय यह देखता परखता चलता है कि कवि-विशेष के काव्य में किस वर्ग-विशेष की हित-चिन्तना निहित है। वह मानता है कि लोक-मंगल की भावना प्राचीन साहित्य में भी है किन्तु वहाँ पीड़ितों के प्रति सहानुभूति प्रकट करके सन्तोष कर लिया गया है। अब पीड़ितों और दलितों के प्रति सहानुभूति दिखाने और उनकी व्यथा पर करुणा का भाव प्रकट करने से ही काम नहीं चलेगा। आवश्यकता उन्हें सामाजिक न्याय दिलाने की है। इसके लिए यदि साहित्यकार शोषकों और शासकों के प्रति घृणा की अभिव्यक्ति करता है या क्रोध प्रकट करता है तो वह जायज है। ऐसी रचना को मार्क्सवादी समीक्षक 'मानवतावादी' ही मानता है। मार्क्सवादी समीक्षा दृष्टि कोई जड़ या स्थिर सैद्धान्तिक रूढ़ि नहीं है। उसका निरन्तर विकास होता आया है। अब तो टेरी इग्लटन जैसे आलोचक यह मानने लगे हैं कि 'मार्क्सवादी आलोचना का उद्देश्य साहित्यिक कृति की अधिक पूर्णता के साथ व्याख्या करना है, जिसमें उसके रूप, शैली और अर्थ के प्रति अधिक संवेदनशील सावधानी होती है। मार्क्सवादी आलोचना कृति की कालबद्धता ही नहीं, उसकी कालातीतता की भी व्याख्या करती है। मार्क्सवादी आलोचना की मौलिकता साहित्य की ऐतिहासिक समझ में नहीं बल्कि क्रान्तिकारी समझ में है।[1] मार्क्सवादी समीक्षक अब काव्य के रूप-पक्ष को भी महत्त्व देने लगे हैं। 'रूप' के परिवर्तन का अर्थ है वस्तु में और पूरे ऐतिहासिक बोध एवं विश्वदृष्टि में परिवर्तन। भाव और विचार बिम्बों, प्रतीकों, उपमान-विधानों तथा अन्य भाषिक वक्रताओं के माध्यम से ही मूर्त होते हैं। इसलिए 'रूप' के सौन्दर्य और अन्तर्वस्तु के साथ उसके जटिल सम्बन्ध का विश्लेषण आवश्यक है। इस प्रकार विगत वर्षों में मार्क्सवादी समीक्षा के क्षितिज का पर्याप्त विस्तार हुआ है और अब वह कृति-विशेष में निहित विचारधारा का ही अनुसंधान नहीं करती वरन् कृति की सरंचना का विश्लेषण करके उसके सम्पूर्ण सौन्दर्य का उद्घाटन करती है।

मार्क्सवादी बनाम समाजशास्त्रीय समीक्षा

सामान्यतः मार्क्सवादी और समाजशास्त्रीय समीक्षा को एक ही समझा जाता है किन्तु दोनों पूर्णतः एक नहीं है। समाजशास्त्रीय समीक्षा सामाजिक सम्बन्धों के परिप्रेक्ष्य में, सामाजिक जीवन की प्रक्रिया के अन्तर्गत, साहित्य के विविध पक्षों का आख्यान सामाजिक क्रिया के रूप में करती है। समाजशास्त्रियों की दृष्टि में साहित्य का स्वरूप संस्थात्मक है। जैसे अन्य सामाजिक संस्थाएँ अपने सदस्यों को दिशा-निर्देश करती हैं, उन्हें किन्हीं मूल्यों और आदर्शों के प्रति उन्मुख करती हैं वैसे ही साहित्यकार भी अपनी रचनाओं के माध्यम से अपने पाठकों (सामाजिकों) को किन्हीं आदर्शों और

---

1. 'साहित्य का समाजशास्त्र' की भूमिका, पृष्ठ-41.

मूल्यों के प्रति सचेष्ट करता है। साहित्यकार भी व्यक्ति और समाज के बीच अन्तस्सम्बन्ध स्थापित करता है। समाज की अन्य संस्थायें सीधे और स्पष्ट तरीके से अपनी बातें प्रेषित करती हैं, किन्तु साहित्यकार बिम्बों, प्रतीकों, मिथकों आदि के माध्यम से अपने भाव और विचार व्यक्त करता है। मार्क्सवादी समीक्षा भी साहित्यकार को एक सामाजिक प्राणी मानकर चलती है। किन्तु वह कला और सामाजिक परिस्थितियों के अन्तस्सम्बन्धों की व्याख्या मार्क्सवादी जीवन-दर्शन के आधार पर करती है। डॉ० मैनेजर पाण्डेय ने साहित्य के समाजशास्त्र की वर्तमान प्रवृत्ति का विश्लेषण करते हुए कहा है-- "आजकल साहित्य के समाजशास्त्र के विकास की दो धारायें हैं। एक धारा में साहित्य में समाज की अभिव्यक्ति की खोज होती है। उसे हम मीमांसावादी धारा कह सकते हैं। दूसरी में साहित्य की सामाजिक स्थिति का विवेचन होता है। वह अनुभववादी धारा है। मीमांसावादी धारा के अन्तर्गत मार्क्सवादी, आलोचनात्मक समाजशास्त्रीय, और संरचनावादी दृष्टियाँ सक्रिय हैं तो अनुभववादी पद्धति में पुरानी विधेयवादी दृष्टि के साथ-साथ संरचनात्मक कार्यात्मक दृष्टियाँ सक्रिय दिखाई देती हैं।"[1] उपर्युक्त कथन से यह निष्कर्ष निकलता है कि मार्क्सवादी समीक्षा, समाजशास्त्रीय समीक्षा की एक धारा मात्र है। डॉ० नगेन्द्र ने पर्याप्त छानबीन के बाद साहित्य के समाजशास्त्रीय अध्ययन की निम्नलिखित परिभाषा की है-- "कर्त्ता, कृति और पाठक के त्रिकोण-रूप साहित्य के सामाजिक परिवेश का विश्लेषण और संश्लेषण समाजशास्त्रीय अध्ययन है।"[2] वस्तुतः समाजशास्त्रीय समीक्षा स्वयं विकास के अनेक सोपानों से होकर आगे बढ़ी है। यही स्थिति मार्क्सवादी समीक्षा की भी है। यदि पूरे समाजशास्त्रीय चिन्तन को ऐतिहासिक भौतिकवाद की सीमा में नहीं लाया जा सकता तो समूची समाजशास्त्रीय समीक्षा को भी मार्क्सवादी समीक्षा की परिधि में नहीं लाया जा सकता, वह अवश्य है कि जैसे समाज के अनुशीलन का सही सिद्धान्त 'ऐतिहासिक भौतिकवाद' को माना जा सकता है वैसे ही मार्क्सवादी समीक्षा को ही वास्तविक समाजशास्त्रीय समीक्षा कहा जा सकता है। हिन्दी में समाजशास्त्रीय समीक्षा सम्बन्धी विचार-विवेचन 'आलोचना' पत्रिका के माध्यम से आरम्भ हुआ। अब तो इस विषय से सम्बन्धित कुछ पुस्तकें भी प्रकाशित हो गयी हैं। श्रीराम मेहरोत्रा कृत 'साहित्य का समाजशास्त्र' (1970 ई०), डॉ० नगेन्द्र कृत 'साहित्य का समाजशास्त्र' (1982 ई०), डॉ० बच्चन सिंह कृत 'साहित्य का समाजशास्त्र और रूपवाद' (1984 ई०), डॉ० निर्मला जैन द्वारा सम्पादित 'साहित्य का समाजशास्त्रीय चिन्तन' (1986 ई०), तथा मैनेजर पाण्डेय कृत 'साहित्य के समाजशास्त्र की भूमिका' (1989 ई०) इस विषय की उल्लेखनीय कृतियाँ हैं। अभी समाजशास्त्रीय दृष्टि से साहित्यिक रचनाओं का व्यवस्थित मूल्यांकन नहीं के बराबर हुआ है। मार्क्सवादी समीक्षा की एक दीर्घ परम्परा अवश्य कायम हो गयी है।

नया भावबोध : नयी समीक्षा

छायावादी काव्य-चेतना की उच्छ्वसित भावाभिव्यक्ति, इन्द्रधनुषी कल्पना-विधान एवं वैयक्तिक जीवन-दृष्टि की प्रतिक्रिया में जीवन-यथार्थ की अभिव्यक्ति पर बल देने वाली मार्क्सवादी जीवनदर्शन से प्रभावित प्रगतिवादी काव्य-चेतना भी हिन्दी के काव्य-संसार को अधिक प्रभावित नहीं कर सकी। कारण यह था कि उसमें राजनीतिक विचारों की अभिव्यक्ति का आग्रह अधिक और

---

1. साहित्य का समाजशास्त्र, भूमिका
2. साहित्य का समाजशास्त्र, डॉ० नगेन्द्र, पृष्ठ-6

कवित्व कम था। 1942-43 ई० तक आते-आते उसका आकर्षण कम होने लगा। सम्भवतः इसका एक कारण यह भी था कि प्रगतिवादी काव्य को मार्क्सवाद के प्रति प्रतिबद्ध या उससे सहानुभूति रखने वाले रचनाकारों से एकाकार करके देखा जाता था और कम्युनिस्ट पार्टी की गतिविधियाँ प्रगतिवादी काव्य-चेतना के प्रति हिन्दी-साहित्य-जगत् के रुख को प्रभावित करती थीं। भारतीय कम्युनिस्ट पार्टी की केन्द्रीय समिति ने 1942 ई० की अगस्त क्रान्ति के प्रति नकारात्मक दृष्टिकोण अपनाया था। यही नहीं, उसने मुस्लिम-बहुल क्षेत्रों में संप्रभुता सम्पन्न राज्य की स्थापना के बारे में मुस्लिम लीग के लाहौर प्रस्ताव का समर्थन भी किया था। उस समय तक यह भी प्रकट हो चुका था कि प्रगतिवाद की सीमा में बँध कर चलने से काव्य की प्रकृत भूमि पर्याप्त संकुचित होती जा रही है। इस प्रकार 'छायावाद' और 'प्रगतिवाद' दोनों की सीमाओं से मुक्त होने पर अभिव्यक्ति के नये मार्ग का अनुसन्धान आवश्यक था। सम्भवतः इसीलिए 1943 ई० में 'तारसप्तक' के प्रकाशन के समय उसमें संगृहीत सभी कवियों को 'राहों के अन्वेषी' कहा गया। काव्य-यात्रा के क्रम में नयी राह के अन्वेषण का प्रश्न क्यों उठा? निश्चय ही उस समय तक युग-सन्दर्भ बदल चुका था। परम्परागत भाषा, छन्द, अलंकार-विधान, ध्वनियोजना, प्रतीक एवं बिम्ब नवीन युग की संशिलष्ट-जटिल संवेदना का साथ नहीं दे पा रहे थे।

वस्तुतः द्वितीय महायुद्ध ने विश्व मानव को नये सिरे से सोचने के लिए बाध्य कर दिया था। पहले महायुद्ध के बाद से ही काल यास्पर्स (1883-1974 ई०) जैसे विचारक यह अनुभव करने लगे थे कि 'आधुनिक कल्याणकारी शासन के विशाल मशीनी संगठन में मनुष्य एक मामूली पुर्जा बन चुका है और वह 'निजी तत्त्व', 'अन्तरात्मा' और 'आध्यात्मिक धुरी' सब कुछ खोता जा रहा है।'[1] काल यास्पर्स अस्तित्ववादी विचारक था। यद्यपि सन् 1942-43 ई० तक हिन्दी-कवियों पर अस्तित्ववादी विचारधारा का प्रभाव नहीं पड़ा था किन्तु विज्ञान के बढ़ते प्रभाव और उसके परिणामस्वरूप उत्पादन के साधनों के केन्द्रीभूत होने, महानगरों के उगने तथा यांत्रिक सभ्यता की प्रभाव-वृद्धि के कारण मनुष्य के पदार्थीकृत होने की प्रक्रिया से जो नये भावबोध की सृष्टि हो रही थी उसकी जटिलता का अनुभव हिन्दी-कवियों को होने लगा था। 'तारसप्तक' के प्रमुख कवि 'अज्ञेय' ने 'अपने तत्कालीन वक्तव्य में जीवन की जटिलता', 'स्थिति-परिवर्तन की असाधारण तीव्र गति', 'कवि की उलझी हुई संवेदना', 'विचार संयोजनाओं में विषमता', 'पाठकों की जीवन-परिपाटियों में वैषम्य', और इन सबके चलते 'साधारणीकरण' और 'कम्यूनिकेशन' (सम्प्रेषण) की समस्या का प्रश्न उठाया था। दूसरे, महत्त्वपूर्ण कवि मुक्तिबोध ने स्वीकार किया था कि '1938 से 1942 तक के पाँच साल' उनके 'मानसिक संघर्ष और वर्गसोनीय व्यक्तिवाद के वर्ष थे'। उन्होंने यह भी कहा था कि 'मानसिक द्वन्द्व उनके व्यक्तित्व में बद्धमूल है।' उन्होंने अनुभव किया था कि तत्कालीन जीवन 'वैविध्यमय', 'उलझन से भरा' और 'रंग-बिरंगा' था। इसी जीवन की अभिव्यक्ति के लिए वे काव्य-प्रयोग कर रहे थे। तीसरे बड़े कवि गिरिजा कुमार माथुर तो 'तारसप्तक' को 'आधुनिक बोध' की काव्य-धारा की प्रथम समवेत अभिव्यक्ति मानते हैं। वे तो यहाँ तक कहते हैं कि 'मंजीर' के प्रकाशन काल (अप्रैल, 1941) में ही आधुनिक बोध के अनुरूप नगरीय संवेदना इतिहास की सांस्कृतिक दृष्टि तथा भाषा, छन्द, बिम्ब और ध्वनि-विधान के नवीन रूपाकार की प्रस्तावना अपनी रचनाओं में वे कर चुके थे। उनका प्रस्ताव है कि 'आधुनिकता की प्रक्रिया का प्रथम उन्मेष 1940

1. आधुनिक परिवेश और अस्तित्ववाद, पृष्ठ-66.

से 1952 तक मानना चाहिए और द्वितीय चरण 1953 से अब तक (1963)'। वे कहते हैं-- 'मेरी दृष्टि में प्रथम उन्मेष के प्रधान तत्त्व थे : परिवेश के प्रति गहरी जागरूकता, सामाजिक यथार्थ की चेतना, इतिहास का प्रथम बार तीव्र बोध, भाव-जगत् में सूक्ष्म प्रतिक्रियाओं की पहचान, युद्धगत संक्रान्ति की मानवीय संवेदना, अन्तर्राष्ट्रीय उन्मुखता, नवरोमान और परिवर्तित मूल्यों की टकराहट। दूसरे चरण में -- निकटतम सत्यों की संवेदना, संक्रान्ति की विडम्बनाओं का अहसास, व्यंग्य और विपर्यय, मूल्यगत विकृति, आत्महीनता, जीवन की विसंगतियों (ऐब्सर्डिटी) की अभिव्यक्ति, वैज्ञानिकता का उदय, अमिश्र अनुभूतियों का आस्वाद प्रमुख स्वर हैं।'[1] माथुर साहब का प्रस्ताव मान्य है या अमान्य हमें इस पर विचार नहीं करना है। यहाँ हम इतना ही कहना चाहेंगे कि 1942-43 तक आते-आते हिन्दी के कवि तत्कालीन जीवन की जटिलता से उत्पन्न नये भावबोध का अहसास करने लगे थे और तदनुकूल अपनी कविता के संरचनात्मक ढाँचे में परिवर्तन की प्रक्रिया का आरम्भ कर चुके थे। उनके इस प्रयत्न का आरंभिक चरण 'प्रयोगकाल' और द्वितीय चरण 'नई कविता' का काल कहा जाता है। 'नई कविता' को सामान्यतः आधुनिक भावबोध की कविता माना जाता है। वस्तुतः 19वीं शती में यूरोप में जो अभूतपूर्व तकनीकी विकास हुआ, उसकी दो परिणतियाँ हुईं। एक ओर तो मनुष्य का यंत्रीकरण हुआ और वह अपनी अस्मिता खोकर 'पदार्थ' बन गया। दूसरी ओर पूँजी का केन्द्रीकरण हुआ और अनवरत शोषण की प्रक्रिया शुरू हुई, जिससे सम्पन्न और विपन्न के बीच खाई बढ़ती गयी। इसी शती में दो महान् विचारक सामने आए-- सोरेन कीर्कगार्ड (1813-1855 ई०) और कार्लमार्क्स (1818-1883 ई०) कीर्कगार्ड ने मानव अस्मिता का प्रश्न उठाया और 'अस्तित्ववाद' का प्रवक्ता बना। कार्लमार्क्स ने पूरी समाज-व्यवस्था को केन्द्र में रखकर सोचा और 'ऐतिहासिक भौतिकवाद' का प्रवर्तक बना। बीसवीं शती में यूरोप को दो-दो महायुद्धों की ज्वाला में जलना पड़ा। इन युद्धों में मानव ने अपने को नितान्त नगण्य पाया। उसने अपने को अकेला, अजनबी, असहाय, संत्रस्त और टूटा हुआ अनुभव किया। उसने नैतिक मूल्यों की धज्जियाँ उड़ती देखीं। आस्था उसे वंचना प्रतीत हुई। उसने नगरों को श्मशान और संस्कृति के प्रतीकों को ध्वस्त होते हुए देखा। उसे मनुष्य पशु से भी नीच और हिंसक दिखाई पड़ा। उसने अनुभव किया कि मनुष्य के जीवन का कोई उद्देश्य नहीं है और वह मृत्यु के लिए अभिशप्त है। इस परिस्थिति में 'अस्तित्ववादी दर्शन' अधिक प्रासंगिक हो उठा। कार्ल यास्पर्स (1883-1974 ई०), मार्टिन हाईडेगर (1889-1978 ई०) और जॉन पॉल सात्रे (1905 ई०) ने नये सन्दर्भ में इसकी व्याख्या की।

प्रयोग काल के बाद 'नयी कविता' (1954 ई० के बाद) के दौर में इस दर्शन से हिन्दी कवि प्रभावित हुए और उनकी रचनाओं में 'आधुनिक भावबोध' का प्रतिफलन साफ-साफ दिखायी पड़ने लगा। आधुनिक भावबोध का एक सकारात्मक पक्ष भी है। माना कि आज का मनुष्य यांत्रिक सभ्यता के दबाव से अपनी पहचान खो चुका है। वह निराश और उदास है। उसे अपनी लघुता और व्यर्थता का अहसास है और वह आज के विसंगति पूर्ण जीवन से मुक्ति का कोई मार्ग नहीं देख पा रहा है तो क्या उसका पुरुषार्थ गहन उदासी में डूब जाने और जीवन को निरुद्देश्य मान लेने तक ही सीमित है। मुक्तिबोध इसे नकारते हैं। वे कहते हैं--'मैं अपने खुद की जिन्दगी और दोस्तों की जिन्दगी के तजुर्बे से बता सकता हूँ कि अन्याय के खिलाफ आवाज बुलन्द करना 'आधुनिक भावबोध' के अन्तर्गत है। 'आधुनिक भावबोध के अन्तर्गत यह भी है कि मानवता के भविष्य --

---

1. तारसप्तक (द्वितीय संस्करण), पृष्ठ-196

निर्माण के संघर्ष में हम और भी अधिक दत्तचित्त हों तथा हम वर्तमान परिस्थिति को सुधारें, नैतिक ह्रास को थामें, उत्पीड़ित मनुष्य के साथ एकात्म होकर उसकी मुक्ति की उपाय-योजना करें।'[1] मानवता के भविष्य की स्थापना, विकृत स्वार्थवाद और भ्रष्टाचार के विरोध, सामाजिक सम्बन्धों में प्रेम और त्याग की भावना, अहंकार की उग्रता के विरोध, जैसी बुनियादी बातों को एक व्यापक जीवन-दर्शन में समाहित करके काव्य में उस जीवन-दर्शन की अभिव्यक्ति भी की जा सकती है और इस प्रकार 'आधुनिक भावबोध' को गहन निराशा एवं निरुद्देश्यता के अंधकार से निकाल कर एक सकारात्मक जीवन-प्रक्रिया का रूप दिया जा सकता है किन्तु मुक्तिबोध भी यह अनुभव करते हैं कि वास्तविक जीवन-क्षेत्र में अनुभूत किये जाने वाले तड़पते-छटपटाते हुए 'भाव-संवेदनों को' नया कवि काव्य स्तर पर 'इसीलिए नहीं उठा पाता कि इन भाव-संवेदनाओं के अनुकूल तदनुसारी कलात्मक उपादान और संवेदनशील कलात्मक भाषा का विकास उसने नहीं किया है।'[2] तात्पर्य यह है कि 'प्रयोगकाल' से लेकर 'नयी कविता' की प्रतिष्ठा तक के दौर में नया कवि संवेदना के स्तर पर अनुभूत नये जटिल भावबोध (आधुनिक भावबोध) की अभिव्यक्ति के प्रयत्न में नये कलात्मक उपादानों और नई संवेदनशील कलात्मक भाषा को विकसित करता रहा और सब मिला कर 'नई कविता' जटिल और दीक्षागम्य हो गयी। सन् 1959 में श्री शिक्षायतन कालेज, कलकत्ता द्वारा 'आधुनिक साहित्य बोध' पर आयोजित एक परिसंवाद में नामवर सिंह ने कहा था-- 'जटिलता के प्रति आधुनिक साहित्यकार की यह आत्म सजगता ही आधुनिक साहित्य को पूर्ववर्ती साहित्य से अलग करती है और सम्भवतः उसे अपेक्षाकृत अधिक जटिल भी बना देती है।'[3] इस नये (आधुनिक) जटिल भावबोध और तदनुकूल जटिल कलात्मक उपादानों से युक्त संश्लिष्ट काव्यभाषा वाली नई कविता के समानान्तर 'नई समीक्षा' का विकास हुआ।

पश्चिम में यह प्रक्रिया बहुत पहले शुरू हो गयी थी। वहाँ काव्य-भाषा को ऐसा रूप देने का प्रयत्न किया गया था कि वह 'विचार काव्य' के स्थान पर 'वस्तु-काव्य' को प्रतिष्ठित कर सके। 'विम्बवाद', 'प्रतीकवाद', और 'धनवाद' जैसे आन्दोलन इसी प्रयत्न के परिणाम थे। आलोचना के क्षेत्र में टी० एस० इलियट (1888 से 1965 ई०) ने जब अपना प्रसिद्ध 'निर्वैयक्तिकता' का सिद्धान्त प्रस्तुत किया था तो उसने एक प्रकार से काव्यास्वाद की प्रक्रिया को वैज्ञानिक और वस्तुनिष्ठ बनाने की ही कोशिश की थी। उसने कहा था--

''The progress of an artist is a continual self sacrifice, a continual extinction of personality. It is in this depersonalization that art may be said to approach the condition of science.''[4]

स्पष्ट है कि उसके सामने कला को विज्ञान की स्थिति में लाने की चुनौती थी। विचार-पूर्वक देखा जाय तो 'नई समीक्षा' इसी चुनौती को स्वीकार करने की परिणति है। हिन्दी में जब जटिल अनुभूतियों वाली 'नई कविता' के विवेचन और मूल्यांकन का प्रश्न उठा तो छायावादी संस्कारों से युक्त सौष्ठववादी समीक्षा व्यर्थ सिद्ध हुई। परम्परागत शास्त्रीय प्रतिमानों में 'रस' अप्रासंगिक प्रमाणित हो गया। 'ध्वनि' और 'वक्रोक्ति' की उपयोगिता एक सीमा तक स्वीकार्य हुई किन्तु नये सन्दर्भ में

---

1. मुक्तिबोध रचनावली, पृष्ठ-192
2. मुक्तिबोध, रचनावली, पृष्ठ-179
3. आधुनिक साहित्य बोध, पृष्ठ-42
4. Literary Criticism, P-375

इनके पुनराख्यान की आवश्यकता का अनुभव किया गया। मार्क्सवादी समीक्षकों के लिए रचना की पूर्ण स्वायत्तता स्वीकार करना सम्भव नहीं था। इसलिए आरंभिक दौर में इसके प्रति उनका रुख नकारात्मक बना रहा। ऐसी स्थिति में 'कविता के नये प्रतिमानों' की खोज में आंग्ल-अमेरिकी साहित्य में प्रतिष्ठित 'नई समीक्षा' से प्रेरणा और प्रभाव ग्रहण करना स्वाभाविक था। अतः हिन्दी की 'नई समीक्षा' पर विचार करने के पूर्व आंग्ल-अमेरीकी 'नई समीक्षा' का परिचय अप्रासंगिक न होगा।

सबसे पहले कोलंबिया विश्वविद्यालय के तुलनात्मक साहित्य के प्रोफसर स्पिनगार्न (S.E. Spingarn) ने 1911 ई० में 'नयी समीक्षा' शीर्षक एक शोध-पत्र लिखा। यह शोधपत्र 1913 ई० में प्रकाशित हुआ। इस शोधपत्र में स्पिनगार्न ने 'क्लैसिकल', 'रौमैण्टिक', 'समाजशास्त्रीय', 'जीवनमूलक' आदि समीक्षा पद्धतियों को अस्वीकार करते हुए यह स्थापित किया था कि समीक्षा वस्तुतः एक प्रकार की वैयक्तिक प्रतिक्रिया है जो जीवन्त अन्तर्दृष्टि पर आधृत होती है।[1] आगे चलकर नये समीक्षकों ने स्पिनगार्न का दिया हुआ यह नाम स्वीकार कर लिया। 'निश्चित रूप से यह कहना कठिन है कि किस तिथि को नई समीक्षा का जन्म हुआ, किन्तु यह निश्चित है कि टी० एस० इलियट की 'दी सीक्रेड वुड' (1920 ई०) मिडलटन मरे की 'दी प्राब्लम आफ स्टाइल' (1922 ई०) और आई० ए० रिचर्डस की 'प्रिंसिपुल्स ऑफ लिटरेरी क्रिटिसिज्म' (1924 ई०) जैसी कृतियों के माध्यम से इसके आधार-तत्त्वों का विकास हुआ।'[2] कहना न होगा कि रिचर्ड्स और इलियट दोनों ही इस बात पर बल देते थे कि समीक्षक का ध्यान मुख्य रूप से कविता पर ही केन्द्रित होना चाहिए। दोनों ही इतर बातों से हटकर कविता के विश्लेषण, व्याख्या और मूल्यांकन पर बल देते थे। आगे चलकर नये समीक्षकों ने जब रचना को पूर्णतः 'स्वायत्त भाषिक-संरचना' माना तो उन्होंने भी उसके भाषिक विश्लेषण पर ही बल दिया। सम्भवतः इसीलिए रिचर्डस को अमेरिका में 'नई समीक्षा' का जनक स्वीकार किया जाता है। 'नई समीक्षा' को पूर्णतः प्रतिष्ठित करने वाले जान क्रो रेनसम (John Crowe Ransom) ने कहा कि रिचर्डस से ही 'नई समीक्षा' की सही शुरुआत हुई।[3]

---

1. In his paper entitled 'New criticism' published in 1913, Spingarn expressed disapproval of the various current modes of evaluation, such as Classical, Romantic, Sociological, Biographical, etc. and maintained that criticism was really concerned with subjective reactions and was, in fact, dependent on vivid intuitions.
--Lieterary Criticism, P.432.

2. Although it is not possible to point out with definitness the exact date on which New Criticism took birth, its origin can be traced in such books as 'The Sacred Wood' (1920) by T.S.Eliot, 'The problem of Style' (1922) by Middleton Murry and Principles of Literary Criticism (1924) by I.A. Richards. -- Essay in Moden Criticism, P.37.

3. ''He was acknowledged as a 'Pater families. by the New Critics in America, one of whom, John Crowe Ransom said that the 'New Criticism' began with him in the right way, because he attemped to find it on more comprehensive basis than other critics did.''
-- Twentieth Century Literary Criticism, P. 51-52.

विलियम एम्पसन (Willim Empson) ने तो अपनी पुस्तक 'दी स्ट्रक्चर ऑफ कम्पलेक्स वर्ड्स (the Structure of complex words), यह कहकर उसे समर्पित की है कि इसमें जो भी उद्भावनाएँ हैं, उसका आदि स्रोत वही हैं। सन् 1941 में जान क्रो रेनसम की 'नई आलोचना' नामक पुस्तक प्रकाशित हुई है। यहीं से 'नई समीक्षा' को प्रतिष्ठा प्राप्त हुई। रेनसम के अतिरिक्त एलेन टेट (Allen Tate), राबर्ट पेन वारेन (Robert Penn Warren), आर०पी० ब्लैकमर (R.P. Blackmur), आइवर विंटर (Ivor Winters) और क्लीन्थ ब्रुक्स (Clenth Brooks), नये समीक्षकों में प्रमुख माने जाते हैं। इन सभी समीक्षकों ने 'कविता' पर ही पूरा ध्यान केन्द्रित करते हुए उसके भाषिक विश्लेषण पर बल दिया और उसकी अलग-अलग विशेषताओं को लक्षित किया। रैंसम के अनुसार-- 'कविता की रूप रचना में 'शब्द-विधान' (Texture) और 'अर्थ-विधान' (Structure) दोनों का संश्लेष होता है। शब्द-विधान 'बिम्बात्मक' होता है, अर्थ-विधान 'विचारात्मक'। इन दोनों का तनाव ही काव्य-भाषा को अपेक्षित भंगिमा प्रदान करता है। उसने लक्षित किया था कि इलियट की प्रसिद्ध कविता 'दी वेस्ट लैंड' में इसका अभाव है, जिसमें कविता का सौन्दर्य नष्ट हो गया है।'[1] टेट के अनुसार ''कविता का अस्तित्व जिस 'संतुलन' पर स्थित होता है वह उसके बहिरंग संतुलन (Extension) और अंतरंग (Intension) के बीच घटित होता है। टेट ने यहाँ 'संतुलन' (Tension) शब्द का प्रयोग बहिरंग संतुलन (अभिधेयार्थ को प्रकट करने वाला) और अंतरंग संतुलन (लक्ष्यार्थ को प्रकट करने वाला) के मध्य पूर्ण सामंजस्य के अर्थ में किया है।''[2] राबर्ट पेन वारेन की ख्याति आलोचक से अधिक कवि और उपन्यासकार के रूप में है। फिर भी उसकी समीक्षा में संयम और विश्लेषण की प्रवृत्ति प्रधान है। उसने काव्य-भाषा में व्यंग्य, विरोधाभास और प्रतीक पर विशेष, बल दिया है। उसने कहा-- ''कवि अपनी दृष्टि को 'आइरनी' की अग्नि में-- अर्थ-विधान के नाटकीय व्यापार में समर्पित करके अपने उद्देश्य की सिद्धि करता है और ऐसा वह इस आशा से करता है कि अग्नि में पड़कर वह शुद्ध हो जायेगी।''[3] ब्लैकमर ने सबसे अधिक महत्त्व 'जेस्चर' (Gesture) को दिया है। उसके अनुसार सांकेतिकता ही काव्य-भाषा का प्रधान गुण है, क्योंकि इसमें गति होती है। जहाँ अभिधा की भाषा समाप्त हो जाती है वहाँ सांकेतिक भाषा (Language of Gesture) कार्य करती है।[4] आइवर विंटर का दृष्टिकोण अन्य नये समीक्षकों से भिन्न है। वह स्वभाव से नैतिक था। नये समीक्षकों में उसकी गणना इसलिए की जाती है कि वह भी साहित्य-कृतियों की स्वतन्त्र सत्ता मानता है। और समीक्षा की विश्लेषण पद्धति का प्रयोग करता है। उसके अनुसार कवि अपनी भाषा में

---

1. ''The poem has a local 'texture' as well as a loose logical structure which, according to him, marred the beauty of the poem.''
-- Twentieth Century Literary Criticism, P.105.

2. '' What I am saying, of course, is that the meaning of peotry is its 'tension' the full organized body of all the extension and intension that we can find in it.''
-- Literary Criticism, P.437.

3. '' The Poet some what less spectacularly, proves his vision by submitting it to the fire of irony to the drama of his structure, in the hope that fires will refine it.''
-- Twentieth Century literary Criticism, P.107

4. नई समीक्षा, पृष्ठ-157, विश्वविद्यालय ग्रंथ निर्माण निदेशालय, दिल्ली विश्वविद्यालय, द्वारा प्रकाशित, 1978 ई०।

अभिधार्थ और लक्ष्यार्थ का गूढ़ संश्लेष उपस्थित करता है। टेट की भाँति वह भी कविता की आवयविक एकता पर बल देता है और उसे शब्दों के अन्तस्सम्बन्धों का ऐसा गूढ़ संश्लेष मानता है जो अन्तर्वस्तु की तर्कपूर्ण योजना, स्वरों की सुसंयोजित गति, लय, सान्निध्य, विपर्यय आदि पर आधृत होता है।'[1] क्लीन्थ ब्रुक्स विसंगति (Paradox) को काव्य-भाषा का प्रधान गुण मानता है। उसके अनुसार विसंगति ही किसी कविता के संरचनात्मक ढाँचे का मूल आधार है। वह कहता है--'कविता की प्रविधि व्यंजनात्मक और अप्रत्यक्ष होती है और वह बिम्बों, रूपकों, प्रतीकों, चरित्रों, और स्थितियों के माध्यम से नाटकीय रूप में अर्थ-प्रकाशन करती है।'[2] नई समीक्षा के अन्य उन्नायक विलियम एम्पसन ने अनेकार्थता (ambiguity) को काव्य-भाषा का प्राण-तत्त्व स्वीकार किया। उसने अनेकार्थता के सात प्रकारों का उल्लेख करके उनका सम्बन्ध कविता में व्यक्त जटिल मनःस्थितियों और उनके विविध स्तरों से जोड़ा। इस प्रकार उसने रिचर्ड्स द्वारा आरम्भ किये गये अर्थ-तात्त्विक अध्ययन की परम्परा को आगे बढ़ाया। उपर्युक्त विवेचन से स्पष्ट है कि नई समीक्षा के प्रतिष्ठापक और उन्नायक काव्य-भाषा के तात्विक विवेचन में एकमत नहीं है, किन्तु नई समीक्षा की मूल प्रतिज्ञा 'काव्य स्वतः वस्तु है' को लेकर उनमें पूर्ण सहमति है। 'नई समीक्षा' जिन आधारभूत बातों पर बल देती है वे निम्नलिखित हैं--

1- काव्य, भाषिक संरचना मात्र है, इसलिए भाषा के सर्जनात्मक तत्त्वों का विश्लेषण ही समीक्षा का मुख्य धर्म है।

2. ऐतिहासिक, समाजशास्त्रीय, दार्शनिक एवं मनोविश्लेषणवादी समीक्षाएँ अनावश्यक एवं अप्रासंगिक हैं।

3. सम्प्रेषण और आस्वाद के प्रश्न पर विचार तथा मूल्यांकन का प्रयत्न आवश्यक नहीं है।

4. रचना की आन्तरिक संगति और संश्लिष्ट विधान के विवेचन विश्लेषण के लिए उसका गहन पाठ नितान्त आवश्यक है।

'नयी समीक्षा' की सीमाओं का बोध स्वयं अमेरिकी समीक्षकों को बहुत शीघ्र ही हो गया। 1952 ई० तक आते-आते 'शिकागो स्कूल' के आलोचकों ने आर० एम० क्रेन के नेतृत्व में नये समीक्षकों का विरोध किया। इन्होंने प्रमाणित किया कि 'नयी समीक्षा' के औजारों से छोटी कविताओं का विश्लेषण भले कर लिया जाय, किन्तु प्रबन्ध-काव्यों, नाटकों और कथाकृतियों की समीक्षा के लिए वे बहुत उपयोगी नहीं हैं। 'शिकागो स्कूल' के समीक्षकों की सबसे बड़ी आपत्ति यह थी कि यदि वस्तुपरक विश्लेषण द्वारा विज्ञान के समक्ष मानविकी की प्रतिष्ठा के अतिरिक्त उत्साह में आलोचना गणित और विज्ञान बन जाती है तो इसे कैसे स्वीकार किया जा सकता है। आलोचना मानविकी का ही एक विषय है। वैज्ञानिक बनाने के प्रयत्न में इसे इसकी मूल प्रकृति से अलग कर देना उचित नहीं है।''[3]

---

1. ''Like Tate he emphasizes the organic unity of the poem, Which is a complex of 'relationships between words, depending on rational content, cadences, rhymes, Juxta postions, inversions and so on.... .''
--Twentieth Century Literary Criticism. P-107.

2. नई समीक्षा, पृष्ठ -30

3. 'The most Fundamental objection of the Chicago School to the programme

'नयी समीक्षा' की भाँति कृति को स्वायत्त मानने वाली एक अन्य समीक्षा-पद्धति 'शैली विज्ञान' भी है। 'शैली विज्ञान' भाषिक विश्लेषण की वह वैज्ञानिक पद्धति है जिसमें भाषा के सभी अभिव्यंजक उपादानों- ध्वनि-विज्ञान, छन्दशास्त्र, पद-विज्ञान, वाक्य-विज्ञान, शब्द-शास्त्र का समावेश किया गया है।[1] अपने विकसित रूप में 'शैली-विज्ञान' एक और अपने सिद्धान्त-तन्त्र की दृष्टि से 'भाषा-विज्ञान', 'संरचनावाद' और 'संकेतार्थ विज्ञान' (सिमिओटिक्स) से जुड़कर अपने को सम्यक् रूप में स्वरूपित कर पा रहा है तो दूसरी ओर प्रकार्य की दृष्टि से साहित्य-विश्लेषण और साहित्यालोचन की विशिष्ट प्रणाली के रूप में उपस्थित हो रहा है।[2] 'नयी समीक्षा' और शैली विज्ञान में अन्तर यह है कि 'शैली-विज्ञान' भाषा-विज्ञान का पूरा-पूरा आधार ग्रहण करके विश्लेषण में प्रवृत्त होता है, जबकि नयी समीक्षा ऐसा नहीं करती। उसमें 'विसंगति', 'विडम्बना', 'व्यंग्य', 'अनेकार्थता', 'संकेतार्थ', 'सन्तुलन', आदि जिन औजारों का प्रयोग किया जाता है वे भाषा-विज्ञान के औजार नहीं है। उनका सम्बन्ध काव्य-न्याय (लाजिक ऑफ पोयट्री) से है। कुछ भी हो, हिन्दी में शैली वैज्ञानिक आलोचना को विशेष महत्त्व नहीं दिया गया। प्रख्यात शैली वैज्ञानिक समीक्षक रवीन्द्र श्रीवास्तव द्वारा केदारनाथ सिंह की प्रसिद्ध कविता 'इस अनागत का क्या करें' की जो शैली वैज्ञानिक आलोचना की गयी है उसकी परीक्षा करने के बाद बच्चन सिंह कहते हैं-- 'स्पष्ट है कि विवरणात्मक शैली वैज्ञानिक प्रणाली के आधार पर वाक्यों, उपवाक्यों, संज्ञा, सर्वनाम,.पद, पदबन्ध आदि के माध्यम से कविता की जो परीक्षा की गयी है वह उसकी शव-परीक्षा बन जाती है। इसमें जिस व्याकरण की सहायता ली गयी है वह कविता को छोटे-छोटे खण्डों में काट तो देता है पर उसे संश्लेषित नहीं कर पाता। इस व्यवच्छेदन-व्यापार से मूल्यांकन का सम्बन्ध निःशेष हो जाता है।'[3] यह टिप्पणी शैली वैज्ञानिक समीक्षा की सीमाओं को स्पष्ट कर देती है। शैली-वैज्ञानिक आलोचक रवीन्द्र नाथ श्रीवास्तव इसका प्रतिवाद करते हैं। वे कहते हैं-- 'काव्य कृति को स्वायत्त मानने का अर्थ है विश्लेषण और परीक्षा की आधारशिला तथा मूल केन्द्रक के रूप में स्वयं कृति की स्वीकृति। अतः आलोचक के लिए यह जरूरी है कि वह पहले इसी आधारबिन्दु से आगे बढ़े। पर दृष्टि की इस समग्रता की माँग को भी उसे नहीं भूलना चाहिए कि इस आधार-बिन्दु से ऊपर उठकर उसे साहित्यिक और सांस्कृतिक समग्रता की पृष्ठभूमि में रखकर कृति को एक संश्लिष्ट घटक के रूप में भी देखना है।'[4] वस्तुतः प्रश्न सिद्धान्त का नहीं, व्यवहार का है और व्यवहार के धरातल पर हिन्दी में शैली वैज्ञानिक आलोचना अभी अपनी मूल्यवत्ता प्रमाणित नहीं कर सकी है। शैली विज्ञान के साथ ही 'संरचनावाद' का

---

and activities of the New Critics is that in their enthusiasm to rehabilitate Humanities, they sought to reduce literary criticism to the status of physical science, at the cost of its charater as a discipline in humanities.'
-- Essays in Modern Criticism, P.65.

1. ''It is an analytical science which covers all the expressive aspects of language: phonology, prosody, morphology, syntax and lexicology.''
-- A dictionary of Literary Terms, J. A. Cuddon, P.663.

2. शैली-विज्ञान का इतिहास, पाण्डेय शशि भूषण शीतांशु, पृष्ठ-109

3. आलोचना, जुलाई-सितम्बर, 1974, पृष्ठ-7

4. वही, अप्रैल-जून, 1977, पृष्ठ-51.

उल्लेख प्रासंगिक है। संरचनावाद के अनुसार साहित्य शाब्दिक संरचना है। वस्तुतः प्रत्येक वस्तु कई घटक तत्त्वों के संश्लेष से निर्मित होती है। ये घटक एक ओर परस्पर सम्बद्ध होते हैं दूसरी ओर पूर्ण निर्मित (अवयवी) के साथ उनका संतुलित संश्लेष होता है। साहित्य शाब्दिक संश्लेष है। 'संरचनावाद' की अवधारणा का मूल स्रोत जेनेवा और पेरिस में भाषा-विज्ञान के प्रोफेसर फर्दिनांद डि सस्यूर (1857-1913 ई०) द्वारा प्रतिपादित भाषा-सिद्धान्त है। सस्यूर के अनुसार भाषा के दो रूप हैं। एक 'ल लांग' दूसरा 'ल परोल'। 'ल लांग' को अन्तर्वैयक्तिक भाषा-व्यवस्था कह सकते हैं। 'ल परोल' को व्यक्ति-विशेष की भाषा कहा जा सकता है। 'लांग' अन्तःसम्बन्धित प्रतीकों की ऐसी सामान्य व्यवस्था है जो पूरे समाज में वैचारिक सम्प्रेषण सम्भव बनाती है। यह व्यवस्था भाषा समुदाय के सभी सदस्यों के लिए अनिवार्य है। 'परोल' का क्षेत्र सीमित है। व्यक्ति-भेद से उसका रूप बदल जाता है। 'क' का 'परोल' 'ख' से भिन्न होगा। 'परोल वैज्ञानिक' होने के साथ ही स्वच्छन्द और परिवर्तनशील भी है। उसका वैज्ञानिक अध्ययन सम्भव नहीं है। 'लांग' के ही नियमों से 'परोल' नियंत्रित होता रहता है। 'परोल' (व्यक्ति भाषा) के रूप में ही 'लांग' खंडशः मूर्त्त होता है। 'परोल' के आधार पर भाषा के नियमों का अनुसंधान ही 'संरचना' है। प्रसिद्ध नृतत्ववेत्ता लेवी स्त्रॉस ने इसी सिद्धान्त को मिथकों के अध्ययन पर लागू किया। उसके अनुसार मूलमिथक 'लांग' है तो उसके अलग-अलग रूप 'परोल'। मिथक के अलग-अलग रूपों के अध्ययन के बल पर मूल मिथक से सिद्धान्त स्पष्ट किये जा सकते हैं। साहित्य के क्षेत्र में इस सिद्धान्त को रोलॉवार्थ ने प्रश्रय दिया। 'संरचनावाद' के अनुसार हमें साहित्यिक कृति को एक विशिष्ट एकता से युक्त सम्पूर्ण संरचना के रूप में देखना-चाहिए। यह सम्पूर्ण संरचना पर्त-दर-पर्त इतनी जटिल होती है कि इसे अंगभूत उप संरचनाओं-- ध्वनि, छन्द, बिम्ब, पदविन्यास आदि के गुंफ के रूप में देखा जा सकता है। कृति विशेष की जटिल संरचना के विश्लेषण से प्राप्त सिद्धान्तों के आधार पर अन्ततः साहित्य मात्र की रचना के मूल सिद्धान्तों का अन्वेषण 'संरचनावाद' का लक्ष्य है। इसके साथ ही संरचनावादी उन मानसिक क्रियाओं का अन्वेषण भी करना चाहते हैं जो कृति विशेष को पढ़ते समय उसे समझने के प्रयत्न में पाठकों द्वारा (आम तौर पर अनजाने ही) निष्पादित होती है। यह होने पर भी 'संरचनावाद' के लिए रचना केवल शाब्दिक या भाषिक संरचना है। इसलिए रचनाकार के वैचारिक भावात्मक अभिप्राय का विवेचन संरचनावाद के अन्तर्गत नहीं आता।[1] ऐसी स्थिति में सब मिलाकर 'संरचनावाद' का झुकाव रूपवाद की ओर होना स्वाभाविक है। हिन्दी में अभी इस सिद्धान्त की सैद्धान्तिक चर्चा मात्र आरम्भ हुई है। किसी रचना का संरचनावादी सिद्धान्तों के आधार पर विश्लेषण करके उसके निहितार्थ को स्पष्ट किया गया हो, ऐसा देखने में नहीं आया।

हिन्दी में 'नयी समीक्षा' ठीक उसी रूप में नहीं आई जिस रूप में अमेरिकी नये समीक्षकों ने उसे प्रतिष्ठित किया था। हिन्दी के नये समीक्षकों ने काव्य के सन्दर्भ में भाषा के महत्त्व को स्वीकार किया। उसकी सर्जनात्मक विशेषताओं को लक्षित करने की चेष्टा की। कवि के अनुभव-संसार के विस्तार और भाषा-संसार के प्रसार की समानान्तरता का निरूपण किया। काव्य-भाषा के सन्दर्भ में बिम्बवैविध्य, तनाव, विसंगति और विडम्बना के महत्त्व को स्पष्ट करने की कोशिश की। शब्द-प्रयोग एवं ध्वनि-संयोजन से उत्पन्न चमत्कार को सराहा। काव्य के रूप-पक्ष और संवेद्य-तत्त्व की संश्लिष्टता को स्वीकार किया। रचनाओं के गहन पाठ को महत्त्व दिया किन्तु कविता को पूर्णतः ऐतिहासिक

---

1. आलोचना, जुलाई-सितम्बर, 1976, पृष्ठ-12

सन्दर्भ से काटकर देखने के आग्रह को अस्वीकार कर दिया। हिन्दी के मार्क्सवादी समीक्षकों ने भी रचना की स्वायत्तता को सम्मान देते हुए उसकी 'सापेक्षिक स्वायत्तता' का प्रतिपादन किया और रूप तत्त्व के विवेचन के महत्त्व को स्वीकारा। इसका सबसे बड़ा प्रमाण यह है कि डॉ० रामविलास शर्मा जैसे प्रखर मार्क्सवादी समीक्षक ने भी 'निराला' की समीक्षा करते हुए उनके काव्य-शिल्प का सूक्ष्म और विस्तृत विवेचन किया है। उन्होंने 'निराला' की कविताओं को उदाहृत करते हुए उनकी रचना-पद्धति का विश्लेषण किया है। स्थापत्य की सराहना की है। स्थापत्य के नियामक तत्त्वों--विवेक और स्वप्न दृष्टि— को लक्षित किया है। रूप, रस, गन्ध, स्पर्श और शब्द को ग्रहण करने वाली वृत्तियों के आधार पर उनकी कविताओं के मूर्ति-विधान की व्याख्या की है तथा उनकी प्रतीक-योजना, संश्लिष्ट बिम्ब-रचना, अनुप्रास-प्रेम, ध्वनि-प्रवाह, स्वर-साधना, शब्द-योजना, छन्द-विधान, अलंकरण, अर्थ-चमत्कार, गीति रचना-कौशल आदि की विस्तृत समीक्षा की है। यहाँ स्मरणीय है कि डॉ० शर्मा मूलतः रचनाकार की विचारधारा की परख करने वाले समीक्षक रहे हैं। 'निराला' के शिल्प का विवेचन उन्होंने निराला की काव्य-भाषा के गहन और गम्भीर अध्ययन के आधार पर ही किया है। काव्य-भाषा के गहन पाठ की यह प्रेरणा उन्हें 'नई समीक्षा' के व्यापक प्रभाव से प्राप्त हुई हो तो आश्चर्य नहीं।

— 0 —

हिन्दी नवजागरण के अग्रदूत : आचार्य महावीरप्रसाद द्विवेदी

आचार्य महावीरप्रसाद द्विवेदी हिन्दी–आलोचना के प्रथम आधार स्तम्भ हैं। उन्होंने हिन्दी-आलोचना को परम्परा से हटकर एक नवीन सांस्कृतिक भूमि पर प्रतिष्ठित किया। उन्होंने हिन्दी आलोचना की उस मूल्य-दृष्टि को आगे बढ़ाया, जिसका सूत्रपात भारतेन्दु-युग में श्री बालकृष्ण भट्ट ने किया था। उनकी मूल्य-दृष्टि एतादृशत्व के विरुद्ध और भविष्योन्मुखी थी। सन् 1920 में 'कविता और भविष्य' शीर्षक अपने एक अत्यन्त महत्त्वपूर्ण निबन्ध में उन्होंने कहा था—"भविष्य-कवि का लक्षण इधर ही होगा। अभी तक वह मिट्टी में सने हुए किसानों और कारखानों से निकले हुए मैले मजदूर को अपने काव्यों का नायक बनाना नहीं चाहता था। वह राज-स्तुति, वीर-गाथा अथवा प्रकृत्ति-वर्णन में ही लीन रहता था, परन्तु अब वह क्षुद्रों की भी महत्ता देखेगा और तभी जगत् का रहस्य सबको विदित होगा। जगत् का रहस्य क्या है? इस पर एक ने कहा है कि असाधारणता में यह रहस्य नहीं है। जो साधारण है, वही रहस्यमय है, वही अनन्त सौन्दर्य से युक्त है। इसी सौन्दर्य को स्पष्ट कर देना भविष्य-कवियों का काम होगा।"[1]

उपर्युक्त कथन पर ध्यान दीजिए। आचार्य द्विवेदी काव्य में 'धूल भरे किसान' और 'मैले मजदूर' को प्रतिष्ठित करने की हिमायत कर रहे हैं। वे 'असाधारण' के स्थान पर 'साधारण' को प्रतिष्ठित करने की बात कहते हैं और उसी में अनन्त सौन्दर्य की सम्भावना तलाश करते हैं। इसी निबन्ध में उन्होंने कला की पूर्णता के लिए ज्ञान और भाव, अथवा मस्तिष्क और हृदय के सन्तुलन पर बल दिया है। वे कहते हैं—"सच तो यह है कि ज्ञान को ऊर्जितावस्था में ही कला का सबसे अच्छा विकास होता है। हृदय के साथ मस्तिष्क की पुष्टि होने पर भावों की उत्तम अभिव्यक्ति होती है।"[2] हम कह सकते हैं कि आचार्य द्विवेदी के उपर्युक्त विचारों में 'मुक्तिबोध' के 'ज्ञानत्मक संवेदन' और 'संवेदनात्मक ज्ञान' का बीज निहित है। हमें खेद के साथ कहना पड़ता है कि न तो आचार्य द्विवेदी द्वारा प्रतिष्ठित काव्य-सद्धान्तों पर गम्भीरता से विचार

---

1. महावीरप्रसाद द्विवेदी, रचनावली-2, पृ. 98।
2. वही, भाग 2 पृ. 96।

किया गया, न उनकी व्यावहारिक समीक्षाओं में, निहित मूल्य-दृष्टि का अनुसंधान। एक बार भाषा के सुधार और परिष्कार पक्ष से जुड़ जाने के बाद उनकी यही छवि थोड़े-बहुत हेर-फेर के साथ बार-बार प्रतिष्ठित की जाती रही। डॉ. रामविलास शर्मा ने पहली बार आचार्य द्विवेदी के प्रदेय का पुनर्मूल्यांकन किया, उनकी नई मूर्ति उकेरी और उन्हें हिन्दी नव-जागरण के पुरोधा के रूप में प्रतिष्ठित किया; किन्तु यह तो विगत इसी शती के आठवें दशक में सम्भव हुआ।

आचार्य महावीरप्रदसाद द्विवेदी का एक आलोचक के रूप में पहला मूल्यांकन आचार्य शुक्ल ने किया। उन्होंने यह तो स्वीकार किया कि किसी ग्रन्थकार के गुण अथवा दोष ही दिखाने वाली पहली पुस्तक पं. महावीरप्रसाद द्विवेदी की 'हिन्दी-कालिदास की आलोचना' थी किन्तु एक समर्थ आलोचक के रूप में द्विवेदी जी के व्यक्तित्व को उन्होंने महत्त्व नहीं दिया। आचार्य द्विवेदी की 'विक्रमांकदेव चरित चर्चा', नैषध चरित चर्चा', 'कालिदास की निरंकुशता' आदि का उल्लेख करने के बाद उन्होंने लिखा-"जो हो, इन पुस्तकों को एक मुहल्ले में फैली बातों से दूसरे मुहल्ले वालों को कुछ परिचित कराने के प्रयत्न के रूप में समझना चाहिए, स्वतन्त्र समालोचना के रूप में नहीं।"[1]

शुक्ल जी ने द्विवेदी जी द्वारा दी गई पुस्तक-समीक्षा को अवश्य महत्त्व दिया, किन्तु यह महत्त्व भाषा-परिष्कार की दृष्टि से दिया गया, विषयवस्तु के मूल्यांकन या विवेचन की दृष्टि से नहीं। शुक्लजी ने लिखा—"यद्यपि द्विवेदी जी ने हिन्दी के बड़े-बड़े कवियों को लेकर गम्भीर साहित्य-समीक्षा का स्थायी साहित्य नहीं प्रस्तुत किया, पर नई निकलीं पुस्तकों की भाषा आदि की खरी आलोचना करके हिन्दी-साहित्य का बड़ा भारी उपकार किया।"[2] अर्थात् आचार्य द्विवेदी खरे आलोचक हैं लेकिन उनका महत्त्व भाषा-समीक्षक के रूप में ही मान्य होना चाहिए। आचार्य नन्ददुलारे वाजपेयी ने द्विवेदी को नवयुग का प्रवर्त्तक तो स्वीकार किया, किन्तु उनके आलोचक का मूल्यांकन वे भी नहीं कर सके। उन्होंने लिखा—"द्विवेदीजी का व्यक्तित्व मूलतः सुधारक और प्रवर्त्तक व्यक्तित्व है। उन्होंने समस्त प्राचीन को ताक पर रखकर नवीन अभ्यास और नए अनुभवों का रास्ता पकड़ा। हिन्दी की किसी भी प्राचीन परम्परा के वे कायल न थे। संस्कृति से उनका प्रेम अवश्य था, पर वह भी उतना ही, जितना नवीन हिन्दी को स्वरूप देने के लिए आवश्यक था। इसीलिए द्विवेदी जी की शैली में सम्पूर्णतः नवीनता के दर्शन होते हैं।"[3] वाजपेयी जी की दृष्टि में द्विवेदी जी सुधारक हैं, प्रवर्त्तक हैं, नवीनता को पूर्णतः और समग्रतः स्वीकार करते हैं, किन्तु अन्ततः यह सब उनकी शैली की नवीनता में आकर सीमित हो जाता है। **'हिन्दी आलोचना : उद्भव और विकास'** के लेखक भगवत्स्वरूप मिश्रबन्धुओं को समीक्षा-पद्धति का विश्लेषण तो

---

1. हिन्दी साहित्य का इतिहास, आचार्य रामचन्द्र शुक्ल, पृ. 528।
2. वही, पृ. 528
3. हिन्दी साहित्य : बीसवीं सदी, नन्ददुलारे वाजपेयी, भूमिका

लगभग 20 पृष्ठों में किया, किन्तु आचार्य द्विवेदी की समीक्षा के लिए अलग शीर्षक देकर विचार करना भी आवश्यक नहीं समझा।

'द्विवेदी-काल में आलोचना का स्वरूप' शीर्षक के अन्तर्गत उनकी समीक्षा का विवेचन करते हुए उन्होंने निष्कर्ष रूप में कहा—"उन्होंने कवियों और जनता दोनों में ही सुरुचि जाग्रत करने का प्रयत्न किया और वे इस कार्य में पर्याप्त रूप से सफल भी हुए। द्विवेदी जी जैसे कठोर निरीक्षक के अभाव में रीति-काल का गन्दा नाला अब तक बहकर सारे साहित्य को आप्लावित कर देता। इस प्रकार द्विवेदी जी की आलोचना की मूल प्रेरणा सुरुचि और सत्साहित्य का निर्माण है।"[1] वस्तुतः रीति-काव्य का विरोध तो भारतेन्दु-युग में ही होने लगा था। बालकृष्ण भट्ट और उसके बाद बालमुकुन्द गुप्त श्रृंगारिक रीति-कविता के विरोधी थे। प्रतापनारायण मिश्र ने भी देश और समाज-हित को केन्द्र में रखकर कृतियों की श्रेष्ठता का प्रतिपादन किया था। आचार्य द्विवेदी उसी परम्परा का विकास कर रहे थे। आचार्य द्विवेदी का महत्त्व मात्र रीति-श्रृंगार विरोधी आचार्य के रूप में नहीं है, उनका महत्त्व उस वैज्ञानिक जीवन-दृष्टि के स्वीकार के कारण है जिसके आधार पर रचित हिन्दी-साहित्य नव जागरण का अग्रदूत बनकर क्रान्तिकारी सामाजिक परिवर्त्तन की गति और दिशा निर्दिष्ट करता है। आचार्य द्विवेदी के साहित्य पर गम्भीर शोध-कार्य करने वाले डॉ. उदयभानु सिंह ने उनके व्यक्तित्व को तप के रूप में स्वीकार किया, किन्तु साहित्य की श्रेष्ठता का निर्णय करने वाली उनकी सामाजिक मूल्य-दृष्टि का उद्घाटन उन्होंने भी नहीं किया। उन्होंने लिखा—"आलोचक द्विवेदी का सच्चा स्वरूप उनकी कृतियों के कतिपय संग्रहों में नहीं है। वह उस युग के साहित्य के साथ एक हो गया है। उन्होंने आलोचना को तप के रूप में स्वीकार किया। उनकी संहारात्मक समीक्षाओं ने लेखकों को सावधान करके, भाषा को सुव्यवस्थित करके हिन्दी साहित्य की दृश्य और इयत्ता को उन्नत करने की भूमिका प्रस्तुत की, साहित्य-जगत में जागृति उत्पन्न की, जिसके फलस्वरूप आगे चलकर माननीय ठोस ग्रन्थों की रचना हो सकी।"[2] डॉ सिंह ने भी आचार्य द्विवेदी के युग विधायक-व्यक्तित्व को भाषा-व्यवस्थापक और साहित्य-जगत् में जागृति उत्पन्न करने वाले आन्दोलनकर्त्ता तक ही सीमित कर दिया। यदि वे यह सोच सके होते कि न जागृति के मूल में नवीन सांस्कृतिक-सामाजिक चेतना कार्य कर रही थी, जिसका आधार नवीन वैज्ञानिक चिन्तन था, तो उनका मूल्यांकन अधिक प्रासंगिक और मौलिक होता। आचार्य द्विवेदी के आलोचक-व्यक्तित्व की पहली बार डॉ. रामविलास शर्मा ने हिन्दी नव-जागरण के व्यापक परिप्रेक्ष्य में उभार कर सामने रखा। उन्होंने आचार्य द्विवेदी के चिन्तन और लेखन के साक्ष्य पर यह प्रमाणित किया कि हिन्दी नव-जागरण की अपनी विशेषताएँ हैं और वे विशेषताएँ बंगाल और गुजरात के नव-जागरण से भिन्न हैं। उन्होंने यह भी प्रतिपादित किया कि छायावादी साहित्य द्विवेदी युग के प्रति विद्रोह का साहित्य नहीं है,

1. हिन्दी आलोचना : उदभव एवं विकास, पृ. 248।
2. महावीरप्रसाद द्विवेदी और उनका युग, पृ. 142।

वरन् वह महावीरप्रसाद द्विवेदी के ही कार्य की अगली कड़ी है। उन्होंने लिखा—"द्विवेदी जी की युगान्तकारी भूमिका यह है कि उन्होंने वैज्ञानिक ढंग से अनेक समस्याओं का विवेचन गहराई से किया।"[1] उनकी दृष्टि में द्विवेदी जी अपने समय में सबसे बड़े बुद्धिवादी और वैज्ञानिक विचार-पद्धति के समर्थक थे। डॉ. शर्मा के मूल्यांकन के बाद द्विवेदीजी की एक नई प्रतिभा हिन्दी-जगत में उभर कर सामने आई है। लेकिन उनके महत्त्व और मूल्य के प्रति प्रश्नचिन्ह अब भी लग रहे हैं। कहा जाता है कि उन्होंने हिन्दी-गद्य के मानकीकरण का प्रयत्न अवश्य किया, किन्तु व्याकरण के नियमों को इतना महत्त्व दिया कि सर्जनात्मक, गद्य की सम्भावनाएँ समाप्त होने लगीं। यह भी कहा जाता है कि आचार्य द्विवेदी के प्रभाव-क्षेत्र के बाहर का हिन्दी-साहित्य अधिक सर्जनात्मक है। संवेदना के स्तर पर आचार्य द्विवेदी का लेखन मर्मस्पर्शी नहीं है। स्थायित्व की दृष्टि से उनकी रचनों का महत्त्व नगण्य है। वहाँ यह स्मरणीय है कि आचार्य शुक्ल ने द्विवेदी जी की समीक्षा को गम्भीर और स्थायी महत्त्व की न मानते हुए भी उनके उपकार को अविस्मरणीय माना है और यह भी कहा है कि—"गद्य की भाषा पर द्विवेदी जी के इस शुभ प्रभाव का स्मरण जब तक भाषा के लिए शुद्धता आवश्यक समझी जाएगी, तब तक बना रहेगा।" शुक्लजी ने काव्य के क्षेत्र में भी द्विवेदीजी के प्रभाव को महत्त्व दिया है। वे कहते हैं—"बात यह है कि उसी समय पं. महावीरप्रसाद द्विवेदी साहित्य क्षेत्र में आए, जिनका प्रभाव गद्य-साहित्य और काव्य-निर्माण दोनों पर बहुत ही व्यापक पड़ा।"[2] यद्यपि शुक्ल जी ने सच्ची और स्वाभाविक स्वच्छन्दता के विकास में द्विवेदी जी के प्रभाव को बाधक माना है, किन्तु 'प्रभाव की व्यापकता' पर वे बल देते हैं। प्रश्न यह है कि जिसका गद्य-साहित्य और काव्य-निर्माण दोनों पर व्यापक प्रभाव है, उसके सर्जनात्मक और विचारक व्यक्तित्व को, व्यापक ऐतिहासिक सन्दर्भ में, आप कैसे अस्वीकार कर सकते हैं? आचार्य द्विवेदी के समग्र लेखन के भीतर एक गहरी अन्तर्दृष्टि व्याप्त है। इसका सम्यक् उद्घाटन करने के लिए हमें उन पूर्ववर्ती कड़ियों को देखना होगा, जिनको संघटित करके द्विवेदी ने नई शक्ति और ऊर्जा के साथ आगे बढ़ाया।

पं. महावीरप्रसाद द्विवेदी से पहले बाबू भारतेन्दु हरिश्चन्द्र आलोचना का सूत्रपात कर चुके थे। उन्होंने 'नाटक' शीर्षक निबन्ध में शास्त्रीय समीक्षा सिद्धान्तों के देश-कालानुरूप परिवर्तित होते रहने की बात बलपूर्वक कही थी। उन्होंने नाटकों के उद्देश्य पर विचार करते हुए समाज संस्कार और देश-वत्सलता को महत्त्व दिया था। इस प्रकार भारतेन्दु ने आलोचना के क्षेत्र में दो मूलभूत आधारों की स्थापना की। प्रथम तो यह कि शास्त्रीय सिद्धान्त परिवर्तनीय हैं। उनका युगानुकूल पुनराख्यान होना चाहिए। दूसरे यह कि काव्य का मूल्याकंन समाजिक चेतना को भी दृष्टि में रखकर करना

---

1. महावीरप्रसाद द्विवेदी और हिन्दी नवजागरण, भूमिका पृ. 18।
2. हिन्दी साहित्य का इतिहास, पृ. 604।

चाहिए। शास्त्रीय मर्यादा से युक्त होते हुए भी काव्यकृति तभी महत्त्वपूर्ण मानी जा सकती है, जब उसमें समाज संस्कार की चेतना और देशभक्ति की भावना हो। आगे चलकर बालकृष्ण भट्ट, बद्रीनारायण चौधरी 'प्रेमघन' और प्रतापनारायण मिश्र इन तीनों आलोचकों ने साहित्य के जीवन के साथ सम्पृक्त करके देखा। साहित्य में संयम, मर्यादा और शुद्धाचरण की प्रतिष्ठा पर अधिक बल दिया। महावीरप्रसाद द्विवेदी ने इस परम्परा को आगे बढ़ाया। उन्होंने प्राचीन मान्यताओं के युगानुकूल परिवर्तन की ही बात नहीं कही, कुछ मान्यताओं के सर्वथा त्याग कर भी बल दिया। समाज-संस्कार को सर्वोपरि महत्त्व दिया। ''काव्य में भव्य भावों के उद्‌बोधन और मानव-चरित्र के उन्नयन की शक्ति होनी चाहिए।'' इस सूत्र को सदैव सामने रखा और इसी आधार पर कृतियों की श्रेष्ठता पर हीनता प्रमाणित की। उन्होंने काव्य में सोद्देश्यता के महत्त्व को स्वीकार करते हुए उसमें नैतिक, उपयोगी, प्रभावपूर्ण, नवीन सरस विषयों के समावेश पर बल दिया। प्राचीन परिपाटी के शास्त्रीय ग्रन्थों-'अलंकार', 'रीति' और 'नायिका-भेद' सम्बन्धी-के प्रकाशन के प्रति उनमें एक प्रकार की क्षोभपूर्ण विरक्ति-भावना थी। वे कवि या लेखक के मूल मन्तव्य का मूल्यांकन करना आवश्यक समझते थे। अवान्तर बातों को लेकर बाल की खाल निकालना उन्हें अनावश्यक लगता था। किसी भी कवि की आलोचना करते समय वे कवि के आविर्भावकालीन परिस्थितियों का अध्ययन भी आवश्यक मातने थे। तात्पर्य यह है कि आलोचक द्विवेदी के मूल्यांकन के आधार-तत्त्व व्यापक हैं।

प्राचीनता से उचित का ग्रहण और अनुचित का त्याग, नवीनता से विवेकपूर्ण स्वीकृति, शास्त्र के स्थितिशील तत्त्वों की उपेक्षा समाज-संस्कार को महत्त्व, उपयोगिता, सोद्देश्यता, सदाशयता, स्वाभाविकता, सरसता और प्रभावोत्पादन की क्षमता को काव्य के आवश्यक तत्त्वों के रूप में प्रतिष्ठित करने का आग्रह आदि वे मूलभूत मान्यताएँ हैं, जिनं पर द्विवेदी जी की आलोचना आधृत है। इसी दृष्टि से आपने भारतेन्दु-युग के लेखकों, मिश्रबन्धुओं के 'हिन्दी नवरत्न' तथा मैथिलीशरण गुप्त की 'भारत भारती' की आलोचना की। हिन्दी आलोचना के विकास में द्विवेदी जी की सामाजिक चेतना की तुलना उन्नीसवीं सदी के पाश्चात्य प्रगतिशील विचाराकों से करते हुए डॉ. रामविलास शर्मा ने लिखा है—''महावीर द्विवेदी की सामाजिक चेतना की तुलना 19वीं सदी के पाश्चात्य प्रगतिशील प्रचारकों की सामाजिक चेतना से की जाए तो देखा जाएगा कि बीसवीं सदी का आरम्भ होते-होते हिन्दी बुद्धिजीवियों की सामाजिक चेतना तेज़ी से बदल रही है और पूर्ववर्ती पाश्चात्य विचारकों की चेतना के समानान्तर बढ़ रही है। यही कारण है कि इतिहास और समाजशास्त्र के विवेचन में द्विवेदी जी की विचारधारा इतनी आधुनिक और वैज्ञानिक दिखाई देती है और दार्शनिक विषयों का विवेचन यह नवीन बुद्धिवादी तार्किक दृष्टि से प्रस्तुत करते हैं। यह स्थिति दर्शन और इतिहास के

क्षेत्र में ही नहीं है इनके साथ साहित्य के क्षेत्र में भी वही चेतना सक्रिय है।''[1] हम आरम्भ में ही देख चुके हैं कि आचार्य द्विवेदी ने भविष्य की कविता में 'साधारण' की प्रतिष्ठा और उसी में अनन्त सौन्दर्य की सम्भावना की ओर संकेत किया था। साथ ही उन्होंने कला की पूर्णता के लिए मस्तिष्क और हृदय के सन्तुलन पर बल दिया था। डॉ. शर्मा ने आचार्य द्विवेदी की इसी नवीन बुद्धिवादी चेतना की ओर संकेत किया है इस चेतना में हृदय का विसर्जन नहीं उस पर विवेक का नियन्त्रण मान्य है।

सैद्धान्तिक दृष्टि से आचार्य द्विवेदी रसवादी, आलोचक माने जाएँगे। आपका यह 'रसवाद' लोकहित की भावना से मर्यादित है। 'रसवाद' की यही परम्परा आचार्य शुक्ल में गहराई एवं गम्भीरता की चरम सीमा पर पहुँच गई है। कविता की परिभाषा बताते हुए द्विवेदी जी ने संस्कृत के आचार्यों की परिभाषाओं का सार रूप इस प्रकार पद्यबद्ध किया है—

सुरम्य रूपे! रसराशि रंजिते। विचित्र वर्णाभरणे। कहाँ गई।
अलौकिकानंद-विधायिनी ! महाकवीन्द्र कान्ते! कविते! अहो कहाँ?
सुरम्यता की कमनीय कान्ति है अमूल्य आत्मा रस है मनोहरे।
शरीरे तेरा सब शब्द मात्र है, नितान्त निष्कर्ष यही, यही, यही।

'रसज्ञ-रंजन ' में भी एक स्थान पर आपने लिखा है—

''कवियों का यह काम है कि ये जिस पात्र अथवा वस्तु का वर्णन करते हैं, उसका रस अपने अन्तःकरण में लेकर उसे ऐसा शब्द स्वरूप देते हैं कि उन शब्दों को सुनने से वह रस वालों के हृदय में जागृत हो जाता है।'' अपने अन्य गद्य-निबन्धों–'कवि बनने के सापेक्ष्य साधन', 'कवि और कतिवा'–में भी आपने प्रकारान्तर से उपर्युक्त 'रसवाद' का ही समर्थन किया है। संस्कृत कवियों की व्यावहारिक समीक्षा करते समय भी आपने प्रायः सहृदयता की माँग की है। कालिदास की प्रशंसा करते हुए आपने उनके भावोद्‌बोधन की शक्ति, सौन्दर्य एवं रस चेतना, प्रसंगानुकूल शब्द-योजना तथा वर्ण्य-विषय की मूर्ति खड़ी कर देने की क्षमता का विशेष रूप से उल्लेख किया है। रस-दृष्टि को विशेष महत्त्व देने के कारण ही आपने अलंकारशास्त्र के जटिल नियमों को शिथिल करने की बात कही है। आप पिंगलाशास्त्र के नियमों को अनिवार्य नहीं मानते थे। आपकी दृष्टि में पद्य के नियम कवि के लिए एक प्रकार की बेड़ियाँ हैं, उनमे जकड़ जाने से कवियों को अपनी स्वाभाविक उड़ान से कठिनाइयों का सामना करना पड़ता है। इसी प्रकार नाट्यशास्त्र के प्राचीन जटिल नियमों को भी नाट्य – रचना के लिए आप अनिवार्य नहीं मानते थे। अपने 'नाट्यशास्त्र' में आप कहते हैं – '' हमारा यह मत है कि हिन्दी में नाटक लिखने वालों के लिए इन सब भेदों का विचार करना आवश्यक नहीं। इससे यह अर्थ न निकालना चाहिए कि 'नाट्यशास्त्र' के

1. महावीरप्रसाद द्विवेदी और हिन्दी नवजागरण, पृ. 277।

आचार्यों में हमारी श्रद्धा नहीं है। हमारा कहने का तात्पर्य इतना ही है कि ये सब जटिल नियम उस समय के लिए थे, जिस समय भरत, धनन्जय आदि ने अपने ग्रन्थ लिखे हैं।"[1] अपने इस उदार दृष्टि कोण के कारण ही द्विवेदी जी ने पाश्चात्य समीक्षा-प्रणाली से भी आवश्यक एवं उपयोगी गुणों को अपनाया और अपने व्यक्तित्व को समृद्ध किया।

इसमें सन्देह नहीं कि द्विवेदी जी ने कुछ प्रसिद्ध अंग्रेज़ी कवियों और लेखकों की कृतियों को ध्यान से पढ़ा था। उन्होंने 'नागरी-प्रचारिणी-सभा' को जो पुस्तकें दान में दी हैं, उनमें 1198 पुस्तकें अंग्रेज़ी की हैं। उन्होंने 'बेकन विचार रत्नावली', 'शिक्षा' और 'स्वाधीनता' के नाम से क्रमशः बेकन के निबन्धों (59 में मात्र 36), हर्वर्ट स्पेंसर की पुस्तक 'एज्यूकेशन' और जॉन स्टुअर्ट मिल की पुस्तक 'आन लिबर्टी' का हिन्दी-अनुवाद भी प्रस्तुत किया था। ऐसी स्थिति में उन पर पाश्चात्य प्रभाव पड़ना स्वाभाविक था, किन्तु इस प्रभाव को उन्होंने पूरी तरह पचाकर अपने व्यक्तित्व का अंग बना लिया है। उनके अभ्युदय से बहुत पहले ही बंगला और मराठी साहित्य नवचेतना से प्रभावित हो चुका था। द्विवेदी जी ने संस्कृत, अंग्रेज़ी के साथ ही बंगला, मराठी और गुजराती साहित्य का भी अध्ययन किया था। इनके संश्लेष से उनकी एक स्वस्थ वैज्ञानिक दृष्टि बन चुकी थी। अंग्रेज़ कवियों में वे सबसे अधिक वड्र्सवर्थ से प्रभावित थे। डॉ. रवीन्द्र सहाय वर्मा के अनुसार—'वड्र्सवर्थ के लिरिकल बैलेड्स की भूमिका में दिये हुए काव्य-सिद्धान्त के अनुरूप ही उन्होंने गद्य और पद्य की भाषा के एक होने, छोटे, विषयों पर काव्य-रचना करने तथा काव्य को अनुभूति-प्रधान बनाने की बात कही।"[2] निश्चय ही आचार्य द्विवेदी की कई साहित्यिक मान्यताओं पर अंग्रेजी के कवियों और लेखकों का प्रभाव है। किन्तु ध्यान रखना होगा कि आचार्य द्विवेदी का निजी व्यक्तित्व इतना सबल है। उनकी राष्ट्र-निष्ठा इतनी प्रबल है और उनका विवेक इतना जागृत है कि वे प्रभाव चाहे जहाँ से ग्रहण करे अन्ततः उसे अपने व्यक्तित्व में संश्लिष्ट करे लेते हैं। वे यह नहीं मानते कि किसी पूर्ववर्ती विचाराकों के श्रेष्ठ विचारों को आत्मसात् करने से मौलिकता खण्डित होती है। अपने 'मौलिकता का मूल्य' शीर्षक निबन्ध में वे कहते हैं—"दूसरों के द्वारा प्राप्त ज्ञान से लाभ उठाने की परिपाटी तो परम्परा से चली आ रही है और पर्वूजों के इस ऋण से बचने का उपाय भी तो नहीं। सभी लेखक, सभी ग्रन्थकार—अपने पूर्ववर्ती पण्डितों के ज्ञान से अपनी ज्ञान-वृद्धि करते चले आ रहे हैं। यह क्रम आज का नहीं, बहुत पुराना है और सतत् जारी रहेगा।[3]आचार्य द्विवेदी के लिए विचार और विद्वान कहीं के हों, यदि वे हमसे पहले

1. महावीरप्रसाद द्विवेदी रचनावली-2, पृ. 29।
2. पाश्चात्य साहित्यालोचन और हिन्दी पर उसका प्रभाव, पृ. 18।
3. महावीर प्रसाद द्विवेदी रचनावली-2 पृ. 433।

उत्पन्न होकर कुछ नया और विशिष्ट दे गये हैं, तो वे सभी हमारे पूर्वज हैं, उनके ज्ञान से अपनी ज्ञान-राशि को समृद्ध करना, हमारा धर्म है। किसी से प्रभावित होकर उसका अनुकरण करना और बात है, किसी के ज्ञान को आत्मसात् करके अपनी ज्ञानराशि को समृद्ध करना, अपने व्यक्तित्व को उन्नयन करना, दूसरी बात है हिन्दी-आलोचना के क्षेत्र में प्रभाव ग्रहण की यह परम्परा आगे भी चलती रही है। आचार्य शुक्ल तक ने पश्चिम के अनेक दार्शनिकों, वैज्ञानिकों और आलोचकों से प्रभाव-ग्रहण किया है। उनसे उत्तेजना पायी है। किन्तु उनके यहाँ एक टकराहट है, सहज स्वीकार नहीं। आचार्य शुक्ल पाश्चात्य विचारकों के व्यक्तित्व से आक्रान्त नहीं होते। कहीं उनकी सीमाओं का उल्लेख करके, कहीं अपने समर्थन से उनकों उद्धत करके और कहीं स्वस्थ साहित्य के सृजन में उनकी अपार्थता का बोध कराकर, आगे चढ़ जाते हैं। आचार्य महावीरप्रसाद द्विवेदी चुनकर उनकी उपयोगी बातें ले लेते हैं और सन्तुष्ट हो जाते हैं ।

आचार्य द्विवेदी संस्कृत का संस्कार लेकर हिन्दी में आये थे। उनके समय तक आलोचना की कोई मान्य पद्धति भी विकसित नहीं हुई थी। तुलनात्मक आलोचना जिन प्राचीन सिद्धान्तों को आधार मानकर लिखी जा रही थी, वे सिद्धान्त आचार्य द्विवेदी को मान्य नहीं थे। भारतेन्दु-काल से प्रारम्भ होने वाली कृतियों की श्रेष्ठता को समाज और देश-हित की कसौटी पर कसने वाली आलोचना का अभी तक कोई तर्क-पुष्ट व्यवस्थित रूप नहीं ढला था। ऐसी स्थिति में द्विवेदी जी का संस्कृत आचार्यों की पद्धति को आधार बनाना स्वाभाविक था। संस्कृत में आलोचना के मुख्यतः छः रूप प्रचलित थे—आचार्य पद्धति, टीका-पद्धति, शास्त्रार्थ पद्धति, सुक्ति-पद्धति, खण्डन-पद्धति और लोचन पद्धति। आधुनिक दृष्टि से देखने पर यह पद्धतियाँ आलोचना नहीं कही जा सकती। आचार्य द्विवेदी ने भी संस्कृत पण्डितों की परम्परा का पूर्णतः अनुसरण करते हुए इनका प्रयोग नहीं किया है। वे तो आलोचक के न्यायाधीश के रूप में देखते थे, जो सभी दृष्टियों से विचार करके अपना निर्णय सुनाता है, किन्तु उनके अवचेतन में इन पद्धतियों के संस्कार अवश्य थे। 'कालिदास की निरंकुशता' दिखाते समय आपने उनके टीकाकारों—मल्लिनाथ, हेमाद्रि, सुमति विजय वल्लभ और दिनकर मिश्र आदि-का उल्लेख किया है और बताया है कि इन लोगों के दोषों का स्पष्ट उल्लेख किया है। दोष-दर्शन की परम्परा उन्हें इन्हीं पण्डितों से प्राप्त हुई थी। इसी कारण द्विवेदी जी की समीक्षा में उपर्युक्त सभी पद्धतियों का प्रभाव किया जा सकता है। उपर्युक्त पद्धतियों में आचार्य-पद्धति को प्रकारान्तर से 'सैद्धान्तिक आलोचना-पद्धति' भी कह सकते हैं। द्विवेदी जी ने 'नाट्यशास्त्र' और 'रसज्ञ-रंजन' की रचना इसी पद्धति से की है। उनकी व्यावहारिक आलोचनाओं में भी इतस्ततः शास्त्रीय सिद्धान्त बिखरे मिल जाते हैं। द्विवेदी जी ने टीका-पद्धति का प्रयोग कम किया है।

'कालिदास की कविता में चित्र बनाने योग्य-स्थान' 'कालिदास की वैवाहिकी कविता' शीर्षक से लिखी गई समीक्षाओं को इस पद्धति के अन्तर्गत रख सकते हैं। 'सरस्वती' में समय-समय पर प्रकाशित होने वाली पुस्तक समीक्षाएँ भी इसी पद्धति के अन्तर्गत आती हैं। सुविधा की दृष्टि से इस पद्धति को परिचयात्मक आलोचना-पद्धति भी कह सकते हैं। किन्तु सामान्य पुस्तक समीक्षाओं और संस्कृत कवियों की रचनाओं के प्रसंग-विशेष को सामने रखकर लिखी गई समीक्षाओं में बड़ा अन्तर है। पुस्तक समीक्षाओं में द्विवेदीजी ने मुख्यतः प्रकाशन का उद्देश्य, पुस्तक की प्रमाणिकता, इसमें लक्षित होने वाली भाषा और व्याकरण की त्रुटियाँ और उसकी व्यावहारिक उपयोगिता पर ही प्रकाश डाला है, किन्तु संस्कृत कवियों के महाकाव्यों के चुने हुए प्रसंगों की समीक्षा करते समय वे उसमें पूरा रस लेते हैं, और कविता की बारीकियों की ओर हमारा ध्यान आकृष्ट करते हैं। ऐसे अवसरों पर उनकी शैली प्रभावाभिव्यंजक हो जाती। उदाहरण के लिए 'कालिदास की वैवाहिकी कविता' निबन्ध में कालिदास के निम्नलिखित श्लोक—

एवं वादिनी देवर्षी पार्श्वेयितुरधोमुखी।
लीला कमलपत्राणि ,णयामास पार्वती।।

को उद्धृत करने के बाद वे कहते हैं—"कैसी अद्भुत कविता है। कैसा अद्भुत भाव है। मन में उत्पन्न हुए आनन्दातिशय को छिपाने की कोशिश करके भी पार्वती ने कमल-दलों को गिनकर उसे स्पष्ट कर दिया। उस समय जो विकास पार्वती के हृदय में उद्भूत हुए थे उनको शब्द द्वारा बतलाने की यदि हजार कोशिशें की जाती तो भी उस शब्द-चित्र का वह रसानुभव न होता, जो इस निरर्थक कमलगणन की उक्ति से हुआ है।"[1] वस्तुतः आचार्य द्विवेदी को जिस 'रस-राशि रंजित सुरम्य' कविता की तलाश थी, यह संस्कृत के सिद्ध कवियों की कविता ही थी। वे चाहते थे कि खड़ी बोली में भी वैसी ही सरस और रम्य कविताएँ लिखी जाएँ। यह आवश्यक है कि युग की आवश्यकता को ध्यान में रखकर वे सरसता के साथ कविता में स्वदेश-प्रेम, लोक-कल्याण, और पूर्वपुरुषों के प्रति श्रद्धा की भावना भी देखना चाहते थे। इन्हीं गुणों के कारण उन्होंने 'भारत-भारती' की मुक्तकण्ठ से प्रशंसा की थी। कहना न होगा कि वह परिचयात्मक समीक्षा ही आगे चलकर व्याख्यात्मक पद्धति के रूप में विकसित हुई। बेहतर होगा कि आचार्य द्विवेदी की पुस्तक-समीक्षाओं का परिचयात्मक और संस्कृत पद्धति के अन्तर्गत रखा जाय। 'नैषधचरित चर्चा', 'भाषा और व्याकरण', 'कालिदास की निरंकुशता पर विद्वानों की टिप्पणियाँ' शास्त्रार्थ पद्धति पर लिखी गई हैं। इस पद्धति में तर्क और पाण्डित्य दोनों का आधार लिया जाता है। द्विवेदी जी ने

---

1. महावीरप्रसाद द्विवेदी रचनावली, खण्ड 8, पृ. 269।

'सूक्ति-पद्धति' का प्रयोग बहुत कम किया है। श्रीधर पाठक की 'काश्मीर सुषमा' और मैथिलीशरण गुप्त की 'भारत भारती' पर द्विवेदी जी ने जो उद्‌गार व्यक्त किए हैं, उन्हें प्रशंसात्मक सूक्तियों के रूप में लिया जा सकता है। 'खण्डन-पद्धति' की आलोचना द्विवेदी जी को प्रिय नहीं थी। किसी रचना की कमियों की ओर दृढ़तापूर्वक अंगुलि-निर्देश करना खण्डन नहीं है। 'हिन्दी-नवरत्न' की जो समीक्षा द्विवेदी जी ने लिखी है, उसे एक हद तक खण्डन पद्धति की समीक्षा कहा जा सकता है। 'लोचन-पद्धति' वस्तुतः व्याख्यात्मक आलोचना का ही पूर्व-रूप है। द्विवेदी जी की आदर्श आलोचना-पद्धति यही थी। कवि के व्यक्तित्व और कृतित्व को पूर्णतः हृदयंगम करके रचना में निहित सौन्दर्य का विवेचन इस पद्धति की विशेषता है। द्विवेदी जी ने संस्कृत के महाकवियों का वैशिष्ट्य प्रकट करते समय रचना के पूरे सन्दर्भ को ध्यान' में रखकर उसके सौन्दर्य का स्पष्ट और स्वच्छ प्रकाशन किया है। द्विवेदी जी ने 'किरातार्जुनीय' और 'रघुवंश' की भूमिकाएँ तथा 'मेघदूत रहस्य' इसी शैली में लिखा है।

आचार्य द्विवेदी की समीक्षा में—विशेषतः हिन्दी की रचनाओं की समीक्षा में—नैतिक-सामाजिक, मूल्यदृष्टि का प्राधान्य है। वे सीधे और दो टूक शब्दों में उस रचना या समीक्षा-कृति का विरोध करते हैं, जो देश और समाज का हितसाधन में असमर्थ है। उनके सामने मुख्य समस्या समाज को नई दिशा देने की है, युवकों के चरित्र निर्माण की है, नैतिक मूल्यों के प्रसार की है, पूरे समाज को शिक्षित करने की है, वैज्ञानिक जीवन-दृष्टि को आत्मसात करने की है, समाज में व्याप्त हीनता-ग्रन्थि को दूर करने की है, काव्य में प्रस्तुत-अप्रस्तुत विधान के औचित्य-विवेचन और विभाव अनुभाव निदर्शन की नहीं। द्विवेदी जी साहित्य और मनुष्य में बहुत सम्बन्ध मानते हैं। डॉ. उदयभानु सिंह ने हिन्दी साहित्य सम्मेलन के 13वें अधिवेशन के अवसर पर स्वागताध्यक्ष पद से दिए गए द्विवेदी जी के भाषण के आधार पर लिखा है—",द्विवेदी जी का कथन है कि साहित्य ऐसा होना चाहिए, जिसके आकलन से बहुदर्शिता बढ़े, बुद्धि की तीव्रता प्राप्त हो,हृदय में एक प्रकार की संजीवनी शक्ति की धारा बहने लगे, मनोवेग परिष्कृत हो जाएँ और आत्मगौरव की उद्‌भावना हो।"[1] द्विवेदी जी समीक्ष्य कृति में अपने इन्हीं उद्देश्यों की तलाश करते थे। उनके लिए छन्द, अलंकार, वक्रोक्ति,गुण, दोष, वृत्ति रीति आदि गौण तत्त्व थे। इसीलिए उन्होंने कृतियों की समीक्षा में 'संरचना' का विश्लेषण नहीं किया। भारतेन्दु-युग में भी मात्र बदरीनारायण चौधरी 'प्रेमघन' की समीक्षा में कृति की संरचना के विश्लेषण की प्रवृत्ति लक्षित होती है। शेष समीक्षकों ने सामाजिक उपयोगिता एवं नैतिक मूल्यों की दृष्टि से ही कृतियों के उत्कर्षापकर्ष का विवेचन किया है। आश्चर्य है कि द्विवेदी जी की समीक्षा का मूल्यांकन करते हुए एक महत्त्वपूर्ण तथ्य भुला दिया जाता है कि उनके सामने हिन्दी का ऐसा कोई उत्कृष्ट लक्ष्य ग्रन्थ नहीं था, जिसकी चुनौती स्वीकार करके वे अपनी

---

1. महावीरप्रसाद द्विवेदी और उनका युग, पृ. 121

समीक्षा-दृष्टि को समृद्ध करते। रीतिकालीन कृतियों को वे नकार चुके थे। खड़ी बोली रचनाएँ प्रयोग की स्थिति में थी। इसलिए भी उनकी समीक्षा या तो नैतिक मूल्य-दृष्टि से लक्षित होने वाली कमियों की ओर इशारा करके रह जाती हैं या प्रशंसात्मक सूक्तियों का रूप ले लेती हैं। संस्कृत कवियों की समीक्षा वे अवश्य एक आचार्य के रूप में साधिकार करते हैं।

आचार्य द्विवेदी ने हिन्दी-कवियों या लेखकों के सम्बन्ध में कोई विस्तृत या सुनियोजित सांगोपांग समीक्षा नहीं लिखी। व्यावहारिक स्तर पर लिखी गई उनकी दो समीक्षाएँ महत्त्वपूर्ण हैं। 'हिन्दी नवरत्न' की समीक्षा और 'आजकल के हिन्दी कवि और कविता' से लिखी शीर्षक से छायावादी कवियों की समीक्षा। ये दोनों ही समीक्षाएँ आचार्य द्विवेदी के वैज्ञानिक दृष्टिकोण, नैतिक आदर्श और परिष्कृत काव्य-संस्कार की परिचायक हैं। वे व्यक्तिगत राग-द्वेष से प्रेरित होकर ब्योरे की भूलों को आधार बनाकर खण्डन-मण्डन में प्रवृत्त नहीं हुए हैं। वस्तुतः वे कृतियों के मूल्यांकन का निश्चित वैज्ञानिक आधार चाहते थे। व्यक्तिगत रुचि के आधार पर किसी कवि को बड़ा, किसी को छोटा प्रतिपादित करना उन्हें मान्य नहीं था। मिश्रबन्धुओं ने 'हिन्दी नवरत्न' में कवियों का चयन नितान्त व्यक्तिगत रुचि के आधार पर किया था। कवियों की श्रेष्ठता को लेकर उनके मन में विचित्र उहापोह की स्थिति बनी रही है। 'हिन्दी नवरत्न' की भूमिका (छठा संस्करण) में वे लिखते हैं—"पहले हम मतिराम को भूषण से श्रेष्ठ कवि समझते थे, परन्तु कालान्तर में अपने इस विचार पर शंका होने लगी। हमने भूषण और मतिराम के एक-एक छन्द का तुलनात्मक अध्ययन किया। जब जान पड़ा कि मतिराम के प्रायः 10 या 12 कवित्त तो ऐसे रुचिकर हैं कि उनका सामना भूषण क्या कोई कवित्त नहीं कर सकता और उनके सामने 'देव' के सिवा और किसी के भी कवित्त ठहर नहीं सकते, पर मतिराम के शेष पद्य भूषण के अनेक पद्यों के सामने ठहर नहीं सके। इस प्रकार मतिराम और भूषण की तुलना करके हमने भूषण को श्रेष्ठ पाया। इसी प्रकार भूषण को केशवदास से मिलाया तो भूषण के ही कवित्त में विशेष चमत्कार देख पड़ा। प्रथम तो हमें इस बात पर आश्चर्य-सा हुआ, क्योंकि हम पहले केशवदास को भूषण से बहुत अच्छा समझते थे, ज्यों-ज्यों अधिक मिलाते गए, त्यों-त्यों हमारी दृष्टि में भूषण का ही चमत्कार चढ़ता गया। तब हमने इन्हें बिहारीलाल से मिलाया पर उन कविरत्न के सम्मुख भी इनके पद्य ठहर न सके। यह तुलना केवल पद्य पढ़कर ही नहीं की गई, वरन् प्रत्येक पद्य को नम्बर देकर मनोहर पद्यों की संख्या और प्रति सैकड़ा औसत लगाकर, सब बातों पर ध्यानपर्वूक विचार करने के उपरान्त की गई थी।"[1] यहाँ यह भी स्मरणीय है कि पहले मिश्रबन्धुओं ने 'कबीर' को नवरत्न के अन्तर्गत स्थान नहीं दिया था। बाद को उन्हें कबीरदास को भी नवरत्न में लेना

---

1. हिन्दी नवरत्न, भूमिका, पृ. 19, छठा संस्करण।

ठीक जँचा, किन्तु किसी अन्य को निकाल डालना उचित न जानकर उन्होंने भूषण और मतिराम को त्रिपाठीबन्धु नाम देकर एक कर दिया और 'कबीर' को शामिल कर लिया। इस प्रकार कुल दस कवियों को स्थान देकर भी उन्होंने 'नवरत्न' नाम सार्थक रखा। इस समय जो 'हिन्दी नवरत्न' हमारे सामने हैं, उसमें कवियों का क्रम इस प्रकार है—तुलसीदास, सूरदास, देव, बिहारी भूषण, मतिराम, केशव, कबीर, चन्द और भारतेन्दु। मिश्रबन्धुओं ने यह क्रम श्रेष्ठता के आधार पर निर्धारित किया है। प्रकट है कि इस क्रम निर्धारण का कोई वैज्ञानिक मूल्यगत आधार नहीं है। आचार्य द्विवेदी को इस पर आपत्ति थी। उन्होंने लिखा—"यह कवि साधारण श्रेणी का है, वह नीच श्रेणी का, इसकी कविता उससे उत्तम है, उसकी उससे, यह अमुक की श्रेणी का है, वह अमुक की। यह तो लेखकों का कथन मात्र हुआ, यह कोई लक्षण नहीं। वे अपनी रुचि के अनुसार जिसका जैसा चाहे समझ सकते हैं, यदि किसी को 'रामायण' से 'आल्हा' अच्छा जँचे तो वह उसे भी रत्न समझ सकता है। पर यदि वह यह चाहता है कि और लोग भी उससे इस विषय में सहमत हों तो उसे अपने मत की पुष्टि में कुछ कहना भी चाहिए।"[1] मिश्रबन्धुओं ने 'देव' को तुलसी और सूर की श्रेणी में रखा था तथा बिहारी और मतिराम को नवरत्नों में स्थान दिया, द्विवेदी जी इससे भी सहमत नहीं थे। उन्होंने लिखा—"जिसने उच्च भावों का उद्बोधन नहीं किया, जिसने समाज, देश या धर्म को अपनी कविता द्वारा विशेष लाभ नहीं पहुँचाया, जिसने मानव चरित्र को उन्नत करने योग्य समाग्री से अपने काव्यों को अलंकृत नहीं किया—वह भी यदि महाकवि या कविरत्न माना जा सकेगा तो प्रत्येक देश क्या प्रत्येक प्रान्त में भी सैकड़ों महाकवि और नवरत्न निकल आयेंगे।"[2] यहाँ मिश्रबन्धुओं तथा गुण-दोष-निदर्शिनी तुलनात्मक आलोचना में 'तल्लीन अन्य समीक्षकों से आचार्य द्विवेदी की समीक्षा-दृष्टि का अन्तर साफ़ उभर आता है। द्विवेदी जी उस साहित्य को महत्त्वपूर्ण मानते थे, जिसमें उच्च भावों का उद्बोधन हो, जिसमें समाज और देश-हित की भावना निहित हो और जिसमें मानव-चरित्र के उन्नयन की क्षमता हो। मूल्य-दृष्टि का यह अन्तर उन्हें उस युग में एक विशिष्ट समीक्षक और युग-निर्माता साहित्यकार का स्थान प्रदान करता है। इस समीक्षा में आचार्य द्विवेदी की इतिहास-दृष्टि का भी संकेत मिलता है। उस समय तक हिन्दी साहित्य का कोई व्यवस्थित इतिहास नहीं था। जार्ज ग्रियर्सन ने अवश्य 'मार्डन वर्नाक्युलर लिटरेचर ऑफ हिन्दुस्तान' लिखकर इस दिशा में एक अच्छा प्रयास किया था, किन्तु यह प्रयास एक उदार अंग्रेज शासक का था और इस प्रयास में उसकी औपनिवेशिक दृष्टि छिपी नहीं थी। आचार्य द्विवेदी निश्चत ही राष्ट्रीय गौरव की दृष्टि से अपने अतीत को देखना चाहते थे। वे यह भी चाहते थे कि इतिहास

1. महावीरप्रसाद द्विवेदी रत्नावली-2 पृ. 174।
2. वही, खण्ड 2 पृ. 175।

लिखते समय कवियों के महत्त्व और मूल्य के आकलन में वस्तुनिष्ठ वैज्ञानिक दृष्टि का अनुसरण किया जाए। वे अपनी लम्बी दोष-निदर्शिनी समीक्षा का औचित्य प्रमाणित करते हुए लिखते हैं—"इसका एक कारण और भी है। लेखक महोदयों का एक पत्र, अभी कुछ ही समय हुआ, कितने ही समाचार-पत्रों में निकला है, उससे विदित हुआ कि आप लोग पाँच वर्षों से हिन्दी-साहित्य का एक बहुत बड़ा-कोई एक हजार पृष्ठ का-इतिहास लिख रहे हैं। यह इतिहास समाप्तप्राय है। इसमें केवल कुछ आधुनिक कवियों और लेखकों पर निबन्ध लिखना बाकी है। इसी से अपनी अल्पबुद्धि के अनुसार हमने, संक्षेप में 'नवरत्न' की त्रुटियाँ दिखाने का साहस किया है।"[1] कारण कुछ भी रहा हो, हिन्दी–समीक्षा के इतिहास मे हिन्दी-नवरत्न' की इस विस्तृत समीक्षा का ऐतिहासिक महत्त्व है। इससे किसी भी कवि की श्रेष्ठता मनमाने ढंग से निर्दिष्ट और प्रतिपादित करने तथा रीति कवियों को अनावश्यक महत्त्व देने की परम्परा पर निश्चित् रूप से अंकुश लगा। आचार्य द्विवेदी ने 'छायावादी' के रूप में उभर रहे नवीन काव्यान्दोलन की भी समीक्षा की। इस काव्यान्दोलन में रहस्यवादिता प्रवृत्ति और आलम्बन का अमूर्तिकरण उन्हें वशेष रूप से खटकता था। आगे चलकर आचार्य शुक्ल ने भी मुख्यतः इन्हीं बातों को लेकर 'छायावाद' की आलोचना की। डॉ. नन्दकिशोर नवल का यह कहना सही है कि, "द्विवेदी जी की आलोचना शुक्ल जी की आलोचना की पीठिका तैयार करती है।"[2] वस्तुतः शुक्ल का 'लोक मंगल की साधना' का सिद्धान्त भी द्विवेदी जी के 'समाज, देश और धर्म-हित के सिद्धान्त' की सुविचारित परिणति है।

आचार्य द्विवेदी का मूल्यांकन मात्र रचनाओं और कृतियों के समीक्षक के रूप में नहीं पूरे युग की सर्जनात्मक चेतना के प्रेरक, उन्नायक, विधायक एवं परिष्कारक के रूप में किया जाना चाहिए। उन्होंने खड़ी बोली काव्यभाषा के विकास में अमूल्य योगदान किया है। 'खड़ीबोली' का स्वीकार एक नवीन सामाजिक-सांस्कृतिक चेतना का स्वीकार था। काव्यभाषा और गद्यभाषा की एकता का समर्थन भी इसी चेतना का परिणाम था। काव्य-विषयों के चयन में जीवन से समग्र प्राकृतिक एवं मानवीय उत्पादनों के स्वीकार की बात भी रचनात्मक चेतना के खुलेपन एवं प्रसाद का द्योतक है, जिसके पीछे विज्ञान का नया आलोक कार्य कर रहा था। छन्दों के प्रयोग में रूढ़ियों के त्याग और रीति काव्य विरोध के मूल में भी स्थायी महत्व की व्यावहारिक समीक्षा न लिखी हो, भले ही उनके निबन्ध 'बातों के संग्रह' मात्र हों, किन्तु उनके लेखन में नवीन सामाजिक-मूल्य-दृष्टि कार्य कर रही थी, इससे इन्कार नहीं किया जा सकता। आचार्य द्विवेदी को प्राचीन भारतीय विवेकवादी परम्परा का पोषक, स्वाधीन

1. महावीरप्रसाद द्विवेदी रचनावली, खण्ड2 पृ. 195।
2. महावीरप्रसाद द्विवेदी, पृ. 96, नन्दकिशोर नवल।

चेतना का समर्थक और हिन्दी नवजागरण के तीसरे चरण का प्रतिष्ठापक प्रमाणित करके डॉ. रामविलास शर्मा ने उनके साथ न्याय ही किया। 'निराला' ने आचार्य द्विवेदी के युग-निर्माता व्यक्तित्व को काव्य की भाषा में प्रस्तुत करते हुए कहा है—"खड़ी बोली के घट को साहित्य के विस्तृत प्रांगण में स्थापित कर आचार्य महावीरप्रसाद द्विवेदी ने मन्त्रपाठ द्वारा देश के नवयुवक को एक अत्यन्त शुभ मुहूर्त में आमन्त्रित किया और इस घट में कविता की प्राण प्रतिष्ठा की। हिन्दी साहित्य की वर्तमान धारा पूर्ण ज्ञान के महासागर की और जितना ही बढ़ती जाएगी, लोग उतना ही उनके महत्त्व को समझेंगे।" श्री पदुमलाल पुन्नालाल बख्शी ने आचार्य द्विवेदी के युगव्यापी महत्त्व को स्वीकार करते हुए कहा है—"मेघ की तरह उन्होंने विश्व की ज्ञानराशि को संचित कर और उसकी वर्षा कर समग्र साहित्योद्यान को हरा-भरा कर दिया। वर्तमान साहित्य उन्हीं की साधना का फल है।" आचार्य द्विवेदी का समीक्षक-व्यक्तित्व संस्तुतियों का मुहताज नहीं है। वस्तुतः उसके महत्त्व के आकलन में दृष्टि-परिवर्तन की आवश्यकता है। आचार्य शुक्ल एक श्रेष्ठ निबन्ध लेखक और समर्थ आलोचक से जो अपेक्षा रखते थे, आचार्य द्विवेदी ही नहीं उस युग का कोई भी अन्य समीक्षक उसकी पूर्ति नहीं कर सकता। आचार्य शुक्ल आधुनिक शैली की आलोचना के लिए विस्तृत अध्ययन, सूक्ष्म अन्वीक्षण बुद्धि और मर्मग्राहिणी प्रज्ञा की अपेक्षा करते थे। निश्चय ही कृति-विशेष या प्रवृत्ति-विशेष में निहित काव्य-सौन्दर्य का विबेचन करने के लिए उपर्युक्त विशेषताएँ अनिवार्य हैं, लेकिन यदि पूरे युग के रचना-कर्म को नई दिशा देने के लिए वैचारिक आधार प्रस्तुत करना हो, रचनाओं को बंधी-बँधाई रूढ़ि-जर्जर परिपाटी से हटाकर नए पथ पर अग्रसर करना हो और पूरे युग के साहित्य-प्रवाह को एक व्यवस्थित लोकोपयोगी दिशा देनी हो तो वही करना होगा जो आचार्य द्विवेदी ने किया। डॉ. नामवर सिंह के शब्दों में, "वे वस्तुतः एक लोक समीक्षक थे।"[1] वे विशिष्ट का विश्लेषण नहीं कर रहे थे। सामान्य को विशिष्ट दिशा में अग्रसर कर रहे थे। आचार्य द्विवेदी का मूल्यांकन इसी दृष्टि से होना चाहिए। आचार्य द्विवेदी के मूल्यांकन में एक बात पर और ध्यान देना आवश्यक है। उनकी समीक्षा-दृष्टि निरन्तर विकसित होती रही है। उन्होंने देश-विदेश के अनेक विद्वानों का अध्ययन किया था। मराठी और बंगला साहित्य की उपलब्धियों पर वे बराबर निगाह रखते थे और हिन्दी को उनके समकक्ष लाने की चेष्टा करते थे। साहित्येतर विषयों का भी उनका अच्छा अध्ययन था। वे विश्वगति को ध्यान में रखकर साहित्य को नई दिशा देना चाहते थे। वे ज्ञान के साथ भाव का विकास करते हुए साहित्य में दोनों का सह-संचार करना चाहते थे। अब, जब उनका सम्पूर्ण साहित्य हमारे सामने है, हमें उनके सम्पूर्ण प्रदेश का पुनर्मूल्यांकन करना चाहिए। जिन शब्दों में कविवर पन्त में आचार्य द्विवेदी के प्रति अपनी श्रद्धा अर्पित की है, वे उनके महत्त्व का ठीक-ठीक आकलन करने में समर्थ हैं—

1. हिन्दी नवजागरण के अग्रदूत महावीरप्रसाद द्विवेदी, भूमिका पृ. 10।

भारतेन्दु कर गए भारती का वीणा निर्माण,
किया अमर स्पर्श ने जिसका बहुविधि स्वर संधान,
निश्चय, उसमें जगा आपने प्रथम स्वर्ण झंकार,
अखिल देश की वीणा को दे दिया एक आकार।
पंखहीन थी अहा कल्पना, मूक कंठगत मान,
शब्द शून्य थे, भाव-रुद्ध प्राणों के वंचित प्राण।
सुख-दुख की प्रिय कथा स्वप्न, बन्दी थे हृदयोद्‌गार
एक देश था सही एक था क्या वाणी व्यापार?
वाग्मि आपने मूक देश को कर फिर से वाचाल,
रूप-रंग से पूर्ण कर दिया और जीर्ण राष्ट्र कंकाल।
शत कंठों से फूट आपके शतमुख गौरव गान,
शत-शत युग स्तम्भों में ताने स्वर्णिम कीर्ति-वितान।
चिर स्मारक-सा उठ युग-युग में भारत का साहित्य।
आर्य! आपके यशःकाय को करे सुरक्षित नित्य।

पथिकृत आचार्य रामचन्द्र शुक्ल

आलोचक शुक्ल जी की सैद्धान्तिक एवं व्यावहारिक दोनों प्रकार की आलोचनाएँ हमारे सम्मुख हैं। आपका सैद्धान्तिक समीक्षा-ग्रन्थ 'रस-मीमांसा' है। आपकी व्यावहारिक आलोचना का प्रौढ़तम रूप 'तुलसी' और 'जायसी ग्रन्थावली की भूमिकाओं', 'भ्रमर-गीतसार' की भूमिका तथा 'हिन्दी-साहित्य का इतिहास' में प्रस्तुत विभिन्न कवियों के संक्षिप्त एवं सारगर्भित परिचयात्मक टिप्पणियों में प्रकट हुआ है। शुक्ल जी की समीक्षा का सैद्धान्तिक आधार भारतीय 'रसवाद' है। शुक्ल जी ने उसे सर्वथा पूर्ण मानदण्ड माना है। आपने जीवन की क्रिया-भूमि, काव्य की भावभूमि और समीक्षा की विचार-भूमि में अद्‌भुत सामंजस्य स्थापित किया है। आपके सिद्धान्त जीवन के अनुभव से गृहीत है। काव्य के सन्दर्भ में उनको परखा गया है और अन्ततः विवेक की कसौटी पर कसकर सिद्धान्त-रूप में उपस्थित किया गया है। समीक्षा का जो सिद्धान्त इन तीनों में सांमजस्य नहीं ला सकता, वह आपको मान्य नहीं। सांमजस्य की यह पूर्णता भारतीय 'रसवाद' में है, ऐसी आपकी मान्यता थी, जो कभी बदली नहीं।

आचार्य शुक्ल ने 'रसवाद' को आध्यात्मिक भूमि से उतार कर मनोवैज्ञानिक आधार पर प्रतिष्ठित किया। उसे बौद्धिक चिन्तन की दृष्टि से अधिक पूर्ण और विश्वसनीय बनाया। 'रस' के प्रवर्तक भावों का विशद्, सूक्ष्म और गंभीर मनोवैज्ञानिक विवेचन किया। उनको नये ढंग से परिभाषित और वर्गीकृत किया, भारतीय और पाश्चात्य काव्य-सिद्धान्तों का अनुशीलन किया और 'रस' को काव्य की आत्मा स्वीकार करके शेष समस्त मान्यताओं को या तो इसी के भीतर समाविष्ट किया या अप्रासंगिक प्रमाणित किया। वस्तुतः उन्होंने 'रस-सिद्धान्त' को आधुनिक युग की आकांक्षा के अनुकूल परिभाषित करके पुनः प्रतिष्ठित किया। उनके समीक्षा-सिद्धान्त एक प्रकार से रस-सिद्धान्त की व्याख्या के रूप में विकसित हुए हैं। शुक्ल जी ने सैद्धान्तिक और व्यावहारिक दोनों ही प्रकार की समीक्षाओं के माध्यम से रस-सिद्धान्त की ही प्रतिष्ठा की। उन्होंने सौन्दर्यानुभूति पर विचार करते हुए उसे भी रसानुभूति के स्तर पर ही समझाने की चेष्टा की। आचार्य शुक्ल के आलोचक रूप को समझने के लिए उनके समीक्षा-सिद्धान्तों पर थोड़ा विस्तार से विचार करना होगा।

आचार्य शुक्ल के समीक्षा-सिद्धान्त

आधुनिक हिन्दी-समीक्षा के विकास-क्रम में आचार्य पं० रामचन्द्र शुक्ल का व्यक्तित्व अनेक दृष्टियों से अप्रतिम है। वे सच्चे अर्थों में एक पथिकृत आचार्य हैं। उच्च कोटि की समीक्षा के लिए विस्तृत अध्ययन, सूक्ष्म अन्वीक्षण बुद्धि और मर्मग्राहिणी प्रज्ञा अपेक्षित है। आचार्य शुक्ल के आलोचक व्यक्तित्व में उपर्युक्त तीनों ही विशेषताओं का सांमजस्य लक्षित होता है। वे हिन्दी के पहले आलोचक हैं, जिन्होंने भारतीय काव्य-शास्त्र की अतल गहराई में प्रवेश करके उसकी महत्ता, सारवत्ता, व्यापकता और उपयोगिता के प्रति पूर्ण विश्वास व्यक्त किया। उन्होंने घोषित किया कि "शब्द-शक्ति, रस और अलंकार ये विषय-विभाग काव्य-समीक्षा के लिए इतने उपयोगी हैं कि इनको

अन्तर्भूत करके संसार की नयी-पुरानी सब प्रकार की कविताओं की बहुत ही सूक्ष्म, मार्मिक और स्वच्छ आलोचना हो सकती है।"[1] उनका कहना था कि "हमें अपनी दृष्टि से दूसरे देशों के साहित्य को देखना होगा, दूसरे देशों की दृष्टि से अपने साहित्य को नहीं।"[2] अपनी दृष्टि या भारतीय दृष्टि के सम्यक् बोध के लिए उन्होंने नाट्यशास्त्र, काव्यादर्श, काव्यालंकार, अभिनव भारती, काव्यप्रकाश, ध्वन्यालोक, दशरूपक, काव्यमीमांसा, साहित्यदर्पण, रसतरंगिणी, रसगंगाधर आदि अनेक ग्रन्थों का अनुशीलन किया था। उनका कहना था 'रस-निरूपण' पद्धति का आधुनिक मनोविज्ञान आदि की सहायता से खूब प्रसार और संस्कार करना पड़ेगा। इस पद्धति की नींव बहुत दूर तक डाली गयी है।[3] कहना न होगा कि इस नींव की गहराई का अनुभव उन्होंने स्वयं भली-भाँति किया था और आधुनिक मनोविज्ञान की सहायता से उन्होंने उसे व्यापक आधार पर प्रतिष्ठित करने की चेष्टा भी की थी। 'रस-सिद्धान्त' के अतिरिक्त आचार्य शुक्ल ने रीति, अलंकार, ध्वनि, गुण, वक्रोक्ति और औचित्य सिद्धान्तों का अध्ययन भी किया था, किन्तु काव्य में इनकी स्थिति उन्हें वहीं तक मान्य थी जहाँ तक ये रस के पोषक, उपकारक, आश्रित या रक्षक बनकर उपस्थित हों। उनके अनुसार काव्य का अभ्यन्तर स्वरूप या आत्मा भाव या रस है।[4] अलंकार उसके बाह्य स्वरूप हैं।[5] 'रीति' केवल संघटना है, शरीर का अंग-विन्यास है।[6] रस और गुण का सम्बन्ध 'अन्वयव्यतिरेक सम्बन्ध' है। 'ध्वनि' भी काव्य की आत्मा नहीं है, क्योंकि इसमें अतिव्याप्ति दोष है।[7] इसमें अलंकार-ध्वनि और वस्तुध्वनि भी आ जाती है। 'वक्रोक्ति' भी काव्य में रसाश्रित होकर ही सार्थक होती है, स्वतन्त्र रूप में नहीं। औचित्य रस का रक्षक है। उसकी अनुपस्थिति में रस, रसभास के स्तर पर पहुँच जाता है। इस प्रकार आचार्य शुक्ल की समीक्षा का आधार भारतीय रस-सिद्धान्त है। रस की परिभाषा करते हुए आचार्य ने कहा है--

'हृदय की अनुभूति ही साहित्य में 'रस' और 'भाव' कहलाती है।'

चिन्तामणि, भाग–2, पृ०–189

X X X

'लोक-हृदय में हृदय के लीन होने की दशा का नाम 'रस दशा' है।'

X X X

'हृदय के प्रभावित होने का नाम ही रसानुभूति है।'

--काव्य में रहस्यवाद, पृ०-88

'जिस प्रकार आत्मा की मुक्तावस्था ज्ञान-दशा कहलाती है, उसी प्रकार हृदय की यह मुक्तावस्था रस-दशा कहलाती है।'

--रस-मीमांसा, पृ०-1

---

1. 'काव्य में अभिव्यंजनावाद', चिन्तामणि, भाग-2, पृष्ठ-189
2. चिन्तामणि, भाग-2, पृष्ठ-309
3. चिन्तामणि, भाग-2, पृष्ठ-157
4. रस-मीमांसा, पृष्ठ-15
5. वही, पृष्ठ-105
6. वही, पृष्ठ-370
7. वही, पृष्ठ-368-69

उपर्युक्त परिभाषाओं से प्रकट है कि शुक्ल जी की दृष्टि में 'हृदय की मुक्तावस्था', 'प्रभावित होने की दशा', 'लोक-हृदय में लीन होने की दशा' और 'अनुभूति दशा' लगभग एक ही है। इस मनोदशा तक पहुँचना ही काव्य का चरम लक्ष्य है। यह गोचर जगत् अनेक रूपात्मक है और मानव-हृदय अनेक भावात्मक। इन आन्तरिक भावों और बाह्य रूपों में सामंजस्य स्थापित करने में ही कवि की काव्य-साधना की सार्थकता मान्य हो सकती है। इस सामंजस्य के द्वारा ही अर्थात् भावों के अनुकूल विषय और विषय के अनुकूल भाव का चित्रण करके ही कवि अपने कर्म-विधान को पूरा करता है। शास्त्रीय दृष्टि से इसे ही 'आलम्बन' और 'आश्रय' की यथोचित प्रतिष्ठा कहा जा सकता है। आश्रय तो कोई सहृदय मनुष्य ही हो सकता है, किन्तु आलम्बन रूप में हम मानव तथा मानवेतर समस्त चराचर का चित्रण कर सकते हैं। तात्पर्य यह कि पहले तो कवि स्वयं इस अनेक रूपात्मक जगत् के (जिसमें मानव और मानवेतर प्रकृति दोनों ही आते हैं) मार्मिक तथ्यों में अपने हृदय को लीन करता हुआ अनुभूति ग्रहण करता है और फिर कल्पना द्वारा अपनी उस मनोनुभूति को व्यक्त करता है। अभिव्यक्ति तीन प्रकार से हो सकती है--

1. जहाँ आलम्बन मात्र का विशद वर्णन किया जाय,
2. जहाँ आलम्बन उपेक्षित हो और कवि केवल भाव-व्यंजना में ही लीन हो, (आचार्य शुक्ल इसे भाव-प्रदर्शक काव्य कहते हैं और आधुनिक गीत-मुक्तकों को इसी कोटि में रखते हैं)
3. जहाँ आश्रय, आलम्बन, उद्दीपन, अनुभाव और संचारी भाव सभी चित्रित हों। आचार्य शुक्ल ने आश्रय, आलम्बन, उद्दीपन इन तीनों को ही 'विभाव' के अन्तर्गत रखा है। 'अनुभाव' आश्रय की चेष्टाएँ हैं। उन्होंने इस विभाव-पक्ष को काव्य में सर्वाधिक महत्त्वपूर्ण माना है, क्योंकि रस का आधार खड़ा करने वाला तत्त्व यही है। वे तो यहाँ तक कहते हैं-- "मैं आलम्बन मात्र के विशद वर्णन को श्रोता में रसानुभाव (भावानुभाव सही) उत्पन्न करने में पूर्ण समर्थ मानता हूँ।"[1]

आचार्य शुक्ल की दृष्टि में विभाव, अनुभाव और संचारी भावों की एकत्र स्थिति होने पर भी 'रसपरिपाक' होना आवश्यक नहीं है। कभी-कभी इनको एकत्र करके रस की शर्त पूरी की जाती है। रस-परिपाक के लिए मूल वस्तु है-- विभाव-विधान। इसमें कवि को पूरी सतर्कता बरतनी चाहिए। विभाव में आलम्बन प्रधान वस्तु है। आलम्बन का लोक-धर्मी होना नितान्त आवश्यक है। उदाहरण के लिए वीर रस की निष्पत्ति के लिए आलम्बन रूप में ऐसे वीर पुरुष का चित्रण करना अधिक उचित होगा जिसकी वीरता लोक-विश्रुत एवं लोक-समर्थित हो। इसी प्रकार रौद्र रस के वर्णन में आलम्बन का चित्रण इस रूप में होना चाहिए कि वह मनुष्य मात्र के क्रोध का पात्र हो सके। आलम्बन के लोक-धर्मी होने पर ही विभाव-विधान की पूर्णता मानी जा सकती है। विभाव-विधान की महत्ता और आलम्बन के लोक-धर्मी स्वरूप की अनिवार्यता पर बल देते हुए भी आचार्य ने पूर्ण रस-व्यंजना के लिए कवि, आलम्बन तथा सहृदय तीनों की आनुभूतिक एकता को आवश्यक माना है। वे कहते हैं-- "जहाँ आचार्यों ने पूर्ण रस माना है, वहाँ तीन हृदयों का समन्वय चाहिए। आलम्बन द्वारा भाव की अनुभूति प्रथम तो कवि में चाहिए, फिर उसके वर्णित पात्र में और फिर श्रोता या पाठक में। विभाव द्वारा जो साधारणीकरण कहा गया है वह तभी चरितार्थ हो सकता

1. 'काव्य में प्रकृति-चित्रण', रस मीमांसा, पृष्ठ-34

है।''[1] जो लोग यह समझते हैं कि आचार्य शुक्ल ने केवल आलम्बनत्व धर्म के 'साधारणीकरण' की बात कहकर कवि और पाठक के पक्ष की उपेक्षा की है, उन्हें उपर्युक्त कथन पर ध्यान देना चाहिए। आलम्बन के लोक-धर्मी स्वरूप पर बल देने का कारण यह था कि आचार्य शुक्ल उसे ही कवि-हृदय में अनुभूति का उद्रेक करने वाला तत्त्व मानते थे। तुलसी के हृदय में राम-भक्ति का उद्रेक सीतापति के (राम के) शील स्वभाव को देख-सुनकर ही हुआ और वे चाहते थे कि सबके हृदय में वैसी ही अनुभूति हो। आदि कवि वाल्मीकि ने भी नारद द्वारा इक्ष्वाकुकुलोद्भव राम की लोक-विश्रुत गाथा सुनकर और उससे अभिभूत होकर रामायण में उनके लोकधर्मी चरित्र की अवतारणा की थी। कवि भूषण के चित्त को काव्याभिमुख करने वाला प्रेरक तत्त्व 'शिव-चरित' ही था। जिस प्रकार उपास्य के लोक-पावन-विरुद से आकृष्ट होकर उपासक उसके स्वरूप में अपने हृदय को लीन करने के लिए प्रेरित होता है, उसी प्रकार आलम्बन का लोक समर्थित व्यक्तित्व कवि-हृदय को प्रेरित करके उसे कवि-कर्म में लीन करता है। श्रोता या पाठक भी ऐसे ही लोक-धर्मी आलम्बन के प्रति निष्ठावान होकर उसके साथ अपने हृदय का सामंजस्य स्थापित करता है। कवि जब अपने तपबल (शब्द-साधना) से जिस किसी आलम्बन को सहृदय पाठक के हृदय में प्रविष्ट कराना चाहेगा तो उसकी स्थिति 'त्रिशंकुवत्' होगी।

रस की मध्यम और निकृष्ट कोटियाँ

काव्य में ऐसी स्थितियाँ भी आती हैं जब हम आश्रय के साथ तादात्म्य नहीं कर पाते। उदाहरणार्थ, अर्जुन जब सहसा युधिष्ठिर पर क्रोधान्ध होकर दौड़ पड़ते हैं या रावण जब सीता के प्रति क्रोध व्यक्त करता है तब न तो हमारा तादात्म्य अर्जुन के साथ होता है और न रावण के साथ ही। ऐसी स्थिति में हम इन पात्रों के शीलद्रष्टा मात्र होते हैं। शास्त्रों में ऐसी स्थिति में 'रसाभास' माना गया है। आचार्य शुक्ल इसे 'रस' की 'मध्यम कोटि' कहते हैं। वस्तुतः आचार्य शुक्ल ने रसाभास, भावाभास आदि की स्थिति में व्यक्त होने वाले भाव को कवि की सहज अनुभूति न मान कर आरोपित माना है। उदाहरणार्थ, सीता के प्रति रावण का क्रोध तुलसी की सहज अनुभूति का परिणाम न होकर आरोपित है। ऐसे स्थलों पर अनौचित्य-ज्ञान के कारण कवि व्यक्त भाव के प्रति उदासीन रहता है। रस की मध्यम कोटि के भीतर ही आचार्य शुक्ल ने भावोदय, भावसन्धि, भाव-शबलता, भावशान्ति, भावदशा, शीलदशा तथा विभावानुभाव-सहित संचारी भावों के स्वतन्त्र वर्णन को भी स्थान दिया है। इन स्थितियों द्वारा व्यक्ति की अन्तःप्रकृति की विलक्षणता व्यक्त होती है। अतः इन्हें रस के अन्तर्गत समाविष्ट करने से व्यक्ति-वैचित्र्य या शीलवैशिष्ट्य को महत्त्व देने वाले काव्यों की समीक्षा भी रस-दृष्टि से की जा सकती है। इस मध्यम कोटि की रसानुभूति का उल्लेख करते हुए शुक्ल जी ने कहा भी है-- ''अन्तः प्रकृति के वैचित्र्य-प्रदर्शन की दृष्टि से लिखे हुए पाश्चात्य नाटकों में इसी प्रकार की अनुभूति होती है।''[2] आचार्य शुक्ल रस की निकृष्ट कोटि भी मानते हैं और चमत्कारवादियों की कुतूहल-वृत्ति को उसके अन्तर्गत स्थान देते हैं।[3] रस की इन तीन कोटियों की स्थापना आचार्य शुक्ल को कदाचित् इसलिए करनी पड़ी कि वे सभी प्रकार के काव्यों की समीक्षा रस-दृष्टि के आधार पर ही करना चाहते थे। रस की मध्यम कोटि की स्थापना

---

1. रस मीमांसा, पृष्ठ-99
2. काव्य में अभिव्यंजनावाद, पृष्ठ-220

शीलवैचित्र्य-प्रधान काव्यों एवं नाटकों की समीक्षा के लिए और निकृष्ट कोटि की स्थापना चमत्कार-प्रधान काव्यों (चित्र और कूट-काव्यों) की समीक्षा के लिए की गयी है। इन दोनों कोटियों की प्रेरणा भी आचार्य को प्राचीन मुनियों की काव्य-मीमांसा से ही मिली थी। रस की मध्यम कोटि तो प्राचीन आचार्यों का 'रसाभास' ही है, निकृष्ट कोटि की प्रेरणा के मूल में सम्भवतः प्राचीनों की अधम काव्य-सम्बन्धी धारणा है।

रूप-विधान

काव्य में विभावादि का रूप-विधान कल्पना द्वारा होता है। कल्पित रूप-विधान ही रसोद्‌बोधन में समर्थ होता है। आचार्य शुक्ल की स्थापना यह है कि 'प्रत्यक्ष रूप-विधान' और 'स्मृत रूप-विधान' द्वारा भी रसानुभूति हो सकती है और होती है। प्रत्यक्ष रूप-विधान के सम्बन्ध में आचार्य शुक्ल का कहना है कि "जिस प्रकार कांव्य में वर्णित आलम्बनों के कल्पना में उपस्थित होने पर 'साधारणीकरण' होता है, उसी प्रकार हमारे भावों के कुछ आलम्बनों के प्रत्यक्ष सामने आने पर भी उन आलम्बनों के सम्बन्ध में लोक के साथ-- या कम से कम सहृदयों के साथ-- हमारा तादात्म्य रहता है।"[1] अपनी मान्यता की पुष्टि में उन्होंने लोक कल्याणकारी विकट कर्म के प्रति व्यक्त, उत्साह, लोकपीड़क के प्रति व्यक्त क्रोध, पर-पीड़ा देखकर जगने वाली करुणा तथा प्राकृतिक दृश्यों को देखकर उद्‌बुद्ध होने वाली मधुर भावना की रसात्मकता की ओर ध्यान आकृष्ट किया है। उनकी दृष्टि में "रसानुभूति प्रत्यक्ष या वास्तविक अनुभूति से सर्वथा पृथक् कोई अन्तर्वृति नहीं है, बल्कि उसी का एक उदात्त और अवदात्त स्वरूप है।"[2] इसी प्रकार आचार्य शुक्ल अतीत में वास्तविक रूप में जटिल वृत्तों और व्यापारों की स्मृति को भी रसात्मक मानते हैं। उनके अनुसार-- 'रति', 'हास' और 'करुणा' से सम्बद्ध स्मरण रसात्मक बोध उत्पन्न करने की शक्ति रखता है। 'प्रिय का स्मरण', बाल्यकाल या यौवनकाल के अतीत जीवन का स्मरण, प्रवास में स्वदेश के स्थलों का स्मरण ऐसा ही होता है।[3] प्रत्यभिज्ञान या प्रत्यक्ष-मिश्रित स्मरण तथा इतिहास एवं शुद्ध अनुमानाधृत स्मरण भी रसात्मक होता है। यह स्मृत रूप-विधान तो एक प्रकार से कल्पित रूप-विधान ही है। अतः उसके रसात्मक होने की बात मान्य हो सकती है, किन्तु प्रत्यक्ष रूप-विधान में हृदय का सर्वथा मुक्त होना और सत्व का उद्रिक्त होना सहज सम्भाव्य नहीं है।

रसानुभूति को प्रत्यक्षानुभूति से नितान्त भिन्न न मानने के कारण आचार्य शुक्ल रसानन्द को सुख-दुखात्मक कोटि का ही मानते हैं। उनके अनुसार-- 'मनोमय कोश' ही प्रकृत काव्यभूमि है।[4] बाह्यकरण अर्थात् पाँच ज्ञानेन्द्रियाँ और मन को ही मनोमय कोश कहा जाता है। आनन्दमय कोश की अनुभूति न होने के कारण ही काव्यानुभूति लोकोत्तर नहीं है। फिर भी लोक की अनुभूति के समय सदैव हमारा हृदय अपने व्यक्ति योग-क्षेम की भावना से मुक्त नहीं होता, जवकि रसानुभूति या काव्यानुभूति काल में वह इससे मुक्त होता है, इसलिए काव्यानुभूति सुख-दुःख की भावना से परे मानसिक आनन्द का विधान करने वाली होती है।

---

1. रस-मीमांसा, पृष्ठ-270
2. वही, पृष्ठ-275
3. वही, पृष्ठ-278
4. काव्य में रहस्यवाद

सौन्दर्यानुभूति

आचार्य शुक्ल ने सौन्दर्यानुभूति को भी रसानुभूति के स्तर पर ही देखा है। उनका कहना है-- ''कुछ रूप-रंग की वस्तुएँ ऐसी होती हैं, जो हमारे मन में आते ही थोड़ी देर के लिए हमारी सत्ता पर ऐसा अधिकार कर लेती हैं कि उसका ज्ञान ही हवा हो जाता है और हम उन वस्तुओं की भावना के रूप में ही परिणत हो जाते हैं। हमारी अन्तस्सत्ता की यही तदाकार परिणति सौन्दर्य की अनुभूति है।''[1] यह तदाकार परिणति ही रसमग्नता है। आचार्य शुक्ल लोक की सामान्यभूमि और सामान्य हृदय की स्थिति की भाँति ही सौन्दर्य के सामान्य आदर्श की स्थिति भी मानते हैं। इस प्रकार वे उसे आत्यन्तिक वस्तु-निष्ठता और आत्यन्तिक व्यक्तिनिष्ठता के बीच लोक-सामान्य धरातल पर प्रतिष्ठित करते हैं। सौन्दर्यानुभूति को वे मंगलविधायिनी मानते हैं। उनके अनुसार ''तुलसी और सूर ऐसे सगुणोपासक भक्त राम और कृष्ण की सौन्दर्यभावना में मग्न होकर ऐसी मंगलदशा का अनुभव कर गये हैं, जिसके सामने कैवल्य या मुक्ति की कामना का कहीं पता नहीं लगता।''[2]

रूपाकृति के सौन्दर्य के साथ ही वे कर्म और मनोवृत्ति के सौन्दर्य या शील-सौन्दर्य की मार्मिकता की चर्चा भी करते हैं। सौन्दर्य-भावना की सर्वांगपूर्णता के लिए वे मानव की रूप-विभूति तथा शील-सौन्दर्य के साथ ही वातावरण के सौन्दर्य-विधान को भी आवश्यक मानते हैं। अभिव्यक्ति के क्षेत्र में आचार्य शुक्ल गत्यात्मक सौन्दर्य की स्थिति ही स्वीकार करते हैं। सौन्दर्य और मंगल उनकी दृष्टि में पर्याय हैं।[3] ब्रह्म की व्यक्त सत्ता अर्थात् 'जगत्' में सुन्दर और असुन्दर या मंगल और अमंगल का द्वन्द्व नित्य और अनिवार्य है। सृजन, प्रफुल्लता, हास-विलास, रक्षा, रंजन आदि सौन्दर्य-पक्ष की वस्तुएँ हैं और विरूपता, क्लेश, ध्वंस आदि असुन्दर पक्ष की। इन दोनों के द्वन्द्व में ही सौन्दर्य की वास्तविक अभिव्यक्ति होती है। अत्याचार, क्रन्दन, पीड़न, आदि की विरूप और अमंगलमयी छाया को हटाकर ही ब्रह्म की सत्ता वास्तविक सौन्दर्य का प्रकाश करती है। आचार्य के शब्दों में-- ''लोक में फैली दुःख की छाया को हटाने में ब्रह्म की आनन्दकला जो शक्तिमय रूप धारण करती है, उसकी भीषणता में भी अद्भुत मनोहरता, कटुता में भी अपूर्व मधुरता, प्रचण्डता में भी गहरी आर्द्रता साथ लगी रहती है। विरुद्धों का यही सामंजस्य कर्मक्षेत्र का सौन्दर्य है।''[4] असौन्दर्य के आवरण को हटाकर सौन्दर्य की प्रतिष्ठा ही आनन्द की साधनावस्था है। आनन्द की सिद्धावस्था एक प्रकार की निष्क्रियता या गतिहीनता की अवस्था है। गत्यात्मकता के अभाव में वास्तविक सौन्दर्य की स्थिति मान्य नहीं हो सकती है। काव्य के क्षेत्र में भी यह 'आनन्द की साधनावस्था' और 'सिद्धावस्था' लक्षित की जा सकती है। रामायण, महाभारत आदि काव्य आनन्द की साधनावस्था के काव्य हैं और गीतगोविन्द, बिहारी सतसई, फुटकल शृंगारी काव्य, अधिकांश छायावादी कविताएँ आदि आनन्द की सिद्धावस्था के काव्य हैं। कहना न होगा कि आचार्य शुक्ल ने पूर्ण सहानुभूति की शक्ति आनन्द की साधनावस्था वाले काव्यों में ही स्वीकार की है, क्योंकि ऐसे ही काव्यों में आलम्बन असौन्दर्य के आवरण को हटाकर लोकरक्षा में रत रहता है और उसका स्वरूप

---

1. चिन्तामणि, प्रथम भाग, पृष्ठ-165
2. वही, पृष्ठ-166
3. वही, द्वितीय भाग, पृष्ठ-53
4. वही, प्रथम भाग, पृष्ठ-216

लोकधर्मी होता है।

रसविरोधी-सिद्धान्तों का विरोध

आलम्बन के लोकधर्मी स्वरूप और रस-सिद्धान्त के प्रति अटूट निष्ठा के कारण ही आचार्य शुक्ल ने उन सारे काव्य-सिद्धान्तों का विरोध किया, जो इससे भिन्न मान्यताओं पर आधृत थे। आचार्य ने साम्प्रदायिक रहस्यवाद और असम्बद्ध भावनाओं को लेकर चलने वाले तथा उपमान वाक्यों का ढेर लगा देने वाले छायावाद, कलावाद, अभिव्यंजनावाद, अन्तश्चेतनावाद, व्यक्ति-वैचित्र्यवाद, मूर्तिमत्तावाद, प्रतीकवाद, संवेदनावाद तथा टालस्टाय के आदर्शवाद का विरोध किया है। परोक्ष-रति पर आधृत होने के कारण आचार्य शुक्ल को रहस्यवादी कवि की अनुभूति की सचाई पर ही विश्वास नहीं है। 'छायावाद', 'कलावाद' और 'अभिव्यंजनावाद' आचार्य शुक्ल की दृष्टि में प्रस्तुत की उपेक्षा करने वाले सिद्धान्त हैं। इनमें अप्रस्तुत-विधान पर आवश्यकता से अधिक ध्यान दिया जाता है। यही स्थिति मूर्तिमत्तावाद (इमेजिज्म) 'संवेदनावाद' (इम्प्रेशनिज्म) और 'प्रतीकवाद' (सिम्बालिज्म) में भी थोड़े बहुत अन्तर से लक्षित होती है। 'व्यक्तिवैचित्र्यवाद' नकली हृदयों के कारखाने में निर्मित होने वाला वाद है, वह लोक-हृदय की सामान्य अन्तर्भूमि की मान्यता के विरुद्ध पड़ता है। फ्रायड के 'अन्तश्चेतनावाद' से भी वे सहमत नहीं प्रतीत होते। उनकी दृष्टि में 'काव्यानुभूति और स्वप्न की अनुभूति में पर्याप्त अन्तर है।[1] टालस्टाय का आदर्शवाद केवल प्रेम और भ्रातृभाव के उत्कर्ष में ही कला की सार्थकता मानता है। आचार्य शुक्ल के अनुसार के उत्कर्ष में ही कला की सार्थकता मानता है। आचार्य शुक्ल के अनुसार वह एकदेशीय है। काव्यकला की रमणीयता, पूर्ण सौन्दर्य-जिसमें परुषता और मधुरता, कठोरता और मृदुता, क्रोध और विनय जीवन के उभय पक्ष सम्मिलित हैं-- के विधान में है।

प्राचीन भारतीय सिद्धान्तों में आचार्य शुक्ल ने वक्रोक्तिवाद और चमत्कारवाद का सर्वाधिक विरोध किया है। इसका कारण भी इन सिद्धान्तों का रस विरोधी स्वरूप है। काव्य के सम्बन्ध में इनसे हल्की धारणा का निर्माण होता है जबकि आचार्य शुक्ल काव्य को भाव-साधना मानते हुए उसे ज्ञान-साधना और कर्म-साधना के समकक्ष रखना चाहते हैं। आचार्य शुक्ल द्वारा 'वक्रोक्तिवाद' का विरोध तर्क-संगत नहीं है। वक्रोक्ति रस-विरोधी नहीं है। कुन्तक ने 'वाक्य वक्रता', 'प्रकरण वक्रता' और 'प्रबन्ध वक्रता' का विवेचन करते हुए 'रस' का सन्निवेश वक्रोक्ति के अन्तर्गत कर लिया है। ऐसा लगता है कि शुक्ल जी को वक्रोक्ति सिद्धान्त के समग्र अध्ययन का अवसर नहीं मिला था। अन्यथा वे वक्रोक्ति का विरोध न करते। उन्होंने 'वक्रोक्ति' के शाब्दिक अर्थ को विशेष महत्त्व दिया और उसी के आधार पर अपनी धारणा स्थिर कर ली।

आधुनिक सिद्धान्तों में आचार्य शुक्ल ने उन सिद्धान्तों को स्वीकार किया है जिनसे रस-सिद्धान्त का समर्थन हो जाता है। एबरक्रॉम्बी की प्रेषणीयता (कम्यूनिकेबिलिटी) का सिद्धान्त, एडीसन और कोलरिज का भाव-प्रेरित कल्पनावाद तथा रिचर्ड्स का 'सामान्यीकृत अनुभूतिवाद एवं कल्पनात्मक अनुभूतिवाद' आचार्य शुक्ल के रस-सिद्धान्त के मेल में पड़ते हैं। इसी प्रकार रिचर्ड्स का जीवनानुभूति और काव्यानुभूति की एकता का सिद्धान्त भी आचार्य शुक्ल के प्रत्यक्ष रूप-विधानाधृत-रसात्मकता का समर्थक है, इसीलिए शुक्ल जी ने इन सिद्धान्तों को अनेक स्थलों पर

---

1. हिन्दी साहित्य का इतिहास, पृष्ठ-574

उद्धृत किया है।

वस्तुतः आचार्य शुक्ल की मूलभूत धारणा यह है कि मनुष्य लोकबद्ध प्राणी है। लोक के भीतर ही उसके ज्ञान और भाव-क्षेत्रों का प्रसार होता है। लोक की समस्त अनुभूतियाँ **सुख-दुःखात्मक** होती हैं। मानव-जीवन में अनुभूत समस्त भाव **सुख-दुखमूलक** ही हैं। सुखात्मक भावों में राग या प्रेम प्रधान है, दुःखात्मक भावों में शोक या करुणा। अतः जीवन में प्रवृत्त करने वाले बीजभाव प्रेम तथा करुणा ही हैं। जीवनाधृत महाकाव्यों में भी बीज-भावों की स्थिति लक्षित होती है। रामायण का बीजभाव 'करुणा' है। प्रेमाख्यानक काव्यों में बीज-भाव 'प्रेम' होता है। आनन्द की 'साधनावस्था' वाले काव्यों में प्रायः करुणा ही बीच-भाव के रूप में विद्यमान रहती है। काव्यानुभूति का मूल आधार लोकानुभूति ही है। काव्यानुभूति अपेक्षाकृत अधिक उदात्त होती है। आनन्द-विधान के लिए लोक के बाहर जाना, चाहे वह घट के भीतर हो या क्षितिज के पार, एक प्रकार का पलायनवाद ही है। जिस प्रकार समस्त भूतों में एक ही आत्मतत्त्व की सत्ता मान्य है, वैसी ही मानवमात्र में एक ही सामान्य हृदय की सत्ता भी मान्य होनी चाहिए। इस सामान्य हृदय का उद्घाटन करके कवि अभेदभाव का समर्थन करता है। जिस प्रकार मुक्त-आत्मा समस्त विश्व में एक ही आत्मा का दर्शन करता है उसी प्रकार मुक्त हृदय समस्त गोचर जगत् में एक ही सामान्य हृदय का प्रसार देखता है। 'सर्वभूत को आत्मभूत करके अनुभव करना ही काव्य का चरम लक्ष्य है'।[1] वास्तविक सहृदय वही है जो सम्पूर्ण चराचर के साथ अपने हृदय का रागात्मक सम्बन्ध स्थापित करके जगत् में भाव रूप में रम जाता है। यही हमारे आदि कवि (वाल्मीकि) का सन्देश था और यही आचार्य शुक्ल की मूल स्थापना है। जगत् के समस्त गोचर पदार्थों के साथ हृदय का सामंजस्य स्थापित हो जाने पर यह जगत् रस-रूप हो जाता है। कहना चाहें तो कह सकते हैं--

नहीं कोई चेतन नहीं कोई जड़ है,
सभी में अनुस्यूत पावन हृदय है।
हृदय में तरंगित सरस भाव धारा,
यह रस रूप ही है जगत् का पसारा।

व्यावहारिक समीक्षा

मनोवैज्ञानिक आधार पर विकसित एवं पुष्ट इसी रस दृष्टि के आधार पर आचार्य शुक्ल ने अपनी जायसी, सूर और तुलसी की श्रेष्ठ समीक्षाएँ प्रस्तुत की हैं। 'जायसी' की समीक्षा करते हुए आचार्य ने उनके संक्षिप्त जीवनवृत्त के साथ ही प्रेमगाथा-परम्परा, पद्मावत की कथा और उसका ऐतिहासिक आधार, पद्मावत की प्रेम-पद्धति, वियोग और संयोग-पक्ष, प्रेम-तत्त्व और उसकी ईश्वरोन्मुखता, प्रबन्ध-कल्पना, वस्तुवर्णन, भाव-व्यंजना, अलंकार, स्वभाव-चित्रण, रहस्यवाद, मत और सिद्धान्त, सूक्तियाँ और भाषा-सम्बन्धी विशेषताओं का गंभीर और विशद् विवेचन किया है। उपर्युक्त सभी शीर्षकों के अन्तर्गत आचार्य ने कुछ न कुछ नई बातें कहीं हैं। वस्तु-वर्णन के अन्तर्गत उन्होंने पहली बार वस्तुओं की संश्लिष्ट योजना द्वारा 'बिम्बग्रहण' कराने की बात पर बल दिया है। अलंकारों का विवेचन करते हुए उन्होंने कवि की प्रवृत्ति के साथ उनकी प्रयोग-बहुलता का सम्बन्ध स्थापित किया है। भावों के उत्कर्ष में उनके योग-दान पर विचार किया है और अनेक अर्थ-छवियों

---

1. काव्य में प्राकृतिक दृश्य, चिन्तामणि, द्वितीय भाग, पृष्ठ-7

के गूढ़ सन्निवेश में उनकी भूमिका की ओर हमारा ध्यान आकृष्ट किया है। उक्तियों का वैशिष्ट्य निदर्शित करते हुए उन्होंने कतिपय उक्तियों के भीतर अप्रस्तुत रूप में दबे हुए रूप-विधान (Suppressed imagery) को लक्षित करते हुए आधुनिक काव्याभिव्यंजन की दृष्टि से जायसी की गूढ़ रमणीय रूप-योजना की प्रशंसा की है। जायसी की काव्य-भाषा की चर्चा करते हुए आचार्य ने भाषा के दो पक्षों-- 'सांकेतिक'(Symbolic) और 'बिम्वविधायक' (Presentative) का उल्लेख किया है और यह स्पष्ट किया है कि 'बिम्बविधायक' भाषा रस-प्रतीति में सहायक होती है। तात्पर्य यह है कि जायसी की आलोचना में आचार्य शुक्ल ने विषय-वस्तु की सूक्ष्म परख के साथ ही रूप-तत्त्व पर भी बारीकी से विचार किया है। कहीं-कहीं तो उनका विवेचन आधुनिक शैली-वैज्ञानिकों को भी चुनौती देता हुआ प्रतीत होता है। उदाहरण के लिए जायसी की निम्नलिखित चौपाइयों पर आचार्य शुक्ल की समीक्षात्मक टिप्पणी देखिए:--

रतन छुवा जिन्ह हाथन्ह सेंती। और न छुवौं सो हाथ संकेती।
दमक रंग भए हाथ मँजीठी। मुकुता लेउँ पै घुँघुची दीठी।।

'सबसे पहले तो 'रतन' पद में हमे श्लेष मिलता है। फिर दूसरे चरण में काकु-वक्रोक्ति। तीसरे-चौथे चरण में जटिलता है। उस रत्न के स्पर्श से मेरे हाथ लाल हुए। इसका विचार यदि हम गुण की दृष्टि से करते हैं तो 'तद्गुण' अलंकार ठहरता है। फिर जब हम यह विचार करते हैं कि पद्मिनी के हाथ तो स्वभावतः लाल हैं (उनमें लाली का आरोप नहीं है) तब हमें रत्न-स्पर्श के रूप-हेतु का आरोप करके हेतूत्प्रेक्षा कहनी पड़ती है। अतः यहाँ इन दोनों अलंकारों का 'संदेह संकर' हुआ। चौथे चरण में 'तद्गुण' अलंकार स्पष्ट है। यह अलंकार-निर्णय भी हमें व्यंग्य अर्थ तक नहीं पहुँचाता। अतः हम लक्षणा से 'मुक्ता' का अर्थ लेते हैं 'बहुमूल्य वस्तु' और 'घुघुँची' का अर्थ लेते हैं 'तुच्छ वस्तु'। इस प्रकार हम इस व्यंग्य अर्थ पर पहुँचते हैं कि रत्नसेन के सामने मुझे संसार की उत्तम से उत्तम वस्तु तुच्छातितुच्छ दिखाई पड़ती है।' (जायसी ग्रंथावली की भूमिका, पृष्ठ-113)। इस प्रकार का विवेचन काव्य-पाठ के गहन अध्ययन से ही संभव है।

भावों की विवेचना करते हुए आचार्य ने मात्र उनकी शास्त्रीय स्थिति का ही उल्लेख नहीं किया है वरन् उनके उत्कर्ष, उनकी व्याप्ति तथा मानव-चरित्र के साथ उनके संश्लिष्ट सम्बन्ध का भी विवेचन किया है। उन्होंने दो पात्रों में एक ही भाव के स्थितिगत-वैशिष्ट्य को भी लक्षित किया है और मिलते-जुलते भावों से उनकी तुलना भी की है। प्रेम-प्रधान काव्य होने के कारण 'पद्मावत' में निरूपित प्रेम के स्वरूप पर आचार्य ने विस्तारपूर्वक विचार किया है और संस्कृत के महाकाव्यों तथा अरबी-फारसी की प्रेम-कथाओं से उसका पार्थक्य स्पष्ट किया है। उन्होंने निष्कर्ष देते हुए कहा है कि 'जायसी ऐकांतिक प्रेम की गूढ़ता और गम्भीरता के बीच-बीच में जीवन के और-और अंगों के साथ भी उस प्रेम के सम्पर्क का स्वरूप कुछ दिखाते गये हैं। इससे उनकी प्रेमगाथा पारिवारिक और सामाजिक जीवन से विच्छिन्न होने से बच गयी है।'

आचार्य शुक्ल ने जायसी की प्रतिनिधि रचना 'पद्मावत्' के काव्यरूप पर भी विचार किया है। उन्होंने घटनाओं की गति, मानव-जीवन की पूर्णता और विविधता, घटनाओं की सम्बन्ध-शृंखला प्रसंगों की मार्मिकता, भावों की परिस्थितिगत अनुकूलता-प्रतिकूलता तथा कार्यान्विति की दृष्टि से प्रबन्ध काव्य की श्रेष्ठता निर्धारित करते हुए जायसी को प्रबन्ध-रचना की दृष्टि से तुलसी के बाद दूसरा स्थान दिया है। उन्होंने यह भी स्पष्ट किया है कि पद्मावत् अन्योक्तिमूलक काव्य नहीं है। घटनाक्रम के बीच-बीच में प्रस्तुत के साथ अप्रस्तुत की व्यंजना के कारण इसे समासोक्ति-मूलक काव्य

कहा जा सकता है। तात्पर्य यह है कि जायसी के काव्य की व्यावहारिक समीक्षा के साथ आचार्य शुक्ल ने पहली बार विषय-वस्तु और रूपतत्त्व दोनों को समुचित महत्त्व देते हुए हिन्दी की व्यवस्थित समीक्षा-पद्धति का आदर्श उपस्थित किया। उन्होंने स्पष्ट किया कि गुण, अलंकार, शब्द-शक्ति इन सबका महत्त्व व्यंग्य-अर्थ तक पहुँचने में सहायक होने के कारण हैं।

आचार्य शुक्ल ने गोस्वामी तुलसीदास की आलोचना करते हुए आलोचना की उसी पद्धति का प्रयोग किया, जिसका आदर्श रूप वे जायसी की विस्तृत समीक्षा करते हुए उपस्थित कर चुके थे। उन्होंने तुलसी की भक्ति का स्वरूप स्पष्ट करते हुए उनकी लोकधर्मिता, मर्यादाप्रियता और शील-साधना का विस्तार से विवेचन किया है। उन्होंने यह प्रमाणित किया है कि तुलसी की भक्ति शास्त्रानुमोदित लोक-धर्म के माधुर्य को प्रतिष्ठित करने वाली है। वह संसार में व्याप्त दुःख, अनास्था और निराशा को दूर करके आशा का संचार और मंगल का विधान करने वाली है। वह राम के शील के असाधारण उत्कर्ष पर आधृत है, इसलिए वह सदाचार को महत्त्व देकर लोक-कल्याण का मार्ग प्रशस्त करती है। राम के स्वरूप में शील के साथ लोकोत्तर सौन्दर्य और शक्ति सन्निहित है। इसलिए वे लोकचित्त को सहज की आकृष्ट करते हैं और अपने आचरण के द्वारा लोक-मगंल का विधान करते हुए मनुष्य की पूर्णता के प्रति हमें आश्वस्त करते हैं।

तुलसी की भावुकता की विस्तृत चर्चा करते हुई आचार्य शुक्ल ने प्रतिपादित किया है कि रामचरितमानस में उन्होंने प्रत्येक मानव स्थिति में अपने को डालकर उसके अनुरूप भाव का अनुभव किया है। इससे तुलसी के हृदय की विशालता, भाव-प्रसार की शक्ति और मर्मस्पर्शी स्वरूपों की उद्भावना की क्षमता प्रकट होती है। उनके भाव-चित्रण में पर्याप्त गहराई है। उन्होंने छोटे-छोटे ऐसे संचारी भावों की स्वतन्त्र व्यंजना की है जिनकी ओर अन्य कवियों का ध्यान ही नहीं गया है। इससे यह प्रकट होता है कि उन्हें मानवीय प्रकृति का सूक्ष्मातिसूक्ष्म ज्ञान था। इस प्रंसग में आचार्य शुक्ल ने बीच-बीच में शास्त्रीय प्रश्न भी उठाये हैं और कहीं-कहीं आचार्यों के परम्परागत निर्णयों से अपनी असहमति भी व्यक्त की है। उन्होंने तर्क देकर प्रमाणित किया है कि 'उत्साह' का आलम्बन विजेतव्य शत्रु न होकर विकट या दुष्कर कर्म होता है।

तुलसीं के बाह्य चित्रण पर विचार करते हुए आचार्य शुक्ल ने थोड़े खेद के साथ बताया है कि उनमें वाल्मीकि और कालिदास के समान समग्र बाह्य सृष्टि से सहज रागात्मक सम्बन्ध जोड़ने वाली सहृदयता न थी इसलिए 'उनके राम लक्ष्मण में प्रकृति के नाना रूपों और व्यापारों के प्रति वह हर्षोल्लास नहीं है जो वाल्मीकि के राम-लक्ष्मण में है।' चित्रकूट के वर्णन में उन्होंने सूक्ष्म निरीक्षण और संश्लिष्ट योजना का परिचय अवश्य दिया है किन्तु इसका कारण उनका प्रकृति के रूप-व्यापार में मग्न होना नहीं है, अपने आराध्य राम के स्वरूप में मग्न होना है। चित्रकूट की भूमि 'राम-पद-अंकित' और उसके वन 'रघुवर-बिहार-थल' होने के कारण तुलसी के लिए विशेष आकर्षण की वस्तु बन गये हैं। आचार्य शुक्ल को सन्तोष यह है कि तुलसीदास ने हिन्दी के अन्य कवियों की भाँति वस्तु-वर्णन करते हुए 'वस्तु-परिगणन-शैली' का उपयोग नहीं किया है। यही नहीं, उन्होंने भिन्न-भिन्न व्यापारों में तत्पर मनुष्यों की विशिष्ट मुद्राओं का भी बड़ा ही स्वाभाविक और बिम्बात्मक चित्रण किया है। मारीच के पीछे शर-संधान किये हुए राम और राम की प्रतीक्षा में माथे पर हाथ रखकर दूर देखती हुई शबरी की मुद्राओं का उदाहरण देकर उन्होंने अपनी बात पुष्ट की है।

तुलसी के अलंकार-विधान की चर्चा करते हुए शुक्ल जी ने उन्हीं अलंकारों को महत्त्व दिया है जो भावों को उत्कर्ष देने तथा वस्तुओं के रूप, गुण और क्रिया के अनुभव को तीव्र करने में

सहायक हैं। उन्होंने उपमा, रूपक, उत्प्रेक्षा, पर्यायोक्ति, विभावना, असंगति, व्यतिरेक, मीलित, उन्मीलित, सन्देह आदि अलंकारों के उदाहरण प्रस्तुत करते हुए विस्तृत व्याख्या के साथ प्रमाणित किया है कि गोस्वामी जी ने रूप, गुण, क्रिया और भाव को उत्कर्ष देने के लिए ही इनका प्रयोग किया है।

तुलसी की भाषा का विवेचन शुक्ल जी ने बहुत संक्षेप में किया है। उन्होंने लक्षित किया है कि तुलसी की भाषा 'चलती हुई और मुहावरेदार' है। उनकी वाक्य-रचना निर्दोष है। उन्होंने पाद-पूर्ति के लिए शब्दों का प्रयोग नहीं किया है, ऐसा लगता है कि तुलसी की कला के विवेचन पर आचार्य शुक्ल ने बहुत कम ध्यान दिया है। उनकी पूरी शक्ति तुलसी की भक्ति और शीलनिरूपण तथा भावुकता के विवेचन में ही लग गयी है। जिस विस्तार और गहराई से उन्होंने जायसी की कला-मर्मज्ञता का विश्लेषण किया है, वह विस्तार और गहराई यहाँ नहीं है। वस्तुतः उन्होंने 'तुलसी के महत्त्व के साक्षात्कार के लघु प्रयत्न' के रूप में ही 'गोस्वामी तुलसीदास' की रचना की है, इसलिए मूल्यांकन में लाघवता स्वाभाविक है।

आचार्य शुक्ल की समीक्षा का सन्तुलित और प्रौढ़ रूप हमें 'भ्रमरगीत सार' की भूमिका के रूप में प्रस्तुत सूरकाव्य की सारगर्भित समीक्षा में दृष्टिगत होता है। उन्होंने संक्षेप में सूरदास की सीमाओं का उल्लेख किया है। उन्हें सूरदास में लोक-संग्रह की वृत्ति का अभाव खटका है। वस्तु-गाम्भीर्य की कमी और वर्ण्य-विषय की परिमिति की ओर भी उनका ध्यान गया है। कहीं-कहीं उपमान-विधान में उपमेय-उपमान-सम्बन्धों में सन्तुलन की कमी और ऊहा के अतिरेक के कारण वर्णन की अस्वाभाविकता भी उन्हें अशोभन प्रतीत हुई है। इन छोटी-मोटी खटकने वाली बातों को छोड़कर उन्होंने सूर के सम्बन्ध में जो निर्णय दिये हैं, वे आज भी अत्यन्त मूल्यवान है। उन्होंने बताया कि रति भाव के भीतर जितनी मानसिक वृत्तियों और अन्तर्दशाओं का अनुभव एवं प्रत्यक्षीकरण सूरदास ने किया है और बाल-वृत्तियों की जैसी स्वाभाविक व्यंजना सूर के काव्य में हुई है, वह अन्यत्र दुर्लभ है। गोप-जीवन की स्वच्छन्दता और गोचारण के मधुर दृश्यों का अंकन करने में सूर अप्रतिम हैं। इनके अतिरिक्त बचपन के सहज एवं निर्विकार प्रेम का साहचर्य से पुष्ट होकर जीवनोत्सव के रूप में प्रस्फुटित होना; प्रकृति के खुले क्षेत्र में विप्रलम्भ भाव के व्यापक एवं गम्भीर प्रसार; वियोग-विह्वला गोपियों की मानसिक दशा के अन्तर्गत 'झल्लाहट', 'चकपकाहट', 'खिझलाहट', 'अनुताप', 'अधीनता', 'विनोद', 'चपलता', 'धृति', 'असूया', 'घनिष्ठता' आदि के मार्मिक चित्र; मुरली-प्रसंग के अन्तर्गत सम्बन्ध-भावना के विस्तार और मुरली के प्रति सपत्नी भाव की व्यंजना; वियोग-वात्सल्य के अन्तर्गत 'उदासीनता', 'निर्वेद', 'तिरस्कार', और 'अमर्ष' जैसे भावों की गूढ़ संश्लिष्ट व्यंजना; अप्रस्तुत-विधान के अन्तर्गत उपमानों की उपयुक्तता और व्यापार-समष्टि-सूचक उपमानों के विधान द्वारा पूरे प्रसंग की मार्मिक व्यंजना तथा उद्धव-गोपी-संवाद के अन्तर्गत गोपियों की उक्तियों में भाव-प्रेरित-वक्रता का वैविध्य आदि अनेक वस्तु एवं शिल्पगत विशेषताओं की ओर हमारा ध्यान आकृष्ट करके आचार्य शुक्ल ने सूरकाव्य की अपूर्व रसधारा के भीतर अवगाहन के लिए मार्ग प्रशस्त कर दिया है। काव्य में भाव पक्ष और कला पक्ष की स्थिति अलग-अलग स्वीकार करते हुए भी विवेचन के स्तर पर आचार्य शुक्ल के बराबर भाव-प्रेरित-विदग्धता, भाव-व्यंजक-श्लिष्टता और भाव प्रेरित-वचन-रचना पर बल देते हुए भाव और कला के श्लिष्ट विधान को काव्य-सौन्दर्य के लिए आवश्यक माना है। सूर की प्रतिभा को एकमुखी स्वीकार करते हुए भी आचार्य शुक्ल का दृढ़ मत है कि जिस क्षेत्र को सूर ने चुना है उस पर उनका अधिकार अपरिमित है। उसके वे सम्राट् हैं। आचार्य शुक्ल के बाद उपर्युक्त तीनों कवियों की अनेक दृष्टियों से समीक्षाएँ की गयी हैं किन्तु

आचार्य शुक्ल के निर्णय आज भी अपने स्थान पर हैं।

आचार्य शुक्ल ने हिन्दी-साहित्य के इतिहास में प्राचीन एवं नवीन कवियों के सम्बन्ध में सूत्र रूप में जो सारगर्भित समीक्षात्मक टिप्पणियाँ दी हैं वे आगे चलकर परवर्ती समीक्षकों द्वारा की गयी विशद् समीक्षाओं का आधार बन गयी हैं। इन सूत्रों की व्याख्या करके अनेक समीक्षकों ने अपनी समीक्षा को कृतार्थ किया है। यहाँ कुछ सूत्र-बद्ध टिप्पणियों को उद्धृत करना अप्रासंगिक न होगा।

क. केशव को कवि-हृदय नहीं मिला था। उनमें वह सहृदयता और भावुकता न थी जो एक कवि में होनी चाहिए (इतिहास, पृष्ठ- 209)

ख. जिस कवि में कल्पना की समाहार शक्ति के साथ भाषा की समासशक्ति जितनी ही अधिक होगी उतना ही वह मुक्तक की रचना में सफल होगा। यह क्षमता बिहारी में पूर्ण रूप से वर्तमान थी। (इतिहास, पृष्ठ-247)

ग. इनकी (पद्माकर की) मधुर कल्पना ऐसा स्वाभाविक और हाव-भाव पूर्ण मूर्ति-विधान करती है कि पाठक मानो प्रत्यक्ष अनुभूति में मग्न हो जाता है। (वही, पृष्ठ-309)

घ. ये (घनानन्द) साक्षात् रस-मूर्ति और ब्रज भाषा के प्रधान स्तम्भों में हैं। (वही, पृष्ठ-335) प्रेम की गूढ़ अन्तर्दशा का उद्घाटन जैसा इनमें है वैसा हिन्दी के अन्य शृंगारी कवि में नहीं (वही, पृष्ठ-338)। अपनी भावनाओं के अनूठे-रूप-रंग की व्यंजना के लिए भाषा का ऐसा वेधड़क प्रयोग करने वाली हिन्दी के पुराने कवियों में दूसरा नहीं हुआ। (वही, पृष्ठ-339)

ङ. इनका सा (देव कवि सा) अर्थ-सौष्ठव और नवोन्मेष बिरले की कवियों में मिलता है। रीतिकाल के कवियों में ये बड़े ही प्रगल्भ और प्रतिभा सम्पन्न कवि थे, इसमें सन्देह नहीं। (वही, पृष्ठ-267)।

च. वे (भारतेन्दु) सिद्ध वाणी के अत्यन्त सरस हृदय कवि थे। प्राचीन और नवीन का यही सुन्दर सामंजस्य भारतेन्दु की कला का विशेष माधुर्य है। (वही, पृष्ठ-462)।

छ. गुप्त जी की प्रतिभा की सबसे वड़ी विशेषता है कालानुसरण की क्षमता अर्थात् उत्तरोत्तर वदलती हुई भावनाओं और काव्य प्रणालियों को ग्रहण करते चलने की शक्ति। (वही, पृष्ठ-616)।

ज. 'कामायनी' में उन्होंने (प्रसाद जी) नर-जीवन के विकास में भिन्न-भिन्न भावात्मिका वृत्तियों का योग और संघर्ष बड़ी प्रगल्भ और रमणीय कल्पना द्वारा चित्रित करके मानवता का रसात्मक इतिहास प्रस्तुत किया है। (वही, पृ०-678)।

झ. 'छायावाद' के भीतर माने जाने वाले सब कवियों में प्रकृति के साथ सीधा प्रेम-सम्बन्ध पन्त जी का ही दिखाई पड़ता है। (इतिहास, पृष्ठ-700)

ट. बहु-वस्तु-स्पर्शिनी प्रतिभा निराला जी में है। अज्ञात प्रिय की ओर इशारा करने के अतिरिक्त इन्होंने जगत् के अनेक प्रस्तुत रूपों और व्यापारों को भी अपनी सरस भावनाओं के रंग में देखा है। (वही, पृष्ठ-717) संगीत को काव्य के और काव्य को संगीत के अधिक निकट लाने का सबसे अधिक प्रयास निराला जी ने किया है। (वही, पृष्ठ-715)

कहना न होगा कि उपर्युक्त टिप्पणियाँ हिन्दी-साहित्य के विद्यार्थियों का संस्कार बन चुकी हैं। उपर्युक्त टिप्पणियों को आचार्य शुक्ल ने आदि काल से लेकर अद्यतन काल तक का हिन्दी-साहित्य का क्रम-बद्ध इतिहास प्रस्तुत करने के क्रम में लिखा है। उस समय उनके सामने भाषा और साहित्य सम्बन्धी अनेक प्रश्न थे। फिर भी उन्होंने प्रत्येक कवि की अलग-अलग जो पहचान बताई है, वह अविस्मरणीय है तथा नवीन और प्राचीन रचनाओं को जिस बारीकी से उन्होंने देखा-परखा है, वह

श्लाघ्य है। उनका कोई भी निर्णय आरोपित नहीं है। रचनाओं के मर्म में प्रवेश करने के बाद ही उन्होंने अपनी धारणाएँ बनायी हैं। इसलिए उनके निर्णयों का आज भी महत्त्व और मूल्य है।

आचार्य शुक्ल के समीक्षक व्यक्तित्व के महत्त्व को उनके बाद के प्रायः सभी ख्यातिलब्ध समीक्षकों ने स्वीकार किया है। आचार्य नन्ददुलारे वाजपेयी ने लिखा है-- ''साहित्यिक कृतियों और साहित्य-शास्त्र की पद्धतियों का निरूपण करने में भी शुक्ल जी ने असाधारण अन्तर्दृष्टि का परिचय दिया है। सच पूछिए तो रस, अलंकार, रीति, वक्रोक्ति आदि सम्प्रदायों की जो व्याख्याएँ आज प्रचलित हैं वे प्रमुखतः शुक्ल जी द्वारा ही उद्‌भावित हैं।''[1] आचार्य शुक्ल की समीक्षा-दृष्टि के सम्बन्ध में अपना मत प्रकट करते हुए वे कहते हैं--''शुक्ल जी की समीक्षा दृष्टि अतिशय मार्मिक थी, परिणामस्वरूप उनकी समीक्षाओं ने जो साहित्यिक चेतना उत्पन्न की वह पर्याप्त विशद और स्वस्थ थी। एक नया मानदण्ड शुक्ल जी ने संस्थापित कर दिया, जिसके आधार पर हिन्दी-समीक्षा उत्तरोत्तर उन्नति कर रही है।''[2] शुक्लोत्तर समीक्षा के दूसरे प्रमुख स्तम्भ डॉ० नगेन्द्र आचार्य शुक्ल के महत्त्व को स्वीकार करते हुए कहते हैं--'आरम्भ में ही आचार्य शुक्ल के प्रभाववश मेरे मन पर विचित्र आतंक और प्रभाव रहा है। मेरे अपने संस्कार शुक्ल जी के संस्कारों से सर्वथा भिन्न थे। मेरा साहित्यिक संस्कार छायावादी युग में हुआ था।। शुक्ल जी सुधार-युग की विभूति थे। उनके निष्कर्षों को मानने के लिए मैं बिल्कुल तैयार नहीं था। परन्तु उनके प्रौढ़ तर्क और अनिवार्य शैली मेरे ऊपर बुरी तरह हावी हो जाते थे और मैं यह मानने को विवश हो जाता था कि इस व्यक्ति की काव्य-दृष्टि चारे संकुचित हो, लेकिन फिर भी अपनी सीमा में यह महारथी अजेय हैं।' आचार्य नन्ददुलारे वाजपेयी और डॉ० नगेन्द्र दोनों ही स्वच्छन्दतावादी पद्धति के समीक्षक हैं। दोनों ने उनके आलोचक व्यक्तित्व के महत्त्व को मुक्त हृदय से स्वीकार करके एक बहुत बड़ी सचाई उजागर की है। प्रसिद्ध मार्क्सवादी समीक्षक डॉ० रामविलास शर्मा तो आचार्य शुक्ल की समीक्षा पद्धति को हिन्दी के लिए वरदान मानते हैं। शुक्ल जी के महत्त्व को स्वीकार करते हुए उन्होंने लिखा है--''दृढ़ता, आत्म-विश्वास और निर्भीकता शुक्ल जी के विशेष गुण हैं। लाख विरोधी-प्रचार हो, वह अपने सिद्धान्त पर अडिग रहे। रहस्यवाद की भारत-व्यापी धूम होने पर भी उन्होंने उसका विरोध करना नहीं छोड़ा। भारतीय आध्यात्मवाद की विश्व में डुग्गी पिटने पर भी उन्होंने वास्तविक जगत् का सूत्र नहीं छोड़ा, इस जगत् के चित्रण को भारतीय साहित्य की मूल विशेषता बतलाया और आध्यात्म शब्द को साहित्य के मैदान से बाहर निकाल देने को कहा। अंग्रेजी और संस्कृत की धाक की परवाह न करके उन्होंने इन भाषाओं के साहित्य में जो कमजोरियाँ दिखीं उनका भी खुलकर विवेचन किया।'[3]

आचार्य शुक्ल के आलोचक-व्यक्तित्व को आचार्य हजारीप्रसाद द्विवेदी ने भी खुलकर सराहा है। वे कहते हैं-- 'हिन्दी-संसार में शुक्ल जी एक और अद्वितीय व्यक्तित्व लेकर अवतीर्ण हुए थे। प्राचीन साहित्य का इस प्रकार मंथन करने वाले कम साहित्यिक समालोचक होंगे। संस्कृत के साहित्यशास्त्र पर उनका पूर्ण अधिकार था। यह कह सकना बड़ा कठिन है कि आचार्य शुक्ल के ऊपर प्राचीन विचारों का प्रभाव अधिक है या नवीन विचारों का। जिस लेखक का प्रभाव इतना व्यापक हो उसकी असाधारण प्रतिभा के लिए प्रमाण खोजने की आवश्यकता नहीं।'

आचार्य शुक्ल का महत्त्व स्वीकार करने वाले उपर्युक्त आलोचक हिन्दी-आलोचना के

1. नया साहित्य : नये प्रश्न, पृष्ठ-52
2. नया साहित्य : नये प्रश्न, पृष्ठ-52
3. आचार्य रामचन्द्र शुक्ल और हिन्दी आलोचना, पृष्ठ-225

आधार-स्तम्भ माने गये हैं। इसलिए उनकी आत्मस्वीकृतियों का विशेष महत्त्व है। उनकी स्वीकृतियां इस बात का प्रमाण है कि आचार्य शुक्ल ने अपने बाद की पीढ़ी को बहुत दूर तक प्रभावित किया है। महत्त्वपूर्ण बात यह है आज भी उनका महत्त्व और प्रभाव कम नहीं हुआ है। 'रस के प्रतिमान की प्रसंगानुकूलता' की चर्चा करते हुए डॉ० नामवर सिंह ने शब्द-शक्ति-विवेचन के क्रम में आचार्य शुक्ल द्वारा प्रतिपादित अर्थ-मीमांसा के सिद्धान्त को उल्लेखनीय माना है और नयी कविता के सन्दर्भ में उसकी प्रासंगिकता स्वीकार की है। वे कहते हैं--'एक व्यावहारिक समीक्षक के नाते आचार्य शुक्ल इस बात को भली-भाँति जानते थे कि काव्य में अर्थ-मीमांसा के द्वारा ही रस-निरूपण किया जा सकता है और कविता की अर्थ-मीमांसा के बिना अनायास लभ्य अनुभूति के आधार पर कविता का मूल्यांकन करना मूल्यांकन नहीं, बल्कि 'प्रभावाभिव्यंजक' आलोचना का उपहासास्पद नमूना है।'[1] नामवर सिंह के अतिरिक्त वर्तमान पीढ़ी के अनेक नये समीक्षकों ने विविध सन्दर्भों में आचार्य शुक्ल का उल्लेख करके उनकी प्रासंगिकता की पुष्टि की है। श्री अमृतराय ने 'सामूहिक भाव और साधारणीकरण' के सम्बन्ध का विवेचन करते हुए[2], डॉ० रवीन्द्रनाथ श्रीवास्तव ने 'साहित्यिक शैली-विज्ञान विषयक अपनी लेखमाला की दूसरी किस्त में संसर्गगत काव्य-संसार की चर्चा करते हुए'[3], मैनेजर पाण्डेय ने साहित्य-रचना के सन्दर्भ में अनुभूति के महत्त्व पर विचार करते हुए[4], डॉ० केदार नाथ सिंह ने 'हिन्दी आलोचना में बिम्ब-सिद्धान्त के विकास' की चर्चा करते हुए[5], डॉ० राममूर्ति त्रिपाठी ने भारतीय काव्य-सिद्धान्तों के प्रतिमानों का नयी सम्भावनाओं में संचार पर विचार करते हुए,[6] डॉ० राम स्वरूप चतुर्वेदी ने आलोचना की भाषा के वैशिष्ट्य का विश्लेषण करते हुए[7], डॉ० शिवकुमार मिश्र ने यथार्थवाद के स्वरूप का विवेचन करते हुए[8], डॉ० रघुवंश ने 'रस-सिद्धान्त और आधुनिक मनोविज्ञान' के सम्बन्ध में विचार करते हुए[9], तथा रमेशचन्द्र शाह ने छायावाद की प्रासंगिकता के विवेचना क्रम में[10], आचार्य शुक्ल का सम्मानपूर्वक स्मरण किया है। आलोचकों की इस सूची को बढ़ाया भी जा सकता है किन्तु यहाँ हमारा लक्ष्य हिन्दी के नये समीक्षकों पर आचार्य शुक्ल का प्रभाव दिखाना नहीं है। हम केवल यह स्पष्ट करना चाहते हैं कि आज भी हिन्दी-आलोचना का ऐसा कोई सन्दर्भ नहीं है जिसके सूत्र आचार्य शुक्ल की समीक्षा में विद्यमान न हों। उनकी चर्चा के बिना हम किसी भी सूत्र को विकसित नहीं कर पाते। उनकी समीक्षा दृष्टि की विशदता, गहनता, सूक्ष्मता और सन्तुलन का इससे बड़ा प्रमाण और क्या हो सकता है? आचार्य शुक्ल की समीक्षा में पूर्ववर्ती समीक्षा के सारे उत्कृष्ट और ग्राह्य तत्त्व अन्तर्निहित हैं और परवर्ती समीक्षा की अनेक सम्भावनाएँ समाविष्ट हैं। वे सच्चे अर्थों में हिन्दी के पथिकृत आचार्य हैं।

---

1. कविता के नये प्रतिमान, पृष्ठ-47
2. नयी समीक्षा, पृष्ठ-23
3. आलोचना, 42, पृष्ठ-29
4. आलोचना, 19, पृष्ठ-65
5. आधुनिक हिन्दी कविता में बिम्बविधान, पृष्ठ-13
6. आलोचना, 20, पृष्ठ-48
7. गद्य की सत्ता, पृष्ठ-60
8. यथार्थवाद, पृष्ठ-194
9. साहित्य का नया परिप्रेक्ष्य, पृष्ठ-72
10. छायावाद की प्रासंगिकता, पृष्ठ-24

काव्य में लोक मंगल की साधना का प्रतिमान

आचार्य शुक्ल ने ऐसे काव्यों को जिनमें मंगल का विधान करने वाला भाव 'करुणा' बीज रूप में विद्यमान रहता है, श्रेष्ठ घोषित करके 'लोक मंगल की साधना' को काव्य-प्रतिमान के रूप में प्रतिष्ठित किया है। उनका तर्क है कि लोक में मंगल का विधान करने वाले दो भाव हैं--'करुणा' और 'प्रेम'। 'करुणा' की गति लोक की रक्षा की ओर होती है और प्रेम की गति लोक के रंजन की ओर। इन दोनों भावों को वे सत्व-गुण प्रधान मानते हैं। वे कहते हैं--'उच्च दशा का प्रेम और करुणा दोनों सत्व-गुण प्रधान हैं। त्रिगुणों में सत्व गुण सबके ऊपर है। यहाँ तक कि उसकी ऊपरी सीमा नित्य पारमार्थिक सत्ता के पास तक— व्यक्त और अव्यक्त की सन्धि तक— जा पहुँचती है। इसी से शायद वल्लभाचार्य जी ने सच्चिदानन्द के सत् स्वरूप का प्रकाश करने वाली शक्ति को 'संधिनी' कहा है।' यह जगत् अव्यक्तावस्था से छूटी हुई प्रकृति का व्यक्त स्वरूप है। इसमें सत्व, रजस् और तमस् तीनों गुणों की स्थिति निरन्तर बनी रहती है। ऐसी स्थिति में मंगल का विधान तभी हो सकता है जब 'रजस्' और 'तमस्' 'गुण' 'सत्वगुण' के अधीन रह कर कार्य करें। काव्य भाव-प्रधान होता है। भावों में 'करुणा' और 'प्रेम' सत्व गुण प्रधान होते हैं और क्रोध, भय, घृणा आदि प्रचण्ड भाव रजस् और तमस् प्रधान होते हैं। आचार्य शुक्ल की मान्यता यह है कि 'करुणा' और 'प्रेम' से प्रेरित होने पर (सत्व गुण युक्त भावों के अधीन रहने पर) ये 'रजस्' और 'तमस्' प्रधान प्रचण्ड और उग्रभाव भी सुंदर हो जाते हैं। वाल्मीकीय रामायण में लोक पीड़क राक्षसराज रावण के प्रति राम का कालाग्नि सदृश क्रोध इसलिए लोकोत्तर सौन्दर्य का विधान कर सका है कि वह करुणा से, लोक-रक्षा की भावना से प्रेरित है। रावण की मृत्यु के बाद लोक से दुःख की छाया हट जाती है। लोक, पीड़ा और विघ्न बाधा से मुक्त हो जाता है और तब राम-राज्य की स्थापना होती है। यह रामराज्य व्यावहारिक स्तर पर 'सत्' और 'आनन्द' का प्रतीक है। आचार्य शुक्ल के शब्दों में--'लोक की रक्षा 'सत्' का आभास है, लोक का मंगल 'परमानन्द' का आभास है। इस व्यावहारिक 'सत्' और 'आनन्द' का प्रतीक है-- रामराज्य।' (गोस्वामी तुलसीदास, पृष्ठ-23) इस 'रामराज्य' की महिमा का वर्णन करते हुए शुक्ल जी कहते हैं--'राज्य की कैसी व्यापक भावना है? आदर्श राज्य केवल बाहर कर्मों का प्रतिबन्धक और उत्तेजक नहीं है, हृदय को स्पर्श करने वाला है, इसमें लोक-रक्षा के अनुकूल भावों की प्रतिष्ठा करने वाला है। यह धर्म राज्य है-- प्रकृति का रंजन करने वाला है। इस राज्य की स्थापना केवल शरीर पर ही नहीं होती, हृदय पर भी होती है। यह राज्य केवल चलती हुई जड़ मशीन नहीं है-- आदर्श व्यक्ति का परिवर्धित रूप है।' (गोस्वामी तुलसीदास, पृष्ठ-25) राम-राज्य की स्थापना शरीर पर ही नहीं हृदय पर भी होती है। हृदय पर 'करुणा' और 'प्रेम' के द्वारा ही राज्य किया जा सकता है। इस प्रकार आचार्य शुक्ल की दृष्टि में 'करुणा' और 'प्रेम' के पुंज, लोक में धर्म के विग्रह के रूप में प्रतिष्ठित, शील के आगार राम जैसे नायक को — ऐसे नायक को जिसकी प्रचण्ड और उग्र वृत्तियाँ निरन्तर सत्व गुण के अधीन गतिशील हों-- केन्द्र में रखकर रचित काव्य में ही पूर्ण सौन्दर्य के प्रकाशन की क्षमता होती है। वे कहते हैं-- 'यदि बीजभाव की प्रकृति मंगल-विधायिनी होती है तो उसकी व्यापकता और निर्विशेषता के अनुसार सारे प्रेरित भाव तीक्ष्ण और कठोर होने पर भी सुन्दर होते हैं। ऐसे बीज भाव की प्रतिष्ठा जिस पात्र में होती है, उसके सब भावों के साथ पाठकों की सहानुभूति होती है अर्थात् पाठक या श्रोता भी रस रूप में उन्हीं भावों का अनुभव करते हैं, जिन भावों की वह व्यंजना करते हैं।' (चिन्तामणि, पहला भाग, पृष्ठ-222) यही नहीं, वे यहाँ तक कह जाते हैं कि 'ऐसे पात्र की गति में बाधा डालने वाले पात्रों के उग्र या तीक्ष्ण

भावों के साथ पाठकों का वास्तव में तादात्म्य नहीं होता, चाहे उनकी व्यंजना में रस की निष्पत्ति करने वाले तीनों अवयव (विभाव, अनुभाव, संचारी भाव) वर्तमान हों।' (वही, पृष्ठ-222)

लोक मंगल की साधना को काव्य-प्रतिमान के रूप में प्रतिष्ठित करके आचार्य शुक्ल ने अपनी मौलिक दृष्टि का परिचय दिया है, किन्तु इस प्रतिमान को लेकर हिन्दी-जगत् में दो बिन्दुओं पर पर्याप्त विवाद चल पड़ा है। पहला बिन्दु 'लोक' सम्बन्धी अवधारणा है और दूसरा बिन्दु है-- मंगल-विधायक बीज भाव-प्रेरित आदर्श नायक द्वारा व्यक्त भावों से ही सच्चे साधारणीकरण (रस निष्पत्ति) की स्थिति का होना। सबसे पहले हम शुक्ल जी की 'लोक' सम्बन्धी अवधारणा पर विचार करेंगे। आचार्य शुक्ल ने अपने मनोविकारों पर लिखे गये निबन्धों, गोस्वामी तुलसीदास की समीक्षा, चिन्तामणि प्रथम भाग में संगृहीत प्रसिद्ध निबन्ध 'काव्य में लोक-मंगल की साधनावस्था' तथा चिन्तामणि द्वितीय भाग में संगृहीत लम्बे निबन्ध 'काव्य में रहस्यवाद' में अनेक सन्दर्भों में 'लोक' शब्द का प्रयोग किया है। उन्होंने लोक के साथ अन्य शब्दों को जोड़कर अनेक सामासिक पदों की रचना की है और विभिन्न सन्दर्भों में उनका प्रयोग करके 'लोक' शब्द को अधिक व्यंजक बना दिया है। लोक-मंगल, लोक-रंजन, लोक-संग्रह, लोक-सामान्य, लोक-पावन, लोक-हृदय, लोक-जीवन, लोक-विप्लव, लोक-दर्शी, लोक-चरित्र, लोक-सत्ता, लोक-बद्ध, लोक-व्यवस्था, लोक-धर्म, लोक-नीति, लोक-व्यवहार, लोक-वाह्य, लोक-गति, लोक-वाद जैसे कितने ही सामासिक पदों का प्रयोग उन्होंने किया है। इन प्रयोगों में कुछ ऐसे भी हैं जहाँ उन्होंने 'लोक' शब्द की व्याख्या करने का या उसका अर्थ स्पष्ट करने का प्रयत्न किया है। यहाँ हम उन सन्दर्भों को प्रस्तुत करना चाहेंगे, जिनमें 'लोक' शब्द का अर्थ स्पष्ट हुआ है।

-- दूसरी बात यह है कि भारतीय भक्ति-मार्ग व्यक्ति-कल्याण और लोक-कल्याण दोनों के लिए है। वह लोक या जगत् को छोड़कर नहीं चल सकता। (गोस्वामी तुलसीदास, पृष्ठ-5)

-- अब तक जो कुछ कहा गया, उससे गोस्वामी जी व्यक्तिवाद (Individualism) के विरोधी और लोकवाद (Socialism) के समर्थक से लगते हैं। (गोस्वामी तुलसीदास, पृष्ठ-30)

-- गृहधर्म पर दृष्टि रखने वाला किसी परिवार की रक्षा देखकर, वर्ग-धर्म पर दृष्टि रखने वाला किसी वर्ग या समाज की रक्षा देखकर और लोकधर्म पर दृष्टि रखने वाला लोक या समस्त मानव जाति की रक्षा देखकर आनन्द का अनुभव करता है। (चिन्तामणि, पहला भाग, पृष्ठ-208)

-- वही अबरक्रॉवे जो कभी वाद ग्रस्त होकर 'चेतना के कोने के बाहर' की बात कहने जाता है जब लोकवादी (Humanitarian) के रूप में हमारे सामने आता है, विशुद्ध काव्य-दृष्टि का प्रमाण देता है, तब उसकी सच्चाई में सन्देह करने की कोई जगह नहीं रह जाती, (चिन्तामणि द्वितीय भाग, पृष्ठ-86)

-- समाजशास्त्र के आधुनिक विवेचकों ने भी लोक-संगह और लोक-विरोध की दृष्टि से जनता का विभाग किया है। गिडिंग्ज के चार विभाग ये हैं-- लोक-संग्रही, लोक-वाह्य, अलोकोपयोगी और लोक-विरोधीं।

(The true social classes are-- The social, the nonsocial, the pseudo-social and the antisocial-Giddings)

उपर्युक्त सन्दर्भों में 'लोक' शब्द कहीं 'जगत्' के अर्थ में, कहीं समस्त मानव जाति के अर्थ में और कहीं मानवता के अर्थ में प्रयुक्त हुआ है। स्वयं संस्कृत साहित्य में 'लोक' शब्द संसार

(इहलोके), मानव जाति, प्रजा (राष्ट्र के व्यक्ति), समुदाय, क्षेत्र, सामान्य जीवन आदि कई अर्थों में प्रयुक्त होता रहा है। अब प्रश्न यह है कि 'लोक-मंगल की साधना' के सन्दर्भ में प्रयुक्त लोक शब्द से क्या तात्पर्य है। तुलसीदास की 'लोक-नीति' और 'लोक-मर्यादा' का विवेचन करते हुए आचार्य शुक्ल ने 'लोकवाद' के साथ 'सोशलिज्म' शब्द का प्रयोग किया है। इससे यह धारणा बनती है कि उनका 'लोकवाद', 'समाजवाद' का ही पर्याय है लेकिन उन्होंने स्वयं इस भ्रम का निवारण करते हुए कहा--''उनका (तुलसीदास का) लोकवाद वह 'लोकवाद' नहीं है जिसका अकांड तांडव रूस में हो रहा है। वे व्यक्ति की स्वतन्त्रता का हरण नहीं चाहते, जिसमें व्यक्ति इच्छानुसार हाथ-पैर भी न हिला सके, अपने श्रम, शक्ति और गुण का अपने लिये कोई फल ही न देख सके। वे व्यक्ति के आचरण का इतना ही प्रतिबन्ध चाहते हैं जितने में दूसरों के जीवन-मार्ग में बाधा न पड़े। राजा-प्रजा, उच्च-नीच, धनी-दरिद्र, सबल-निर्बल, शास्य-शासक, मूर्ख-पंडित, पति-पत्नी, गुरु-शिष्य, पिता-पुत्र इत्यादि भेदों के कारण जो अनेक रूपात्मक सम्बन्ध प्रतिष्ठित हैं उनके निर्वाह के अनुकूल मन (भाव), वचन और कर्म की व्यवस्था ही उनका लक्ष्य है, क्योंकि इन सम्बन्धों के सम्यक् निर्वाह से ही वे सबका कल्याण मानते हैं। इन सम्बन्धों की उपेक्षा करने वाले व्यक्ति-प्राधान्यवाद के वे अवश्य विरोधी हैं।''

(गोस्वामी तुलसीदास, पृ०-30)

उपर्युक्त विवेचन में तुलसी के 'लोकवाद' के प्रति आचार्य शुक्ल के मन में एक प्रकार का आकर्षण और रूसी समाजवाद के प्रति एक प्रकार का आक्रोश स्पष्ट रूप से व्यक्त हुआ है। इससे यह तो साफ जो जाता है कि आचार्य शुक्ल रूसी 'समाजवाद' के समर्थक नहीं हैं और उनका 'लोक' 'सर्वहारा' वर्ग नहीं है। आचार्य शुक्ल की बद्धमूल धारणा थी कि जिस प्रकार परिवार में ऊँची-नीची श्रेणियाँ होती हैं उसी प्रकार समाज में भी, शील, विद्या, बुद्धि, शक्ति आदि के भेद के आधार पर ऊँची-नीची श्रेणियाँ रहेंगी। उनके अनुसार, ''फावड़ा लेकर मिट्टी खोदने वाले और कलम लेकर वेदान्त-सूत्र लिखने वाले के काम एक ही कोटि के नहीं माने जा सकते।'' समाज में ऐसे लोगों की आवश्यकता बराबर रहेगी जो पठन-पाठन, तत्त्व-चिन्तन और ज्ञान के नये-नये क्षेत्रों के अनुसंधान में प्रवृत्त रहें। ऐसे लोग भी आवश्यक होंगे जो अस्त्र-शस्त्र से सज्जित होकर देश की रक्षा में निरन्तर प्रवृत्त रहें। कृषि, वाणिज्य व्यवसाय आदि से जुड़े लोग भी समाज के अंग रहेंगे और इन सभी के लिए आवश्यक सुविधाएं जुटाने वाला एक वर्ग भी किसी न किसी रूप में विद्यमान रहेगा। इन वर्गों के द्वारा सम्पादित कार्य एक ही कोटि के नहीं माने जायेंगे। ऐसी स्थिति में जिन कार्यों को श्रेष्ठ समझा जायेगा उनसे जुड़े लोगों के प्रति छोटा समझे जाने वाले कार्यों से जुड़े लोगों के मन में ईर्ष्या-द्वेष का भाव उत्पन्न हो सकता है। आचार्य शुक्ल की मान्यता है कि वर्णाश्रम व्यवस्था में यह भाव इसलिए उत्पन्न नहीं होता था कि जो श्रेष्ठ थे समाज के प्रति उनका त्याग और कर्तव्य-भाव भी उसी क्रम में अधिक होता था। ब्राह्मण और क्षत्रिय को लोक-हित में प्रतिक्षण अपने व्यक्तिगत सुख का त्याग करने के लिए तत्पर रहना पड़ता था। शेष वर्गों को अपने व्यक्तिगत और पारिवारिक सुख की व्यवस्था के लिए पूरा अवकाश रहता था। आचार्य शुक्ल के शब्दों में-- 'जब तक उच्च श्रेणियों के कर्तव्य की कठिनता प्रत्यक्ष रहेगी, कठिनता के साक्षात्कार के अवसर आते रहेंगे, तब तक नीची श्रेणियों में ईर्ष्या-द्वेष का भाव नहीं जाग्रत हो सकता। जब तक वे क्षत्रियों को अपने चारों ओर धर्म, जन की रक्षा में तत्पर देखेंगे, ब्राह्मणों को ज्ञान की रक्षा और वृद्धि में सब कुछ त्याग कर लगे हुए पायेंगे, तब तक वे अपना सब कुछ उन्हीं की बदौलत समझेंगे और उनके प्रति उनमें कृतज्ञता, श्रद्धा और मान का भाव बना रहेगा। जब कर्तव्य-भाग शिथिल पड़ेगा और अधिकार-भाग ज्यों का त्यों

रहेगा, तब स्थिति विधातिनी विषमता उत्पन्न होगी।' (गोस्वामी तुलसीदास, पृ०-26) आचार्य शुक्ल का निष्कर्ष है-- 'वर्ण-व्यवस्था की छोटाई-बड़ाई का यह अभिप्राय नहीं था कि छोटी श्रेणी के लोग दुःख ही में समय काटें और जीवन के सारे सुभीते बड़ी श्रेणी के लोगों को ही रहें।' (वही, पृष्ठ-26)।

वर्ण-व्यवस्था अपने मूल रूप में चाहे जितनी संतुलित और सामंजस्यमयी रही हो, तुलसीदास उसे पुनः प्रतिष्ठित करने के लिए चाहे जितने प्रयत्नशील रहे हों, आचार्य शुक्ल यह अच्छी तरह जानते थे कि जिस युग में वे 'लोक मंगल की साधना' का प्रतिमान प्रतिष्ठित कर रहे हैं उस युग में 'राजधर्म', आचार्य धर्म, वीर-धर्म सब पर सोने का पानी फिर गया है। ब्राह्मण धर्म और क्षात्रधर्म दोनों का लोप हो गया है, केवल वणिक्धर्म रह गया है। 'व्यापारनीति राजनीति का प्रधान अंग हो गयी है। बड़े-बड़े राज्य माल की बिक्री के लिए लड़ने वाले सौदागर हो गये हैं। (चिन्तामणि-3 पृष्ठ-199)। वे यह भी जानते थे कि उनका देश गुलाम है। विश्व का सबसे शक्तिशाली साम्राज्यवादी देश उस पर शासन कर रहा है। वे यह भी देख रहे थे कि उसके शासन में उनका देश दिन-ब-दिन गरीब होता जा रहा है। सन् 1907 ई० में ही वे अपने देश-वासियों को बता देना चाहते थे कि--'प्रत्येक ग्रामवासी को यह जानना चाहिए कि अधिक काम करने के बाद भी उसे उसके बदले में कम क्यों दिया जाता है प्रत्येक नागरिक को यह बताया जाना चाहिए कि उसकी सेवाओं की इतनी कम माँग क्यों है? और वस्तुतः प्रत्येक भारतीय को यह साफ-साफ पता होना चाहिए कि उसका देश दिन-ब-दिन और गरीब क्यों होता जा रहा है।' देखिये--(भारत को क्या करना चाहिए? निबन्ध आलोचना, वर्ष 34, अंक-74)। इस गरीबी और बेरोजगारी को दूर करने की दिशा में वे 'स्वदेशी आन्दोलन' को एक प्रयास मानते थे। इसका समर्थन करते हुए उन्होंने कहा था—'इस दिशा में स्वदेशी आन्दोलन एक प्रयास किया गया है। यह लाखों लोगों को भुखमरी से बचाने के लिए और नियमित रोजगार के अभाव में भटक रहे लाखों लोगों को काम देने के उद्देश्य से चलाया गया आन्दोलन है।' (वही, वर्ष-34, अंक-74) वे अनुभव कर रहे थे कि ब्रिटिश शासन से मुक्त होने के लिए सभी प्रकार की सामाजिक बुराइयों को दूर करना होगा। देशी भाषा के साहित्य के विकास को प्रोत्साहन देना होगा। भारत के उद्योग-धन्धों का परिवर्धन और परिष्कार करना होगा और इसके लिए अपेक्षित तकनीकी शिक्षा प्राप्त करनी होगी। शिक्षा के क्षेत्र में गुणात्मक परिवर्तन करना होगा और उसे इस रूप में ढालना होगा कि अफसरों की 'जी हुजूरी' करने की प्रवृत्ति से ऊपर उठकर वह लोगों में उच्च उत्तरदायित्व का भाव भर सके। देश के लोगों में ऐसी जागृति पैदा करनी होगी जो राष्ट्रीय भावनाओं के विकास के अवरोधक तत्त्वों को निर्मूल कर दे। यह सब तभी सम्भव होगा जब सामान्य जनता को ब्रिटिश शासन के असली चरित्र की सही जानकारी दी जाय और इसके लिए हमें समाज-सुधारक, राजनीतिक, आन्दोलनकर्ता, कवि और शिक्षाविद्-- इन सबकी एक ही साथ, एक ही समय में जरूरत है।' (आलोचना, वर्ष, 34 अंग-74 में प्रकाशित-- 'भारत को क्या करना चाहिए?' निबन्ध) जाहिर है कि जिस समाज में आचार्य शुक्ल जी रहे थे उसमें वे आमूल परिवर्तन चाहते थे। देश की स्वतन्त्रता के साथ ही वे उसे सम्पन्न और खुशहाल भी देखना चाहते थे।

आप कल्पना कर सकते हैं कि जिस लोक के मंगल की साधना में वे करुणा से प्रेरित अपने काव्य-नायक को प्रवृत्त करना चाहते हैं वह लोक किसका होगा? 'लोक' शब्द का प्रयोग उन्होंने चाहे जितने अर्थों में किया हो, वह 'लोक' जो उनकी करुणा का आलम्बन था, निश्चय ही पीड़ितों, दुखियों, गरीबों और अभावग्रस्तों का था। आखिर दुःख की छाया का लोकसम्पन्नों, सुविधाजीवियों, प्रभुओं अर्थात् मोटे आदमियों का तो नहीं ही होगा? निश्चय ही उनका लोक अन्याय और अत्याचार

से पीड़ित वह जन-समाज है जो अपनी दयनीय स्थिति में किसी शक्ति सम्पन्न और शीलवान राष्ट्र-नायक को करुणा-प्लावित करके अन्याय के प्रतिकार में प्रवृत्त करने की क्षमता रखता है। अन्याय के प्रतिकार में पीड़ित जन-समाज की भागेदारी के लिए आचार्य शुक्ल समाज-सुधार, शिक्षा-संस्कार और जन-जागरण की बात तो करते हैं किन्तु समाज को संघ-बद्ध करने के लिए कोई दर्शन नहीं देते। यह संकेत अवश्य कर देते हैं कि किसी भी अवस्था में समाज-व्यवस्था यांत्रिक नहीं होनी चाहिए। मात्र दण्ड-भय से अर्थ-शक्ति खड़ी करके समाज व्यवस्था का संचालन उचित नहीं है। सत्ता को संवेदनशील होना चाहिए। व्यक्ति-वैशिष्ट्य को स्वीकार किया जाना चाहिए। समाज में व्यक्ति को गुण, शील, बुद्धि, प्रतिभा, कला-कौशल के विकास की पूरी सुविधा मिलनी चाहिए। आचार्य शुक्ल उसी काव्य की श्रेष्ठता स्वीकार करते हैं जिसमें लोक-मंगल की साधना का विधान हो। उनकी दृष्टि में काव्य मात्र का लक्ष्य आनन्द मंगल का विधान है। आनन्द मंगल की दो स्थितियाँ होती हैं। कभी यह सिद्ध या आविर्भूत होता है कभी इसकी सिद्धि के लिए प्रयत्न या साधना करनी पड़ती है। जब यह सिद्ध होता है तब सुख, सौन्दर्य, माधुर्य, विभूति, उल्लास आदि का प्राधान्य होता है। जब यह सिद्ध नहीं होता और इसकी सिद्धि के लिए साधना करनी पड़ती है तो पीड़ा, बाधा, अन्याय, अनाचार आदि के दमन की आवश्यकता होती है और इस दमन में प्रवृत्त होने के लिए करुणा-प्रेरित क्रोध, उत्साह, घृणा आदि प्रवृत्तियाँ गतिशील होती हैं। जिन काव्यों में आनन्द मंगल की सिद्धावस्था को केन्द्र में रखा जाता है उनमें काव्य-नायक मधुचर्या में लीन होता है और उसका जीवन सौन्दर्य-माधुर्य, हास-विलास में व्यतीत होता है।

इसके विपरीत जिन काव्यों में आनन्द मंगल की साधना को केन्द्र में रखा जाता है उनमें काव्य-नायक लोक-पीड़ा का निराकरण करने के लिए अत्याचारी के दमन में प्रवृत्त होता है। उसका जीवन संघर्ष का जीवन होता है। वह करुणा, दया, ममता आदि गुणों से युक्त उदात्त चरित्र लोक-नायक के रूप में स्वीकृत होता है। लोक-मंगल की सिद्धावस्था के काव्यों में जो सौन्दर्य होता है उसमें गत्यात्मक्ता नहीं होती। वह सौन्दर्य स्थितिशील होता है। प्रयत्न में गति होती है। इसलिए लोक-मंगल की साधनावस्था वाले काव्यों का सौन्दर्य-गत्यात्मक होता है। आचार्य शुक्ल की स्थापना यह है कि लोक-मंगल की साधना में तत्पर काव्य-नायक के साथ पाठकों की इतनी गहरी सहानुभूति हो जाती है कि उसके प्रत्येक आचरण का चाहे वह प्रचण्ड और उग्र हो, चाहे कोमल और मधुर, वह समर्थन करता है। उसके द्वारा व्यक्त प्रत्येक भाव के साथ वह तादात्म्य का अनुभव करता है। इसके विपरीत उसकी गति में बाधा डालने वाले लोक-पीड़क अत्याचारी प्रतिनायक के प्रति पाठक के मन में कत्तई सहानुभूति नहीं होती। इसलिए उसके द्वारा व्यक्त भाव के साथ उसका तादात्म्य नहीं होता। उदाहरण के लिए राम जब रावण पर क्रोध करते हैं तो उस क्रोध के साथ पाठक की पूरी सहानुभूति होती है और वह रौद्र रस का अनुभव करता है। इसके विपरीत जब रावण राम पर क्रोध करता है तो पाठक की उसके प्रति सहानुभूति नहीं होती। इसलिए वह रौद्र रस की अनुभूति नहीं कर पाता। आचार्य शुक्ल 'साधारणीकरण' के लिए पाठक या श्रोता का आश्रय के साथ तादात्म्य आवश्यक मानते हैं। इसलिए वे लोकपीड़ा के निराकरण में तत्पर उदात्त चरित्र नायक द्वारा व्यक्त भावों में ही पूर्ण रस-संचार की क्षमता स्वीकार करते हैं। आचार्य शुक्ल की यह स्थापना भी विवादास्पद है। इस स्थापना पर टिप्पणी करते हुए डॉ० नगेन्द्र कहते हैं--'इस प्रकार आलम्बन का क्षेत्र सीमित हो जाता है और परम्परा द्वारा निर्धारित आलम्बन ही काव्य में ग्राह्य हो सकते हैं--अर्थात् रामादि सदा प्रीतिकर भावों के और रावणादि अप्रीतिकर भावों के ही आलम्बन बन सकते हैं। अंतः यह रस-दृष्टि परम्परागत नैतिक मूल्यों से परिबद्ध है। सामान्यतः परम्परा एवं नैतिक मूल्यों का

अनुशासन श्रेयस्कर ही होता है और काव्य मूल्य उससे सर्वथा स्वतन्त्र नहीं हो सकते, फिर भी नैतिक मूल्य और साहित्यिक मूल्य पर्याय नहीं बन सकते। इस तरह तो भाव-क्षेत्र का विकास ही रुक जायेगा और 'मेघनाद-वध' जैसे महान् काव्यों की रसवत्ता ही खंडित हो जायेगी।' (रस सिद्धान्त, पृ०-206)

वस्तुतः प्रश्न राम-रावण का नहीं, मंगल-अमंगल, न्याय-अन्याय और सत्-असत् का है। जब तक समाज में इन मूल्यों की प्रतिष्ठा रहेगी, तब तक न्याय पक्ष में अपने व्यक्तिगत सुखों का परित्याग करने वाले और लोक-पीड़क अन्यायी का दमन करने वाले लोक-नायक के प्रति लोक-चित्त में श्रद्धा का भाव रहेगा। इसलिए उसके द्वारा व्यक्त भावों का 'साधारणीकरण' सहजता से हो सकेगा। मूल बात यह है कि भावों की विभाव-निरपेक्ष शुद्ध अनुभूति लोकबद्ध प्राणी के लिए सम्भव नहीं है। ऐसी मनोदशा, जिसमें सहृदय यह भूल जाय कि यह क्रोध राम का है या रावण का? वह क्रोध की शुद्ध अनुभूति करे, एक आदर्श काल्पनिक मनोदशा है। व्यक्तिगत राग-द्वेष से पूर्णतः मुक्त होकर अखण्ड रस की अनुभूति की अवधारणा काव्यानुभूति को शैवाद्वैत के अखण्ड आत्मानंद के स्तर पर प्रतिष्ठित करने के निमित्त की गयी है। इसलिए यदि काव्य को एक भौतिक या लौकिक शक्ति के रूप में देखना है, यदि यह स्वीकार करके चलनां है कि काव्य में दो पक्ष होते हैं-- एक न्याय का दूसरा अन्याय का, यदि काव्य में लोक-द्वन्द्व की मानसिक प्रतिच्छाया की स्थिति सहज सम्भाव्य है तो शुक्ल जी की स्थापना से असहमत होना सम्भव नहीं है। इसके विपरीत यदि काव्यानन्द को युद्ध मुक्त द्वन्द्वातीय आत्मानन्द के आध्यात्मिक स्तर पर प्रतिष्ठित मानकर चलना है तो शुक्ल जी की स्थापना का विरोध अनिवार्य है।

— 0 —

समन्वयशील स्वच्छन्दतावादी समीक्षक : आचार्य नन्ददुलारे वाजपेयी

पण्डित नन्ददुलारे वाजपेयी का समस्त गद्य-साहित्य उनके समीक्षक और विचारक व्यक्तित्व का साक्षी है। सन् 1930 ई० के आस-पास श्री नन्ददुलारे वाजपेयी 'प्रसाद', 'पन्त' और 'निराला' के समर्थक ओजस्वी आलोचक के रूप में हिन्दी साहित्य में आये थे और आपकी पहली कृति 'हिन्दी साहित्य : बीसवीं शताब्दी' (1930 से 40 के बीच लिखे गये निबन्धों का संग्रह) ने सहसा हिन्दी-जगत् का ध्यान आकृष्ट कर लिया था। शीघ्र ही आप विशिष्ट और नवागत के प्रेमी, प्रशंसक और विवेचक के रूप में साहित्य में प्रतिष्ठित हो गये थे। उस समय आप प्रगल्भ भावोन्मेष को महत्व देते हुए बहुत कुछ अपनी वैयक्तिक रुचि को ही निर्णायक मानकर चल रहे थे। 1940 ई० में आपकी दूसरी कृति 'जयशंकर प्रसाद' प्रकाशित हुई। अब तक आप में एक 'वस्तून्मुखी दृष्टि का विकास' हो चला था, फिर भी नीतिवादिता और शास्त्रीयता के स्थान पर आनन्दवादी और स्वच्छन्दतावादी दृष्टिकोण आपको अधिक मर्मस्पर्शी प्रतीत हुआ। इसके बाद आप की तीसरी पुस्तक 'प्रेमचन्द' प्रकाशित हुई। इसमें आपकी दृष्टि अधिक सन्तुलित है और आपने प्रेमचन्द के सबल पक्ष को सराहा है। आधुनिक युग के साहित्य-विकास का मूल्यांकन करने वाली आपकी चौथी कृति 'आधुनिक साहित्य' (1950 ई०) है। इसमें आपका आलोचक-व्यक्तित्व अधिक निखरकर सामने आया है। आपकी समीक्षा-दृष्टि व्यापक हुई है और आपने साहित्यिकों, साहित्यधाराओं और साहित्य-सिद्धान्तों की विस्तृत चर्चा करके मूल्यांकन की सर्वमान्य भूमि प्रस्तुत करने की चेष्टा की है। सन् 1955 में आपकी महत्वपूर्ण समीक्षा-कृति 'नया साहित्य : नये प्रश्न' प्रकाशित हुई। इसमें प्रवृत्तियों और सिद्धान्तों का विवेचन अधिक किया गया है, व्यक्तियों की चर्चा कम हुई है। प्रारम्भ में 'निकष' शीर्षक के अन्तर्गत आपने अपना आत्म-निरीक्षण प्रस्तुत किया है। यह 'निकष' आपकी आलोचना की मूल मनोभूमि को समझने के लिए अत्यन्त महत्त्वपूर्ण है। इस कृति में भारतीय और पाश्चात्य साहित्य-सिद्धान्तों की विस्तृत चर्चा की गयी है और नवीन साहित्य प्रवृत्तियों की गहरी छान-वीन के उपरान्त तीन प्रकार के नये आक्रमणों से बचकर स्वस्थ रचनात्मक साहित्य के उन्मेष को बल देने के लिए प्रेरित किया गया है। साहित्य सम्बन्धी हमारी क्रमागत धारणाओं को डाँवाडोल करने वाले आक्रामक आन्दोलनों में 'बुद्धितत्व के नितान्त बहिष्कार', 'रुग्ण और कुंठित मनोवृत्तियों के महत्त्व की एकान्त स्वीकृति' और 'साहित्य के आस्वाद की उदात्तता का अस्वीकार--' ये तीन आन्दोलन ऐसे हैं जो वाजपेयी जी की दृष्टि में साहित्य को 'अँधेरी गलियों में ले जाने वाले' हैं। इनसे वचकर हमें 'रचनात्मक क्रियाशील जनतन्त्र को प्रतिष्ठित करना है।' यही वाजपेयी जी की मुख्य स्थापना है। प्राचीन कवियों में वाजपेयी जी ने 'सूरदास' को अधिक महत्त्व दिया है। उनकी 'महाकवि सूरदास--' (1952) कृति सौन्दर्यनिष्ठ साहित्यचेतना के विश्लेषण का सर्वोत्तम उदाहरण है। आपके स्फुट निबन्धों के तीन संग्रह 'राष्ट्रभाषा की कुछ समस्याएँ' (1961 ई०), 'राष्ट्रीय साहित्य तथा

अन्य निबन्ध' (1965 ई०) और प्रकीर्णिका (1965 ई०) भी प्रकाशित हुए हैं। महाकवि 'निराला' (1965 ई०) भी लगभग इसी समय प्रकाशित हुआ। 'कवि निराला' में महाकवि की जीवनी, व्यक्तित्व, कृतियाँ, काव्य-विकास, काव्य-रूप, काव्य-भाषा, कला, दार्शनिकता आदि अध्यायों में एक सर्वांगीण समीक्षा प्रस्तुत हुई है। आपने एक अध्याय में प्रसाद और निराला का तुलनात्मक मूल्यांकन भी किया है। निबंध-संग्रहों से आपके साहित्य और भाषा सम्बन्धी अद्यतन विचारों की सूचना मिलती है। 1967 ई० में वाजपेयी जी ने धर्मयुग में नयी कविता के सम्बन्ध में एक लेखमाला लिखकर नये कवियों को भी अपना आशीर्वाद प्रदान किया था। अब ये निबन्ध 'नयी कविता' (1976 ई०) शीर्षक से प्रकाशित हुए हैं। आचार्य वाजपेयी के दिवंगत होने के बाद उनकी कई कृतियाँ प्रकाशित हुई हैं। इनमें 'कवि सुमित्रानन्दन पन्त' (1976 ई०), 'रस सिद्धान्त' (1977 ई०), 'साहित्य का आधुनिक युग' (1978 ई०), 'आधुनिक साहित्य सृजन और समीक्षा' (1978 ई०) तथा 'रीति और शैली' (1979 ई०) विशेष रूप से उल्लेखनीय हैं। इन कृतियों में आचार्य वाजपेयी के समय-समय पर लिखे गये स्फुट निबन्धों को क्रमबद्ध करके प्रकाशित कर दिया गया है। वस्तुतः आपकी अन्तिम कृति 'नयी कविता' ही है। इस प्रकार छायावाद-युग से चलकर 'नयी कविता' तक की समीक्षा-यात्रा करते हुए आपने हिन्दी-आलोचना के विकास में अपनी महत्त्वपूर्ण भूमिका निभाई है। आपका सम्पूर्ण कृतित्व राष्ट्रीय चेतना और मानवीय संवेदना से समन्वित है। हमें आपकी साहित्यिक मान्यताओं और समीक्षात्मक दृष्टिकोण को समझने और उसका मूल्यांकन करने के लिए आपके सम्पूर्ण कृतित्व को आधार बनाना होगा।

साहित्यिक मान्यताएँ

वाजपेयी जी ने साहित्य का विवेचन कई सन्दर्भों में किया है। 'राष्ट्रीय साहित्य', 'साहित्यकार का दायित्व', 'समाज और साहित्य', 'सामयिक परिवेश', 'साहित्य और सामाजिक जीवन' आदि कई निबन्धों में साहित्य के सम्बन्ध में आपके विचार व्यक्त हुए हैं। ये विचार एक केन्द्रीय आस्था-- मानव-जीवन की मार्मिक एवं स्वस्थ चेतना-- से जुड़ हुए हैं। स्वयं वाजपेयी जी के शब्दों में 'विकासशील मानव जीवन के महत्त्वपूर्ण या मार्मिक अंशों की अभिव्यक्ति, यही साहित्य की मोटी परिभाषा हो सकती है।'[1] अर्थात् मानव जीवन ही साहित्य या काव्य की 'वस्तु' होता है। जीवन कल्पना के माध्यम से साहित्य में रूपायित होता है। कल्पना ही काव्य या साहित्य का नियामक तत्त्व है। कल्पना भावाश्रित होती है। कल्पना, भावाश्रित रूप है। इस प्रकार साहित्य भी भावाश्रित रूप है। साहित्य में रूप और वस्तु एक दूसरे से अभिन्न और परस्पर अनुस्यूत होते हैं। रूप या कल्पना का उन्मेष स्वप्न, दिवास्वप्न, बाल-कल्पना और साहित्य सभी में होता है। साहित्य में रूप-तत्त्व बहुजन-संवेद्य होता है। इसीलिए उसमें अंग-संगति, अनुक्रम और बौद्धिक ग्राह्यता के तत्त्व भी होते हैं। यह सारी सामग्री शब्दों के माध्यम से आकार ग्रहण करती है। इस रूप या सौन्दर्य-सृष्टि का उद्‌देश्य उच्च कोटि के लौकिक या अलौकिक आनन्द की सृष्टि है। वाजपेयी जी ने इन विचारों को सात जिज्ञासाओं, जिन्हें उन्होंने **सप्तसूत्री जिज्ञासाएँ** कहा है, के माध्यम से प्रस्तुत किया है। ध्यानपूर्वक देखा जाय तो उपर्युक्त साहित्यिक मान्यताओं में पाश्चात्य और भारतीय दृष्टियों का समन्वय हो गया है। 'कल्पना' को काव्य का नियामक तत्त्व मानना और उसके द्वारा रचित साहित्य

1. नया साहित्य : नये प्रश्न, पृष्ठ-3

को सौन्दर्य-सृष्टि कहना पाश्चात्य दृष्टिकोण की स्वीकृति है और इस सृष्टि का उद्देश्य लौकिक या अलौकिक आनन्द की उपलब्धि बताना भारतीय रस-सिद्धान्त को मान्यता देना है, क्योंकि 'रस' आनन्द रूप ही है। वाजपेयी जी ने अन्यत्र कहा भी है-- 'साहित्य की आत्मा 'रस' अन्ततः क्या है? वह मानव मात्र की वह आनन्दात्मक प्रतिक्रिया है जो श्रेष्ठ साहित्य को पढ़कर उसे उपलब्ध होती है।'[1] वाजपेयी जी साहित्य के सन्दर्भ में पाश्चात्य और भारतीय दृष्टिकोण का ही समन्वय नहीं चाहते, प्राचीन और नवीन का भी समन्वय चाहते हैं। आपका स्पष्ट मत है कि--'वेद और उपनिषद् से लेकर बुद्ध गांधी तक भारतीय चिन्तन और जीवन दर्शन अपनी ऊर्जा से विकसित और पुष्पित होता रहा है। इन सबको अपनी आत्मा में स्थान देकर, अपने स्वतन्त्र चिन्तन से कुछ निर्माण करके ही हम बुद्धिवादी निर्माता और भारतीय लेखक होने का दावा कर सकते हैं।'[2] वाजपेयी जी पाश्चात्य साहित्य-विवेचन के नवीनतम अनुसन्धानों के प्रति भी उदासीन नहीं है। वे जानते हैं कि 'कुल मिलाकर यूरोप की साहित्य-तत्त्व सम्बन्धी जिज्ञासा बड़ी तात्विक गहराइयों में पहुँच चुकी है।'[3] उन्होंने इन तात्विक गहराइयों में भली-भाँति झाँकने और भारतीय साहित्य शास्त्र के विविध सम्प्रदाओं के ऐतिहासिक विकास एवं उनके पारस्परिक अन्तस्सम्बन्ध को परखने के बाद ही अपनी उपर्युक्त मान्यताएँ स्थिर की हैं। वाजपेयी जी के समीक्षात्मक दृष्टिकोण को समझने में उनकी ये मान्यताएँ बहुत दूर तक सहायक हो सकती हैं।

समीक्षात्मक दृष्टिकोण

वाजपेयी जी का समीक्षात्मक दृष्टिकोण 'हिन्दी-साहित्य : बीसवीं शताब्दी' की भूमिका, 'आधुनिक साहित्य की भूमिका', 'नया साहित्य : नये प्रश्न' के आरम्भ में स्थापित उनके 29 पृष्ठों के 'निकष' तथा उनकी सूरदास औरं प्रसाद की व्यावहारिक समीक्षाओं में विशेष रूप से द्रष्टव्य है। 'नया साहित्य : नये प्रश्न' में उन्होंने 'समीक्षा सम्बन्धी मेरी मान्यता', लिखकर अध्येताओं के कार्य को हल्का कर दिया है। हम यहाँ उनकी इन सभी कृतियों में बिखरे विचार-सूत्रों के आधार पर उनकी समीक्षा-दृष्टि को समझने की चेष्टा करेंगे।

'हिन्दी साहित्य : बीसवीं शताब्दी' की भूमिका में अपना दृष्टिकोण स्पष्ट करते हुए वाजपेयी जी ने आलोचना सम्बन्धी अपनी सात चेष्टाओं की ओर संकेत किया है-- कवि की अन्तर्वृत्तियों का अध्ययन, कलात्मक सौष्ठव का अध्ययन, टकनीक (शैली) का अध्ययन, समय और समाज तथा उनकी प्रेरणाओं का अध्ययन, कवि की जीवनी और रचना पर उसके प्रभाव का अध्ययन, कवि के दार्शनिक, सामाजिक और राजनीतिक विचारों का अध्ययन और काव्य के जीवन-सम्बन्धी सामंजस्य और सन्देश का अध्ययन। विशेष बात यह है कि इन चेष्टाओं में ऊपर से नीचे की ओर प्रमुखता कम होती गयी है। इस प्रकार वाजपेयी जी मूलतः कवि की अन्तर्वृत्तियों और कलात्मक सौष्ठव पर बल देते हैं। 'आधुनिक साहित्य' की भूमिका में आप पश्चिम के अस्ताचलगामी सूर्य से प्रकाशित चार प्रमुख समीक्षा-पद्धतियों से बचने की बात कहते हैं :

1. वैयक्तिक मनोविज्ञान पर आधारित (फ्रॉयड, जुंग और एडलर से प्रभावित)

---

1. राष्ट्रीय साहित्य तथा अन्य निबन्ध, पृष्ठ-22
2. वही, पृष्ठ-10
3. नया साहित्य : नये प्रश्न, पृष्ठ-22

2. समाजवादी समीक्षा (मार्क्सवादी समीक्षा)
3. कला विज्ञानवादी (aesthetic) पुरानी परम्परा
4. उपयोगितावादी या नीतिवादी (आई० ए० रिचर्ड्स द्वारा उद्घाटित समीक्षा)।

इसी ग्रन्थ में आपका एक और महत्त्वपूर्ण वाक्य है, जिसको ध्यान में रखना होगा। आपने विश्वासपूर्वक कहा है कि 'पिछले पचास वर्षों से हिन्दी-साहित्य की जो मर्यादा बन गयी है, उसे हम किसी भी स्थिति में टूटने न देंगे।'[1] इसका अर्थ यह है कि आप हिन्दी-साहित्य की पूर्व-निर्मित मर्यादा की रक्षा करते हुए उसके अनुकूल पाश्चात्य समीक्षा-पद्धतियों के विवेकपूर्ण स्वीकार को उचित समझते हैं। वाजपेयी जी को भारतीय साहित्यशास्त्र का पूर्ण ज्ञान ही नहीं, सम्यक् बोध भी है। यह उनके 'भारतीय काव्यशास्त्र का नवनिर्माण' एवं 'भारतीय साहित्यशास्त्र की रूपरेखा' शीर्षक निबन्धों तथा अन्य व्यावहारिक समीक्षाओं से सुस्पष्ट है। 'रस' को आप भारतीय काव्यशास्त्र का अंतरंग सत्व, 'अलंकार' को सौन्दर्य का उद्घाटक तथा 'वक्रोक्ति', 'रीति' और 'ध्वनि' को काव्य के अभिव्यंजना पक्ष से सम्बद्ध मानते हैं। भारतीय काव्यशास्त्र के नव-निर्माण के लिए आप इन प्राचीन मान्यताओं को व्यापक अर्थ में प्रतिष्ठित करना चाहते हैं। साथ ही काव्यशास्त्र के आधुनिक इतिहासकारों द्वारा प्रयुक्त दो प्रकार की सामग्रियों का आप सन्तुलित उपयोग करना चाहते हैं। एक तो 'युग-विशेष की प्रमुख सामाजिक और सांस्कृतिक धाराओं का विवरण' और दूसरे 'मुख्य विषय के साथ कला और साहित्य के क्षेत्र में होने वाले तत्कालीन सृजन-कार्यों का परिचय।'

'नया साहित्य : नये प्रश्न' में अपनी समीक्षा सम्बन्धी मान्यताओं को स्पष्ट करते हुए वाजपेयी जी ने कहा है-- 'प्राचीन साहित्य और समीक्षा मोटे तौर पर आदर्शवादी रही है। उसमें बदलती हुई सामाजिक परिस्थितियों के प्रभाव के आकलन का प्रश्न कम रहा है। साहित्य की प्रेषणीयता के सम्बन्ध में 'साधारणीकरण' सम्बन्धी भारतीय धारणा और मत की तुलना तत्सम्बन्धी विदेशी मतों से भी करनी होगी। भाव-विनियोग सम्बन्धी व्यंजना या ध्वनि-सिद्धान्त भारत की विशेष सम्पत्ति है। इसे हम पश्चिम को भारत की देन के रूप में प्रस्तुत कर सकते हैं। साहित्य में भावना और बुद्धि के समन्वय तथा काव्य की नैतिकता जैसे प्रश्नों पर पाश्चात्य साहित्यशास्त्र बहुत समय से विचार कर रहा है। उसकी उपपत्तियों का हमें ध्यान रखना होगा।'[2] प्रकट है कि वाजपेयी जी पाश्चात्य और भारतीय सिद्धान्तों के सुन्दरतम तत्त्वों का समन्वय चाहते हैं। वे भारतीय विचारधारा को आदर्शोन्मुख रखते हुए 'स्वस्थ और विकासोन्मुख यथार्थवाद', को भी स्वीकार करना चाहते हैं। इसीलिए उन्होंने ''प्रकृतिवादी यथार्थवाद'', 'अन्तश्चेतनावादी यथार्थवाद' तथा 'निराशा और कुण्ठावादी यथार्थवाद' से हिन्दी-साहित्य को अलग रखने की बात कही है और इन सबको अतिक्रान्त करने वाले 'सामाजिक यथार्थवाद' को राष्ट्रीय उत्थान में सहायक मानकर उसे ग्रहण करने की सलाह दी है। भारतीय साहित्यशास्त्र में भावक या समीक्षक को 'सहृदय' कहा गया है। वाजपेयी जी सहृदय का अर्थ 'मानवीय संवेदनाओं से परिचित व्यक्ति' करते हुए समीक्षा के क्षेत्र में उसके निर्णय की प्रामाणिकता को भी अक्षुण्ण बनाये रखना चाहते हैं। नयी कविता के संदर्भ में चर्चित-क्षणवाद, संशयवाद, लघुमानववाद, अस्तित्ववाद-- आदि को आप युद्धों की विभीषिका और प्रयोगवाद के दुष्परिणाम के रूप में देखते हैं और यह देखकर प्रसन्नता अनुभव करते हैं कि 'नई कविता' में एक समरसता आ

---

1. आधुनिक साहित्य, पृष्ठ-50
2. नया साहित्यः नये प्रश्न, पृष्ठ-136

रही है और 'यह समरसता भारतीय काव्य-चिन्तन, दर्शन और विचार-धाराओं के योग से बन रही है।'[1]

उपर्युक्त समस्त विवेचन के आधार पर कहा जा सकता है कि वाजपेयी जी पश्चिम के अतिवादों से बचते हुए भारतीय साहित्यशास्त्र की मान्यताओं को समुन्नत एवं व्यापक अर्थ में प्रतिष्ठित करके उनके आधार पर कवि की अन्तर्वृत्तियों का सामाजिक एवं सहज मानवीय संवेदना की भूमि पर विश्लेषण करना चाहते हैं।

वाजपेयी जी के समीक्षात्मक दृष्टिकोण समझने के लिए उनकी व्यावहारिक समीक्षाएँ भी ध्यान देने योग्य हैं। सूर की आलोचना में वे लिखते हैं, 'स्थिति विशेष का पूरा दिग्दर्शन भी करें, घटनाक्रम का आभास भी दें और साथ ही समुन्नत कोटि के रूप, सौन्दर्य और भाव-सौन्दर्य की परिपूर्ण झलक भी दिखाते जायँ, यह विशेषता हमें कवि 'सूरदास' में ही मिलती है। गोचारण तथा गोबर्द्धन-धारण के प्रसंग कथात्मक हैं, किन्तु उन कथाओं को भी सजाकर सुन्दर भावगीतों में परिणत कर दिया गया है। हम आसानी से यह नहीं समझ पाते कि कथानक के भीतर रूप-सौन्दर्य अथवा मनोगीतियों के चित्र देख रहे हैं, अथवा मनोगीतियों और रूप की वर्णना के भीतर कथा का विकास देख रहे हैं।'[2] स्पष्ट है कि वाजपेयी जी व्यावहारिक समीक्षा में सौन्दर्य-बोंध पर अधिक बल देते हैं। घटनाक्रम तथा परिस्थिति-विशेष को आप पृष्ठ-भूमि में उपस्थित करना अधिक समीचीन मानते हैं। कदाचित् इसीलिए आधुनिक कवियों में 'प्रसाद' आपको सर्वप्रिय हैं। 'प्रसाद' ने भी रूप-सौन्दर्य और भाव-सौन्दर्य को प्रमुख स्थान दिया है। घटनाओं की विशदता उनमें नहीं है। वाजपेयी जी रूप का स्थूल चित्रण भी नहीं चाहते, वे चेतन-चेष्टाओं की झलक देखना चाहते हैं। कहना चाहें तो कह सकते हैं कि यदि आचार्य शुक्ल के काव्य-सिद्धान्त 'तुलसी' के आधार पर निर्मित हुए हैं तो वाजपेयी जी की मान्यताएँ 'प्रसाद' से प्रभावित हैं। प्रसाद जी रसवादी (आनन्दवादी) कलाकार थे, वाजपेयी जी रसवादी समीक्षक, किन्तु प्रसाद जी का 'रसवाद' नैतिकता या स्थूल उपयोगिता का आधार लेकर नहीं चला है। वाजपेयी जी भी नैतिकता का बन्धन स्वीकार नहीं करते। 'सौन्दर्य' स्वतः 'शिव' है। ऐसा आपका विश्वास है। इसलिए आप कहते हैं, 'मेरी समझ में इसका सीधा उत्तर यह है कि महान् कला कभी अश्लील नहीं हो सकती और 'सौन्दर्य' असत्य तो हो नहीं सकता, वह तो चेतना की झलक है।' नैतिकता और स्थूल उपयोगिता के आग्रह से वाजपेयी जी को एक खतरा दिखलाई पड़ता है। वे कहते हैं, 'इसमें साहित्य और समाज की विविध ऐतिहासिक स्थितियों और कवियों की रुचि और परिस्थिति से बनने वाले काव्य-व्यक्तियों का आकलन नहीं किया जा सकता।'[3] अपनी इसी मान्यता के कारण आपने आई० ए० रिचर्ड्स तथा उनके समर्थक आचार्य शुक्ल दोनों से अपना पथ अलग कर लिया है। सूर और प्रसाद के अतिरिक्त आपने अन्य अनेक रचनाकारों की भी समीक्षा की है। उनकी ये समीक्षाएँ उनकी दृष्टि को व्यापक और विशद रूप में स्पष्ट करती हैं। एक समीक्षक के रूप में उन्हें द्विवेदी जी का 'नवीन साहित्य भवन' कट्टर प्रादेशिक राष्ट्रीयता के प्रभाव से निर्मित, आचार्य शुक्ल की 'काव्य-संवेदना' नीति-चक्र के स्थूल शासन से घिरी हुई, प्रेमचन्द का 'मानसिक संघटन' कल्पनाविहीन और गुप्त जी की 'राष्ट्रीय चेतना' एक स्थूल भौगोलिक चौहद्दी में सिमटी प्रतीत हुई है। यही नहीं, उन्हें महादेवी की 'अन्तर्मुखता' खटकी,

---

1. नई कविता, पृष्ठ-78
2. महाकवि सूरदास, पृष्ठ-144
3. आधुनिक साहित्य, पृष्ठ-53

जैनेन्द्र का 'आत्म-पीड़न' अर्थहीन एवं राहुल सांकृत्यायन तथा यशपाल की 'रचना-दृष्टि' वैज्ञानिक यथार्थवाद के सूत्र में बँधी हुई प्रतीत हुई। 'अश्क' का 'यथार्थवाद' उन्हें उद्देश्यहीन तथा 'जैनेन्द्र' और 'अज्ञेय' के उपन्यासों का सामाजिक प्रभाव संदिग्ध प्रतीत हुआ है। आगे चलकर 'प्रगतिवाद का सैद्धान्तिक आग्रह', प्रयोगवादियों के 'घुणाक्षर न्यायिक प्रयोग', नये उपन्यासों की 'वस्तु-तत्त्व-हीनता' और 'नई कविता' की दिशाहीनता ने भी उन्हें चिन्तित एवं क्षुब्ध किया। हो सकता है कि अनेक अवसरों पर उनकी चिन्ता और क्षोभ सही हो, किन्तु यह निर्विवाद है कि स्वच्छन्दतावादी संस्कारों से बँधे होने के कारण ही नई काव्य-प्रवृत्तियों के मूल्यांकन में उन्हें कठिनाई हुई है। सौष्ठववादी समीक्षकों की भाँति उन्होंने सदैव काव्य-सौन्दर्य निरूपण करने वाले दार्शनिक सिद्धान्तों और मतों को महत्त्व न देकर अपनी व्यक्तिगत रुचि और सौन्दर्य-संवेदना को ही प्रमाण माना है। अपने लेखन के आरंभिक चरण में उन्होंने बाल्टर पेटर जैसे सौष्ठववादी समीक्षक तथा वर्ड्सवर्थ, शैली, कीट्स आदि स्वच्छन्दतावादी एवं प्रसाद, पन्त और निराला आदि छायावादी कवियों के अध्ययन से जो काव्य-संस्कार अर्जित किया था उसने अंत तक उन्हें बाँध रखा। उनकी समन्वयशीलता उसका अतिक्रमण नहीं कर सकी।

वाजपेयी जी के विषय में कहा गया है कि 'यह बतलाना कि उनका अमुक दृष्टिकोण पर आग्रह है, कठिन है क्योंकि उनका स्वयं का दृष्टिकोण परिवर्तित होता रहा है।'[1] वस्तुतः ऐसी बात नहीं है। कालान्तर में उनकी दृष्टि कुछ व्यापक और सन्तुलित हुई है, उनमें कुछ वस्तून्मुखता आयी है। आवेग और अभिरुचि का आग्रह कम हुआ है। उन्होंने समग्र दृष्टि से मूल्यांकन करने का औचित्य समझा है और कलाकारों के सम्बन्ध में उनकी धारणाएँ भी बदली हैं किन्तु उनकी आलोचना का मानदण्ड नहीं बदला है। उन्होंने अपनी पाँचवीं महत्त्वपूर्ण पुस्तक के सम्बन्ध में स्वयं कहा है-- 'यदि आज पुस्तक की पुनरावृत्ति करनी हो, तो मैं इनमें से प्रत्येक लेखक की वैयक्तिक और सामाजिक जीवनी उसके क्रियाकलाप और मनोभावना तथा उनकी धारणाओं, विचारों और जीवन सम्बन्धी आदर्शों के क्रमिक विकास का अधिक प्रामाणिक और संतुलित विवरण देना चाहूँगा। प्रस्तुत निबन्धों में मेरी यह वस्तून्मुखी अभिरुचि व्यक्त नहीं हो सकी है। यद्यपि इसके कारण कवियों और लेखकों के साहित्यिक मूल्यांकन में कोई बड़ी कमी आ गयी है, यह कहना अतिरंजना होगी।'[2] समय के साथ वाजपेयी जी के चिन्तन और समीक्षा-पद्धति में गहराई आती गयी है। वे सच्चे भावक हैं। सौन्दर्य के प्रति उनका आग्रह पहले भी था और आज भी है। प्रेमचन्द की आलोचना में उन्होंने कहा है, 'इस 'शिव' शब्द को हम व्यर्थ समझकर निकाल देना चाहते हैं। 'सत्य' और 'सुन्दर' पर्याप्त हैं।'[3] वाजपेयी जी न तो प्रभाववादी आलोचकों की भाँति हृदय की क्षणिक प्रतिक्रिया को आलोचना मानते हैं और न तो वाद-ग्रस्त प्रचारों को। उनका विश्वास है कि "सुन्दरतम साहित्यिक रचनाओं में सार्वजनिकता होती है, युग का प्रतिबन्ध या वाद का वितंडा नहीं होता। यह असत्य नहीं कि कवि भी मनुष्य है और अपने युग की स्थितियों तथा प्रवृत्तियों का उस पर प्रभाव पड़ता है। ये दोनों मत नितान्त विरोधी नहीं है।"[4] अपनी इन्हीं 'मान्यताओं' को लेकर आप आगे बढ़े हैं।

---

1. समीक्षा की समीक्षा, पृष्ठ-53
2 नया साहित्य : नये प्रश्न, पृष्ठ-5-6
3. हिन्दी साहित्य : बीसवीं शताब्दी, पृष्ठ-111
4. आधुनिक साहित्य, पृष्ठ-282

समीक्षा-शैली

शैली की दृष्टि से आपकी समीक्षा व्याख्यात्मक और विवेचनात्मक है। आपके विवेचन में गहराई, संयम एवं शालीनता है। कहीं-कहीं आप किसी कृति के सम्बन्ध में नवीन बातों का उल्लेख करते समय क्रमशः नम्बर देते हुए पहली, दूसरी, तीसरी विशेषताओं का उल्लेख करते चलते हैं। यह पद्धति अपने को पूर्णतः स्पष्ट करने के लिए ही अपनायी गयी है। शुक्ल जी की तरह आप किसी एक तथ्य को सूत्ररूप में उपस्थित करके उसकी व्याख्या नहीं करते वरन् बराबर एक के बाद दूसरे तथ्यों का उल्लेख करते चलते हैं। व्याख्या को पूर्ण एवं प्रभावोत्पादक बनाने के लिए आप तुलना का आधार भी ग्रहण करते हैं। 'साकेत' की आधुनिकता पर विचार करते समय आपने 'कामायनी', 'कुरुक्षेत्र' और 'मानस' सभी से उसकी तुलना की है। 'प्रसाद' की आलोचनाओं में कहीं-कहीं अधिक रसमग्न हो जाने के कारण आप आह्लादित से हो गये हैं और आपकी समीक्षा में प्रभाववादी समीक्षा की झलक आ गयी है। 'सूर' की आलोचना में भी यह स्थिति कहीं-कहीं देखी जा सकती है। वैसे वाजपेयी जी ने इस प्रकार की आलोचना की निन्दा की है। वे कहते हैं, "जिन्हें 'छायावाद' की नयी प्रगति का पृष्ठ-पोषक समझा जाता था, वे समीक्षा के नाम पर बिल्कुल कोरे थे। वे समीक्षक नामधारी अपना स्वतन्त्र गद्यकाव्य लिखने में लगे हुए थे, जिसे वे अपनी 'मर्मज्ञता' के कारण समीक्षा समझने लगे थे और पाठकों का भावुक दल उन्हें समीक्षक कहकर पुकारने भी लगा था।"[1] कहीं-कहीं अपनी आलोचनाओं में आलोच्य कृति के अवांछित स्थल को लेकर आप आवेश में आ जाते हैं और एक साथ कई प्रश्न कर जाते हैं। 'शेखर : एक जीवनी' की आलोचना में आप कहते हैं-- "शशि दुःखिनी है, शेखर दुःखी है। शशि, केवल शेखर का उन्माद दूर करना चाहती है। वह बहुत प्रयत्न करती है। असामाजिक सीमा तक पहुँचती है। पति द्वारा परित्यक्त हो जाती है। अब वह और भी निराश्रित हो गयी, किन्तु शेखर को और भी बल मिला। संस्कार के लिए? समाधान के लिए? शान्ति के लिए? नहीं, आत्म-प्रवंचना के लिए, विषाद-तृप्ति के लिए, अहं-पूर्ति के लिए।"[2]

यथास्थान वाजपेयी जी व्यंग्य करने से भी नहीं चूकते। प्रसाद जी के कुछ आलोचकों पर व्यंग्य करते हुए आप ने लिखा है, 'हमारे विश्वविद्यालयों के गम्भीरतावादी महानुभाव, जो सनातन शास्त्रीय पद्धति पर साहित्य के सिद्धान्तों का संग्रह करने में महाराज दक्ष की लक्षणा का लक्ष्यभेद कर चुके हैं, पर जिनका सामयिक-साहित्य की परीक्षा करने का व्यावहारिक ज्ञान कछुए के मुँह के समान सदैव काया-प्रवेश ही किये रहता है-- उक्त अन्तर्दृष्टि के बहुत बड़े हिस्सेदार हैं।'[3]

कृतियों के मूल्यांकन क्रम में आप मुख्य रूप से उनकी आधारभूत और तात्विक विशेषताओं को स्पष्ट करने की चेष्टा करते हैं। उदाहरण के लिए आपकी दृष्टि में 'निराला' की मूलभूत विशेषता उनके काव्य की मानववादी भूमि है और पन्त की उनकी नवनवोन्मेषशालिनी प्रतिभा और कल्पना-शक्ति। छायावादी कवियों की कल्पना-चारुता के आप प्रशंसक हैं किन्तु क्लिष्ट कल्पना को आपने कभी महत्त्व नहीं दिया। महादेवी की कविताओं में कहीं-कहीं क्लिष्ट कल्पनाएँ आपको खटकी

---

1. जयशंकर प्रसाद, भूमिका, पृष्ठ-3
2. आधुनिक साहित्य, पृष्ठ-184
3. जयशंकर प्रसाद, पृष्ठ-70

हैं। महादेवी की निम्नांकित पंक्तियाँ :

रजनी ओढ़े जाती थी, झिलमिल तारों की जाली।
उसके विखरे बैभव पर जब रोती थी उजियाली।।

उद्धृत करने के बाद आप कहते हैं-- 'रजनी का झिलमिल तारों की जाली ओढ़कर जाना, बड़ी ही सरस और मार्मिक कल्पना है। किन्तु उजियाली का रोना हम साधारणतः कहीं नहीं देखते। वह प्रायः हँसती ही आती है। यहाँ अपनी अभ्यस्त अनुभूतियों को दबाकर यह कल्पना करनी पड़ती है कि प्रभातकाल की नमी अथवा ओस-आँसू- के रूप में उजियाली रो रही है।' वैसे कविता की पंक्तियों को उद्धृत करके उसकी व्याख्या करते हुए उसके सौन्दर्य का निदर्शन वाजपेयी जी ने बहुत कम किया है। वे प्रायः सौन्दर्य के आधारभूत तत्त्वों को ही सूत्रबद्ध करते चलते हैं। उनका मूल्यांकन और विवेचन मूलतः इस बात पर निर्भर है कि रचना ने उनकी सौन्दर्य-चेतना को कितना और किस रूप में प्रभावित किया है। उन्होंने काव्यार्थ की मीमांसा करते हुए शब्द और अर्थ की परस्पर-स्पर्धी-चारुता का विश्लेषण बहुत कम किया है। 'निराला' की राम की शक्ति पूजा जैसी सशक्त और कालजयी रचना को उन्होंने पांडित्यपूर्ण निर्मिति कहा है और भाव-संवेदना एवं मार्मिकता की दृष्टि से उसे 'बादल राग' और 'यमुना के प्रति' जैसी रचनाओं से कमजोर माना है। तात्पर्य यह कि वाजपेयी जी की समीक्षा-शैली में प्रभाव-जनित प्रगल्भता अधिक है, वैश्लेषिक घनत्व कम।

इस प्रकार वाजपेयी जी की समीक्षा-शैली सौन्दर्य की खोज और उसकी व्याख्या की शैली है। जहाँ सौन्दर्य है, वहाँ आप उसके मर्म के भावक बनकर उसकी विशेषता और प्रभाव को व्यक्त करने लगते हैं। जहाँ वह नहीं है यह उस पर आवरण है वहाँ आप आवेश में आ जाते हैं और विरोध या व्यंग्य करने लगते हैं। विवेचन की यह शैली आपने पाश्चात्य समीक्षा पद्धति को अपने अनुकूल बनाकर निर्मित की है। उसमें परिवर्तित काव्य-संवेदना का सहज स्वीकार है। नवीन सौन्दर्यनिष्ठ सांस्कृतिक चेतना की झलक है। उसमें चिन्तन का घनत्व भले ही न हो, एक सच्चे भावक की मर्मग्राहिणी प्रज्ञा का आत्म विश्वास पूर्ण उन्मेष साफ दिखाई पड़ता है।

मूल्यांकन

वाजपेयी जी ने द्विवेदी युग के कवियों और लेखकों से आरम्भ करके नयी कविता के रचयिताओं तथा नये उपन्यासकारों एवं नाटककारों तक की समीक्षा की है। सन् 1900 से लेकर 1967 ई० तक का सम्पूर्ण हिन्दी साहित्य उनके सामने रहा है। वाजपेयी जी ने द्विवेदी-युग की इतिवृत्तात्मकता और आरोपित नैतिकता को स्वीकार नहीं किया। इसलिए वे मैथिलीशरण गुप्त को समर्थन नहीं दे सके। 'प्रियप्रवास' में भी उन्हें मात्र भाषा-संगीत का सौन्दर्य दिखाई दिया। प्रेमचन्द का उपदेशक रूप भी उन्हें पसन्द नहीं आया और आचार्य शुक्ल का नैतिकता के अभेद्य कवच से मण्डित लोक-मंगल का तत्त्व भी उन्हें ग्राह्य नहीं हुआ। 'छायावाद युग' का काव्य आपके आदर्शों का प्रतिनिधित्व कर सका है या यों कहिए कि छायावाद का सौन्दर्यनिष्ठ कल्पनाशील भावोन्मेष आपके आदर्शों का मूल प्रेरक है। राष्ट्रीय स्वातंत्र्य, प्रजातंत्रीय जीवन व्यवस्था, आन्तरिक मानव मूल्यों का उत्कर्ष और कल्पना का सहज उन्मेष वाजपेयी जी के आलोचक-व्यक्तित्व के संघटक तत्त्व है। इन्हीं के आधार पर आपने अपनी प्रारम्भिक आलोचनाएँ प्रस्तुत कीं। बाद को प्रौढ़ और परिपक्व होने पर अध्ययन के विस्तार और अनुभव की गहराई के साथ आपका मानदण्ड अपेक्षाकृत उदार और मर्यादित हुआ। आपके मूल्यांकन की भूमि कुछ विस्तृत हुई किन्तु आपके विचारों की मूल प्रेणा छायावाद की सौन्दर्यनिष्ठ चेतना ही रही। इसका सबसे बड़ा प्रमाण यह है कि छायावादोत्तर

युग के अनेक कवियों एवं लेखकों की आलोचना करते हुए आपने किसी एक को भी अपना पूरा समर्थन नहीं दिया। 1950 ई० तक (आधुनिक साहित्य के प्रकाशन काल तक) वाज़पेयी जी 'प्रसाद' और 'प्रेमचन्द' तथा 'निराला' और 'पन्त' की 'निष्ठामयी रागिनी और जनवादीस्वर' से किसी प्रकार नीचे उतरने या आगे बढ़ने को तैयार नहीं थे।

महादेवी वर्मा की अन्तर्मुखता, जैनेन्द्र की आत्मकेन्द्रित रोमानी कल्पना, लक्ष्मीनारायण मिश्र के पात्रों की निष्क्रियता, यशपाल और राहुल की निषेधात्मक दृष्टि, इलाचन्द्र जोशी के मनोवैज्ञानिक प्रयोग, उपेन्द्रनाथ 'अश्क' का उद्देश्यहीन यथार्थ, प्रगतिवाद का मतवादी आग्रह (डाक्ट्रिनल), 'प्रयोगवाद' का बीहड़ घुणाक्षरन्यायिक प्रयोग, 'अज्ञेय' और 'भारती' की एक विशेष प्रकार की अनास्था और कुण्ठा, प्रतीकवाद, प्रतिबिम्बवाद, अंतश्चेतनवाद और अस्तित्ववाद का विदेशीपन, ह्रासोन्मुखता, अप्रेषणीयता तथा अतिरिक्त बौद्धिकता, 'नयी कविता' की दिशाहीनता, नये उपन्यासों की वस्तु-तत्त्वक्षीणता, आंचलिक उपन्यासों का गंदलापन (रेणु अपवाद हैं) तथा नये नाटकों की यथार्थवादिता, यह सब कुछ वाजपेयी जी को खटका है। ऐसी स्थिति में वाजपेयी जी ने स्वयं जो आपत्तियाँ आचार्य शुक्ल के सम्बन्ध में उठाई थीं वे उन पर भी लागू हो जाती हैं। वाजपेजी जी की विशेषता यह है कि वे भारतीय जीवन-दृष्टि को अक्षुण्ण रखना चाहते हैं। वे किसी भी नवीन तत्त्व के विरोधी नहीं है, बशर्ते कि वह अपनी परम्पराओं के भीतर से विकसित होकर सामने आया हो। वाजपेजी जी जीवन की गति को धारावाहिक विकास के रूप में देखते हैं। उन्हें बाहर का नैसर्गिक सौन्दर्य और भीतर की अकुण्ठ भावनिष्ठा प्रिय है। वे राष्ट्र के स्वाभिमान पर किसी प्रकार की ठेस नहीं लगने देना चाहते हैं। वे व्यक्ति के भीतर से समाज की प्रतिच्छाया देखना चाहते हैं। उन्होंने आलोचना के मान के रूप में सौन्दर्य की ऐसी सहज चेतना को प्रतिष्ठित करना चाहा है जिसमें व्यक्ति और समाज, राष्ट्र और विश्व, बाहर और भीतर, बुद्धि और भाव, वस्तु और रूप, नैतिकता और कला, प्राचीन और नवीन सभी मिलकर एक संवेदना या संस्कार बन जायें। स्वच्छन्दतावादी-सौष्ठववादी समीक्षक के रूप में प्रख्यात आचार्य वाजपेयी के मूल्यांकन के सन्दर्भ में एक प्रश्न यह उठता है कि साहित्य के व्यापक परिप्रेक्ष्य में उनकी मूल्यवत्ता क्या है? अपनी सीमाओं के बावजूद आचार्य शुक्ल आज भी हिन्दी-आलोचना के सन्दर्भ-पुरुष के रूप में मान्य हैं। विरोध हो या समर्थन, चर्चा उन्हीं की होती है। इससे यह प्रमाणित होता है कि साहित्य की पूर्ण स्वायत्तता या साहित्य की स्वतन्त्र संस्कृति का सिद्धान्त-- जिसके आचार्य वाजपेयी पक्षधर थे-- साहित्येतिहास के दीर्घकालीन विस्तार में अपनी सार्थकता प्रमाणित नहीं कर पाता। व्यापक सामाजिक हितों की उपेक्षा करके कोई भी समीक्षा सिद्धान्त काल की कसौटी पर खरा नहीं उतर सकता। आचार्य वाजपेयी का महत्त्व इस रूप में अवश्य मान्य है कि उन्होंने नीतिवादी आग्रह से साहित्य को मुक्त किया और व्यापक सांस्कृतिक जागरण के नवोन्मेष से प्रेरित नवयुग के स्वप्न द्रष्टा नये रचनाकारों को समर्थन देकर क्रांतिकारी स्वच्छन्दतावाद का पथ प्रशस्त किया। अपनी इस विशेषता के कारण वाजपेयी जी हिन्दी-आलोचना के आधार स्तंभ के रूप में मान्य रहेंगे।

आचार्य वाजपेयी की चिन्तन-भूमि

वाजपेयी जी आत्मानुभूति को साहित्य का प्रमुख प्रेरक तत्त्व मानते हैं। साहित्य की स्वतन्त्र संस्कृति की बात करते हैं। वे साहित्य को नीतिवाद और उपयोगितावाद के दायरे से मुक्त रखना चाहते हैं। वे नहीं चाहते कि साहित्य आत्म-विज्ञापन का माध्यम बने। वे साहित्य साधना को तपस्या और यज्ञ के रूप में देखते हैं। उनके अनुसार-- 'साहित्य तो एक सात्विक जीवन है। उसे कठिन

तपस्या और महान् यज्ञ समझना चाहिए, जहाँ व्यक्ति के व्यक्तित्व के कोई स्वतन्त्र विषय नहीं रह जाते, उच्च साहित्य की यह भाव भूमि है।' (हिन्दी-साहित्य, बीसवीं शताब्दी, पृष्ठ-116) आचार्य वाजपेयी के चिन्तन की यह भूमि 1932 के आस-पास की है। इस समय वे बनारसी दास चतुर्वेदी, भवानी दयाल संन्यासी, प्रेमचन्द, आचार्य रामचन्द्र शुक्ल इन सभी के प्रतिपक्ष में खड़े थे। 1955 ई० में जब वाजपेयी जी ने 'नया साहित्य : नये प्रश्न' पुस्तक प्रकाशित करायी तब उन्होंने उसके आरम्भ में 'निकष' शीर्षक के अन्तर्गत पुनः अपने विचार व्यक्त किये और कहा-- 'व्यक्ति के असीम आध्यात्मिक मूल्य को स्वीकार करते हुए भी हम व्यक्तिवादी नहीं है। सामाजिक अर्थनीति के क्षेत्र में समाजवादी व्यवस्था को स्वीकार करते हुए भी हम वैज्ञानिक या अवैज्ञानिक किसी प्रकार के भूतवादी नहीं है।' (नया साहित्य : नये प्रश्न, पृष्ठ-8) इस पुस्तक में आपने 1932 ई० के आस-पास की गयी अपनी समीक्षात्मक टिप्पणियों की एकांगिता को स्वीकार किया है किन्तु यह भी कहा है कि एकांगी होने पर भी उनकी समीक्षा-पद्धति उस समय भी रचनात्मक और प्रगतिशील थी। वे कहते हैं--'साहित्य की ही भाँति समीक्षा की दो मुख्य धाराएँ हैं-- एक वह जिसे हम संरक्षणशील या स्थितिशील धारा कह सकते हैं और दूसरी वह जिसे रचनात्मक या प्रगतिशील धारा कहा जायेगा। पहली धारा के समीक्षक साहित्यिक चारुता और परिष्कार के अभिलाषी होते हैं, दूसरी धारा के समीक्षक प्रगल्भ भावोन्मेष को प्रोत्साहन देते हैं, मेरी पहली पुस्तक (हिन्दी-साहित्य बीसवीं शताब्दी) में जिसका यहाँ जिक्र चल रहा है, दूसरी धारा ही प्रमुख है।' (नया साहित्य : नये प्रश्न, पृष्ठ-7) ऐसा लगता है कि 'छायावाद' के उन्मेषकाल का प्रगल्भ भावोन्मेष 1955 ई० तक आते-आते युग की वास्तविकता से टकराने लगा था।

वाजपेयी जी चिन्तन की कोई ऐसी भूमि तलाश रहे थे जो उनके पूर्व काव्य-संस्कारों में आमूल परिवर्तन के बिना युग की नई वास्तविकता से सामंजस्य स्थापित कर सके। वे आध्यात्मिक हैं, किन्तु व्यक्तिवादी नहीं, समाजवादी व्यवस्था को स्वीकार करते हैं किन्तु भूतवादी नहीं है। इन्हीं सीमाओं के भीतर वे अपने युग की वस्तुस्थिति पर विचार करते हैं-- 'आज की भारतीय वस्तु-स्थिति क्या है? हमारा राष्ट्र स्वतन्त्र हो चुका है किन्तु उसका बृहत् अंश आज भी अशिक्षित और अर्धनग्न है और आधे पेट खाकर जीवन-यापन कर रहा है। उसके लिए हम क्या करें? आज का जनवादी लेखक क्या करे? मुझे तो एक ही रास्ता दिखाई देता है। आज के जनवादी लेखक को व्यक्तिगत त्याग और कष्ट सहिष्णुता अपनानी होगी। उसे प्रेमचन्द और टालस्टाय के मार्ग पर चलना होगा।' (नया साहित्य : नये प्रश्न, पृष्ठ-229) इसी क्रम में वे आगे कहते हैं--'हम जिस जनवादी राष्ट्र या मानव-समूह की कल्पना करते हैं, वह केवल आर्थिक दृष्टि से सुखी नहीं होगा, उसे पूर्णतः सांस्कृतिक और नैतिक मानव भी होना चाहिए। यहाँ भी मार्क्सवादी शिक्षाएँ और उपचार मुझे तो अधूरे दिखाई देते हैं। उनसे तो गांधी जी का सर्वोदय-सिद्धान्त मुझे भारतीय जीवन के अधिक अनुरूप जान पड़ता है।' (वही, पृष्ठ 230) उपर्युक्त पूरे वक्तव्य पर ध्यान दीजिए-- 'व्यक्तिगत त्याग और कष्ट सहिष्णुता', 'प्रेमचन्द और टालस्टाय का मार्ग', 'पूर्णतः, सांस्कृतिक-नैतिक मानव होने की आवश्यकता' और अन्त में 'गांधी के सर्वोदय सिद्धान्त की ग्राह्यता' यह सब वाजपेयी जी के गांधीवादी विचारधारा के स्वीकार का द्योतक है। इस समय तक वे गाँधीवाद की भूमि पर मार्क्सवाद को आंशिक रूप से स्वीकार करते हुए दिखाई देते हैं। इसीलिए वे प्रगतिवादी समीक्षा की देन को भी रेखांकित करते हैं-- "हम यह भी नहीं कहते कि प्रगतिवादी समीक्षा ने हिन्दी को कुछ दिया ही नहीं। उसने दो वस्तुएँ मुख्य रूप से दी हैं। प्रथम यह कि काव्य-साहित्य का सम्बन्ध सामाजिक वास्तविकता से है और वही साहित्य मूल्यवान है जो उक्त वास्तविकता के प्रति सजग और संवेदनशील है। द्वितीय, यह कि जो साहित्य सामाजिक वास्तविकता से जितना ही दूर होगा, वह

उतना ही काल्पनिक और प्रतिक्रियावादी कहा जायेगा। न केवल सामाजिक दृष्टि से वह अनुपयोगी होगा, साहित्यिक दृष्टि से भी हीन और ह्रासोन्मुख होगा।' (नया साहित्य : नये प्रश्न, पृष्ठ-47) यहाँ जिस 'प्रगतिवाद' को वाजपेयी जी ने आंशिक स्वीकृति दी है वह उनके 'प्रगल्भ भावोन्मेष' को प्रोत्साहन देने वाली 'प्रगतिशीलता' से भिन्न है। प्रश्न उठता है कि जिस समय वाजपेयी जी साहित्य की स्वतन्त्र संस्कृति की बात कर रहे थे और प्रगल्भ-भावोन्मेष को प्रोत्साहन दे रहे थे, उस समय के रचनाकारों के सामने प्रगल्भता से अलग कोई ठोस ऐतिहासिक-सामाजिक प्रेरणा भूमि थी या नहीं? यदि थी तो क्या वाजपेयी जी उसे लक्षित नहीं कर सके थे। उत्तर स्पष्ट है। 'छायावाद' के कवि मात्र प्रगल्भ भावोन्मेष के कवि नहीं थे। उनका प्रगल्भ भावोन्मेष उनकी स्वातन्त्र्य-चेतना का परिणाम था और उनकी स्वातन्त्र्य चेतना की पृष्ठभूमि राष्ट्रीय सांस्कृतिक एकता थी। इस तथ्य को वाजपेयी जी ने बात को लक्षित किया। 'हिन्दी साहित्य : बीसवीं शताब्दी' के परवर्ती संस्करण (1963 ई०) की विज्ञप्ति में वे कहते हैं-- 'छायावाद को चाहे जिस नाम से पुकारिए, इसका एक ऐतिहासिक व्यक्तित्व है। राष्ट्रीय इतिहास में जिन सुस्पष्ट प्रेरणाओं से यह उत्पन्न हुआ और जिस आवश्यकता की पूर्ति इसने की, उसकी ओर ध्यान न देना आश्चर्य की बात होगी।' (विज्ञप्ति, पृष्ठ-19) इसके बाद वे प्रेरणाभूमियों को रेखांकित करते हैं। उनके अनुसार 'हिन्दू जाति के नाना भेद-प्रभेदों के बीच एक संघटित जातीयता का निर्माण, हिन्दू-मुस्लिम और ईसाई आदि विभिन्न धर्मानुयायियों में एक अन्तर्व्यापी मानव-सूत्र का अनुसंधान, राष्ट्रों-राष्ट्रों के बीच खाइयाँ पाटना-प्रथम महायुद्ध के पश्चात् अपने देश के सामने प्रधान प्रश्न थे। देश की स्वतन्त्रता का भी कुछ कम प्रधान प्रश्न न था। पर वह जातीय और राष्ट्रीय एकसूत्रता के आधार पर ही खड़ा रह सकता था और अन्तर्राष्ट्रीय मानव साम्य का एक अंग बनकर ही शोभा पा सकता था।' (वही, पृष्ठ-19) निश्चय ही यह व्याख्या वाजपेयी जी के काव्य-चिन्तन के समाजोन्मुख होने का द्योतक है। ऐसा लगता है कि 'प्रगतिवाद' से टकराने के बाद वे साहित्य को सामाजिक वास्तविकता से जोड़ने लगे थे किन्तु किसी भी रूप में गांधीवाद की सीमाओं के बाहर जाने को तैयार न थे।

'नई कविता' की प्रतिष्ठा के बाद वे उसके वैचारिक आधार की तलाश करते हुए वे 'मानववाद' और 'सैक्यूलरिज्म' तक आते हैं। वे कहते हैं-- 'नई कविता की कुछ रचनात्मक उपब्धियाँ भी हैं, जो आधुनिक बोध से ग्रहीत हुई हैं। उनमें से मुख्य वह 'मानववाद' है जो एक ओर आध्यात्मिक भूमिका से पृथक् रहता है। दूसरी ओर वर्ग-संघर्ष की कठोरता से भी रहित है। वर्तमान युग में विशेषकर भारतीय भूमिका पर 'सिक्यूलरिज्म' एक व्यापक विचार-दृष्टि है। उसी का साहित्यिक रूपान्तर 'नई कविता' के मानववादी स्वरूप में प्रतिविम्बित हुआ है।' (नई कविता, पृष्ठ-79) निश्चय ही नई कविता का यह 'सेक्यूलर मानव' उस सांस्कृतिक नैतिक मानव से भिन्न है जिसकी चर्चा वाजपेयी जी ने मार्क्सवाद से अपना मत-वैभिन्न्य प्रकट करते हुए की है। जो टालस्टाय और प्रेमचन्द की परंपरा से जुड़ा है। सेक्यूलरिज्म के साहित्यिक रूपान्तर के रूप में प्रतिबिम्बित मानव वाजपेयी जी को कदाचित् इसलिए मान्य है कि वह मार्क्सवाद के वर्ग-संघर्ष की कठोरता से रहित है। वाजपेयी जी यह भूल जाते हैं कि सेक्युलरिज्म का उस सांस्कृतिक नैतिक मानव की धर्म-भावना से भी विरोध है जिसको वे अनुकूल पाते हैं। गांधी का सर्वोदयी मानववाद वस्तुगत प्रत्ययवाद पर आधृत है। उनका सत्याग्रही मानव पूर्णतः धार्मिक है। वह साम्प्रदायिक नहीं है किन्तु भौतिक भी नहीं है। नई कविता का मानव आध्यात्मिक नहीं है। यह वाजपेयी जी को ज्ञात है। वाजपेयी जी अपने को आध्यात्मिक ढाँचे का पक्षपाती मानते हैं। इस ढाँचे को विशुद्ध भारतीय वस्तु कहते हैं। इस ढाँचे के अन्तर्गत मनुष्य-जीवन की नैतिकता को एक स्थिर आधार पर प्रतिष्ठित

अनुभव करते हैं। ऐसी स्थिति में आध्यात्मिक भूमिका से पृथक् नई कविता के मानववाद का स्वीकार वाजपेयी जी की मजबूरी प्रतीत होती है। लगता है मार्क्सवाद के वर्ग-संघर्ष की कठोरता से बचने के लिए उन्होंने इसे विकल्प-रूप में स्वीकार किया है। यह स्वीकार उनके चिन्तन की प्रकृत भूमि के अनुकूल नहीं है। ऐसी स्थिति में या तो हम यह मानें कि वाजपेयी जी के चिन्तन में अन्तर्विरोध है या यह स्वीकार करें कि उनके चिन्तन की भूमि क्रमशः विकसित होती गयी है। इस सम्बन्ध में डॉ० शिव कुमार मिश्र की टिप्पणी ध्यान देने योग्य है। वे कहते हैं--'सिद्धान्तों की भूमि पर समझौता न करते हुए भी उन्होंने सिद्धान्तों को बेड़ी के रूप में कभी स्वीकार नहीं किया। आगे बढ़कर नये विचारों नई साहित्यिक प्रगति तथा नये रचनाकारों को अपनी अबाध स्वीकृति भी दी है।' (आचार्य वाजपेयी और नई कविता, पृष्ठ-5) उपर्युक्त कथन में अन्तर्विरोध है। सिद्धान्तहीन स्वीकार स्थायी हो सकता है क्या? जो प्रवृत्ति हमारे सिद्धान्त के विरुद्ध है उसे हम पूरे मन से स्वीकार कर सकेंगे क्या? आचार्य वाजपेयी सिद्धान्तों की भूमि पर समझौता नहीं करते, यह सत्य है। वे नवीन काव्य आन्दोलनों पर गहराई से विचार करते हैं यह भी ठीक है किन्तु वे स्वीकार उतना ही करते हैं जितने से उनकी मान्यताएँ मूलतः खंडित न हों। उनकी एक दृढ़ मान्यता यह थी कि साहित्य को सामाजिक मूल्यों के दायरे में सीमित करके नहीं देखना चाहिए। वे साहित्य और जीवन का स्वभाव-सिद्ध सम्बन्ध स्वीकार करते थे। उसे मंगलमय मानते थे, लेकिन साहित्य को राष्ट्र के सामाजिक और राजनीतिक संघटन का प्रयोग-साधन बनते नहीं देखना चाहते थे। वे नहीं चाहते थे कि समाज के मूल्य साहित्य के स्वच्छन्द सौष्ठववादी मूल्यों पर हावी हो जायँ। प्रगतिवादी समीक्षा की देन को अन्ततः वे साहित्य के सौष्ठव को समृद्ध करने वाली एक दृष्टि ही मानते हैं। वे कहते हैं--'इस प्रकार साहित्य के सौष्ठव सम्बन्धी एक नई रूपरेखा और एक नया दृष्टिकोण इस पद्धति ने हमें दिया है।' (नया साहित्य : नये प्रश्न, पृष्ठ-47) वस्तुतः 'छायावाद' की समीक्षा के क्रम में आचार्य वाजपेयी ने स्लीगेल, वाल्टर पेटर, ब्लेक, वर्ड्सवर्थ, शेली, कॉलरिज, आदि का जो अध्ययन किया था उसकी गहरी छाप उनके काव्य-चिन्तन पर पड़ी थी। वे स्लीगेल की इस परिभाषा को कि 'समाज का जो उच्चतम ज्ञान है, साहित्य उसी का साररूप है',[1] विशेष महत्त्व देते रहे हैं। इस परिभाषा में साहित्य और जीवन का एक सहज अविच्छिन्न सम्बन्ध तो मान्य है किन्तु किसी का किसी पर किसी तरह का नियंत्रण स्वीकार्य नहीं है। वाजपेयी जी इसी भूमि पर स्थित होकर 'प्रगतिवाद' और 'नयी कविता' के सम्बन्ध में विचार करते हैं। उनकी दृष्टि में नयी कविता की मुख्य उपलब्धि 'भाषा शैली और शिल्प के पक्ष' में हैं। इसे वे एक 'प्रयोग शिल्पी काव्य' कहना उचित समझते हैं। 'नई कविता' के सम्बन्ध में लगभग चेतावनी के स्वर में वे कहते हैं--'इन्हीं मूल स्थापनाओं को अतिवादी सीमा तक पहुँचाने वाले नव्यतर लेखकों और समीक्षकों ने काव्य में रस की स्थिति ही अमान्य कर दी है। वे सौन्दर्य की स्थिति भी मानने को तैयार नहीं है, जिसका परिणाम न केवल कविता को अकविता बना देता है वरन् उसे ऐसी व्यक्तिवादी और अनगढ़ भूमि पर पहुँचाता है जो स्वतः नई कविता के लिए घातक वस्तु बन सकती है।' (नई कविता, पृष्ठ-44) आचार्य वाजपेयी को नये कवियों और समीक्षकों द्वारा नई कविता में 'रस' और 'सौन्दर्य' की स्थिति को अमान्य कर दिया जाना घातक प्रतीत हुआ है। यह 'रस' और 'सौन्दर्य' का समर्थन किस बात का द्योतक है? जाहिर है कि वाजपेयी जी अपने

1. 'Literature is the comprehensive essence of the intellectual life of a nation' -- A. W. Schlegal.

स्वच्छन्दतावादी संस्कारों से अन्त तक मुक्त नहीं हो सके हैं।

जिस प्रकार आचार्य शुक्ल 'छायावाद' से टकराते हुए भी अपने लोकमंगलवादी नैतिक चिन्तन भूमि से बहुत आगे नहीं बढ़ पाते, उसी प्रकार आचार्य वाजपेयी प्रगतिवाद, प्रयोगवाद और नयी कविता से टकराते हुए भी अपनी स्वच्छन्दतावादी चिन्तन-भूमि का अतिक्रमण नहीं कर पाते। समाज-दर्शन के स्तर पर उनकी यह चिन्तन-भूमि 'सर्वोदय' को अपने निकट पाती है। 'सर्वोदय' भारतीय नवोन्मेष का नैतिक-सामाजिक पक्ष है। छायावादी सौन्दर्यचेतना उसी नवोन्मेष का काल्पनिक पक्ष या काव्यात्मक रूपान्तरण है। इसीलिए आचार्य वाजपेयी को बुद्धिवाद अधूरा जीवन-दर्शन प्रतीत होता है। उन्हें यूरोप की भौतिक प्रगति एकांगी लगती है। बुद्धिवाद से यंत्र-शक्ति का विकास हुआ। यन्त्र-शक्ति ने भौतिक समृद्धि का मार्ग प्रशस्त किया। मानसिक संयम और उन्नयन के लिए बुद्धिवाद कोई रास्ता नहीं दिखाता। वह नैतिक जीवन के परिष्कार का मार्ग प्रशस्त नहीं करता। गांधी के सर्वोदय दर्शन में दोनों का उचित सामंजस्य है। वे कहते हैं--'मेरे विचार से उनकी (गांधी की) प्रधान नीति संसार के बढ़ते हुए भौतिक विकास के साथ-साथ क्षीण होती हुई मानसिक उदारता को उसकी समता पर ला सकना है। इन दोनों के बढ़े हुए भेद का नाम ही आधुनिक सभ्यता है, जिसके गांधी जी विरोधी हैं।' प्रकट है कि वाजपेयी जी का चिन्तन, गांधी-दर्शन में अपना समाधान प्राप्त कर लेता है। नवीनतम काव्य-प्रवृत्तियों के उनके समर्थन और विरोध पर विचार करते समय उनकी इस चिन्तन भूमि की सीमाओं का भी ध्यान रखना चाहिए।

— 0 —

चिन्मुखी मानवता के अन्वेषक : आचार्य हजारीप्रसाद द्विवेदी

पं० हजारीप्रसाद द्विवेदी का साहित्यिक व्यक्तित्व बहुआयामी है। वे जन-चेतना की दृष्टि से साहित्येतिहास के शोधकर्ता एवं व्याख्याता, मर्मी विचारक, उपन्यासकार, ललित निबन्धकार, सम्पादक तथा एक बहुअधीत एवं बहुश्रुत आचार्य के रूप में मान्य हैं। उन्हें एक ऐतिहासिक-सांस्कृतिक-चेतना-सम्पन्न या मानवतावादी समाजशास्त्रीय दृष्टि-संयुक्त समीक्षक का गौरव भी प्राप्त है किन्तु उनके इस समीक्षक व्यक्तित्व के सामने कुछ मान्य आलोचकों ने प्रश्न का चिह्न लगाकर उसे विवादास्पद बना दिया है। पं० नन्ददुलारे वाजपेयी का कथन है--

'हमें यह देखकर प्रसन्नता होती है कि डॉ० हजारीप्रसाद द्विवेदी तथा डॉ० माताप्रसाद गुप्त जैसे नये शोधकर्ताओं ने साहित्य-समीक्षा तथा शोध-कार्य का अन्तर समझकर दोनों के बीच चक्कर लगाने की आदत छोड़ दी है।'[1] जाहिर है कि वाजपेयी जी साहित्य-समीक्षक से जो अपेक्षा करते हैं उसकी पूर्ति द्विवेदी जी की समीक्षात्मक कृतियाँ (उनकी दृष्टि में) नहीं कर सकी हैं। यहाँ यह आवश्यक हो जाता है कि हम द्विवेदी जी के समीक्षक-व्यक्तित्व का विश्लेषण करें और यह देखें कि सचाई क्या है?

समीक्षक का दायित्व क्या है? शोधकर्ता और समीक्षक, आचार्य और समीक्षक या अध्यापक और समीक्षक के व्यक्तित्व कहीं किसी बिन्दु पर मिलते हैं या नहीं? साहित्य के प्रति इनके दृष्टिकोण में कहीं कोई समानता होती है या नहीं? एक सच्चे भावक या मर्मी के रूप में समीक्ष्य कृति की व्याख्या करते हुए एक आदर्श समीक्षक को इतिहास, परम्परा, समाजदर्शन मनोविज्ञान, आदि काव्येत्तर तत्त्वों और आचार्यों द्वारा स्वीकृत काव्य-सिद्धान्तों के ज्ञान की आवश्यकता होती है या नहीं? आचार्य द्विवेदी के आलोचक-व्यक्तित्व की मीमांसा करते हुए इन सभी प्रश्नों पर विचार करना आवश्यक है। समीक्षक या आलोचक भारतीय काव्यशास्त्र के लिए नया शब्द है। भारतीय काव्यशास्त्र में प्राचीन काव्यसिद्धान्तों की व्याख्या और नये सिद्धान्तों की स्थापना करने वाले आचार्यों और काव्य का आस्वादन करने वाले सहृदयों या साहित्य-रसिकों की स्थिति मान्य है। आज का समीक्षक या आलोचक इन दोनों के दायित्वों का निर्वाह करने का दावा कर सकता है। 'आलोचक' और 'आलोचना' ये दोनों ही शब्द अंग्रेजी के 'क्रिटिक' और क्रिटिसिज्म' के हिन्दी अनुवाद हैं। स्वयं अंग्रेजी साहित्य में 'क्रिटिसिज्म' के स्वरूप और प्रकृति का निर्धारण आज तक नहीं हो सका है। 'आलोचना' मूल्यांकन की कला है। आलोच्य कृति की व्याख्या है। कृति के वैयक्तिक प्रभावों का प्रस्तुतीकरण है। विश्वमान्य काव्य-सौन्दर्य के प्रतिमानों के सन्दर्भ में कृति में निहित काव्य-सौन्दर्य का उद्घाटन है। रचना के माध्यम से कवि के मनोजगत् में विद्यमान मर्म-बिन्दु की खोज है। रचना के

1. नया साहित्य : नये प्रश्न, पृष्ठ-233

सम्पूर्ण अर्थ तक पहुँचने का साधन है। रचनाकार के अनुभवों में साँस लेते हुए सृजन की उसी प्रक्रिया से गुजरना है जिससे गुजरकर रचनाकार ने कृतिविशेष की सृष्टि की है। रचना के निहितार्थ तक पाठक को ले जाने के लिए निर्मित हेतु है। इन उक्तियों के द्वारा विचारकों ने अपनी-अपनी दृष्टि से आलोचना की प्रकृति का निर्धारण करना चाहा है किन्तु आज तक न तो श्रेष्ठ रचना के लिए कोई शाश्वत प्रतिमान निर्दिष्ट किया जा सका है और न पूर्ण और आदर्श आलोचना की प्रकृति को ही रेखांकित किया जा सका है।

शोध और समीक्षा दोनों के क्षेत्र सामान्यतः अलग हो सकते हैं किन्तु दोनों क्रियाएँ एक-दूसरे से सर्वथा निरपेक्ष नहीं है। शोध से हमारे ज्ञान के क्षितिज का विस्तार होता है और हमारी दृष्टि व्यापक होती है। दृष्टि की यह व्यापकता समीक्षा के वृत्त का भी विस्तार करती है। साहित्यिक शोध के प्रति एकान्त समर्पण साहित्य के प्रति गहरे लगाव से ही सम्भव है। प्रत्येक समर्पित शोधकर्ता अच्छा समीक्षक चाहे न हो, किन्तु अच्छा समीक्षक समर्पित शोधकर्ता हो सकता है। शोध केवल तथ्यात्मक हो, यह आवश्यक नहीं। तत्त्व का शोध अधिक मूल्यवान होता है। उपलब्ध तथ्य का नये सन्दर्भ में नयी दृष्टि से पुनराख्यान करना शोध भी है और समीक्षा भी। कृतिः 'विशेष में निहित भाव-सौन्दर्य की व्याख्या' उससे पूर्व रचित उसी परम्परा की कृतियों में उपलब्ध भाव सौन्दर्य के आलोक में करना और दोनों के उत्कर्षापकर्ष के सम्बन्ध में निर्णय देना समीक्षक का दायित्व है। तुलनात्मक आलोचना के दौर में तो ऐसा हुआ ही है। आज भी निराला की 'राम की शक्ति पूजा' का मूल्यांकन वाल्मीकि रामायण, देवी भागवत और कृत्तिवास के बंगला रामायण के सन्दर्भ में किया जा रहा है। इस प्रकार के मूल्यांकन में शोध और समीक्षा की दृष्टियाँ एक-दूसरे से मिलकर संश्लिष्ट हो गयी हैं। आचार्य और समीक्षक के कर्म-वृत्त भी किसी एक ही केन्द्र से जुड़े हैं। आचार्य लक्ष्य ग्रंथों के मार्मिक स्थलों के सौष्ठव का आधार निर्णय करके ही लक्षणों का निर्धारण करता है। लक्ष्य ग्रन्थों का लक्ष्य और स्वरूप जीवन की गतिशील धारा के साथ जुड़ा होने के कारण परिवर्तित होता रहता है। जब तक आचार्य रचना के साथ परिवर्तित नवीन सौष्ठव-आधार के अनुसंधान में रत रहकर पूर्व-निर्धारित लक्षणों का संस्कार करता चलता है तब तक वह एक आलोचक के दायित्व से जुड़ा रहता है। वह अलग तब पड़ जाता है जब पूर्व निर्धारित लक्षणों को ही प्रमाण मानकर नवीन रचना के सौष्ठव को आग्रहपूर्वक अस्वीकार कर देता है। यही स्थिति अध्यापक की भी है। जब तक वह रचना की नव्यता के साथ अपनी रुचि का संस्कार करता चलता है तब तक उसके निर्णय रूढ़ नहीं होते। वह नयी रचना के प्रति जिज्ञासा का भाव रखता है। रचना को सार्थक बनाने वाले नवीन उपादानों को जानने और समझने की चेष्टा करता है। किन्तु जब वह समीक्षा की किसी परम्परागत पद्धति को ही अंतिम मानकर उसी निकष पर नवीन संवेदना से युक्त रचनाओं को भी देखना चाहता है तब समीक्षक के दायित्व से अलग पड़ जाता है। अध्यापक भी रचना के मर्म बिन्दु का ही अन्वेषण और विश्लेषण करता है। समीक्षक से अलग उसकी पहचान इसलिए की जाती है कि प्रायः वह अन्य समीक्षकों के मतों और निर्णयों को स्वीकार करता हुआ एक विशेष वर्ग के पाठक के लिए उपयोगी और निर्णीत सामग्री प्रस्तुत करने की नियति से जुड़ा रहता है। आलोचना की पूर्व परिचित सरणि उसके लिए सुविधाजनक होती है। प्रत्येक नयी रचना को चुनौती मानकर उसके मर्म को परखने और उसके साथ अपनी काव्य-संवेदना को निरन्तर मार्जित करते रहने का जोखिम वह नहीं उठाना चाहता है। तात्पर्य यह है शोधकर्ता, आचार्य, अध्यापक और आलोचक अपनी अलग-अलग पहचान कायम रखते हुए भी किसी एक बिन्दु पर जुड़ते अवश्य हैं। इसलिए हम आलोचना के क्षेत्र में प्रतिष्ठाप्राप्त किसी साहित्यकार में शोध की प्रवृत्ति का विकास देखकर उसे सहसा उस क्षेत्र से

बहिष्कृत नहीं कर सकते। हमें उसकी कृतियों में प्राप्त शोध की ऊपरी पर्तों के भीतर उसके आलोचक व्यक्तित्व की पहचान करनी चाहिए। इस दृष्टि से आचार्य द्विवेदी की कृतियों का अवलोकन उनके समीक्षक-व्यक्तित्व को समझने में हमारी सहायता कर सकता है।

'सूर-साहित्य' द्विवेदी जी की प्रथम रचना है। यह प्रथम बार सन् 1930 के आस-पास प्रकाशित हुई थी। दूसरी बार मुद्रित होने पर द्विवेदी जी ने इसके सम्बन्ध में लिखा है--'सूर साहित्य मेरी पहली रचना है। आज से (सं० 2012) कोई पच्चीस वर्ष पहले यह पुस्तक लिखी गयी थी। उस समय साहित्य के क्षेत्र में कुछ नया देने की उमंग थी और ऐसा विश्वास था कि जो कुछ लिख रहा हूँ सब प्रकार से नवीन और ग्राह्य है। इसीलिए भाषा में जहाँ एक प्रकार का आत्म विश्वास का गुण था, वहीं थोड़ा-बहुत आक्रामक भाव भी आ गया था। आज यदि नये सिरे से इसी विषय पर लिखना पड़े तो इसकी भाषा और शैली में बहुत कुछ परिवर्तन हो जायेगा और यह पुस्तक कदाचित् उपयोगी तो अधिक हो जायेगी लेकिन इसमें जो थोड़ी सी भास्वरता है वह क्षीण हो जायेगी।'

द्विवेदी जी ने अपनी उपर्युक्त रचना के सन्दर्भ में तीन विशेषताओं का उल्लेख किया है--

1. कुछ नया देने की उमंग,
2. आत्म विश्वास और आक्रामक भाव और
3. भास्वरता।

कहना न होगा कि किसी कृति में ये गुण उसे नीरस तथ्यपरक शोध से अलग रचनाधर्मी समीक्षा के रूप में प्रतिष्ठित करने के लिए पर्याप्त हैं। इस रचना के प्रथम दो अध्याय-- राधाकृष्ण का विकास : स्त्री-पूजा और उसका वैष्णव रूप-- निश्चित रूप से सूचना-प्रधान और शोधपरक हैं। प्रथम अध्याय में द्विवेदी जी ने तथ्याधार प्रस्तुत करते हुए बेबर, ग्रियर्सन, केनेडी और भण्डारकर जैसे विद्वानों के इस मत का खण्डन किया है कि 'बाल कृष्ण की कथा, ईसा मसीह की कथा का भारतीय रूप है।' दूसरे अध्याय में उन्होंने तन्त्रमतवाद के उद्‌भव का कारण, उसमें स्त्री का महत्त्व तथा वैष्णव मत का उससे पार्थक्य दिखाया है। शोध-परक होने पर भी ये दोनों अध्याय सूरदास के कृष्ण और राधा को समझने के लिए आवश्यक हैं। इस रचना में द्विवेदी जी ने 'प्रेम-तत्त्व' की जो व्याख्या की है और जयदेव, विद्यापति तथा चण्डीदास की राधा के साथ सूर की राधा के प्रेम का जो सूक्ष्म पार्थक्य दिखाया है वह उनके समीक्षक रूप को स्पष्ट करने के लिए पर्याप्त है। इसके पूर्व आचार्य रामचन्द्र शुक्ल का 'भ्रमरगीत सार' (1925) प्रकाशित हो चुका था किन्तु उसमें सूर की राधा को न तो जयदेव, विद्यापति और चण्डीदास की राधा के साथ रखकर देखा गया था, न उसके गंभीर और पूर्ण प्रेम की व्याख्या की गयी थी।

हिन्दी-साहित्य की भूमिका (1940) के प्रकाशन के साथ द्विवेदी जी के साहित्यिक व्यक्तित्व को व्यापक स्वीकृति मिली। निश्चय ही यह स्वीकार उनके आलोचक रूप के महत्त्व का स्वीकार नहीं था। यह स्वीकार उनकी इतिहास-दृष्टि का था। हिन्दी-साहित्य की भूमिका के माध्यम से द्विवेदी जी ने मुख्यतः चार बातों पर बल दिया :

1. हिन्दी-साहित्य को सम्पूर्ण भारतीय साहित्य से सम्बद्ध करके देखा जाय।
2. हिन्दी-साहित्य के माध्यम से व्यक्त चिन्ताधारा को भारतीय चिन्ता के स्वाभाविक विकास के रूप में स्वीकार किया जाय।
3. हिन्दी-साहित्य को ठीक से समझने के लिए मात्र हिन्दी ग्रंथों पर निर्भर न रहकर जैन और बौद्ध, अपभ्रंश साहित्य, कश्मीर के शैवों तथा दक्षिण और पूर्व के तांत्रिकों का साहित्य, नाथ

योगियों का साहित्य वैष्णव आगम, पुराण, निबन्ध-ग्रन्थ तथा लौकिक कथा साहित्य यह सब कुछ देखा-परखा जाय और

4. साहित्य के इतिहास को जनचेतना के इतिहास के रूप में व्याख्यायित किया जाय। उन्होंने इसी दृष्टि से 'हिन्दी साहित्य की भूमिका' लिखी भी थी। इसीलिए उन्होंने इसके परिशिष्ट में संस्कृत साहित्य, महाभारत, रामायण, पुराण, बौद्ध साहित्य, जैन साहित्य आदि का भी परिचय दिया है। निश्चय ही 'हिन्दी साहित्य की भूमिका' में द्विवेदी जी का पांडित्य प्रकट है। उनका इतिहासकार अपनी पूरी शक्ति के साथ विद्यमान है। उनका आलोचक रूप दब गया है। किन्तु इस कृति में भी उन्होंने भक्त कवियों के व्यक्तित्व का जो विश्लेषण किया है वह किसी भी मर्मी समीक्षक के लिए स्पृहा की वस्तु है। कबीर के सम्बन्ध में वे लिखते हैं-- 'उनके प्रेम और भक्ति में वह गलदश्रु भावुकता नहीं थी जो जरा सी आँच से ही पिघल जाय। प्रेम ज्ञान द्वारा नीत और श्रद्धा द्वारा अनुगमित था। वियोग की बात भी वे उसी मौज से कह सकते थे जिस तरह संयोग की। उनका मन जिस प्रेम रूपी मदिरा से मतवाला था, वह ज्ञान के महुए और गुड़ से बनी थी, इसीलिए अन्ध श्रद्धा, भावुकता और हिस्टीरिक प्रेमोन्माद का उसमें एकान्त अभाव था। भक्ति के अतिरेक में उन्होंने कभी अपने को अति पतित नहीं समझा। सिर से पैर तक वे मस्त मौला थे : बेपरवाह, दृढ़, उग्र।'[1]

एक वर्ष बाद (1941 ई०) में द्विवेदी जी की परम प्रसिद्ध पुस्तक 'कबीर' प्रकाशित हुई। इस पुस्तक के माध्यम से द्विवेदी जी का समीक्षक रूप उभर कर सामने आया। कहना न होगा कि आज भी कबीर की जो 'छवि हिन्दी-साहित्य की नई पीढ़ी के पाठकों के मन में विद्यमान है उसे द्विवेदी जी ने इसी पुस्तक के माध्यम से रूपायित किया है। द्विवेदी जी का पंडित और शोधक रूप यहाँ भी विद्यमान है किन्तु उनके समीक्षक रूप की भास्वरता सन्देह से परे है। इस पुस्तक में जो सूचनाएँ दी गयी हैं उनमें विशेष नवीनता नहीं है। कबीर का योगियों से सम्बन्ध, उनकी योगपरक उलटवासियों की व्याख्या और उनका मूल उत्स कबीर की भक्ति, उनके द्वारा बाह्याचार का खण्डन, इन सभी बातों की ओर पूर्ववर्ती विद्वानों ने हमारा ध्यान आकृष्ट किया था किन्तु कबीर के प्रति जो सहानुभूति द्विवेदी जी के मन में है और जिस अकुण्ठ भाव से उन्होंने (पूरे विश्वास, निष्ठा और शक्ति के साथ) कबीर के महत्त्व को स्वीकारा और व्यक्तित्व को उभारा है, वह अन्यतम है। उन्होंने कबीर और उनसे सम्बद्ध साहित्य का मंथन करने के बाद जो निर्णय दिये हैं वे आज भी उसी रूप में मान्य हैं। द्विवेदी जी के निर्णय ध्यान देने योग्य हैं--

1. हिन्दी साहित्य के हजार वर्षों के इतिहास में कबीर जैसा व्यक्तित्व लेकर कोई लेखक उत्पन्न नहीं हुआ।
2. कबीर की वाणियों में अनन्य-साधारण जीवन-रस है। कबीर की वाणी का अनुकरण नहीं हो सकता।
3. सादगी और सहज भाव पर निरन्तर जोर देते रहना तथा बाह्य धर्माचारों की निर्मम आलोचना कबीर की सर्वाधिक लक्ष्य करने वाली विशेषताएँ हैं।
4. वे मनुष्य मात्र को समान मर्यादा का अधिकारी मानते थे।
5. कबीरदास का भक्त रूप ही उनका वास्तविक रूप है।

---

1. हिन्दी साहित्य की भूमिका, पृष्ठ-97

6. कबीरदास एक जबरदस्त क्रान्तिकारी पुरुष थे।
7. कबीरदास के पदों में जो महान् प्रकाशपुंज हैं वे बौद्धिक आलोचना के विषय नहीं हैं।

इसके बाद द्विवेदी जी की जो कृतियाँ प्रकाशित हुई हैं उनमें 'हिन्दी-साहित्य का आदिकाल' (1952) हिन्दी के आरम्भिक साहित्य सम्बन्धी उलझनों का समाधान प्रस्तुत करने वाला इतिहास ग्रंथ है। इसमें द्विवेदी जी की शोधदृष्टि प्रधान है किन्तु उनका रसग्राही मन सहयात्री के रूप में बराबर विद्यमान रहा है। इसीलिए तथ्यानुसंधान के साथ-साथ इसमें बीच-बीच में विनोदपूर्ण कहानियाँ, भाव-पूर्ण छन्द और कवित्वपूर्ण टिप्पणियाँ भी प्राप्त होती हैं। 'सहज-साधना' (1963 ई०) में सिद्धों, योगियों एवं सन्तों के साहित्य में लक्षित 'सहज साधना' की व्याख्या प्रस्तुत की गयी है। यह अनुशीलनपरक रचना है किन्तु इस अनुशीलन की मूल प्रेरणा क्या है? स्वयं द्विवेदी जी के शब्दों में-- 'आज मशीन केवल स्थूल रूप में ही हमारी सभ्यता को यन्त्र-चालित नहीं बना रही है, हमारे सामाजिक संघटन और बौद्धिक विवेचन भी यांत्रिकता का रूप ग्रहण करते जा रहे हैं। इसका कारण केवल जड़तत्त्व को प्रधानता देने वाली वृत्ति है। इसलिए सन्तों, और भक्तों की वाणी का आज भी उपयोग है। वह मनुष्य पर मशीन के प्रभुत्व का प्रत्याख्यान करती है और इस बात पर जोर देती है कि जड़ोन्मुखी यांत्रिकता नहीं, बल्कि चिन्मुखी मानवता ही बड़ी चीज है।'[1]

प्रकट है कि प्राचीन साहित्य में शोध में रत द्विवेदी जी मात्र जानकारी की वृद्धि या सूचना-संग्रह नहीं कर रहे थे, वे चिन्मुखी मानवता को संघटित करने वाले तत्त्वों के अनुसंधान में लीन थे। यह तथ्य का शोध नहीं, तत्त्व की व्याख्या है। यह यांत्रिक निर्मित नहीं, प्राणमयी सृष्टि है। 'कालिदास की लालित्य योजना' (1965 ई०) में कालिदास के माध्यम से भारतीय सौन्दर्य-दृष्टि की व्याख्या की गयी है। इसमें यदि किसी प्रकार की शोध-वृत्ति है तो वह सौन्दर्य-तत्त्व के शोध की है। इसलिए यह निश्चित रूप से एक उच्च कोटि की समीक्षा कृति है। लेखक के शब्दों में-- 'भारतीय धर्म, दर्शन, शिल्प और साधना में जो कुछ उदात्त है, जो कुछ दृप्त है, जो कुछ महनीय है और जो कुछ ललित और मोहन है उसका प्रयत्नपूर्वक सजाया-सँवारा रूप कालिदास का काव्य है।'[2] यह निर्णय भारतीय सौन्दर्य-चेतना का पारखी ही दे सकता है। सामान्य तथ्यान्वेषी वैज्ञानिक अनुसंधाता नहीं। 'मध्यकालीन बोध का स्वरूप' (1970 ई०) में 8वीं से 18वीं शती तक के साहित्य का अनुशीलन करके इस अवधि में सहृदय के चित्त में होने वाले परिवर्तनों को लक्षित किया गया है। लेखक के अनुसार-- 'आठवीं शताब्दी तक वह (सहृदय) विवेक पर किसी न किसी प्रकार जमा रहा, पर आगे चलकर वह विवेक के स्थान पर रूढ़ि का समर्थक हो गया।' (मध्यकालीन बोध का स्वरूप, पृष्ठ-23) मध्यकाल के पूर्व गुप्तों और वाकाटकों के समृद्धि काल के साहित्य के सम्बन्ध में लेखक का कथन है--'इस समृद्धि काल के साहित्य में शब्द की अपेक्षा अर्थ पर अधिक ध्यान दिया गया है। जीवन को उपभोग्य और ग्राह्य बनाने पर अधिक बल है। शब्द-शक्तियों पर विचार अवश्य किया गया है, पर बाल की खाल निकालने की प्रवृत्ति कम है। परवर्ती काल में शब्द प्रधान हो गया है, अर्थ क्रमशः सिमटता गया है। अर्थ से क्रमशः कटता हुआ शब्द स्तब्ध और प्रयोग-विरहित शैथिल्य को ही जन्म दे सकता है।[3] जाहिर है कि प्रस्तुत कृति ऊपर-ऊपर से

---

1. सहज साधना, पृष्ठ-102
2. कालिदास की लालित्य योजना, पृष्ठ-3
3. मध्यकालीन बोध का स्वरूप, पृष्ठ-22

शोधपरक भले प्रतीत होती हो किन्तु इसमें द्विवेदी जी की सूक्ष्म समीक्षा-दृष्टि आद्योपान्त विद्यमान है। उसी के चलते उन्होंने तत्कालीन साहित्य के मूल स्वर को पहचाना और उसमें निहित स्तब्ध एवं रूढ़ि जर्जर तथा विवेकशील एवं गत्यात्मक चेतना के अन्तर को लक्षित किया है। शुद्ध तथ्यपरक शोध-दृष्टि से लिखी गयी द्विवेदी जी की कदाचित् एक ही कृति 'नाथ सम्प्रदाय' है। इसमें उन्होंने नाथ सम्प्रदाय के उद्‌भव, विकास, विस्तार, प्रभाव और महत्त्व के सम्बन्ध में यथोचित जानकारी देने की चेष्टा की है। किन्तु इस अध्ययन क्रम में भी वे यह बताना नहीं भूले हैं कि 'लोक-जीवन में जो धार्मिक चेतना पूर्ववर्ती सिद्धों से आकर उसके पारमार्थिक उद्‌देश्य से विमुख हो रही थी, उसे गोरखनाथ ने नई प्राण शक्ति से अनुप्राणित किया।'[1] तात्पर्य यह कि यहाँ भी उनका लक्ष्य लोक-चेतना के प्रवाह का विश्लेषण ही है।

उपर्युक्त कृतियों के अतिरिक्त द्विवेदी जी ने अपने अनेक छोटे-बड़े निबन्धों में अपने आलोचक-व्यक्तित्व का परिचय उन मानववादी मूल्यों की घोषणा के माध्यम से दिया है, जिनके अभाव में वे किसी भी रचना की श्रेष्ठता स्वीकार नहीं करते हैं। 'साहित्य का मर्म' शीर्षक अपने लम्बे निबन्ध में उन्होंने कहा है-- 'सभ्यता और संस्कृतियों के इतिहास से यही तथ्य प्रकट होता है कि मनुष्य समस्त संस्कारों, समस्त आरोपित मूल्यों और समस्त रीति-रस्मों से बड़ा है। मनुष्यता की निरन्तर प्रवहमान धारा नाना मूलों से शक्ति संग्रह करती हुई आगे बढ़ती आ रही है। मनुष्य का इतिहास इन्हीं साधनाओं का इतिहास है। उसने आदिम कही जाने वाली मनोवृत्तियों के साथ अपने को नहीं छोड़ दिया, प्रयोजन की संकीर्णता को बेड़ियों से अपने को नहीं बँधने दिया, मृत्यु के नागपाश में अपने को नहीं फँसने दिया। सब कुछ को छोड़कर वह न जाने किस विजय-यात्रा के लिए निकल पड़ा है।'[2] इस सत्य को द्विवेदी जी ने अपने कई निबन्धों में घुमा-फिरा कर बार-बार दुहराया है। उन्होंने घोषित किया है कि 'मनुष्य ही साहित्य का लक्ष्य है'। इसी 'मनुष्य सत्य को', 'मनुष्य की श्रेष्ठता को', 'चिन्मुखी मानवता को' श्रेष्ठ साहित्य का प्रतिमान मानकर द्विवेदी जी सूर, कबीर, कालिदास और रवीन्द्र की कृतियों के मूल्यांकन में प्रवृत्त हुए हैं। उनके पास रचना की श्रेष्ठता का इतना बड़ा प्रतिमान है कि उससे वे एक साथ प्राचीन, मध्यकालीन और आधुनिक कवियों का मूल्यांकन कर लेते हैं। उन्होंने इतिहास के जड़ तथ्यों की खोज में समय नहीं गँवाया है। उनका सारा चिन्तन मनुष्य-सापेक्ष है।

आचार्य हजारीप्रसाद द्विवेदी का मनुष्य-सापेक्ष्य चिन्तन

आचार्य हजारीप्रसाद द्विवेदी आधुनिक हिन्दी-साहित्य (छायावादोत्तर युग) की अन्यतम विभूति हैं। एक गम्भीर चिन्तक, मर्मी रचनाकार, सतर्क शोधक, कृती आचार्य एवं सहृदय-समीक्षक के रूप में वे सदैव स्मरणीय रहेंगे। उन्होंने समूचे भारतीय-साहित्य का गंभीर अध्ययन किया था। संस्कृत, प्राकृत, अपभ्रंश, हिन्दी तथा अन्य आधुनिक भारतीय भाषाओं के साहित्य एवं समस्त भारतीय शास्त्रों का पूरी निष्ठा के साथ अध्ययन करके उन्होंने उनमें अन्तर्निहित लक्ष्यगत एकता को लक्षित किया था। यह सब उन्होंने आधुनिक दृष्टि से किया था, संस्कृत साहित्य के प्रकाण्ड पाण्डित्य के बावजूद उनका अध्ययन और चिन्तन मनुष्य-केन्द्रित था। आधुनिक वैज्ञानिक एवं पदार्थवादी

---

1. नाथ सम्प्रदाय, पृष्ठ-239
2. साहित्य का मर्म

चिन्तन को भी वे इसी दृष्टि से देखते थे। उनके समूचे चिन्तन-प्रधान एवं रचनात्मक साहित्य के मूल में 'मनुष्य' है। वे सारे शास्त्र-चिन्तन का साध्य मानव-कल्याण ही मानते थे। यही कारण है कि वे चाहे 'साहित्य के मर्म' पर विचार कर रहे हों, चाहे 'मानव धर्म' पर, चाहे 'भारत की सांस्कृतिक समस्या' के विषय में सोच रहे हों, चाहे 'मौलिकता' के प्रश्न पर, चाहे 'सहज भाषा' की व्याख्या कर रहे हों, चाहे 'साहित्य के इतिहास' की, चाहे 'विकासवाद' समझा रहे हों, चाहे 'मार्क्सवाद', घूम फिर कर मानव-मुक्ति की समस्या पर आ जाते हैं। मनुष्यता, मनुष्यता की श्रेष्ठता, मनुष्य की एकता और अन्ततः मनुष्य की मुक्ति पर उनका अखण्ड विश्वास है।

आचार्य द्विवेदी ने यों तो समस्त भारतीय दर्शनों का अध्ययन किया था, किन्तु आगम साहित्य, विशेषतः 'शाक्तागम' पर उनकी विशेष श्रद्धा थी। वे कहते हैं-- 'मेरे मन में आगम शास्त्रों के प्रति बड़ी श्रद्धा है और इन शास्त्रों ने जो मनुष्य को बहुत ही महत्त्वपूर्ण जीवन दर्शन दिया है, उसके प्रति अपार-निष्ठा है।'[1] शाक्तागम के अनुसार शक्ति चिद्रूपा है। वह स्वतन्त्र है। यह विश्व वस्तुतः शक्ति का ही प्रसार और संकोच है। ये प्रसार और संकोच शब्द आधुनिक विज्ञान के 'वाइब्रेशन' के बहुत निकट हैं। उपनिषदों में इसी प्रसार और संकोच की प्रक्रिया को 'एजन' कहा गया है। आचार्य द्विवेदी के अनुसार 'आधुनिक भौतिकशास्त्री 'एजन' या संकोच-'प्रसारशील कम्पन' का सन्धान तो पा गये हैं पर उसकी चिद्रूपता स्वीकार करने में हिचकते हैं।'[2] शाक्तागमों के साक्ष्य पर द्विवेदी जी स्वीकार करते हैं कि 'जो कुछ है (अस्ति) और जो कुछ भासित हो रहा है (भासते) वह सब संविद्रूपता भगवती का ही रूप है।'[3] जो है (सत्ता) उसी का भान होता है। (चिति) और जिसका भान है वह सत्ता ही है। सो चिति ही सत्ता है और सत्ता ही चिति। इस प्रकार यह सृष्टि शक्ति रूपा होने के कारण सत्य है। संविद्रूपा महाशक्ति चित् स्वरूप परम शिव से अभिन्न है। यह विश्व-प्रपंच परम शिव की एक से अनेक होने की इच्छा का ही परिणाम है। द्विवेदी जी के अनुसार--'यही इच्छा प्रथम स्पन्द है। ज्ञान से इच्छा हुई और इच्छा ने क्रिया का रूप धारण किया। इस प्रकार ज्ञान-इच्छा-क्रिया का क्रम शुरू हो गया। वस्तुतः सारा जगत् ज्ञान-इच्छा-क्रिया रूप में 'त्रिपुटीकृत' है। शाक्त आगमों में इस त्रिपुटीकरण की विधायिका शक्ति को ही त्रिपुरा कहा गया है। ब्रह्म की यह एक शक्ति है। शैव आगमों में 'परब्रह्म' को ही 'परम शिव' कहा गया है।'[4] यहाँ हमारा लक्ष्य शाक्तागम के सिद्धान्तों का परिचय या विवेचन नहीं है। हम इतना ही कहना चाहते हैं कि आचार्य द्विवेदी व्यक्त जगत् के मूल में चित् तत्त्व की सत्ता स्वीकार करने वाले भारतीय परम्परा के भाववादी चिन्तक हैं। शाक्तागम के सिद्धान्तों के प्रति उनकी निष्ठा के कई कारण हैं। पहली बात तो यह है कि यह सिद्धान्त जगत् की सत्यता या नित्यता का प्रतिपादन करता है और इसे परम शिव की आनन्देच्छा का विलास मानता है। इस प्रकार अपने मूल रूप में जीवन के प्रति राग उत्पन्न करने के कारण आशावादी है। दूसरी बात यह है कि यह आधुनिक विज्ञान की मान्यताओं के बहुत निकट है। तीसरी बात यह है कि अन्ततः यह मनुष्य को सारे भेद-प्रभेदों के ऊपर उठा कर सभी प्रकार की संकीर्णता से मुक्त करता है और अंतिम बात यह है कि इसने समूचे मध्यकालीन भारतीय

1. हजारीप्रसाद द्विवेदी ग्रन्थावली, भाग-10, पृष्ठ-262
2 वही, भाग-9, पृष्ठ-266
3. वही, पृष्ठ-268
4. वही, पृष्ठ-268

चिन्तन को प्रभावित किया है। आचार्य द्विवेदी के शब्दों में वस्तुतः भारतीय साहित्य इस साधना से पूर्णतः प्रभावित है। चाहे वह निर्गुणमार्गी भक्तों का साहित्य हो, चाहे सगुण मार्गीय भक्तों का, उसके मूल में आगमों के तत्त्ववाद का प्रभाव है।

भारतीय धर्म-साधना या शिल्प-साधना के रहस्यों को समझने के लिए तन्त्र साहित्य के मूल सिद्धान्तों की जानकारी आवश्यक है। इतने महत्त्वपूर्ण शास्त्र की उपेक्षा एक भयंकर प्रमाद है।'[1] यहाँ एक बात और ध्यान देने की है। आचार्य द्विवेदी ने अध्ययन चाहे जिस किसी दर्शन का किया हो, मनन उनका अपना है। सभी दर्शनों को उन्होंने अपनी विशिष्ट बौद्धिक दृष्टि से देखा, परखा और समझा है। शक्ति तन्त्र से वे इसलिए प्रभावित हैं कि वह चिन्मय आनन्द तत्त्व का अन्वेषक है किन्तु यह चिन्मय तत्व मनुष्य-निरपेक्ष नहीं है। आचार्य द्विवेदी के शब्दों में -- 'हमारे दो रूप हैं। एक चिन्मय रूप दूसरा मृण्मय रूप। चिन्मय चैतन्य है, मृण्मय का अर्थ मिट्टी का अर्थात् जड़। जड़ता नीचे की ओर खींचती है। चैतन्य जड़ता के गुरुत्वाकर्षण को नहीं मानता। छोटा सा तृणांकुर धरती के सारे गुरुत्वाकर्षण को अभिभूत करके सिर ऊपर उठाकर खड़ा जो जाता है। नैतिकता चेतना का धर्म है। अनैतिकता उसका अभाव है।'[2] आचार्य द्विवेदी ने इस तत्त्व को अनेक बार अनेक अवसरों पर प्रस्तुत किया है। इसी प्रकार इस सारे विश्व-प्रपंच में संविद्रूपा भगवती के व्याप्त होने की व्याख्या भी वे अपने ढंग से करते हैं। इससे वे यह निष्कर्ष निकालते हैं कि यह सारा जगत्-प्रपंच अन्ततोगत्वा एक है और भेद-दृष्टि अज्ञान का सूचक है। मनुष्य समाज में व्याप्त स्तर-भेद भी जड़ बुद्धि की देन हैं। आचार्य द्विवेदी ने अपनी रचनात्मक कृतियों में भी इस तत्त्व को बार-बार स्पष्ट करने की चेष्टा की है। 'बाणभट्ट की आत्मकथा' में 'भट्टिनी' कहती है--'एक जाति दूसरी को म्लेच्छ समझती है, एक मनुष्य दूसरे को नीच समझता है। इससे बढ़कर अशान्ति का कारण और क्या हो सकता है भट्ट। तुम्हीं ऐसे हो जो नरलोक से लेकर किन्नर लोक तक व्याप्त एक ही रागात्मक हृदय, एक ही करुणायित चित्त को हृदयंगम करा सकते हो।'[3] पुरुष और नारी के बीच सहज रूप से व्याप्त गहन एवं निर्मल राग-तत्त्व में भी वे भगवती महामाया के वास्तविक चिन्मय रूप की अभिव्यक्ति देखते हैं। 'मेघदूत एक पुरानी कहानी' में यक्ष, मेघ को समझाते हुए कहता है--'सौम्य, तुम नहीं जानते कि तुम एक ही साथ कितनी आशाओं और आकांक्षाओं को उस विरहिणी के चित्त में उत्पन्न करोगे। यह तो तुम जानते ही हो, कि स्त्रियों के लिए अपने प्रिय का कुशल-संवाद और प्रेम-सन्देश मिलन से थोड़ा ही कम होता है। केवल उसमें स्थूल मृण्मय संयोग की कमी आ जाती है नहीं तो अन्तःकरण का चिन्मय मिलन ज्यों का त्यों प्राप्त होता है। इस चिन्मय मिलन का माहात्म्य मैं जानता हूँ। केवल स्थूल दृष्टि वाले बचकाने विचार के भोंड़े रसिक ही चिन्मय मिलन का रहस्य नहीं समझ पाते। वही महामाया के वास्तविक चिन्मय रूप की अभिव्यक्ति है, स्थूल मिलन तो उसी को पाकर धन्य होता है।'[4] शक्ति दर्शन के परात्पर पुरुष (शिव) और मनुष्य का सम्बन्ध स्पष्ट करते हुए 'सहज साधना' में आचार्य द्विवेदी कहते हैं--'केवल मनुष्य को इच्छा, क्रिया और ज्ञान की त्रिधारा प्राप्त करने का सौभाग्य प्राप्त है। इसलिए परात्पर पुरुष को भी जब कुछ करना होता है, तब उसे

---

1. हजारीप्रसाद द्विवेदी ग्रन्थावली, भाग-9, पृष्ठ-275
2. वही, भाग-9, पृष्ठ-354
3. बाणभट्ट की आत्मकथा, पृष्ठ-327
4. मेघदूत एक पुरानी कहानी, पृष्ठ-129

नरदेह धारण करनी पड़ती है। देह तो वह और भी धारण कर ले सकता है, पर नर-देह में उसका पूर्ण विस्तार होता है।'[1] स्पष्ट है कि आचार्य द्विवेदी दर्शन के तत्त्व को मानव-सापेक्ष्य बनाकर ही स्वीकार करते हैं। मनुष्य ही नहीं, प्रकृति की गति और चेष्टा में भी वे शिव-शक्ति की विलास-लीला के दर्शन करते हैं। वे कहते हैं, 'वसन्त का मादक-काल उस रहस्यमय दिन की स्मृति लेकर आता है जब महाकाल के अदृश्य इंगित पर सूर्य और धरती-एक ही महापिण्ड के दो रूप-उसी प्रकार वियुक्त हुए थे जिस प्रकार किसी दिन शिव और शक्ति अलग हो गये थे। तब से यह लीला चल रही है। उसी व्याकुल वेदना ने धरित्री को इतना चक्कर दिलवाया है, उसके अन्तरतम को उन्मथित व्याकुल कर करके यह इतना सौन्दर्य उत्पन्न किया है-- यह हरित शाद्वला वनराजि, यह तरंगमोहिनी वारिधारा, यह फूल और पल्लवों का अपूर्व वैचित्र्य सब उसी व्याकुल वेदना से संभव हुए हैं।'[2] साफ है कि आचार्य द्विवेदी के इस चिन्तन में जड़-चेतन का भेद मिट गया है। दर्शन का सत्य मानव एवं प्रकृति दोनों का सत्य बनकर चरितार्थ हुआ है।

आचार्य द्विवेदी ने 'विकासवाद' और 'मार्क्सवाद' की चर्चा भी की है। किन्तु इन भौतिकवादी दर्शनों की सार्थकता भी वे मनुष्य के सन्दर्भ में ही सिद्ध करते हैं। 'विकासवाद' के सिद्धान्त के सम्बन्ध में वे कहते हैं-- 'विकासवाद का सिद्धान्त आजकल प्रायः सर्व स्वीकृत सिद्धान्त है। इस सृष्टि-प्रक्रिया को इस दृष्टि से देखने वाले को यह बात अत्यन्त स्पष्ट हो जायेगी कि मनुष्य के रूप में ही सृष्टि का सर्वोत्तम प्राणी विकसित हुआ है। मनुष्य देह में ही मन और बुद्धि का भावावेग और तर्क युक्ति के आश्रय इन्द्रिय-विशेष का विकास हुआ है। यह संसार क्या है? और कैसा है? इसके जानने का एक मात्र साधन मनुष्य की बुद्धि है। हम जो कुछ समझ सकते हैं, जो कुछ समझ रहे हैं, मनुष्य का समझा हुआ सत्य है। मनुष्य-निरपेक्ष सत्य बात की बात है।'[3] द्विवेदी जी 'विकासवाद' के वैज्ञानिक चिन्तन को शाक्तागमों के दार्शनिक चिन्तन के साथ मिला देता है। वे जड़ से चैतन्य, चैतन्य से मन-बुद्धि और मन-बुद्धि से मनुष्यत्व के विकास को त्रिपुर सुन्दरी की रहस्य-लीला के रूप में देखते हैं। वे कहते हैं-- 'त्रिपुरी-सुन्दरी का त्रैलोक्य मोहन रूप निश्चय ही किसी बड़े उद्‌देश्य के लिए है। देखकर मन मुग्ध हो जाता है-- किस प्रकार छोटे से चैतन्य कण ने अपने को मानव-बुद्धि के रूप में विकसित कर लिया है। जड़ से चैतन्य, चैतन्य से मन-बुद्धि और मन-बुद्धि से मनुष्यतत्व का विकास चकित कर देने वाली घटना है।'[4] कहना न होगा कि छोटे से चैतन्य कण से मनुष्य का विकास चाहे जितनी चकित कर देने वाली घटना क्यों न हो? वैज्ञानिक इसमें किसी परोक्ष चेतन सत्ता की रहस्य-लीला नहीं देखते। वे चैतन्य को द्रव्य का ही परिणाम मानते हैं। उनकी दृष्टि में चैतन्य कोई नित्य और अपरिच्छिन्न सत्ता नहीं, वह परिणामशील है और उसका विकास भी क्रमशः सरलता से जटिलता की ओर अग्रसर सृष्टि-विधान के अनुसार होता है। आचार्य द्विवेदी विकास-सिद्धान्त को स्वीकार करते हुए भी नित्य चेतना सत्ता में विश्वास करते हैं।

वे इधर के पदार्थ-विज्ञान के नये आविष्कारों का हवाला देते हुए कहते हैं-- 'सुना है, इधर हाल में पदार्थ-विज्ञान के नये आविष्कारों ने तत्त्व-ज्ञानियों की युक्ति समर्थित समझी जाने वाली

---

1. सहज साधना, पृष्ठ-25
2. ग्रन्थावली, भाग-9, पृष्ठ-54
3. ग्रन्थावली, भाग-10, पृष्ठ-78
4. वही, भाग-9, पृष्ठ-55

कार्य-कारण-परम्परा पर गहरी चोट मारी है और पदार्थ-विज्ञान की पूर्ति के लिए धर्म-विज्ञान द्वारा अनुधावित किसी लोकोत्तर विश्वास की आवश्यकता महसूस की जाने लगी है।'[1] ऐसा प्रतीत होता है कि उन्हें पूर्ण विश्वास है कि एक न एक दिन निकट भविष्य में पदार्थ-विज्ञान आध्यात्मिक चिन्तन के सत्य को आत्मसात कर लेगा। आचार्य द्विवेदी के लिए धर्म-विज्ञान और पदार्थ-विज्ञान के सत्य में विरोध इसलिए नहीं लक्षित होता कि वे दोनों के केन्द्र में मनुष्य सत्य को रखकर विचार करते हैं। जब मनुष्य ही पदार्थ की अपनी स्वाभाविक विकास-प्रक्रिया की अन्तिम परिणति है और वही त्रिपुर-सुन्दरी की हास्य-लीला की सर्वोत्कृष्ट उपलब्धि भी है, जब उभय दृष्टियों से संसार में उससे श्रेष्ठ कोई नहीं है, तब अनावश्यक तर्कों और युक्तियों के जंजाल में भटकने से क्या लाभ?

आचार्य द्विवेदी ने साहित्य के सन्दर्भ में मार्क्सवाद की चर्चा की है। वे यह मानते हुए भी कि मार्क्सवाद जड़-विज्ञान के तत्त्ववाद पर आधारित है उसे इसलिए महत्त्व देते हैं कि साहित्य में वह मनुष्य को दृढ़चित्त बनाने का कार्य करता है। वे कहते हैं-- 'मार्क्सवादी साहित्य कितने भी दुर्धर्ष जड़-विज्ञान के तत्त्ववाद पर आधारित क्यों न हो, वह मनुष्य को केवल नियति का गुलाम नहीं मानता। सिद्धान्त रूप में वह चाहे जो भी स्वीकार क्यों न करता हो, साहित्य में वह मनुष्य को दृढ़चित्त बनाने का कार्य करता है। मुझे इस श्रेणी के साहित्य में यह बात सबसे अच्छी लगती है।'[2] आचार्य द्विवेदी मार्क्सवादी तत्त्वज्ञान से भी परिचित थे। वे उसकी व्याख्या चार सूत्रों के आधार पर करते हैं--

1. दुनिया या प्रकृति (जिसमें मानव समाज भी शामिल है) परस्पर सापेक्ष वस्तुओं से बनी है, कोई भी वस्तु अपने आप में निरपेक्ष नहीं।
2. कुछ भी स्थिर नहीं है प्रत्येक वस्तु गतिशील है या तो वह विकासोन्मुख है या पतनोन्मुख, पर है गतिशील,
3. वस्तुओं का विकास आसानी से नहीं हो जाता, थोड़ी देर तक वह जरूर आसानी से ही चलता रहता है कि एक ऐसे स्थल पर पहुँचता है जब वह एकाएक तेजी से विलट जाता है। पानी में गर्मी का संचार करते रहिये। निश्चित है कि थोड़ी देर तक कुछ परिवर्तन नहीं दिखेगा। एकाएक एक खास सीमा तक आने पर पानी खौलने लगेगा। उसमें उथल-पुथल मच जायेगी और वह वाष्प बनकर उड़ने लगेगा। पतनोन्मुख पानी और विकासोन्मुख वाष्प की यह सारी कहानी अत्यन्त जटिल मानव-समाज में भी इसी प्रकार दिखायी देती है।
4. प्रत्येक वस्तु में दो तत्त्व होते हैं-- विकासोन्मुख और ह्रासोन्मुख। जो विकसित हो रहा है उसे दूसरा तत्त्व बाधा देता है, अभिभूत करने की चेष्टा करता है, जब विकासशील तत्त्व काफी सबल हो जाता है तो द्वन्द्व तीव्रतम हो उठता है और फिर धीरे-धीरे बाधा देने वाला या प्रतिकर्ता तत्त्व ठप्प हो जाता है।

ये चार सूत्र प्रकृति के कण-कण में लागू हैं।'[3]

यहाँ भी यह विशेष रूप से ध्यान देने की बात है कि आचार्य द्विवेदी इस चिन्तन को प्राचीन

1. ग्रन्थावली, भाग-7, पृष्ठ-150
2. वही, भाग-10, पृष्ठ-120
3. वही, भाग-7, पृष्ठ-286 से 287

भारतीय चिन्तन का विरोधी नहीं मानते। वे कहते हैं-- 'ऊपर मैंने जो कुछ लिखा है वह न तो हमारी प्राचीन काव्य-परम्परा के स्वाभाविक विकास का परिपन्थी है न आधुनिक सहृदय के मानस-संस्कारों का प्रतिगामी।'[1] आचार्य द्विवेदी अपने अध्ययन और अनुभव के आधार पर यह प्रतिपादित करते हैं कि ज्ञान का एक स्थिर या शाश्वत रूप है जो वर्ग-स्वार्थ के परे है। प्रत्येक युग में ज्ञान की साधना एक खास वर्ग या श्रेणी ने की है। समय के साथ समाज का वह ज्ञान आज मानव-मात्र की सम्पत्ति बन गया है। वे शुल्व-सूत्रों के रचयिता ब्राह्मण पुरोहितों का हवाला देते हुए कहते हैं -- ''शुल्व सूत्रों के जिन ब्राह्मण पुरोहितों ने प्रथम रेखागणित के विश्व व्यापक नियमों का आविष्कार किया था वे मिट गये पर जो ज्ञान वे दे गये 'वह सारे जगत् की अपनी चीज है।'[2] आचार्य द्विवेदी का मत है कि जिस प्रकार ज्ञान का एक स्थिर या शाश्वत रूप है जो वर्ग-स्वार्थ से परे है उसी प्रकार काव्य-सौन्दर्य का भी है। वे कहते हैं-- 'ज्ञान का जिस प्रकार एक स्थिर या शाश्वत रूप है जो वर्ग-स्वार्थ से परे है उसी प्रकार काव्य-सौन्दर्य का भी है। उसको 'ब्रह्मानन्द सहोदर कहकर समझने की चेष्टा किये बिना ही मजाक उड़ा देना आसान है पर उससे मिलते-जुलते शब्द का व्यवहार किये बिना उसे समझाया नहीं जा सकता।'[3] आचार्य द्विवेदी यह मानते हैं कि अभिनव गुप्त का रस-सिद्धान्त मनोविज्ञान सम्मत है और रसानुभूति के सर्वोत्तम मार्ग का निदर्शक भी। वे यह भी स्वीकार करते हैं कि द्वन्द्वात्मक भौतिकवाद काव्यास्वादन के इस नियम को स्वीकार नहीं कर सकता किन्तु उनका विश्वास है कि यदि कोई द्वन्द्वात्मक भौतिकवादी साधारण राजनीतिक प्रचारक न होकर गम्भीर तत्त्व-चिन्तक होगा, तो मानेगा कि ये विचार चाहे जिस वर्ग या श्रेणी के ज्ञान-साधक द्वारा प्रतिपादित हों, निश्चय ही काव्य-चिन्तन की परम्परा को आगे बढ़ाने वाले हैं। वे कहते हैं--'द्वन्द्वात्मक भौतिकवाद काव्यास्वादन के इस नियम को स्वीकार नहीं कर सकता, परन्तु भौतिकवादियों की भी कई श्रेणियाँ हैं। यदि वह साधारण राजनीतिक प्रचारक होगा तो अभिनव गुप्त या आनन्द वर्धन को किसी वर्ग-विशेष का प्रतिनिधि मानकर उनकी नीयत पर ही आलोचना की कैंची चला देगा, पर यदि वह गम्भीर तत्त्व-चिंतक होगा तो मानेगा कि ये विचार चाहे जिस क्लास की उपज हों, ज्ञान-धारा को आगे बढ़ाने में सहायक हैं, वह इन विचारों को तटस्थ तत्त्ववादी की भाँति विश्लेषण करके और विचार करके दूर नहीं फेंक देगा, बल्कि अपने अनुध्यात भविष्य के निर्माण में इनसे किस प्रकार सहायता ली जा सकती है, यही सोचेगा।'[4] ऊपर के समस्त विवेचन के आधार पर कहा जा सकता है कि आचार्य द्विवेदी मार्क्सवाद के उस रूप से सहमत हैं जो मनुष्य को नियति का गुलाम नहीं मानता और दृढ़तापूर्वक जीवन को बेहतर बनाने की प्रेरणा और शक्ति देता है किन्तु उस रूप को वे स्वीकार नहीं करते जो ज्ञान-साधना और काव्य-चिन्तन के श्रेणी निरपेक्ष स्थिर और शाश्वत स्वरूप को वर्ग-विशेष की विचारधारा मानकर उसके महत्त्व को अस्वीकार कर देता है।

आचार्य द्विवेदी आधुनिक मनोविश्लेषण शास्त्र की उपलब्धियों और साहित्य पर पड़ने वाले उसके प्रभाव से परिचित हैं। वे इन उपलब्धियों को अधिक महत्त्व नहीं देते। वे यह तो मानते हैं कि शास्त्र पठनीय है और इससे अपने ही मन के भीतर प्रवाहित अनेक अज्ञात धाराओं का परिचय

---

1. ग्रंथावली,, भाग-7, पृष्ठ-287
2. वही, भाग-7, पृष्ठ-288
3. ग्रंथावली, भाग-7, पृष्ठ-288
4. वही, पृष्ठ-289, भाग-9

मिलता है किन्तु साहित्य के क्षेत्र में इसके प्रभाव को वे अस्वास्थ्यकर और घातक मानते हैं। वे कहते हैं-- 'इन विचारों का बड़ा घातक असर हमारे साहित्य पर हो रहा है, जिसे देखो वही कुछ मनोविश्लेषण के प्रयोग कर रहा है। कुछ प्रसुप्त वासना, कुछ लिबिडो, कुछ अवदमित कामना किस रूप में चेतन दिमाग में रूप परिग्रह कर रही है, वह बताने के उद्देश्य से जो साहित्य लिखा जायेगा, उसमें वह चरित्रगत दृढ़ता आ ही नहीं सकती, जो आज के संकटकाल में हमें धीर और कर्मठ बना सके। यदि मनुष्य कुछ पूर्ववर्ती अज्ञात वासनाओं का ही मूर्त्त रूप है, यदि अनजान में बँधी हुई हीनता की गाँठ ही हमारे चरित्र का निर्माण कर रही है, तो फिर दृढ़ चिन्तन और आत्मनिर्माण का स्थान कहाँ है।'[1] यहाँ भी हम देखते हैं कि द्विवेदी जी मनोविश्लेषण के सत्य को इसीलिए अस्वीकार कर देते हैं कि वह मनुष्य को उच्चतर मानव-मूल्यों की ओर बढ़ने की प्रेरणा नहीं देता और उसके मनोबल को कमजोर करता है।

आचार्य द्विवेदी ने अनेक अवसरों पर 'मानव धर्म' की चर्चा की है। मानव धर्म की अवधारणा की मूल प्रेरणा सम्भवतः उन्हें विश्व कवि रवीन्द्र से मिली थी। विश्व कवि रवीन्द्र ने मानव धर्म (दी रेलीजन आफ मैन) नामक महत्त्वपूर्ण पुस्तक लिखी है। अपनी पुस्तक में प्रतिपादित मानव धर्म का निचोड़ प्रस्तुत करते हुए रवीन्द्र नाथ टैगोर ने कहा है कि 'दिव्य लोकोत्तर सत्ता को चाहे जो नाम दिया जाए हमारी धर्म-साधना के इतिहास में वह मनुष्य के रूप में ही उच्चतम स्थान पा सकी है। मनुष्य के रूप में ही उसने पाप और पुण्य की अवधारणाओं को चरितार्थ किया है और मनुष्य की प्रकृति से सामंजस्य रखने वाली पूर्णता की सभी अवधारणाओं को नित्यता प्रदान की है।'[2] कहना न होगा कि आचार्य द्विवेदी के पूरे चिन्तन पर इस अवधारणा का प्रभाव है। वे तो यहाँ तक कह जाते हैं कि 'मध्य युग में जिस बात को अध्यात्म कहा करते थे वही वस्तुतः इस युग का मनुष्यत्व है।'[3] वे मनुष्य मात्र को एक मानते हैं और इसीलिए एक मानवधर्म की परिकल्पना करते हैं। उनका निश्चित मत है कि 'इसी लोक में इसी मर्त्यकाया के भीतर समूची मनुष्य जाति को नाना प्रकार से अभावों से मुक्त करके सुखी और सुसंस्कृत बनाना है।'[4] वे मूल्य जिसकी चरितार्थता से इस लक्ष्य की पूर्ति हो सके सच्चे मानव धर्म के विधायक माने जायेंगे। जो मानवतावाद मनुष्यों में श्रेणी-भेद करता है उसे द्विवेदी जी विकृत चिन्तन का परिणाम मानते हैं। वे कहते हैं--'मानवतावाद ठीक है, पर मुक्ति किसकी? क्या व्यक्तिमानव की? नहीं, सामाजिक मानवतावाद ही उत्तम समाधान है। मनुष्य को, व्यक्ति-मनुष्य को नहीं, बल्कि समष्टि-मनुष्य को, आर्थिक, सामाजिक और राजनीतिक शोषण से मुक्त करना होगा-- नान्यः पन्था विद्यते अयनाय।'[4] समष्टि-मानव की अवधारणा वस्तुतः

---

1. ग्रंथावली, भाग-10, पृष्ठ-119

2. "What I have tried to bring out in this book is the fact that whatever name may have been given to the divine Reality it has found its highest place in the history of our religion owing to its human character, giving meaning to the idea of sin and sanctity, and offering an eternal background to all the ideals of perfection which have their harmony with man's own nature."

-- The Religion of Man, Page-205

3. ग्रन्थावली, भाग-10, पृष्ठ-273

4. वही, भाग-9, पृष्ठ-381

रवीन्द्र नाथ टैगोर की है।

द्विवेदी जी ने रवीन्द्र के दार्शनिक विचारों की व्याख्या करते हुए कहा है-- 'रवीन्द्र नाथ एक समष्टि मानव (यूनिवर्सल मैन) में विश्वास रखते थे। यह 'समष्टि मानव' सब मनुष्यों का आश्रय है। सबको मिलाकर विराजमान होने के कारण ही वह 'एकमेवद्वितीयम्' है। इस समष्टि-मानव को हम अपनी भावनाओं और कार्यों के द्वारा अनुभव करते हैं या अनुभवगम्य बनाते हैं। ऊपर-ऊपर से व्यक्ति-मानव अलग-अलग दिखते हैं। वैज्ञानिक बताता है कि जिसे हम ठोस पिण्ड समझते हैं, वह छोटे-छोटे असंख्य परमाणुओं से बनता है। ये परमाण एक दूसरे से सटे नहीं, उनमें व्यवधान है फिर भी हमें पूरा पिण्ड एक और अभिन्न दिखायी देता है। इसी प्रकार मनुष्य की इकाइयों के व्यवधान और अन्तर के होते हुए भी 'समष्टि-मानव' एक और अभेद्य है। समष्टि-मानव व्यक्तियों से परे है परन्तु है वह 'मानव विराट्' ही। सत्य वही है जिसे वह विराट् मानव चित्त धारण करता है। मानव-निरपेक्ष कोई सत्य हो भी तो उसे हम जान नहीं सकते।'[2] इस सन्दर्भ में द्विवेदी जी ने रवीन्द्र नाथ टैगोर और विश्व प्रसिद्ध वैज्ञानिक आईन्सटीन के बीच 14 जुलाई, 1930 ई० को हुई वार्ता का भी हवाला दिया है। आईन्स्टीन का मत था कि सत्य मानव-निरपेक्ष एवं स्वतः सिद्ध है। टैगोर का मत था कि मानव-निरपेक्ष कोई सत्य हो नहीं सकता। विज्ञान द्वारा उपलब्ध सत्य भी मानवीय बौद्धिक उपकरणों से ही उपलब्ध होता है। यहाँ इस चर्चा को विस्तार देना अप्रासंगिक होगा। हम इतना ही कहना चाहेंगे कि आचार्य द्विवेदी का मानव धर्म तथा समष्टि मानव की अवधारणाओं पर रवीन्द्र नाथ टैगोर का गहरा प्रभाव है।

आचार्य द्विवेदी ने सत्य की व्याख्या इसी मनुष्य-सत्य को केन्द्र में रखकर की है। उन्होंने साफ-साफ घोषित किया है कि 'मनुष्य ही साहित्य का लक्ष्य है।' उन्होंने बार-बार दुहराया है कि 'मनुष्य की जो सबसे सूक्ष्म और सहनीय साधना है उसी का प्रकाश साहित्य है।'[3] मनुष्य ने बड़ी साधना के बाद अपने को पशु-सुलभ दुर्बलताओं से मुक्त करके विवेक, औदार्य, संयम, परदुःखकातरता जैसे गुणों को उपलब्ध किया है। इन्हीं गुणों के कारण वह दूसरों से तादात्म्य स्थापित करता है। तादात्म्य की चरम परिणति एकत्व की अनुभूति में होती है। आचार्य द्विवेदी की मान्यता है--'मनुष्य जितना ही अधिक मनुष्य होता है, उतना ही अधिक वह दूसरों के साथ अपना तादात्म्य स्थापित कर सकता है और इसको अन्तिम तर्क-संगत परिणाम तक ले जाया जाय तो वह कहते हैं कि 'एकत्व' की अनुभूति ही मनुष्य की परम मनुष्यता है। मनुष्यता की प्रतिष्ठा से साहित्य श्रेष्ठ, मूल्यवान और सुन्दर होता है। जहाँ से स्वार्थ समाप्त होता है, वहीं से सौन्दर्य प्रारम्भ होता है। द्विवेदी जी के शब्दों में --'प्रयोजन के अतीत पदार्थ का ही नाम सौन्दर्य है, प्रेम है, भक्ति है, मनुष्यता है। जहाँ स्वार्थ समाप्त होता है, मनुष्यता प्रारम्भ होती है।'[4] साहित्य का मर्म, आचार्य द्विवेदी का सुविचारित निबन्ध है। इसका अन्त करते हुए उन्होंने कहा है-- 'मनुष्य रूपी पुरुष ही अर्थात् पशु-सुलभ धरातल से ऊपर उठा हुआ मनुष्यत्वधर्मी जीव ही सृष्टि की सबसे बड़ी साधना है। उससे बड़ा कुछ भी नहीं-- पुरुषान्न परं किंचित् सा काष्ठा सा परा गतिः।'[5] इस वाक्य को आचार्य

---

1. ग्रन्थावली, भाग-10, पृष्ठ-81
2. वही, भाग-8, पृष्ठ-431-32
3. वही, भाग-7, पृष्ठ-153
4. वही, भाग-7, पृष्ठ-128
5. वही, भाग-7, पृष्ठ-160

द्विवेदी के पूरे चिन्तन का केन्द्र बिन्दु माना जा सकता है। उन्होंने अपने पूरे रचना-विस्तार में इसी सत्य को प्रतिष्ठित किया है।

'कबीर' उन्हें इसीलिए प्रिय हैं कि उन्होंने सारे भेद-प्रभेदों से ऊपर उठकर मनुष्यत्व की प्रतिष्ठा पर बल दिया है। सूरदास को वे इसीलिए महत्त्व देते हैं कि उन्होंने उस राग-चेतना के अत्यन्त उत्कृष्ट स्वरूप को अभिव्यक्ति दी है जो मनुष्य मात्र की एकता का विधायक है। कालिदास उन्हें इसलिए आकर्षित करते हैं कि उनकी अनुपम नाट्य कृति 'अभिज्ञान शाकुन्तलम्' मनुष्य और प्रकृति के साथ एकसूत्रता का विधान करती है और विश्वव्यापी भाव-चेतना के साथ व्यक्ति की भाव-चेतना का तादात्म्य स्थापित करती है। बाणभट्ट की अमर काया में वे इसलिए प्रवेश करते हैं कि कादम्बरी के उस दृप्त प्रेम का साक्षात्कार कर सकें जो मानवता के सारे स्तर-भेदों को मिटा कर मनुष्य मात्र की एकता का विधान करता है। इसी प्रकार 'चारुचन्द्र लेख' में 'चन्द्रलेखा', 'पुनर्नवा' में 'चन्दा' और 'अनामदास का पोथा' में 'शुभा' का सहज प्रेम सारे जड़त्व को मिटाकर समाज के स्तर-भेदों को समाप्त करने वाला है। आचार्य द्विवेदी ने अमर नारी पात्रों की सृष्टि करके सृष्टि-व्यापी राग-चेतना को झंकृत करके समाज के जड़ बन्धनों को काटने का सहज मार्ग प्रशस्त किया है। तुलसी उन्हें इसीलिए अपने अति निकट लगते हैं कि उन्होंने उन मूल्यों को चरितार्थता प्रदान की है जिन्हें विकसित करके मनुष्यता के मांगलिक विकास को सम्भव बनाया जा सकता है। छोटे-छोटे तात्कालिक स्वार्थों की पूर्ति के लिए गढ़े गये आरोपित मूल्यों की कसौटी पर उन्हें नहीं परखा जा सकता।

आलोचना-दृष्टि

मनुष्य को साहित्य के केन्द्र में प्रतिष्ठित करने के कारण ही आचार्य द्विवेदी आलोचना की समग्र और सन्तुलित दृष्टि के निर्माण पर बल देते हैं। उनके अनुसार भावावेग, यश या मोहवश या पक्षपातवश जब हम जीवन के किसी एक पक्ष पर बल देने लगते हैं तो आंशिक सत्य को लेकर चलने वाली एकांगी दृष्टि का विकास होता है। मूल्यांकन की विविध पद्धतियाँ इसी प्रकार की एकान्त निष्ठा का परिणाम हैं। आवश्यकता सन्तुलित दृष्टि के निर्माण की है। उनकी यह सन्तुलित दृष्टि मानव-कल्याण के व्यापक उद्देश्य को सामने रखकर साहित्य के मूल्यांकन में प्रवृत्त होती है। प्रगतिवादी जीवन-दृष्टि को वे इसीलिए महत्त्व देते हैं कि 'वह मनुष्य जीवन को कल्याण-मार्ग की ओर ले जाने के जीवन-दर्शन से अनुप्राणित है।' वे कहते हैं--'साहित्य को महान् बनाने के मूल में साहित्यकार का महान् संकल्प होता है वह संकल्प इस विचार-पद्धति के साथ है।' (साहित्य सहचर, पृष्ठ-135) मनुष्य के कल्याण का संकल्प अपने देश की आध्यात्मिक परंपरा में भी निहित है। इसलिए द्विवेदी जी की दृष्टि में व्यापक उद्देश्य के आधार पर देखा जाय तो भारतीय अध्यात्म दृष्टि मार्क्स द्वारा प्रचारित तत्त्व-दर्शन के विरुद्ध नहीं है। द्विवेदी जी आलोचना की संतुलित और समग्र दृष्टि विकसित करने के लिए प्राचीन आलोचना पद्धतियों को स्वीकारने पर बल देते हैं वे कहते हैं--'मुझे यह समझ में नहीं आता कि आधुनिक समालोचना-पद्धति क्यों नहीं पुराने अनुभवों से अपने को समृद्ध कर सकती। नवीन परिस्थितियों के अनुसार अपने पुराने अनुभवों का प्रयोग सर्वत्र हितकर होगा-- जीवन में भी और साहित्य में भी।' (वही, पृष्ठ-135)

दृष्टि की विराटता और समग्रता के कारण ही द्विवेदी जी नीति-सौन्दर्य, मंगल-सत्य, शास्त्रीयता, स्वच्छन्दता, प्राचीनता-नवीनता, रस-उक्तिवक्रता, भौतिकता-आध्यात्मिकता, आदि सभी में विरोध न देखते हुए सभी को यथोचित महत्त्व देते हैं। वस्तुतः द्विवेदी जी की समीक्षा दृष्टि को

समझने के लिए उनके द्वारा किये गये कालिदास के मूल्यांकन पर ध्यान देना आवश्यक है। कालिदास के महत्त्व को स्वीकार करते हुए वे कहते हैं-- 'सुकुमारता के साथ सुशीलता का, मानसिक मृदुता के साथ चारित्रिक दृढ़ता का, अपार वैभव के साथ विपुल वैराग्य का, सौन्दर्य के साथ धर्म का-- ऐसा मणिकांचन योग संसार के साहित्य में विरल है।' (कालिदास की लालित्य योजना, पृष्ठ-3) वस्तुतः आलोचक द्विवेदी इसी विरल, विशिष्ट दृष्टि को महत्त्व देते हैं। जहाँ नैतिकता रसमय बना दी गयी हो, बुद्धि सौन्दर्य-भावना से ओत-प्रोत हो, मन द्रवणशील हो, किन्तु उसमें दुर्बलता का चिह्न भी न हो, मृदुता सरसता का आधार लेकर मूर्त हुई हो, रूप, रस, शब्द, प्राण, स्पर्श, स्वाद सब कुछ कल्पनाधर्मी होकर अपार्थिव सुषमा से मंडित हो गया हो, सौन्दर्य की उसी पावन भूमि पर प्रतिष्ठित होकर संपूर्ण सौन्दर्य को मंगल में पर्यवसित करने की अखण्ड आस्था लेकर द्विवेदी जी ने समीक्षा के क्षेत्र में प्रवेश किया था। वे 'सारे मानव-समाज को सुन्दर बनाने की साधना को साहित्य मानते हैं।' (कल्पलता, पृष्ठ-140)

मूल्यांकन

आचार्य द्विवेदी का आलोचक व्यक्तित्व किसी पूर्व निर्दिष्ट समीक्षा-पद्धति के दायरे में नहीं रखा जा सकता। वे आचार्य थे किन्तु उन्होंने कभी भी आचार्यों द्वारा प्रतिपादित काव्य-सिद्धान्तों को साहित्य का शासक या नियंत्रक नहीं माना। अधिक से अधिक उन्हें साहित्य के सहचर के रूप में स्वीकार किया। वे एक शोधकर्ता थे किन्तु उन्होंने इतिहास के जड़तत्त्वों का अम्बार नहीं खड़ा किया। अतीत के सार्थक और प्राणवान तत्त्वों को वर्तमान से जोड़कर उन्होंने उनमें प्राण शक्ति का संचार कर दिया। द्विवेदी जी ने जो कुछ लिखा है वह सजीव है, प्राणवान है, शक्तिशाली, प्रेरक और महिमामय है। जब तक इस विशाल विश्व में मनुष्य रहेगा, वह अपनी सत्ता को प्रतिष्ठित और विकसित करने के लिए संघर्ष करता रहेगा। यह संघर्ष ही उसकी चेतना को गति देगा। मनुष्य की यही चेतना वाक् और अर्थ के माध्यम से स्फुटित होगी और साहित्य-दृष्टि निश्चित रूप से मनुष्य-सत्य को प्रतिष्ठित करने में अपनी सार्थकता का अनुभव करती रहेगी। द्विवेदी जी की यही स्थापना है। यह मनुष्य-सत्य उसकी जय-यात्रा के क्रम में लब्ध सभी प्राणवान मूल्यों -- नीति, धर्म, सौन्दर्य, शील, मृदुता, दृढ़ता, राग-विराग की समष्टि होगा। इसलिए साहित्य में ये सभी मूल्य मूर्त्त होकर जीवन की पूर्णता और अखण्डता का बोध कराते रहेंगे। इसलिए मनुष्यःसत्य का मूल्यांकन करने के लिए समग्र और संतुलित दृष्टि ही प्रासंगिक मानी जायेगी। द्विवेदी जी की यही स्थापना है। द्विवेदी जी को न तो किसी पद्धति-विशेष के दायरे में सीमित किया जा सकता है, न परम्परा-विशेष से जोड़ा जा सकता है। समष्टि मानव कल्याण की कामना देश-काल की सीमाओं का अतिक्रमण करके ही अपना नैरन्तर्य प्रमाणित कर सकेगी। द्विवेदी जी इसी नैरन्तर्य के प्रतीक हैं।

— 0 —

रस-सिद्धान्त के पुनराख्याता : डॉ० नगेन्द्र

हिन्दी के वर्तमान आलोचकों में दृष्टिकोण की उदारता, अध्ययन की व्यापकता एवं गम्भीरता, विचारों की प्रौढ़ता, अभिव्यक्ति की प्रांजलता, मानदण्ड के औचित्य, दृष्टि की निर्मलता तथा निर्णय की स्पष्टतया, आदि सभी दृष्टियों से डॉ० नगेन्द्र ने विवेकशील पाठकों का ध्यान सर्वाधिक आकृष्ट किया है। आज हिन्दी-आलोचना के क्षेत्र में उनका कृतित्व विरल और विशिष्ट है।

काव्यदृष्टि : प्रेरणा और प्रभाव : प्रसार एवं संस्कार

डॉ० नगेन्द्र ने अंग्रेजी साहित्य के संस्कारों को आत्मसात् करके हिन्दी-साहित्य में प्रवेश किया था। इसलिए साहित्य के सम्बन्ध में उनकी धारणाओं का मूल आधार अंग्रेजी साहित्य के कवियों और आलोचकों की मान्यताओं से प्रेरित है। हिन्दी की ओर प्रवृत्त होने में उन्हें प्रो० प्रकाश चन्द्र गुप्त और बाबू गुलाब राय से प्रेरणा मिली थी। ये दोनों ही विद्वान् पाश्चात्य साहित्य की मान्यताओं से सुपरिचित थे। इसलिए डॉ० नगेन्द्र का साहित्य सौन्दर्यबोध, जो अंग्रेजी रसाचार्यों (यह उन्हीं का प्रयोग है) की छाया में विकसित हुआ था कुण्ठित नहीं हुआ। भारतीय साहित्य मनीषियों की ओर आपका ध्यान कुछ बाद में गया। संस्कृत के आचार्यों में भट्टनायक और अभिनव गुप्त से आप विशेष से प्रभावित हुए। हिन्दी में आपको सर्वाधिक प्रभावित करने वाले आचार्य रामचन्द्र शुक्ल हैं। इस सम्बन्ध में आपने स्वयं कहा है--'आरम्भ में ही आचार्य शुक्ल के प्रभाववश मेरे मन में भारतीय रस-सिद्धान्त के प्रति गहरी आस्था हो गयी। शुक्ल जी का मेरे मन पर विचित्र आतंक और प्रभाव रहा। मेरे अपने संस्कार शुक्ल जी के संस्कारों से सर्वथा भिन्न थे। मेरा साहित्यिक संस्कार छायावादी युग में हुआ था। शुक्ल जी सुधार-युग की विभूति थे। उनके निष्कर्षों को मानने के लिए मैं बिल्कुल तैयार नहीं था। परन्तु उनके प्रौढ़ तर्क और अनिवार्य शैली मेरे ऊपर बुरी तरह हावी हो जाते थे और मैं यह मानने को विवश हो जाता था कि इस व्यक्ति की काव्य-दृष्टि चाहे संकुचित हो, लेकिन फिर भी अपनी सीमा में यह महारथी अजेय है।'[1] पाश्चात्य आलोचकों में डॉ० नगेन्द्र ने आई० ए० रिचर्ड्स और क्रोचे का विशेष प्रभाव ग्रहण किया है, किन्तु इन्हें वे रस-सिद्धान्त की व्यापक प्रतिष्ठा का आधार मानते हैं। फ्रायड-दर्शन के सम्बन्ध में उनका कहना है--'मैं फ्रायड दर्शन को एकांगी और उसकी आधारभूत अनेक युक्तियों को दुरारूढ़ और अविश्वसनीय मानता हूँ। काम जीवन का मुख्य अंग है, पर सर्वांग नहीं। ऐसी दशा में मैं फ्रायड के सिद्धान्त को जीवन-दर्शन के रूप में कैसे स्वीकार कर सकता हूँ। फिर भी फ्रायड को एक बहुत बड़ी मेधा मानता हूँ-- उसका प्रभाव अत्यन्त व्यापक है। रस-सिद्धान्त में भी फ्रायड का दर्शन साधक है, बाधक नहीं, क्योंकि दोनों ही आनन्द के सिद्धान्त 'प्लेजर प्रिंसिपुल' को लेकर चलतें हैं।'[2] अंग्रेजी समीक्षकों, भारतीय काव्यचिन्तकों, पाश्चात्य

---

1. डॉ० नगेन्द्र : व्यक्तित्व और कृतित्व, पृष्ठ-2 पर उद्धृत।
2. डॉ० नगेन्द्र : व्यक्तित्व और कृतित्व, डॉ० रणवीर रांगा, पृष्ठ-22 पर उद्धृत।

मनोवैज्ञानिकों, हिन्दी के रीतिकालीन कवियों, आचार्यों एवं आधुनिक आलोचकों तथा अंग्रेजी के रोमैण्टिक और हिन्दी के छायावादी कवियों के समन्वित प्रभाव के आधार पर विकसित डॉ० नगेन्द्र की काव्य-दृष्टि 'रस', 'सौन्दर्य' और 'आनन्द' की 'आत्मनिष्ठ स्थिति' को महत्त्व देती है। इसलिए मार्क्सवादी चिन्तन से प्रभावित सौन्दर्य को वस्तुनिष्ठ या समाजनिष्ठ मानने वाली प्रगतिवादी दृष्टि से वे अपना सांमजस्य स्थापित नहीं कर पाते। आधुनिक बोध को महत्व देनेवाली और अस्तित्ववादी जीवन-दर्शन से प्रेरित नयी रचना और 'नयी समीक्षा' या 'रूपात्मक समीक्षा' भी डॉ० नगेन्द्र को ग्राह्य नहीं है। इसका प्रधान कारण यह है कि यह 'अन्विति' के सत्य को ही काव्य का सत्य मानकर राग-तत्त्व और विचार-तत्त्व का निषेध करती है। जहाँ तक 'भाषिक विश्लेषण' का प्रश्न है, डॉ० नगेन्द्र की मान्यता है--'संस्कृत काव्य-शास्त्र के सम्प्रदायों- रीति, अलंकार, वक्रोक्ति और ध्वनि आदि में-- इसका अत्यन्त सूक्ष्म, विस्तृत, सिद्धान्त-विवेचन मिलता है और टीकाओं में मार्मिक प्रयोग।'[1] इस प्रकार डॉ० नगेन्द्र के अनुसार 'नयी समीक्षा की अधिकांश मूलवर्ती मान्यताओं की उपस्थापना संस्कृत के आचार्य अधिक बुद्धिग्राह्य एवं तर्गसंगत शब्दावली में लगभग एक हजार वर्ष पूर्व ही कर चुके थे।'[2] तात्पर्य यह कि डॉ० नगेन्द्र ने छायावाद से चलकर नयी कविता तक के पूरे काव्य-विकास और उसके समानान्तर विकसित समीक्षा-दृष्टि को देखा-परखा है किन्तु वे अपनी मूल स्थापनाओं से विचलित नहीं हुए हैं। स्पष्ट है कि आधुनिक हिन्दी-साहित्य के मूल्यांकन के लिए जिस व्यापक और निर्मल दृष्टि की आवश्यकता है, डॉ० नगेन्द्र नें यथासंभव उसका विकास विभिन्न प्रेरणा-सूत्रों के संग्रथन तथा व्यापक अध्ययन से उपलब्ध-मूल्य निर्धारक उपादानों के संयोजन के माध्यम से कर लिया है। डॉ० नगेन्द्र की विशेषता यह है कि वे जिसका प्रभाव ग्रहण करते हैं उनके विचारों को भी ज्यों का त्यों स्वीकार नहीं करते वरन् अपने विवेक की कसौटी पर परख कर उपयुक्त एवं ग्राह्य को आत्मसात् कर लेते हैं और असंगत, अग्राह्य तथा अनुचित का तर्क-पूर्ण विरोध करते हैं। इस सम्बन्ध में उनका कहना है-- 'जो मुझे प्रभावित करते हैं-- जिनकी गरिमा मेरे मन को आन्दोलित करती है उनसे फिर मैं जूझने लगता हूँ। अत्यन्त गहन अध्ययन, चिन्तन और विश्लेषण तो पहला कदम है। इसके बाद उसके ग्राह्य विचारों का आख्यान, अग्राह्य विचारों का युक्ति-युक्ति खण्डन, असंगतियों (अथवा मुझे प्रतीत होने वाली असंगतियों) में संगति-स्थापना, उनकी सीमाओं का विस्तार और समग्रतः उनकी परम्पराओं का विकास करने की स्पृहा मेरे मन में बराबर बनी रहती है। इस प्रकार मैं अनेक महान् प्रतिभाओं की बड़ी शक्ति के साथ अपनी छोटी शक्ति को तौलता रहता हूँ। जिस व्यक्ति ने सबसे अधिक प्रभावित किया है उसके साथ शक्ति-परीक्षा भी मैंने सबसे अधिक की है। आचार्य शुक्ल इसके प्रमाण हैं।'[3] यही कारण है कि अपने को निरन्तर विकसित और संस्कृत करते रहने के बावजूद डॉ० नगेन्द्र रस-सिद्धान्त के प्रति अपनी आस्था में अपराजेय रहे हैं।

साहित्यिक मान्यताएँ :

डॉ० नगेन्द्र ने 'आलोचक की आस्था' (1966 ई०) निबन्धसंग्रह में संगृहीत प्रथम तीन निबन्धों के अन्तर्गत अपनी साहित्यिक मान्यताओं को स्पष्ट किया है। इस सन्दर्भ में उन्होंने

1. भारतीय समीक्षा, पृष्ठ-30
2. वही, पृष्ठ-30
3. डॉ० नगेन्द्र : व्यक्तित्व और कृतित्व, डॉ० रणवीर रांगा, पृष्ठ-21 पर उद्धृत।

साहित्य-सम्बन्धी कई मूलभूत प्रश्नों का समाधान करने की चेष्टा की है। साहित्य का स्वरूप, उसका प्रयोजन, उसमें अन्तर्निहित मूल्य, उसके तत्त्व और उपादान अनुभूति और अभिव्यक्ति का सम्बन्ध, उसमें निहित सत्य की (आत्मबोध और जीवन-बोध के रूप में) युग-बद्धता एवं युग-मुक्तता आदि प्रश्नों का समाधान डॉ० नगेन्द्र ने अत्यन्त स्पष्ट और सुलझे हुए रूप में किया है। आप साहित्य एवं सम्पूर्ण ललित वाङ्मय को आत्माभिव्यक्ति मानते हैं।[1] 'आत्मा' से आपका तात्पर्य कृतिकार के रागात्मक जीवन और उसके आधार पर निर्मित उसके जीवन-दर्शन से है। इसे एक सीमा तक कृतिकार का व्यक्तित्व भी कह सकते हैं। आप की दृष्टि में व्यक्तित्व का कृति में प्रत्यक्ष या परोक्ष प्रतिफलन आत्माभिव्यक्ति का ही एक प्रकार है। डॉ० नगेन्द्र की इस स्थापना के प्रतिपक्ष में जो स्थापना की जाती है वह यह कि 'सच्चा कलाकार सौन्दर्य की सृष्टि करने के लिए ही कला की साधना करता है-- अपनी भावनाओं, मान्यताओं अथवा विचारों का प्रचार सच्चे कलाकार का उद्देश्य नहीं होता।'[2] इसके उत्तर में डॉ० नगेन्द्र का कहना है कि 'सौन्दर्य कोई निरपेक्ष वस्तु नहीं है। उसका निर्माण भी तो कलाकार की अपनी भावनाओं और धारणाओं के आधार पर ही होता है।'[3] आत्माभिव्यक्ति का सूक्ष्म और उत्कृष्ट रूप सौन्दर्य-सृष्टि है। सौन्दर्य तत्त्वतः चेतना का पुष्प है, प्रकृति का नहीं। वस्तुतः कला रचना के दो प्रमुख सिद्धान्त हैं। एक **आत्माभिव्यक्ति का सिद्धान्त** और दूसरा निर्मिति या **सौन्दर्य-सृष्टि का सिद्धान्त**। आत्माभिव्यक्ति का सिद्धान्त, आत्म-तत्त्व की प्रधानता और वस्तु-तत्त्व की गौणता स्वीकार करता है। निर्मिति का सिद्धान्त, वस्तुतत्त्व को प्रमुखता देता है और आत्म-तत्त्व को गौण मानता है। स्वयं डॉ० नगेन्द्र की दृष्टि में दोनों में तात्विक भेद नहीं है। आत्माभिव्यक्ति के विरोध में 'अहं के विसर्जन' या ताटस्थ्यवाद (जिसे इलियट और अज्ञेय अधिक महत्त्व देते हैं।) के सिद्धान्त का भी उल्लेख किया जा सकता है। डॉ० नगेन्द्र की दृष्टि में 'अभिव्यक्ति-सिद्धान्त' का इस स्थापना से कोई विरोध नहीं है, उसके अनुसार भी व्यक्तिगत राग-द्वेष का उद्‌गार कविता नहीं है। अभिव्यक्ति अर्थात् कला-सृजन की प्रक्रिया में पड़कर व्यक्तिगत भाव भी स्व-पर की सीमाओं से मुक्त होकर व्यापक-चेतना-शास्त्रीय शब्दावली में निर्विघ्न प्रतीति-- का विषय बन जाता है।[4] ताटस्थ्यवाद या अहं के विसर्जन का सिद्धान्त भी व्यक्तिगत राग-द्वेष से ऊपर उठकर अधिक व्यापक और उन्नत भाव-बोध की अभिव्यक्ति पर बल देता है। इस प्रकार डॉ० नगेन्द्र अपने आत्माभिव्यक्ति के सिद्धान्त को ही सर्वथा उचित एवं ग्राह्य मानते हैं। काव्य के प्रयोजन के सम्बन्ध में डॉ० नगेन्द्र का निर्भ्रान्त मत है कि इसका प्रयोजन 'आनन्द' है। निष्प्रयोजन कर्म तो वही होगा जो निरर्थक होगा। प्रयोजन की स्थूलता और सूक्ष्मता की बात अवश्य उठती है। धन, यश, प्रचार ये सब स्थूल प्रयोजन हैं। डॉ० नगेन्द्र काव्य के सन्दर्भ में इन्हें महत्त्व नहीं देते हैं। वे 'आनन्द' को ही काव्य का आत्यन्तिक प्रयोजन स्वीकार करते हैं। 'आनन्द' के समानान्तर वे 'लोक-कल्याण' और 'चेतना के संस्कार' इन दो प्रयोजनों को भी विचारणीय मानते हैं। आपकी दृष्टि में ये दोनों भी आत्यन्तिक प्रयोजन नहीं हो सकते। 'लोकहित' को प्रयोजन मानकर चलने वाला

---

1. ''कविता को - व्यापक अर्थ में रस के साहित्य अथवा ललित वाङ्मय को मैं मूलतः आत्माभिव्यक्ति ही मानता हूँ।'' आलोचक की आस्था, पृष्ठ-1
2. आलोचक की आस्था, पृष्ठ-2
3. वही, पृष्ठ-3
4. वही, पृष्ठ-3

साहित्यकार 'लोक' में अपने 'स्व' का विस्तार करके आनन्द-लाभ ही करता है। वह 'आत्मनः कामाय' लोक-कल्याण में अनुरक्त होता है। इसी प्रकार 'चेतना के परिष्कार' की परिणति भी आनन्द की अनुभूति में ही होती है। इसलिए 'लोक कल्याण' और 'चेतना का परिष्कार' आनन्द की उपलब्धि में बाधक नहीं होते। इन्हें प्रयोजन के रूप में स्वीकार किया जा सकता है, किन्तु आत्यन्तिक प्रयोजन या अन्तिम परिणति के रूप में ग्रहण नहीं किया जा सकता।

काव्य के तीन तत्त्वों— भाव, कल्पना और बुद्धि-- में डॉ० नगेन्द्र भाव को ही प्रमुख मानते हैं। कल्पनागम्य शुद्ध अथवा निर्वैयक्तिक भाव का आस्वाद ही शास्त्र की मर्यादा में 'रस' कहा गया है। इसलिए काव्य के आस्वाद का आनन्द रसानुभूति का ही आनन्द है। यही काव्य का प्रयोजन भी है। इसी के साथ मूल्य का प्रश्न भी जुड़ा हुआ है। स्वयं डॉ० नगेन्द्र के शब्दों में-- 'काव्य-मूल्य का अर्थ है वह गुण या गुण-समवाय, जिसके द्वारा काव्य की सिद्धि का निर्धारण किया जाता है। इस दृष्टि से मूल्य का आधार अन्ततः प्रयोजन ही सिद्ध होता है। काव्य का प्रयोजन जब रस या आस्वाद है तो उसका मूल्य हुआ 'आस्वाद्यत्व'। जिस काव्य में रागात्मक आस्वाद प्रदान करने की क्षमता जितनी अधिक होगी, उतना ही उसका मूल्य होगा।'[1] काव्य के सन्दर्भ में नैतिक और सांस्कृतिक मूल्यों का प्रश्न भी उठाया जाता है। डॉ० नगेन्द्र इनका महत्त्व तो स्वीकार करते हैं, किन्तु इन्हें मौलिक या आत्यन्तिक नहीं मानते।

अनुभूति और अभिव्यक्ति के पारस्परिक सम्बन्ध के प्रति डॉ० नगेन्द्र का दृष्टिकोण काफी साफ और सुलझा हुआ है। वे तत्त्वतः अनुभूति और अभिव्यक्ति को अभिन्न मानते हैं, किन्तु विवेचन के लिए विशेषकर व्यावहारिक समीक्षा के लिए दोनों की पृथक् सत्ता स्वीकार करते हैं। सापेक्षिक दृष्टि से वे अनुभूति को अधिक महत्त्व देते हैं क्योंकि अनुभूति ही कवित्व का प्राणतत्त्व है। अनुभूति ही अभिव्यक्ति के सौन्दर्य का आधार है।

अनुभूति को इन्द्रिय-ग्राह्य बनाने के लिए कवि 'बिम्ब' और 'छन्द' का आधार लेता है। यों तो 'बिम्ब' पाँच ज्ञानेन्द्रियों-- चक्षु, श्रोत्र, त्वक्, घ्राण और रसना-- के विषय-क्रम से पाँच प्रकार के हो सकते हैं किन्तु कविता में मुख्यतः 'रूप' और 'लय' बिम्बों को महत्त्व दिया जाता है। रूप-बिम्बों की प्रतीति चाक्षुष होती है और लय-बिम्बों की श्रौत। लय-बिम्बों को ही छन्द कहते हैं। कवित्व का सौन्दर्य दोनों के लिए पर्याप्त है। डॉ० नगेन्द्र इसे स्वस्थ चिन्तन का परिणाम नहीं मानते। वे कहते हैं-- 'छन्द कविता नहीं है', यह मान्यता प्रायः आरम्भ से ही रही है। आज इसका रूप उलट कर यह हो गया है कि कविता के लिए छन्द की आवश्यकता नहीं है, बिम्ब मात्र, कविता के लिए पर्याप्त है। बात यहीं रुक जाती तब भी ठीक था पर वह तो और आगे बढ़ गयी है: कविता अर्थ भी नहीं, कविता कविता भी नहीं है-- कविता अकविता है। ये सब आस्थाहीन चिन्तन के चमत्कार हैं जो बाल मनोवृत्ति के लोगों को ही आकृष्ट कर सकते हैं।'[2]

डॉ० नगेन्द्र रूप-विधा-प्रबन्ध, प्रगीत, नाटक, उपन्यास आदि के भेद को मौलिक भेद नहीं मानते। रूप के भेद से काव्य के आस्वाद में कोई मौलिक अन्तर नहीं आता। नाटकों में आख्यान तत्त्व और आख्यानों में नाटकीय तत्त्व संश्लिष्ट होते हैं। इसी प्रकार प्रबन्ध काव्यों में मार्मिक स्थल

1. आलोचक की आस्था, पृष्ठ-5
2. वही, पृष्ठ-15

(प्रगीतात्मक प्रसंग) और प्रगीत काव्यों में कथानक-सन्दर्भ की सृष्टि सहज रूप से हो जाती है। काव्य-रूप या विधाएँ अनुभूति के आस्वाद के भिन्न-भिन्न माध्यम हैं। इन माध्यमों से जो भाव का आस्वाद के भिन्न-भिन्न माध्यम हैं। इन माध्यमों से जो भाव का आस्वाद होता है उसकी अन्तिम परिणति 'चेतना विश्रान्ति' या 'चित्त की समाहिति' में ही होती है। इसलिए साहित्य के रूप-भेदों में तात्विक दृष्टि से अभेद मानना ही युक्ति संगत है।

आलोचना को भी डॉ० नगेन्द्र ललित साहित्य का ही अंग मानते हैं। उसे भी वे मूलतः आत्माभिव्यक्ति ही मानते हैं। यह निश्चित है कि आलोचक उस कोटि का सर्जक नहीं है जिस कोटि में कवि और कथाकार आते हैं, किन्तु सर्जना वह भी करता है। आलोचना की पद्धति वैज्ञानिक नियमों का अनुसरण अवश्य करती है, किन्तु आलोचना की आत्मा भाव के मर्म का ही साक्षात्कार करती है। यदि कवि जीवन का पुनः आख्यान करता है तो आलोचक उस आख्यान या निर्मिति को अपने सौन्दर्य-बोध की परिधि में लाकर नवीन आलोक से मण्डित कर देता है। इसीलिए प्रायः आलोच्य साहित्य की श्रेष्ठता आलोचना-साहित्य को भी महिमामय बना देती है।

उपर्युक्त स्थापनाओं के अध्ययन से स्पष्ट प्रतीत होता है कि डॉ० नगेन्द्र ने अपने दीर्घकालीन अनुभव और व्यापक अध्ययन के आधार पर साहित्य के सन्दर्भ में उठने वाली प्रत्येक जिज्ञासा और शंका का सुस्पष्ट समाधान प्राप्त कर लिया है। उनके मन में कहीं किसी प्रकार की द्विधा या हिचक नहीं है, इसीलिए प्रायः प्रत्येक विषय के सम्बन्ध में उनकी मान्यताएँ निश्चित और दृढ़ प्रतीत होती हैं।

आलोचना का मानदण्ड : रस-सिद्धान्त

डॉ० नगेन्द्र रस-सिद्धान्त में पूर्ण निष्ठा रखने वाले आलोचक हैं। आपने रस-सिद्धान्त का व्यापक और गम्भीर अध्ययन किया है। आपकी दृष्टि में रस-सिद्धान्त के आधार पर ही काव्य का उचित मूल्यांकन हो सकता है। डॉ० नगेन्द्र ने 'रस' को उसकी सम्पूर्ण व्याप्ति में ग्रहण किया है। आपका कथन है-- 'इस प्रकार 'रस' एक व्यापक शब्द है, वह 'विभावानुभाव व्यभिचारि संयुक्त स्थायी' अर्थात् परिपाक अवस्था का ही वाचक नहीं है वरन् उसमें काव्य की सम्पूर्ण भाव-सम्पदा का अन्तर्भाव है। अपारिभाषिक रूप में वह काव्यगत भाव-सौन्दर्य का पर्याय है, **शब्दार्थगत चमत्कार के माध्यम से भाव के आस्वाद का अथवा भाव की भूमिका पर शब्दार्थ के सौन्दर्य का आस्वाद ही वस्तुतः रस है।** काव्य के अनुचिंतन से प्राप्त रागात्मक अनुभूति के सभी रूप और प्रकार-- सूक्ष्म और प्रबल, सरस और जटिल, क्षणिक और स्थायी, संवेदन, स्पर्श, चित्त-विकार, भाव-बिम्ब, संस्कार मनोदशा, शील सभी रस की परिधि में आ जाते हैं।'[1] 'रस' को यह व्याप्ति देकर डॉ० नगेन्द्र ने उसे प्राचीन एवं नवीन, भारतीय एवं पाश्चात्य सभी काव्यकृतियों के मूल्यांकन की शक्ति प्रदान करने की चेष्टा की है। आचार्य शुक्ल की भाँति डॉ० नगेन्द्र भी रस की स्थिति मनोमय कोश में ही मानते हैं। आपके अनुसार भारतीय आचार्यों में भरत, लोल्लट और शंकुक ने भी रस की सत्ता मनोमय कोश में ही स्वीकार की है। आधुनिक शब्दावली का प्रयोग करते हुए डॉ० नगेन्द्र यहाँ तक कह जाते हैं कि-- **'रस अपने व्यापक अर्थ में मानसिक अनुभूति ही है।'**[2] या यह कि--**'रस का मुख्य आधार अनुभूति, शुद्ध मानवीय**

1. रस-सिद्धान्त, पृष्ठ-320
2. रस-सिद्धान्त, पृष्ठ-346

अनुभूति ही है।'[1] डॉ० नगेन्द्र रस-परिधि के विकास और विस्तार की अनन्त सम्भावनाओं के विश्वासी हैं। वे रस के स्वरूप-विकास के साथ-साथ रसात्मक बोध की व्याख्या को विकसित करना चाहते हैं। 'रस-सिद्धान्त' में आपने यह दुःसाध्य साधन किया भी है। एक ओर आपने समस्त प्राचीन भारतीय काव्य सम्प्रदायों-- अलंकार, रीति, ध्वनि, वक्रोक्ति और औचित्य-- को रस के सन्दर्भ में देखा-परखा है तो दूसरी ओर पाश्चात्य काव्यशास्त्र के सभी प्रमुख वादों– आभिजात्यवाद, स्वच्छन्दतावाद, आदर्शवाद, यथार्थवाद, अभिव्यंजनावाद, प्रभाववाद, प्रतीकवाद आदि-- को रस-सिद्धान्त की व्याप्ति के भीतर समेट लिया है। आपकी स्थापना है कि-- **'रस-सिद्धान्त एक ऐसा व्यापक सिद्धान्त है जिसमें इन वादों का विरोध मिट जाता है, जो सभी के अनुकूल पड़ता है और सभी का अपने स्वरूप में समन्वय कर लेता है।**'[2] प्राचीन भारतीय काव्य-सम्प्रदायों में 'अलंकार,' 'रीति' और 'वक्रोक्ति' को देहवादी या वस्तुवादी तथा 'ध्वनि' एवं 'औचित्य' को आत्मवादी सम्प्रदाय कहा जा सकता है। डॉ० नगेन्द्र के अनुसार, 'एक प्रकार से ध्वनि और औचित्य दोनों की ही कल्पना रस के आधार पर की गयी है।'[3] ध्वनिकार ने तो 'रसध्वनि' को काव्य का श्रेष्ठ रूप मानकर 'रस' की महत्ता स्वीकार की ही है; औचित्य सिद्धान्त के प्रवर्तक ने भी यह कहकर--'औचित्यं रस-सिद्धस्थ स्थिरं काव्यस्य जीवितम्'[4]-- रस को ही महत्व दिया है। अलंकार सम्प्रदाय के अन्तर्गत 'सामान्य' और 'विशेष' दो प्रकार के अलंकारों की कल्पना की गयी है। सामान्य अलंकार वस्तुतः काव्य के वर्ण्य-विषय ही हैं। इन अलंकारों का तो रस से प्रत्यक्ष संबंध है ही, विशेप अलंकार भी 'रस' की मर्यादा से बाहर नहीं है। सामान्य अलंकारों को रस की परिधि में विभाव और अनुभाव कहा जा सकता है। इस प्रकार सामान्य अलंकार रस की सीमा से दूर नहीं पड़ते। विशेष अलंकारों में शब्दार्थगत चमत्कार होता है। यह चमत्कार सहृदय से चित्त में भाव-संस्कार जगाता है और फिर उसके माध्यम से आनन्द की प्रतीति होती है। अतः अलंकार और रस का मधुर सम्वन्ध मान्य हो सकता है। 'रीति' सम्प्रदाय भी 'गुण' को महत्त्व देने के कारण रस से सम्बद्ध हो जाता है। वामन के अनुसार 'रस' रीति के 20 गुणों में से एक (कान्ति) है। उन्होंने 'दीप्त रसत्वं कान्तिः' अर्थात् रस की दीप्ति ही 'कान्ति' है कहकर सभी रसों का समावेश कांति गुण के भीतर कर लिया है। रस-दृष्टि से 'रीति, रस की उपकारक है क्योंकि सुन्दर पद-रचना भाव-लालित्य का पोषण करती है।' इस प्रकार रीति और रस एक दूसरे से सम्बद्ध हैं। वक्रोक्ति सम्प्रदाय ने तो उदारतापूर्वक रस की महिमा को स्वीकार किया है। 'रस' काव्य की वक्रता को समृद्ध करता है। कुन्तक ने काव्य में प्रयोजन की चर्चा करते हुए-- 'चतुर्वर्ग फलास्वादमप्यतिक्रम्य तद्विदाम्। काव्यामृतरसेनान्तश्चमत्कारो वितन्यते'। अर्थात्-- 'काव्य-विदों के चित्त से काव्य-रूपी अमृत रस के द्वारा चतुर्वर्ग (धर्म, अर्थ, काम, मोक्ष) से जायमान आनन्द को भी अतिक्रान्त कर चमत्कार का विस्तार किया जाता है'-- कहकर काव्यामृत के रस को विशेष महत्त्व दिया है। 'इस प्रकार 'रस' 'अनुभूति की सीमा के भीतर रहकर अलंकार, रीति, गुण, वक्रता और ध्वनि सभी के साथ पूर्ण सहयोग करता है और सभी का उचित सहयोग प्राप्त करता है।'[5]

तात्पर्य यह कि डॉ० नगेन्द्र ने रस का सम्बन्ध मानवीय अनुभूति से या मानव की रागात्मक

---

1. वही, पृष्ठ-347
2. वही, पृष्ठ-330
3. वही, पृष्ठ-321
4. 'रस से सिद्ध काव्य का स्थिर जीवन औचित्य ही है।'
5. रस-सिद्धान्त, पृष्ठ-328

चेतना से जोड़कर उसे कविता मात्र के (वाल्मीकि से लेकर गिरिजा कुमार माथुर तक) मूल्यांकन का शाश्वत मानदण्ड बना दिया है। 'नयी कविता' के सन्दर्भ में विचार करते हुए वे कहते हैं-- 'चालीस वर्ष पूर्व छायावाद' ने भी रस का विरोध किया था, पर आज रस ही उसका प्राण सर्वस्व है, उसके प्रायः दो दशक बाद प्रगतिवाद ने उस पर प्रहार किया था, किन्तु आज उसका जितना भी अंश अवशिष्ट है वह रस के आधार पर ही जीवित है। इसलिए 'नयी कविता' का भी कल्याण इसी में है कि वह इन रसमय बन्धनों को स्वीकार कर ले।'[1]. डॉ० नगेन्द्र की इस चेतावनी में 'रस' के आग्रह को अलग कर देने पर भी 'नयी कविता' अपनी समस्त बौद्धिक चेतना के बावजूद मानवीय रागात्मकता से विमुख नहीं हो सकती। 'बुद्धि' भी अनुभव की सघनता से ही पुष्ट और परिष्कृत होती है। इसलिए मानवीय रागात्मक अनुभूमि और बौद्धिक चेतना परस्पर विरोधी नहीं है। वस्तुतः नया कवि रस की मर्यादा को इसलिए अस्वीकारता है कि वह नये और मौलिक होने के सहज गौरव को खोना नहीं चाहता। 'रस' को लेकर उसके मन में अत्यन्त प्राचीन जटिल शास्त्रीय विधान एवं तत्त्व-मीमांसा की परिकल्पना जगती है और वह पंडितों से दूर भागकर आधुनिक जीवन को क्षणिक द्वन्द्वात्मक संवेदना को सँजोने में व्यस्त हो जाता है। इस सन्दर्भ में डॉ० नामवर सिंह का निम्नलिखित कथन अत्यन्त प्रासंगिक एवं महत्त्वपूर्ण है। वे कहते हैं-- 'वस्तुतः संस्कृत काव्यशास्त्र में निरूपित रस-सिद्धान्त के दो पक्ष हैं, जिनमें से एक का सम्बन्ध अर्थ-मीमांसा से है तो दूसरे का सम्बन्ध तत्त्व-मीमांसा से। वैसे एक तरह से उन दोनों पक्षों को एक ही तत्त्व मीमांसा की प्रणाली में बाँधने का भी प्रयोग किया गया है किन्तु अर्थ-मीमांसा की पद्धति बहुत कुछ सम्प्रदाय-निरपेक्ष व्याकरण-दर्शन से सम्बद्ध होने के कारण प्राचीन काल के समान ही आज भी रचनात्मक विकास की सम्भावनाओं से युक्त है। इसके विपरीत रस का आस्वाद पक्ष है जो आनन्दमूलक तत्त्ववाद से सम्बद्ध होने के कारण एक निश्चित युग की संस्कृति से परिबद्ध है। आज के अनेक नये लेखक जब रस को सर्वथा अप्रासंगिक करार देते हैं तो सम्भवतः इसी आनन्दमूलक प्राचीन तत्त्ववाद के ही कारण।' (कविता के नये प्रतिमान, पृष्ठ-50) इसका अर्थ यह है कि यदि डॉ० नगेन्द्र अर्थ-मीमांसा की पद्धति का सहारा लेकर रस के प्रतिमान का समर्थन करते तो डॉ० नामवर सिंह को आपत्ति न होती। लेकिन यह नहीं कहा जा सकता कि अन्य नये लेखकों को भी आपत्ति न होती। डॉ० नामवर सिंह स्वयं भी पूर्ण आश्वस्त नहीं है। उन्होंने भी अर्थ-मीमांसा पद्धति में रचनात्मक विकास की सम्भावना की ही बात कही है। वास्तविकता यह है कि आज का नया लेखक रस के सम्बन्ध में कुछ भी सुनने के तैयार नहीं है। वह शास्त्रीय चिन्तन से ही पराङ्मुख है।

रस-सिद्धान्त के प्रति अखण्ड विश्वास एवं एकान्त निष्ठा के कारण डॉ० नगेन्द्र आधुनिक काल के चर्चित और स्वीकृत अन्य समीक्षा-सिद्धान्तों के प्रति अनुदार हो गये हैं। यों तो उन्होंने 'नयी या रूपात्मक समीक्षा', 'सौन्दर्य-शास्त्र', 'शैली-विज्ञान', 'मिथकीय-समीक्षा', 'साहित्य का समाजशास्त्र' आदि सभी सिद्धान्तों का अध्ययन किया है। किन्तु इन सभी को उन्होंने आंशिक स्वीकृति दी है। पाश्चात्य सौन्दर्यशास्त्र को आप रस-सिद्धान्त की परिधि से बाहर नहीं मानते। 'नयी समीक्षा' के सम्बन्ध में वे कहते हैं--'सहृदय समीक्षक जहाँ अपने संस्कार और प्रातिभ ज्ञान के बल पर अनायास ही काव्य के मोती निकाल लाता था, वहाँ नया समीक्षक इलियट के शब्दों में नीबू और उसकी छूँछ को निचोड़ रहा है। (नयी समीक्षा : नये सन्दर्भ, पृष्ठ-59) 'शैली-विज्ञान' के सम्बन्ध में उनकी मान्यता

1. रस सिद्धान्त, पृष्ठ-349

है कि इसके मूल तत्त्वों का भारतीय काव्यशास्त्र के रीति, अलंकार तथा वक्रोक्ति सिद्धान्तों के अन्तर्गत किसी न किसी रूप में विवेचन हो चुका है। 'मिथक' का साहित्य के साथ वे अन्तरंग सम्बन्ध स्वीकार करते हैं किन्तु साहित्य रचना वास्तव में मिथक रचना ही है-- यह उन्हें मान्य नहीं है। 'साहित्य का समाजशास्त्र' लिखकर वे अपनी पूर्व निष्ठा से कुछ आगे अवश्य बढ़े हैं। वे कहते हैं--'इस प्रक्रिया में मार्क्स के साहित्य दर्शन का साक्षात् परिचय प्राप्त कर मुझे बड़ा सन्तोष हुआ। उनके अनेक सिद्धान्तों से मुझे एक विशेष प्रकार का नैतिक बल मिला और चिन्तन के एक नये स्तर पर मेरे आत्म विश्वास में वृद्धि हुई। मुझे अनुभव हुआ कि— (1) कला मानव-चेतना का प्रतिज्ञान है, (2) कला आरम्भ में देशकाल परिबद्ध होने पर भी अपनी परिणति में उससे मुक्त हो जाती है-- आदि सिद्धान्तों में मार्क्स ने प्रत्यक्ष जीवन की दृढ़ भूमिका पर अभिनव गुप्त आदि आत्मवादी दार्शनिकों की प्रतिज्ञाओं का तर्क-सम्मत आख्यान किया। काण्ट, हीगेल और उनके प्रेरणा-स्रोत आत्मवादी भारतीय विचारक जहाँ स्वर्ग से पृथ्वी की ओर आए हैं, वहाँ मार्क्स ने पृथ्वी से मानव-चेतना के ऊर्ध्वशिखरों पर आरोहण किया है।' (अर्ध कथा, पृष्ठ-166) इस प्रकार यह निर्विवाद है कि डॉ० नगेन्द्र निरन्तर साहित्य की नयी मान्यताओं और समीक्षा के नये सिद्धान्तों से जूझते रहे हैं और इस क्रम में उन्होंने अपना परिष्कार किया है। किन्तु रस के प्रति उनकी निष्ठा में आज भी कोई परिवर्तन नहीं हुआ है।

आलोचना-पद्धति

डॉ० नगेन्द्र की आलोचना-पद्धति को आचार्य शुक्ल की व्याख्यात्मक पद्धति का ही विकसित रूप कहा जा सकता है। डॉ० नगेन्द्र ने अपनी प्रथम कृति 'सुमित्रानन्दन पन्त' के प्रकाशन के साथ ही हिन्दी-आलोचना के क्षेत्र में अपना गौरवपूर्ण स्थान बना लिया था। यह उनकी व्यावहारिक आलोचना का स्वरूप स्पष्ट करने वाली महत्वपूर्ण कृति है। इसमें डॉ० नगेन्द्र ने सबसे पहले 'छायावाद' की सीमा और महत्ता का निर्धारण किया है। उसके बाद कवि पन्त के 'भाव-जगत्', उनकी 'विचारधारा', उनकी 'कला' और उन पर पड़ने वाले बाह्य प्रभावों की चर्चा की है। अन्त में कवि की प्रत्येक रचना का क्रम-बद्ध अध्ययन करने के बाद उपसंहार रूप में उनकी समस्त विशेषताओं का संक्षिप्त रेखांकन कर दिया है। उत्तरार्द्ध (जो बाद में जोड़ा गया है) में पन्त जी की परवर्ती रचनाओं का नवीन युग-बोध के सन्दर्भ में अध्ययन किया गया है और उनके मानसिक विकास-सूत्र की व्याख्या तथा नवीन जीवन-दर्शन का विवेचन प्रस्तुत किया गया है। तात्पर्य यह कि डॉ० नगेन्द्र किसी भी कवि की आलोचना करते समय उसके निजी काव्य-सौन्दर्य की परख के साथ ही समूचे परिवेश की सन्दर्भगत विशेषताओं के परिप्रेक्ष्य में उसकी सम्पूर्ण जीवन-दृष्टि पर विचार करना भी आवश्यक समझते हैं। डॉ० नगेन्द्र की आलोचना-पद्धति में एक कला अध्यापक की स्पष्टता के साथ ही एक सहृदय संवेदनशील रसग्राही पाठक का रागात्मक संस्कार भी लक्षित होता है। इस कृति की संक्षिप्त भूमिका में पन्त जी ने स्वीकार किया है कि 'श्री नगेन्द्र जी स्वयं भी कवि हैं। अपने कवि-हृदय के माधुर्य से मेरे काव्य को और भी सुन्दर बनाकर वह पाठकों के सामने प्रस्तुत कर सके हैं। इसमें मुझे सन्देह नहीं।'[1] डॉ० नगेन्द्र का यह हृदय-माधुर्य उनकी शास्त्रनिष्ठा के बावजूद आज भी बना हुआ है। डॉ० नगेन्द्र की सबसे बड़ी विशेषता उनकी भावग्राहिता एवं सौन्दर्य-विधायक-तत्त्वों की सूक्ष्म पहचान है। शास्त्र ज्ञान से उनकी यह विशेषता और भी परिष्कृत हो गयी है। वे आलोच्य कृति की विशेषताओं को सहज ही ग्रहण कर लेते हैं और फिर एक-एक

1. सुमित्रानन्दन पंत, भूमिका

विशेषता को लेकर सोदाहरण उसकी व्याख्या करते चलते हैं। आलोच्य-कृति को सामने रखकर सिद्धान्त-सूत्रों को निर्दिष्ट करने तथा सिद्धान्त-सूत्रों की व्याख्या करते हुए उचित काव्य-प्रसंगों एवं अवतरणों से उन्हें पुष्ट करने की कला में डॉ० नगेन्द्र अद्वितीय हैं। अपनी आलोचनात्मक व्याख्याओं में वे भावानुभूति की रागात्मक परिधि से बाहर बहुत कम जाते हैं। यही कारण है कि वे एक ओर 'प्रगतिवाद' के आधारभूत जीवन दर्शन मार्क्सवाद को नवीन और काफी स्वस्थ मानते हुए भी उसके आधार पर की जाने वाली साहित्य-व्याख्या को अस्वीकार कर देते हैं और दूसरी ओर आध्यात्मिक चिन्तन की सूक्ष्मता के कायल होने पर भी उसे काव्योपयोगी नहीं मानते। अपने निर्णयों को प्रभावपूर्ण बनाने के लिए डॉ० नगेन्द्र अन्य समर्थ आलोचकों की सम्मतियों का हवाला भी देते हैं और यथास्थान उनसे अपना मतभेद भी प्रकट करते हैं। उन्हें अपने निष्कर्षों पर पूर्ण विश्वास रहता है इसलिए उनका स्वर दृढ़ और उनकी वाणी ओजस्विनी होती है। अब तक डॉ० नगेन्द्र रवीन्द्र नाथ टैगोर, आचार्य शुक्ल, मैथिलीशरण गुप्त, प्रसाद, पन्त, निराला, हाली, राहुल सांकृत्यायन, गुलेरी जी, महादेवी वर्मा, बालकृष्ण शर्मा 'नवीन', सियाराम शरण गुप्त, दिनकर, बच्चन, अज्ञेय, गिरिजा कुमार माथुर आदि अनेक कवियों और लेखकों की अनेक कृतियों की व्यावहारिक समीक्षाएँ प्रस्तुत कर चुके हैं। इन समीक्षाओं में उनके विवेक, शास्त्रनिष्ठा, सन्तुलित दृष्टि, स्पष्टवादिता, भावग्राहिता, कलात्मक बोध, मानसिक संस्कार, भाषा-परिष्कार, रागात्मक चेतना तथा जीवन के प्रति एक स्वस्थ सौन्दर्य-दृष्टि का परिचय मिलता है। डॉ० नगेन्द्र ने प्रायः सभी आधुनिक काव्य-प्रवृत्तियों का भी विश्लेषण किया है। ये विश्लेषण बहुत कुछ प्रमाण रूप में स्वीकृत हो चुके हैं। अतः सिद्धान्त निरूपण और आलोच्य कृतियों की व्याख्या एवं विवेचना दोनों ही दृष्टियों से डॉ० नगेन्द्र का कृतित्व विशेष गौरव का अधिकारी है।

मूल्यांकन

डॉ० नगेन्द्र ने अपने सम्पूर्ण कृतित्व से हिन्दी काव्यशास्त्र को अखिल भारतीय स्तर पर प्रतिष्ठित किया है। आज भारत की किसी भी समृद्ध भाषा के काव्यशास्त्री हिन्दी काव्य शास्त्र (डॉ० नगेन्द्र के प्रयत्न से हिन्दी में प्रकाशित काव्यशास्त्रीय ग्रन्थ) के प्रति उपेक्षा का भाव नहीं रख सकते। अंग्रेजी का सुधी पाठक अपने अध्ययन को पूर्ण बनाने के लिए हिन्दी की ओर देख सकता है। डॉ० नगेन्द्र ने असाध्य-साधन किया है। उनके प्रयत्न से संस्कृत का सम्पूर्ण काव्यशास्त्रीय चिन्तन हिन्दी में अवतरित हो चुका है और पाश्चात्य काव्यशास्त्र के मानक ग्रन्थ हिन्दी में अनूदित हो गये हैं। अन्य भारतीय भाषाओं में इधर जो काव्य-चिन्तन हुआ है उसे भी डॉ० नगेन्द्र ने विभिन्न भाषाओं के अधिकारी विद्वानों के सहयोग से सार रूप में हिन्दी-पाठकों के लिए सुलभ कर दिया है। इस समस्त सामग्री के आलोड़न के आधार पर एक सार्वभौम काव्यशास्त्र के विकास की सम्भावना की जा सकती है। यह कार्य भारत में ही सम्भव है क्योंकि एक ओर इसकी अपनी अत्यन्त समृद्ध और प्रौढ़ काव्य-चिन्तन की परम्परा है दूसरी ओर यहाँ के समीक्षक ऐतिहासिक कारणों से पाश्चात्य काव्य-चिन्तन का प्रत्यक्ष एवं प्रामाणिक ज्ञान प्राप्त करने में समर्थ है। भारतीय रस-सिद्धान्त की पूर्णता के प्रति डॉ० नगेन्द्र का विश्वास अखण्ड है। यह विश्वास लगभग उसी कोटि का है जिस कोटि का आचार्य शुक्ल का था। आचार्य शुक्ल ने रस-सिद्धान्त को व्याप्ति दी थी। उसे आध्यात्म के शीर्ष से नीचे उतार कर लोक-हृदय में प्रतिष्ठित किया था। रस-दृष्टि को लोक-मगंल की नैतिक मर्यादा से सम्पृक्त किया था। डॉ० नगेन्द्र 'रस' को शुद्ध मानवीय अनुभूति के स्तर पर प्रतिष्ठित करना चाहते हैं। आचार्य शुक्ल का - 'लोक' उन सहृदयों तक ही व्याप्त था जो राम के शील-उत्कर्ष के साथ

उल्लसित हो सकते थे। इसमें सन्देह नहीं कि राम का व्यक्तित्व आदर्शीकृत है। आज समस्या यह है कि सामान्य मानव, 'लंघु मानव' या 'खण्डित मानव' की सुख-दुःखात्मक अनुभूतियों के साथ सहानुभूति प्रकट की जाय। इस मानव के राग-द्वेष, सुख-दुःख, हर्ष-शोक, क्रोध-घृणा के साथ तादात्म्य स्थापित करने के लिए आज के पाठक को अपनी रागात्मक परिधि का विस्तार करना होगा। मनोवैज्ञानिक दृष्टि शीलच्युति को घृणा का विषय नहीं मानती। इस स्तर पर रस-दृष्टि को लाना कठिन कार्य है। डॉ० नगेन्द्र 'रस' का सम्बन्ध शुद्ध मानवीय अनुभूति से जोड़कर उसे इसी स्तर पर प्रतिष्ठित करना चाहते हैं। विरोध आचार्य शुक्ल का भी हुआ था और डॉ० नगेन्द्र का भी हो रहा है। वस्तुतः आज हिन्दी-आलोचना के क्षेत्र में तीन प्रकार की प्रवृत्तियाँ कार्य कर रही हैं। एक ओर तो वे शास्त्रनिष्ठ पण्डित हैं जो रस-सिद्धान्त को पूर्णतः प्राचीन मर्यादा के भीतर ही देखना-परखना उचित समझते हैं। दूसरी ओर वे नव चिन्तक या नवलेखक हैं जो किसी भी प्राचीन शास्त्रीय मर्यादा को स्वीकार नहीं करना चाहते हैं। इन दोनों के बीच वे आलोचक आते हैं जो विकसित जीवन-मूल्यों के साथ शास्त्रीय सीमाओं को भी विकसित करना चाहते हैं। इन्हें दोनों का ही विरोध सहन करना पड़ता है। प्राचीन शास्त्रीय मर्यादा के प्रति एकान्तनिष्ठा रखने वाले पण्डितों को ऐसा लगता है कि ये मूल सिद्धान्तों को विकृत कर रहे हैं और नये लेखकों को लगता है कि ये व्यर्थ ही हमें शास्त्र के बन्धन में बाँध रहे हैं। डॉ० नगेन्द्र की स्थिति मध्यवर्ती है। वे रस-सिद्धान्त को युगानुकूल व्याप्ति देना चाहते हैं। इसलिए पण्डितों को उनसे शिकायत है और नये लेखक उनसे क्षुब्ध हैं। कुछ भी हो, विरोध शक्तिशाली का ही होता हे और डॉ० नगेन्द्र आज हिन्दी आलोचना के क्षेत्र में सर्वाधिक समर्थ लेखक हैं। कविवर सुमित्रानन्दन पन्त के शब्दों में-- 'डॉ० नगेन्द्र रसचेता तथा रस-द्रष्टा हैं। रस की अजस्र एवं निगूढ़ आनन्द साधना के लिए जिन बौद्धिक तथा हार्दिक गुणों-- अभीप्सा, सूक्ष्म संवेदन-क्षमता, अन्तर्दृष्टि, संकल्प-शक्ति, सत्य-प्रतीति तथा निश्छल निष्ठा आदि की आवश्यकता होती है, वे डॉ० नगेन्द्र में प्रचुर मात्रा में हैं।'

— 0 —

प्रखर मार्क्सवादी समीक्षक : डॉ. रामविलास शर्मा

डॉ. रामविलास शर्मा हिन्दी के प्रख्यात मार्क्सवदी समीक्षक, विचारक, भाषाविद, एवं कवि हैं। पिछले चालीस वर्षों में उनकी दो दर्जन से अधिक कृतियाँ प्रकाशित हुई है। उन्होंने हिन्दी-साहित्य की विकास-परम्परा का सतर्क सूक्ष्म और विवेकपूर्ण मूल्यांकन करते हुए उसमें निहित प्रगतिशील एवं प्रतिक्रियावादी तत्त्वों को अच्छी तरह पहचाना है और पूरी शक्ति एवं आत्मविश्वास के साथ उन्हें प्रस्तुत किया है। डॉ. शर्मा के कृत्तित्व की श्लाघ्य और श्रेष्ठ अभिव्यक्ति आधुनिक युग के युग-निर्माता साहित्यकारों के मूल्यांकन में हुई है। भारतेन्दु हरिश्चन्द्र, महावीरप्रसाद द्विवेदी, प्रेमचन्द, आचार्य रामचन्द्र शुक्ल और निराला आधुनिक हिन्दी-साहित्य की वे श्रेष्ठ प्रतिभाएँ हैं जिन्होंने अपना सर्वस्व देकर हिन्दी को समृद्ध किया है। इनका कृतित्व हिन्दी की उपलब्धि है। डॉ. शर्मा ने इन्हीं को केन्द्र में रखकर आधुनिक हिन्दी-साहित्य की गतिशील, स्वस्थ एवं जनवादी चेतना को परखने की चेष्टा की है। प्रेमचन्द (1941 ई.), भारतेन्दु युग (1943 ई.), निराला (1946 ई.), प्रगति और परम्परा (1949 ई.), साहित्य और संस्कृति (1949 ई.), प्रेमचन्द और उनका युग (1952 ई.), भारतेन्दु हश्चिन्द्र (1953 ई.), भाषा साहित्य और संस्कृति (1954 ई.) प्रगतिशील साहित्य की समस्याएँ (1954 ई.), आचार्य रामचन्द्र शुक्ल और हिन्दी आलोचना (1955 ई.), लोक जीवन और साहित्य (1955 ई.), स्वाधीनता और राष्ट्रीयता साहित्य (1956 ई.), आस्था और सौन्दर्य (1961 ई.), भाषा और समाज (1961 ई.), साहित्य स्थायी मूल्य और मूल्यांकन (1968 ई.), निराला की साहित्य साधना प्र.सं. (1969 ई.), निराला की साहित्य साधना द्वितीय खण्ड (1972 ई.), भारतेन्दु युग और हिन्दी साहित्य की विकास परम्परा (1975 ई.), निराला की साहित्य साधना तृ. ख. (1976 ई.), महावीरप्रसाद द्विवेदी और हिन्दी जनजागरण (1977 ई.), नयी कविता और अस्तित्ववाद (1978 ई.), भारत के प्राचीन भाषा परिवार और हिन्दी (तीन खण्ड 1979, 1980 एवं 1981 ई.), परम्परा का मूल्यांकन (1981 ई.) युग बोध और कविता (1981 ई.) भारत में अंग्रेजी राज और मार्क्सवाद (दो खण्ड, 1982 ई.), कथा-विवेचना और गद्य-शिल्प (1982 ई.) मार्क्सवाद और प्रगतिशील साहित्य (1984 ई.), लोक जागरण और हिन्दी-साहित्य (1955 ई.) (सम्पादित), हिन्दी जाति का साहित्य (1986 ई.), भारतीय साहित्य

के इतिहास की समस्यायें (1986 ई.), मार्क्स और पिछड़े हुए समाज (1986 ई.) स्वतन्त्रता संग्राम : बदलते परिदृश्य (1992 ई.), भारतीय इतिहास और भौतिकवाद (1992 ई.), पश्चिमी एशिया और ऋग्वेद (1994 ई.), भारतीय नवजागरण और यूरोप (1995 ई.), भारतीय साहित्य की भूमिका (1996 ई.), इतिहास दर्शन (1996 ई.), अपनी धरती अपने लोग (तीन खण्ड 1996 ई.), भारतीय संस्कृत और हिन्दी प्रदेश (दो खण्ड 1999 ई.), गाँधी, अम्बेडकर, लोहिया और भारतीय इतिहास की समस्यायें (2000 ई.), भारतीय सौन्दर्य बोध और तुलसीदास (2001 ई.) आदि अनेक कृतियाँ प्रकाशित हो चुकी हैं । आपने 'मानव सभ्यता का विकास' और अठारह सौ सत्तावन की राज्य क्रान्ति जैसी समाजशास्त्र और इतिहास में सम्बद्ध पुस्तकें भी लिखे हैं। समय-समय पर आप रेखाचित्र, संस्मरण डायरी और पत्र और पत्र आदि भी लिखते रहे हैं। इनका संग्रह इनका पंचरत्न' (1980 ई.) नाम से प्रकाशित है। 'घर की बात' (1983 ई.) शीर्षक अपने परिवार का लगभग सौ वर्षों का इतिहास भी प्रस्तुत किया है। आत्मकथा लेखन के क्षेत्र में यह एक सर्वथा नवीन प्रयोग है।

इधर 'इतिहास और समकालीन परिदृश्य' शीर्षक से उन्होंने एक पुस्तक माला तैयार की है। इसके चार खण्ड-स्वाधीनता संग्राम : 1. बदलते परिदृश्य 2. भारतीय इतिहास और ऐतिहासिक भौतिकवाद, 3.भारतीय इतिहास और भौतिकवाद 4. पश्चिमी एशिया और ऋग्वेद प्रकाशित हो चुके हैं। पहले खण्ड में डॉ. शर्मा ने 1857 के स्वाधीनता संग्राम से लेकर राष्ट्रीय एकता के लिए वर्तमान संघर्ष तक मुख्य समाजिक समस्याओं के विश्लेषण पर अपना ध्यान केन्द्रित किया है। दूसरे में उन्होंने ऐतिहासिक भौतिकवाद की अवधारणा को भारत और एशिया के वृहत्तर सन्दर्भों से जोड़कर उसका सृजनात्मक विकास किया है। इस पुस्तक का सातवाँ अध्याय पूर्वी यूरोप तथा सोवियत संघ में समाजवाद का विघटन और तीसरी दुनिया अत्यन्त महत्त्वपूर्ण है। इस अध्याय के अन्त में निष्कर्ष रूप में डॉ. शर्मा ने लिखा है—'चाहे मनुष्य के प्राकृतिक परिवेश का सवाल हो, चाहे पूँजी के केन्द्रीकरण का, चाहे एक ध्रुवीय संसार के निर्माण और इस संसार के भीतर तेजी से बढ़ते अंतर्विरोधों का सवाल हो, हर मुद्दे पर मार्क्सवाद की स्थापनाएँ खरी उतरती हैं। मार्क्सवादी अप्रासंगिक नहीं है, अप्रासंगिक है मानव जाति के भविष्य के लिए पूँजीवाद। पूँजीवादी संसार का पुनर्गठन कैसे करें, यह हम मार्क्सवादी से सीखते हैं।' डॉ. शर्मा की चेतावनी है—'विदेशी पूँजी को बुलावा देकर सोवियत संघ जैसा राष्ट्र अपनी एकता की रक्षा नहीं कर पाया, उस रास्ते पर चलकर भारत एकता की रक्षा कर सकेगा इसमें सन्देह है।' आज डॉ. शर्मा अपनी साहित्य-साधना के शिखर पर स्थित हैं।

साहित्य और कला-चिन्तन

डॉ. शर्मा ने अपने समीक्षात्मक निबन्धों में सहित्य, कला, सौन्दर्य आदि के सम्बन्ध में अपनी मान्यताएँ प्रस्तुत की हैं और अपनी व्यावहारिक समीक्षाओं में उनके

अनुकूल आचरण करते हुए कवियों एवं साहित्यकारों का मूल्यांकन किया है।

कला के सम्बन्ध में अपनी मान्यता प्रस्तुत करते हुए डॉ. शर्मा ने कहा है-'कला की विषयवस्तु न वेदान्तियों का ब्रह्म है, न हेगेल का निरपेक्ष विचार। मनुष्य का इन्द्रिय बोध, उसके भाव, उसके विचार, उसका सौन्दर्य-बोध कला की विषयवस्तु है।' डॉ. शर्मा कला और साहित्य में भेद नहीं करते। इसलिए उनका उपर्युक्त कथन कला और साहित्य दोनों के सम्बन्ध में मान्य समझा जाना चाहिए। वे इन्हीं तत्त्वों का उल्लेख साहित्य के सन्दर्भ में भी करते हैं और उसकी परिवर्तन शीलता के सम्बन्ध में अपना मत प्रकट करते हुए कहते हैं—'साहित्य के सभी तत्त्व समान रूप से परिवर्तनशील नहीं हैं। युग बदलने पर जहाँ विचारों में अधिक परिवर्तन होता है, वहाँ इन्द्रियबोध और भाव-जगत् में अपेक्षाकृत स्थायित्व रहता है।' डॉ. शर्मा शाश्वत सत्य जैसी कोई चीज नहीं मानते। वे साहित्य के सत्य को ऐतिहासिक-सामाजिक परिस्थितियों की उपज मानते हैं। सत्य चाहे दर्शन का हो, चाहे जीवन का, वह समाज-सापेक्ष्य ही होता है। नैतिक मान्यताएँ और मूल्य भी विकासमान मानव-समाज के साथ बदलते रहते हैं। कोई भी साहित्यकार अपने युग की ऐतिहासिक सीमाओं का अतिक्रमण नहीं कर सकता। इसलिए साहित्य में शाश्वत की प्रतिष्ठा की बात करना एक प्रकार का भ्रम उत्पन्न करना है।

साहित्य के शिल्प और रूप-पक्ष को भी डॉ. शर्मा सामाजिक विकास से प्रभावित मानते हैं। उनका कहना है—'साहित्य का शिल्प उसके विभिन्न रूप, सामाजिक विकास से ही सम्भव हुए हैं। जनता तक साहित्य पहुँचाने के साधनों में जो परिवर्तन हुए, उनका प्रभाव उनके रूपों पर भी पड़ा। साहित्य में वस्तु और रूप के संश्लिष्ट सम्बन्धों की व्याख्या करते हुए वे तर्क देते हैं कि साहित्य में रूप और वस्तु एक दूसरे से सम्बद्ध ही नहीं होते, वे एक दूसरे को प्रभावित भी करते हैं।' किन्तु साहित्य की रचना'-प्रक्रिया में वे निर्णायक भूमिका 'विषय-वस्तु' की ही मानते हैं। वे कहते हैं 'कला और विषय-वस्तु दोनों ही समान रूप में साहित्य रचना के लिए निर्णायक महत्व की नहीं हैं। निर्णायक भूमिका हमेशा विषय-वस्तु की ही होती है जो समीक्षक आज मात्र भाषा चर्चा करके समीक्षक-दायित्व की कृतार्थता का अनुभव कर रहे हैं, उनके सम्बन्ध में डॉ. शर्मा का कहना है कि वे विषय-वस्तु की विवेचना से बचना चाहते हैं। केवल रूप की प्रशंसा करने वालों तथा रूपवादी आलोचना के ही एक विशेष प्रकार शैली-वैज्ञानिक आलोचना में रुचि लेने वाले समीक्षकों के मत से अपनी असहमति व्यक्त करते हुए वे कहते हैं, आजकल कुछ आलोचक साहित्य की विषय-वस्तु की विवेचना से बचने के लिए भाषा की चर्चा करना यथेष्ट समझते हैं। वे यह तर्क भी देते हैं कि साहित्य में विषय-वस्तु को भाषा से अलग नहीं किया जा सकता, इसलिए भाषा की चर्चा करना ही काफी है इसके विरोध में कहा जा सकता है कि जब दोनों घनिष्ठ सम्बन्ध है तब विषय-वस्तु की चर्चा भी पर्याप्त हो सकती है, चर्चा के लिए भाषा ही क्यों चुनी गयी। कारण यह कि ऐसे लोगों के लिए भाषा और विषय-वस्तु का प्रगाढ़ सम्बन्ध साहित्य की विषय-वस्तु उसकी भाव-विचार-सम्पदा को नकारने के लिए है, वे

यान्त्रिक दृष्टि से भाषा का रूपात्मक विवेचन करते हैं। डॉ. शर्मा के अनुसार, ''भाषा विचारशून्य नहीं हो सकती। इसलिए भाषा का विश्लेषण विचारों के विश्लेषण के अभाव में अधूरा माना जायेगा।''

सौन्दर्य के सम्बन्ध में डॉ. शर्मा के विचार आचार्य रामचन्द्र शुक्ल के विचारों से मिलते-जुलते हैं। वे सौन्दर्य को वस्तुगत सत्ता मानते हैं। उनका कहना है कि 'इन्द्रियों से जिस सौन्दर्य की अनुभूति होती है, बाह्य जगत में उसकी वस्तुगत सत्ता है। इन्द्रियाँ सौन्दर्य की परख का साधन हैं, उसका कारण नहीं (समालोचना, सौन्दर्य शास्त्र विशेषांक)। वस्तु का गुण ही उसके सौन्दर्य का आधार है। वस्तु का यह गुण मानव मन की उपज नहीं है। इसलिए यह स्पष्ट है कि सौन्दर्य की सत्ता भानव-मन की नहीं होती। प्रकृति के सौन्दर्य से प्रेरित और प्रभावित होकर ही हमारे मन में सौन्दर्य के संस्कार जगते हैं। इन्द्रियबोध ही परिष्कृत होकर भाव-जगत् का निर्माण करता है। इसलिए भावों और विचारों का सौन्दर्य भी इन्द्रिय-बोध पर आधृत होता है एक बार मन में सौन्दर्य के संस्कारों के जग जाने के बाद हम प्रायः वस्तुओं में उसका आरोप करते हैं और यह समझ लेते हैं कि सौन्दर्य वस्तु में न होकर हमारे मन में ही था। मनुष्य सामाजिक प्राणी है। इसलिए उसकी सौन्दर्य-चेतना का भी विकास सामाजिक विकास के साथ होता रहता है। इसलिए सामाजिक विकास के साथ सौन्दर्य-चेतना का सापेक्ष सम्बन्ध हैं। डॉ. शर्मा का निश्चित मत है—'सौन्दर्य की इस वस्तुगत सत्ता, सामाजिक विकास उसके सापेक्ष सम्बन्ध, कला और साहित्य के रूपों के अनुसार उसकी विषय-वस्तु की विविधता को ध्यान में रखकर ही हम सौन्दर्य-शास्त्र का सही विवेचन कर सकते हैं। (सामालोचक सौन्दर्यशास्त्र विशेषांक)

समीक्षा के सम्बन्ध में भी डॉ. शर्मा की मान्यताएँ स्पष्ट हैं। वे उस समीक्षा को महत्त्व देते हैं जो वस्तुवादी चिन्तन पर आधृत हो, जिसमें द्वन्द्वात्मक पद्धति का सहारा लेकर विषय-वस्तु का विश्लेषण किया गया हो, जिसमें साहित्यकार की सीमाओं का ध्यान रखते हुए उसकी रचना में निहित प्रगतिशील और प्रतिक्रियावादी तत्त्वों की पहचान की गयी हो और जिसमें साहित्यकार की भाव-सम्पदा एवं विचारवैभव की सापेक्षता में उसकी कला और भाषा-संरचना का विवेचन उपलब्ध हो। डॉ. शर्मा, आचार्य रामचन्द्र शुक्ल की आलोचना-पद्धति से विशेष प्रभावित हैं। उनकी प्रशंसा करते हुए वे लिखते हैं...'शुक्ल जी की आलोचना गम्भीर है, इसलिए कि उसका आधार वस्तुवादी है। शुक्ल जी की गम्भीरता को दूसरा कारण उनकी तर्क चिन्तन-पद्धति हैं। इस पद्धति को हम द्वन्द्व नाम दें तो अनुचित न होगा। विरोधी लगने वाली वस्तुओं का सामंजस्य पहचानना, उन्हें गतिशील और विकासमान देखना, संसार के विभिन्न भौतिक और मानसिक व्यापारों का परस्पर सम्बन्ध स्थापित करके उनका अध्ययन करना इस पद्धति की विशषताएँ हैं।[1] प्रकट है कि डॉ. शर्मा के मन में

1. आचार्य रामचन्द्र शुक्ल और हिन्दी आलोचना, पृष्ठ-222।

आदर्श समीक्षा का जो रूप विद्यमान था कुछ वह बहुत कुछ आचार्य शुक्ल की समीक्षा में मूर्त्त है। अपने आदर्शों को शुक्ल जी की समीक्षा में देखकर ही उन्होंने उसकी मुक्त कण्ठ से प्रशंसा की है।

समीक्षा

डॉ. शर्मा ने उन्हीं साहित्यकारों और कवियों की विस्तृत समीक्षा की है जिसकी रचना का मूल स्वर राष्ट्रीय और जनवादी है। उन्होंने भारतेन्दु और उनके युग के साहित्यकारों-प्रतापनारायण मिश्र, बालकृष्ण भट्ट, श्री निवास दास, राधाचरण गोस्वामी, बदरीनारायण चौधरी 'प्रेमधन' द्वारा रचित साहित्य की प्रशंसा करते हुए लिखा है 'भारतेन्दु युग का साहित्य हिन्दी भाषी जनता का जातीय साहित्य है। वह हमारे जातीय नवजागरण का साहित्य है। भारतेन्दु-युग की जिन्दादिली, उसके व्यंग्य और हास्य, उसके सरस गद्य और लोक-संस्कृति से उसकी निकटता से सभी परिचित हैं। ये उसकी जातीय विशेषताएँ हैं। अंग्रेजी साम्राज्यवाद और अंग्रेजी साहित्य एक ही वस्तु नहीं है। भारतेन्दु-युग के साहित्य ने न केवल अंग्रेजी साहित्य से वरन् बँगला साहित्य से भी प्रेरणा पायी है। लेकिन उसके साहित्य की जड़ें इसी धरती में हैं और ऊपर बतायी हुई उसकी जातीय विशेषताएँ उसकी अपनी हैं, मौलिक हैं,[1] भारतेन्दु युग के साहित्यकारों में भारतेन्दु के महत्त्व को डॉ. शर्मा ने विशेष रूप से रेखांकित किया है उन्होंने बताया है कि भारतेन्दु ने हिन्दी साहित्य में राष्ट्रीय और जनवादी तत्त्वों को प्रतिष्ठित किया है। उन्होंने अपने प्रदेश की सांस्कृतिक आवश्यकताओं को पहचाना और हिन्दी-साहित्य को इन सांस्कृतिक आवश्यकताओं की पूर्ति का माध्यम बनाया। हिन्दी-आलोचना इसी आवश्यकता की पूर्ति का आन्दोलन है। भारतेन्दु ने अंग्रेजी शासन के शोषण का पर्दाफाश किया और अपने निबन्धों में उससे मुक्त होने का मार्ग दिखाया। उन्होंने सामाजिक कुरीतियों के विरुद्ध संघर्ष किया, स्त्रियों के अधिकारों का समर्थन किया, धार्मिक सहिष्णुता पर बल दिया और प्राचीन इतिहास और संस्कृति से शक्ति ग्रहण कर जनता के चित्त में राष्ट्रीय गर्व का संचार किया। भारतेन्दु सच्चे अर्थों में एक युग प्रवर्तक सहित्यकार हैं ।

महावीरप्रसाद द्विवेदी को डॉ. शर्मा ने इसलिए महत्त्व दिया कि वे पुरानी व्यवस्था को बदलने की माँग के समर्थक थे। ये अंग्रेजी साम्राज्यवाद के विरुद्ध लड़नेवाली जनता की प्रमुख शक्तियाँ-किसान और मजदूर को पहचानते थे। वे देश के औद्योगिक विकास को महत्त्व देते थे। हिन्दी को उसका अधिकार दिलाने के लिए सचेष्ट थे। वे हिन्दी भाषी प्रदेश के नावजागरण के प्रतीक थे। वे विश्व की तत्कालीन वैज्ञानिक प्रगति से अच्छी तरह परिचित थे। वे नयी सामाजिक चेतना का प्रसार करना चाहते थे। वे काव्य में रीतिवादी प्रवृत्ति के विरोधी थे। उन्होंने 'सरस्वती' के माध्यम से नव-जागरण की उस परम्परा को आगे बढ़ाया जिसका बीजांकुर अठारह सौ सत्तावन की

---

1. भारतेन्दु युग और हिन्दी भाषा की विकास-परम्परा, तीसरे सं. की भूमिका।

क्रान्ति में हुआ था और भारतेन्दु ने जिसे पूरी शक्ति से समर्थन दिया था। उन्होंने ब्रजभाषा के स्थान पर खड़ी-बोली को प्रश्रय दिया और गद्य तथा पद्य की एकता की अनिवार्यता पर बल दिया। द्विवेदी जी के प्रगतिशील चिन्तन के सूत्रों की गहराई में जाकर पहचानते हुए डॉ. शर्मा ने यह भी लक्षित किया है कि वे स्मृतियों की व्यवस्था को देशकाल-सापेक्ष्य मानते थे और दार्शनिक चिन्तन के क्षेत्र में बृहस्पति और चार्वाक की विवेकवादी परम्परा के कायल थे। डॉ. शर्मा का निश्चित मत है "साहित्य में जो रीति-विरोधी क्रान्ति शुरू हुई, उसका पहला चरण है द्विवेदी-युग और उसी का विकास छायावाद और प्रगतिवाद में होता है। ये तीनों युग एक दूसरे से भिन्न हैं, साथ ही एक दूसरे के पूरक भी हैं। द्विवेदी युग की भूमिका आधुनिक साहित्य का मार्ग प्रशस्त करने वाले अग्रदल की भूमिका है।"[1]

आचार्य रामचन्द्र शुक्ल, डॉ. शर्मा के 'आदर्श समीक्षक' हैं। वे उन्हें इसलिए महत्त्व देते हैं कि उन्होंने हिन्दी की सैद्धान्तिक आलोचना को एक ठोस दार्शनिक आधार दिया, रस की अलौकिकता का निषेध किया, जीवन और साहित्य के भावों में बुनियादी अन्तर स्वीकार नहीं किया, भावों को उनके आधार से अलग करके नहीं देखा, लोक-हृदय मे लीन होने की दशा को ही रस-दशा माना,रीति-ग्रंथों और उनकी सीमा में बँधे समीक्षकों का विरोध किया। 'प्रेम' की अपेक्षा 'करुणा' को अधिक महत्त्व दिया और लोक-रक्षा के विधान में उसकी महत्त्वपूर्ण भूमिका को पहचाना, साम्राज्यवादी उत्पीड़न का विरोध किया, अंग्रेजी साहित्य की व्यक्तिवादी एवं प्रगति विरोधी प्रवृत्तियों से हिन्दी लेखकों को सावधान किया, काव्य में करुणा-प्रेरित प्रचण्ड भावों के विधान में भी सौन्दर्य देखा, परोक्ष सत्ता के प्रति प्रेम की अभिव्यक्ति करने वाले साम्प्रदायिक रहस्यवाद का विरोध किया, वस्तुओं और विचारों की गतिशीलता पर बल देते हुए सौन्दर्य एवं मंगल के गत्यात्मक स्वरूप को सराहा और इतिहास के अध्ययन की एक व्यवस्थित पद्धति कायम की। डॉ. शर्मा को आचार्य शुक्ल के विचार ही नहीं, उनकी तार्किक विवेचन शैली, उनकी भाषा-नीति और उनका व्यक्तित्व भी प्रिय है। वे लिखते हैं—'उनकी शैली तार्किक विवेचन के लिए उपयुक्त होने के साथ आवश्यकतानुसार आवेशपूर्ण और आलंकारिक भी है और उसकी एक विशेषता जीवन का संचित अनुभव प्रकट करने वाली वाक्यावली है। शब्द-चयन में उर्दू के प्रचलित शब्दों से उन्हें परहेज नहीं है। उनका व्यक्तित्व एक सहृदय और विनोदी साहित्य-प्रेमी और संसार-प्रेमी मनुष्य का है, पुस्तक सेवी संन्यासी का नही। उनकी निर्भीकता, दृढ़ता, गहन अध्यवसाय और आत्मिक विश्वास के गुण उनके काव्य-सिद्धान्तों और साहित्यालोचन की ही तरह हिन्दी-प्रेमियों के लिए शिक्षाप्रद और प्रेरणा-दायक हैं।'[2]

प्रेमचन्द भी डॉ. शर्मा के प्रिय लेखक हैं। वे उन्हें इसलिए प्रिय हैं कि उन्होंने जनता को अपनी कला का शक्ति-स्रोत माना है। वे इस बात के प्रमाण हैं कि जनता से अलग रहकर महान् साहित्य की रचना नहीं की जा सकती। वे उन गिने-चुने

---

1. महावीर प्रसाद द्विवेदी और हिन्दी नव जागरण पृष्ठ277।
2. आचार्य रामचन्द्र शुक्ल और हिन्दी आलोचना, पृष्ठ-228

लेखकों में हैं, जिनकी रचनाओं में बाहर के साहित्यप्रेमी हिन्दुस्तान को पहचानते हैं। उन्होंने अपनी रचनाओं द्वारा ''साम्राज्यवादियों द्वारा फैलाए गए भ्रमों को छिन्न-भिन्न कर दिया।'' 'उनका साहित्य तत्कालीन हिन्दुस्तान और उसके स्वाधीनता–आन्दोलन का प्रतिबिम्ब है। उन्हें जीवन के विविध क्षेत्रों का विस्तृत ज्ञान था और वे समस्याओं को यथार्थ रूप में प्रस्तुत करते थे। वे महाजनी सभ्यता के विरोधी थे। वे जनता को लूटनेवाली उन सभी ताकतों को पहचानते थे जो धर्म और देश-सेवा का मुखौटा लगाकर जनता को चूसती रहती है। वे भारतीय जनता के उज्ज्वल भविष्य की पेशगी थे।'[1] वे सच्चे अर्थों में युग-निर्माता थे। प्रेमचन्द की मुक्त कण्ठ से प्रशंसा करते हुए डॉ. शर्मा ने लिखा है—'प्रेमचन्द्र की आवाज सुनकर हमें अपने देश और जनता पर गर्व होता है, उस जातीय संस्कृति पर गर्व होता है, जिसे प्रेमचन्द सँवार रहे थे। प्रेमचन्द की आवाज उस समय उठी थी जब पहले महायुद्ध में मानवध्वंसी तोपों की गड़गड़ाहट हवा में गूँज रही थी। आज भी जब विश्व पर तीसरे महायुद्ध के बादल छाये हुए हैं उस स्वाधीनता-संग्राम के सैनिक की वाणी विश्वशान्ति की रक्षा के लिए जनता का आह्वान करती है। प्रेमचन्द की आवाज भारत की अजेय जनता की आवाज है। इसलिए प्रेमचन्द आज भी हमारे साथ हैं।'[2]

डॉ. शर्मा की निराला-सम्बन्धी समीक्षा उनके समीक्षक-व्यक्तित्व के चरम उत्कर्ष की साक्षी है। तीन खण्डों में 'निराला की साहित्य साधना' लिखकर डॉ. शर्मा ने निराला का विस्तृत मूल्यांकन तो किया ही है, एक प्रकार से, अपना भी अक्षय कीर्ति-स्तम्भ तैयार किया है। 'निराला की साहित्य-साधना' के दूसरे खण्ड में उनके साहित्य का व्यवस्थित मूल्यांकन किया गया है। इस मूल्यांकन में डॉ. शर्मा ने विषय-वस्तु और कला दोनों को समान महत्त्व दिया है। 'विचारधारा', 'भावबोध', 'कला', 'गद्य साहित्य' और 'परम्परा' शीर्षकों के अन्तर्गत उन्होंने निराला के साहित्य की विशद् समीक्षा की है। सबसे महत्त्वपूर्ण बात यह है कि डॉ. शर्मा ने निराला के काव्य शिल्प का लगभग 179 पृष्ठों में सूक्ष्मातिसूक्ष्म विवेचन किया है। उन्होंने निराला की कविताओं के उदाहरण देते हुए उनकी रचना-पद्धति का विश्लेषण किया है। स्थापत्य की सराहना की है। स्थापत्य के नियामक तत्त्वों – विवेक स्वप्न दृष्टि को लक्षित किया है। रूप,रस,गंध, स्पर्श और शब्द को ग्रहण करने वाली वृत्तियों के आधार पर उनकी कविताओं के मूर्ति-विधान की व्याख्या की है तथा उनकी प्रतीक-योजना, संश्लिष्ट बिम्ब-रचना, अनुप्रास-प्रेम, ध्वनि-प्रवाह, स्वर-साधना, शब्द-योजना, छन्द-विधान, अलंकरण, अर्थ-चमत्कार, गीति-रचना-कौशल आदि की विस्तृत समीक्षा की है। डॉ. शर्मा ने निराला के गद्य को भी उचित महत्त्व दिया है। 'निराला' की गद्य-शैली का विवेचन करते हुए उन्होंने उसमें छायावादी संस्कार एवं कल्पनाशीलता के तत्त्व लक्षित किये हैं। उसकी व्यावहारिक भंगिमा एवं सहजता को सराहा है और उसकी गति, रूपकत्व, तार्किकता, व्यंग्य-गर्भिता, अर्थ-वक्रता, नफासत, प्रवाह भाव-गांभीर्य तथा वाक्य-रचना कौशल की प्रशंसा करते हुए उसे निराला के व्यक्तित्व का साक्षी सिद्ध

1. प्रेमचन्द और उनका युग, दूसरे सं. की भूमिका।
2. वही, पृष्ठ -158

किया है। निराला के कवि-व्यक्तित्व की विशेषताओं को रेखांकित करते हुए डॉ. शर्मा ने कहा है—'निराला की रचना-प्रक्रिया का स्रोत है उनका भावबोध। यह भावबोध उनकी विचारधारा से सम्बद्ध है। किन्तु उसका प्रतिबिम्ब नहीं है। निराला का स्वाधीनता –प्रेम उनके साहित्य में अप्रत्याशित नये-नये रूपों में व्यक्त होता है। उनकी आस्था के प्रतीक अनेक हैं, उनका अधिष्ठान एक है। उनकी दार्शनिक मान्यताएँ अनेक अन्तर्विरोध को पार करती हुई नारी और प्रकृति के मोहक चित्रों के साथ साहित्य में व्यक्त होती हैं। नए मानवतावाद के प्रतिष्ठापक निराला के साहित्य में मनुष्य वीर, क्रान्तिकारी योद्धा, कवि, निरन्तर संघर्षशील, साथ ही अन्तर्द्वन्द्व, ग्लानि और पराजय से पीड़ित साधारण मनुष्य भी है। निराला सौन्दर्य और उल्लास के कवि हैं, दुख और मृत्यु के भी।'[1] निराला' के इसी कवि व्यक्तित्व ने डॉ. शर्मा को आकृष्ट किया है और उन्होंने पूरी निष्ठा और श्रम पूर्वक निराला की कलात्मक सफलता–असफलता का दिलचस्प इतिहास प्रस्तुत किया है।

'निराला' के बाद डॉ. शर्मा ने मुख्यतः तीन कवियों—मुक्तिबोध, शमशेर और नागार्जुन का मूल्यांकन किया है। डॉ. शर्मा ने मुक्तिबोध के काव्य का विस्तृत मूल्यांकन करते हुए उसके अन्तर्विरोध को पहचाना है। उनकी दृष्टि में 'मुक्तिबोध' का काव्य उनके आत्म-संघर्ष का काव्य है। इस आत्म-संघर्ष की व्याख्या करते हुए वे कहते हैं—'उनके आत्म-संघर्ष के अनेक स्तर हैं। एक स्तर है—निम्न वर्ग की भूमि को छोड़कर सर्वहारा वर्ग से तादात्म्य स्थापित करने का। दूसरा स्तर है—मन के दुःस्वप्नों–पाप–बोध, मृत्यु-चिन्तन, असामान्य मानसिक स्थिति से निकलकर स्वयं को और संसार को वस्तुगत रूप से देखने का। तीसरा स्तर है अपनी काव्यकला को निरन्तर विकसित करने का।'[2] डॉ. शर्मा के अनुसार मुक्तिबोध के काव्य में अस्तित्ववाद का 'लघु मानव' भी है और 'रहस्यवाद' का विराट् पुरुष भी। उन पर आरंभ से ही भाववादी विचारकों का प्रभाव था। 1942 से उन्होंने मार्क्सवादी विचारधारा को अपनाया किन्तु 'भाववाद' के प्रभाव से मुक्त नहीं हो सके। उनके काव्य में 'लघु मानव' और 'महामानव' का अन्तर्विरोध कभी समाप्त नहीं हुआ। इसीलिए उनके भीतर एक विकट आत्म-संघर्ष चलता रहा जो उनकी मृत्यु के साथ ही समाप्त हुआ उनकी कविता इसी अन्तर्विरोध और आत्म-संघर्ष की कविता है।

शमशेर के सम्बन्ध में डॉ. शर्मा का निश्चित मत है कि उनका काव्य रीतिवादी रूमानी सौन्दर्यबोध और मार्क्सवादी विवेक के द्वन्द्व का काव्य है। शमशेर में यह द्वन्द्व आरंभ से ही पाया जाता है और वे इस द्वन्द्व को सार्थक संगति नहीं दे पाये। मुक्तिबोध और शमशेर के आत्म-संघर्ष की तुलना करते हुए डॉ. शर्मा कहते हैं—'मुक्तिबोध रहस्यवाद को लेकर बड़ी उलझन में पड़े थे, शमशेर में ऐसी कोई उलझन नहीं है। मुक्तिबोध मनोविश्लेषण शास्त्र से प्रभावित होकर अन्तर्मन की गुफा में ज्ञान के मणि और रत्न ढूँढ़ते थे और फिर इस आत्म-प्रवंचना पर झुँझलाते थे। शमशेर सजीले जिस्म के गुनगुनाने पर ऐसा रीझते हैं कि अँधेरे कुएँ या बावड़ी में उतरने की उन्हें

1. निराला की साहित्य-साधना, भाग-2, भूमिका।
2. नयी कविता और अस्तित्ववाद, पृष्ठ- 231

फुर्सत नहीं मिलती। किन्तु शमशेर उतने आत्म-मुग्ध नहीं, जितने मुक्तिबोध थे। मुक्तिबोध अस्तित्ववाद की ओर खिंचे और अपने-पराये उनके पापों का मैल मन से धोते रहे। शमशेर नयी कविता के उन तमाम लेखकों से अलग हैं जो अस्तित्ववाद से प्रभावित हैं। उनका आत्म-संघर्ष है, उत्तर छायावादी काव्यबोध को लेकर।'[1]

डॉ. शर्मा ने नयी कविता के संदर्भ में नागार्जुन की काव्य-कला का भी मूल्यांकन किया है। वे यह स्वीकार करते हैं कि 'नयी कविता' के सन्दर्भ में नागार्जुन की चर्चा नहीं के बराबर हुई है किन्तु उनका विश्वास है कि भविष्य में जब अस्तित्ववाद का सैलाब सूख जायेगा और किसानों, मजदूरों के बीच जन्म लेने वाले जन-आन्दोलन से सम्बन्धित कवियों को लोकप्रिय साहित्य और कलात्मक सौन्दर्य के बीच सन्तुलन स्थापित करने की समस्या होगी तो उन्हें नागार्जुन से ही मार्ग-दर्शन प्राप्त होगा। डॉ. शर्मा की दृष्टि में नागार्जुन का काव्य इसलिए महत्त्वपूर्ण है कि उसमें दृढ़ क्रान्ति भावना विद्यमान है। वह लोक-संस्कृति के निकट हैं। उसमें प्रखर राजनीतिक चेतना और गहरा व्यंग्य है। उसमें यथार्थ जीवन के वैविध्यपूर्ण मार्मिक चित्र हैं। उसमें रहस्यवाद और यथार्थवाद को लेकर किसी प्रकार का द्वन्द्व नहीं है। उसमें कथ्य के अनुकूल भाषा की सहज गति और लय को आधार बनाकर विविध प्रकार के प्रयोग किये गये हैं। डॉ. शर्मा को यह सन्तोष है कि आलोचकों ने चाहे नागार्जुन के विषय में कम लिखा हो किन्तु कवियों ने उन्हें काव्य का विषय बना दिया है।

इतिहास-दृष्टि

डॉ. शर्मा ने उपर्युक्त कवियों की समीक्षा करते हुए तत्कालीन परिस्थितियों का भी विशद् विवेचन किया है। इसी प्रकार आचार्य शुक्ल के विस्तृत मूल्यांकन क्रम में भी प्रसंगानुसार उन्होंने हिन्दी–साहित्य के विविध सन्दर्भों का चर्चा की है। अपने सैद्धान्तिक निबन्धों में भी इन्होंने इतिहास के अनेक नवीन प्राचीन सन्दर्भों को उदाहृत किया है। उनके इस विवेचन पर ध्यान दिया जाय तो सामान्यतः पूरे हिन्दी साहित्य और विशेषतः आधुनिक हिन्दी साहित्य के इतिहास के सम्बन्ध में उनके विचारों से भलीभाँति अवगत हुआ जा सकता है। डॉ. शर्मा की इतिहास-दृष्टि मार्क्सवादी है। वे इतिहास की भौतिकवादी व्याख्या करते हैं। द्वन्द्व न्याय के आधार पर सामाजिक विकास का विवेचन करते हैं। सामाजिक यथार्थ को महत्त्व देते हैं। प्रत्येक युग में जनता के स्वर को पहचानने की कोशिश करते हैं। सामन्ती और पूँजीवादी व्यवस्था में लिखे गये साहित्य की मूल प्रवृत्तियों का विश्लेषण करते हुए प्रगतिशील और प्रतिक्रियावादी तत्त्वों की अलग-अलग पहचान बताते हैं। प्रत्येक युग के अन्तर्विरोधों की व्याख्या करते हुए क्रान्तिकारी तत्त्वों को महत्त्व देते हैं। विचारों का मूल स्रोत वे सामाजिक जीवन में खोजते हैं। वे समाज और साहित्य दोनों को गतिमूलक मानते हैं, इसलिए साहित्य के मूल्यांकन के लिए विवेकपूर्ण ऐतिहासिक दृष्टि का होना आवश्यक समझते हैं। वे यह स्वीकार करते हैं कि वर्गयुक्त समाज में मानववादी कवियों में भी अंसगतियों को पाया जाना स्वाभाविक है। इन असंगतियों के भीतर पहचानना यह चाहिए कि कवि की सहानुभूति किसे प्राप्त है? उसमें जीवन के प्रति उत्साह है या

1. नयी कविता ओर अस्तित्ववाद, पृष्ठ- 83

नहीं? मार्क्सवाद में पूरी आस्था रखते हुए भी डॉ. शर्मा अपने निर्णयों में संकीर्ण नहीं हैं। उन्होंने प्रत्येक युग के महत्त्वपूर्ण कवियों एवं साहित्यकारों की रचनाओं को परखकर उनमें सामाजिक जीवन की गतिमयता के लिए जितना पोषक और स्वास्थ्यकर है, उतने को पूरी शक्ति और विश्वास के साथ प्रस्तुत किया है। इसीलिए प्राचीन काल से लेकर आज तक के साहित्यकारों में उन्होंने कबीर, तुलसी, मीरा, भारतेन्दु, महावीरप्रसाद द्विवेदी, रामचन्द्र शुक्ल, प्रेमचन्द, वृन्दावन लाल वर्मा, निराला, प्रसाद, नरेन्द्र शर्मा, केदार, शमशेर, मुक्तिबोध, नागार्जुन आदि को महत्त्व देते हुए अपने सिद्धान्तों को व्यावहारिक स्तर पर पुष्ट किया है।

हिन्दी–साहित्य के इतिहास के पूरे ढाँचे को बदलने में डॉ. शर्मा की **भूमिका** अद्वितीय है। आचार्य शुक्ल ने आदिकाल और मध्यकाल को अलग-अलग रखा है। डॉ. शर्मा दोनों को सामन्ती युग के अन्तर्गत स्वीकार करते हुए एक मानते हैं और कहते हैं—'शुक्ल जी का आदिकाल वास्तविक मध्यकाल है, हिन्दी जनपदों के इतिहास का सामंत काल है। ' (हिन्दी जाति का साहित्य, पृष्ठ–122) उनकी दृष्टि में उसे एक प्रकार से रीतिकाल का प्रथम उत्थान कहा जा सकता है क्योंकि अतिशयोक्तिपूर्ण कथन और चमत्कार-प्रदर्शन की प्रवृत्ति इस काल में भी प्रबल थी। कवि अपने आश्रयदाताओं के प्रशंसक थे। आचार्य शुक्ल ने जिसे 'पूर्व मध्य काल' कहा है उसे डॉ. शर्मा 'लोक जागरण काल' कहते हैं क्योंकि इस काल में सामन्तीय ढाँचे के भीतर व्यापारिक पूँजीवाद के विकास के फलस्वरूप नये आर्थिक सम्बन्ध विकसित हो चुके थे और एक नई सांस्कृतिक चेतना भक्त कवियों के माध्यम से जाग्रत हो चुकी थी। हिन्दी जाति का निर्माण हो चुका था। इसी काल से डॉ. शर्मा हिन्दी-साहित्य के आधुनिक काल की शुरुआत मानते हैं। शुक्ल जी ने भारतेन्दु-युग से आधुनिक युग का आरम्भ माना है। डॉ. शर्मा इसे 'लोक जागरण' का दूसरा उत्थान मानते हैं। उनके अनुसार 1857 के स्वतन्त्रता संग्राम से हिन्दी-प्रदेश में नव जागरण का आरंभ मानना चाहिए। इस स्वतन्त्रता संग्राम के समय जो राष्ट्रीय-चेतना जाग्रत हुई थी, भारतेन्दु युग उससे सीधा लड़ा हुआ है। यह संग्राम किसानों के नेतृत्व में हिन्दू-मुसलमान दोनों के द्वारा पूरे देश को स्वतन्त्र कराने के लिए जड़ा गया था। बहादुरशाह के नाम पर पूरी व्यवस्था सैनिक पचांयत ने अपने हाथ में ले ली थी। आचार्य महावीरप्रसाद द्विवेदी का युग 'हिन्दी नव जागरण' का युग है। द्विवेदी जी वैज्ञानिक विचार-पद्धति के समर्थक हैं। उनके युग में हिन्दी-साहित्य में आधुनिक चिन्तन की परम्परा सृदृढ़ हुई हैं डॉ. शर्मा साहित्य की सापेक्षिक स्वायत्तता के कायल होते हुए भी इसके इतिहास का सामाजिक विकास के साथ रखकर देखते हैं। इसीलिए सामन्तशाही सामाजिक ढाँचे के भीतर व्यापारिक पूँजीवाद के विकास के साथ आरंभ होने वाले व्यापक सांस्कृतिक जागरण से ही वे आधुनिक काल की शुरुआत मान लेते हैं। डा. शर्मा ने पूरे भारतीय-साहित्य के विकास-क्रम में हिन्दी-साहित्य के विकास का मूल्यांकन किया है। उनकी दृष्टि में भारतीय साहित्य की मौलिक धारा यथार्थवादी है। प्रगतिशील दृष्टि और यथार्थवादी चेतना को आधार बनाकर उन्होंने पूरी ऐतिहासिक परम्परा का मूल्यांकन किया है। उनके मूल्यांकन से हिन्दी-साहित्य के इतिहास का एक नया ढाँचा उभरकर सामने आया है।

भाषा-चिन्तन

डॉ. शर्मा का भाषा-सम्बन्धी कार्य भी कम महत्त्वपूर्ण नहीं है। उन्होंने सामाजिक विकास के सन्दर्भ में ही भाषा के विकास का अध्ययन करना उचित माना है उनके अनुसार सामाजिक विकास के सन्दर्भ से कटकर भाषा के तत्त्वों का विवेचन एक तरह का रूपवाद है। भाषा में परिवर्तन क्यों होता है? सामाजिक संदर्भ से भाषा को अलग करके इस प्रश्न उत्तर नहीं दिया जा सकता। डॉ. शर्मा भाषा-विज्ञान के अध्ययन की अब तक की प्रचलित सभी पद्धतियों विवरणात्मक भाषा विज्ञान, ऐतिहासिक भाषा-विज्ञान, परिणामी भाषा-विज्ञान, समाजीभाषा-विज्ञान (सोशियलिंग्विस्टिक्स) को किसी न किसी बिन्दु पर त्रुटिपूर्ण मानते हैं। आपकी दृष्टि से भाषा भी संस्कृति का एक अंग है। इसलिए उसके विकास का अध्ययन संस्कृति के विकास के आधार पर ही किया जाना चाहिए। आपकी मान्यता है..भाषा का अध्ययन उसकी ध्वनि-प्रकृति और मूल शब्द-भण्डार को दृष्टि में रखकर करना चाहिए। आदिम साम्यवादी व्यवस्था से लेकर आधुनिक जातियों के निर्माण तक समाज के गठन में उसके ढाँचे में, वर्ग के परस्पर सम्बन्ध में, अन्य समाजों से संघर्ष या हेलमेल में जो परविर्तन हुए हैं, वे सब भाषा में प्रतिबिम्ब होते हैं और उसका विकास निर्धारित करते हैं।'[1] आपने तर्क और उद्धरणों द्वारा यह स्पष्ट किया है कि भारोपीय परिवार की संस्कृत, लैटिन, ग्रीक, स्लाव आदि भाषाएँ वस्तुतः स्वतन्त्र कुलों की भाषाएँ हैं। इनमें जो सामन्य तत्त्व मिलते हैं। उनका आधार इन भाषाओं या इनमें मिलती-जुलती भाषाओं के बोलनेवालों का परस्पर सम्पर्क है, न कि एक आदिम भाषा से उनका जन्म। इसी दृष्टि से आपने भारत के प्राचीन भाषा परिवारों के साथ हिन्दी के सम्बन्ध की व्याख्या की है। आपने प्रतिपादित किया है कि आर्येतर भाषा-समुदायों के ज्ञान के बिना न तो भारतीय आर्य भाषाओं का विवेचन सम्भव है, न यूरोप की भाषाओं का। डॉ. शर्मा का भाषा-चिन्तन श्लाघ्य और महत्त्वपूर्ण है, उनकी वैज्ञानिकता के निर्णय का दायित्व भाषा-तत्त्वविदों का है।

मूल्यांकन

डॉ. शर्मा की विवेचन-पद्धति पर भी आचार्य शुक्ल का प्रभाव स्पष्ट है। वे अपने मत को पूरी शक्ति और विश्वास के साथ दूसरों की परवाह न करते हुए प्रखर ओजस्वी स्वर में प्रस्तुत करते हैं। मतस्थापना के लिए प्रचुर तथ्याधार संकलित करते हैं। अपने विचारों को तर्क शैली में सोदाहरण सामने रखते हैं। आवश्यकतानुसार प्रतिपक्ष की मान्यताओं का खण्डन करते हैं। अपने प्रश्न को उभारने के लिए तुलनात्मक विवेचन के साथ ही व्यंग्य, विद्रूप और भर्त्सना से भी काम लेते हैं किन्तु अन्त में अपने मत को ही प्रामाणिक मानकर दो टूक निर्णय करते हैं।

डॉ. शर्मा की स्थापनाओं से सर्वत्र सहमत होना आवश्यक नहीं है। भाववादी चिन्तन के विरुद्ध उनकी धारणाएँ बद्धमूल हो चुकी हैं। वस्तुतः वस्तुवाद और भाव-

---

1. भाषा और समाज, भूमिका।

वाद का द्वन्द्व भी समान होना चाहिए। अमूर्त्त तत्त्वों की कल्पना भी मूर्त के आधार पर ही की जाती है। गोचर जगत् के संघर्षों से ऊबकर ही मनुष्य अगोचर और रहस्यमय लोक की कल्पना करता है। वह भी उसकी आकांक्षा की ही सृष्टि है। इसी प्रकार अमूर्त्त और अगोचर के साथ व्यक्तिगत सम्बन्ध स्थापित करने की आकांक्षा से ही वह उसे मूर्त्त कर लेता है। इसलिए दोनों सृष्टियाँ मानवीय ही कहीं जायेगी। पदार्थवाद को महत्त्व इसलिए दिया जाता है कि इसके स्वीकार से सामाजिक व्यवस्था में परोक्ष सत्ता के हस्तक्षेप का आधार खत्म हो जाता है और सारी विषमता के कारणरूप में मनुष्य आ जाता है। तब किसी से यह नहीं कहा जा सकता कि गरीब और अमीर बनाने वाला कोई और है। ऐसी स्थिति से शोषित और पीड़ित वर्ग को न्याय के लिए संघर्ष करने का ठोस आधार मिल जाता है। यदि भाववादी चिन्तक शुद्ध चैतन्य को सामाजिक भेद-भाव का नियामक न मानकर शुद्ध मुक्त सर्व-निरपेक्ष तत्त्व मात्र प्रमाणित करें और सामाजिक भेद-स्तरों के सभी आयामों का मूल कारण मनुष्य को ही माने तो पदार्थवादी और भाववाद की दूरी व्यवहार के धरातल पर कम हो सकती है वस्तुतः सामाजिक न्याय के मार्ग में पुनर्जन्म और कर्म-सिद्धान्त की मान्यता विशेष रूप से बाधक हुई है। ईश्वर की सत्ता न मानने वाले दार्शनिक भी इससे मुक्त नहीं हो सके हैं। सभी भाववादी विचारक समता विरोधी रहे हों, ऐसा भी नहीं कहा जा सकता। आखिर कबीर जैसा क्रांतिकारी भी भाववादी ही था। ध्यान रखना होगा कि मनुष्य की सर्वश्रेष्ठता का घोष करने वाले व्यास पदार्थवादी नहीं थे। हाँ यह अवश्य सत्य है कि हमारा व्यापक सरोकार गोचर और यथार्थ जगत् से ही है। जन साधारण के सुख-दुःख, योग-क्षेम, जय-पराजय आदि का मूलस्त्रोत यथार्थ जगत ही है। इसलिए जन-सामान्य को केन्द्र में रखकर रचित साहित्य भी यथार्थ जगत् से ही सम्बद्ध होना चाहिए। यथार्थ जगत् की समस्याएँ समाज की स्थिति और व्यवस्था से जुड़ी हुई हैं। इसलिए ऐसी व्यवस्था जो सामान्य जन के हितों की उपेक्षा करने वाली हो उसका विरोध होना चाहिए। यह विरोध कला और साहित्य के स्तर पर रचनात्मक तरीके से भी हो सकता है। डॉ. शर्मा ने इस तथ्य को पहचान कर ही साहित्य की गतिशील चेतना का विश्लेषण किया है। भारतेन्दु हरिश्चन्द्र, महावीरप्रसाद द्विवेदी, आचार्य रामचन्द्र शुक्ल, निराला और प्रेमचन्द की कृतियों को प्रतिमान मानकर परवर्ती साहित्य की मूल्यवत्ता का निर्धारण ही इस बात का प्रमाण है कि बद्धमूल जीवन-दृष्टि के बावजूद डॉ. शर्मा का विवेक आग्रह-ग्रस्त नहीं है। उनसे सहमत न होने वाले समीक्षक और विचारक भी उनकी उपेक्षा करके आगे नहीं बढ़ सकते। उनके विरोधी भी स्वीकार करते हैं कि अकेले डॉ. शर्मा ने हिन्दी आलोचना के क्षितिज को जितना विस्तार दिया है, वह हिन्दी लेखकों स्वीकार करना होगा—जो सामूहिक प्रयत्न द्वारा भी संभव नहीं है। जो कि डॉ. शर्मा का व्यक्तित्त्व विरल और अप्रतिम है।

काव्य में ज्ञानात्मक संवेदन की तलाश : मुक्तिबोध की समीक्षा-दृष्टि

आधुनिक मार्क्सवादी विचारकों में मुक्तिबोध का स्थान विवादास्पद किन्तु महत्त्वपूर्ण है। वे भले ही भाव-वादी चिन्तन से प्रभावित रहे हों और भले ही उनमें अन्त तक भाव-वादी चिन्तन के संस्कार उनके आत्म-संघर्ष को बढ़ाते और तीव्र करते रहे हों, यह निर्विवाद है कि उन्होंने आधुनिक साहित्य-चिन्तन को मार्क्सवादी आधार देने में महत्त्वपूर्ण भूमिका अदा की है। इतना तो डॉ० राम विलास शर्मा भी स्वीकार करते हैं कि 'मुक्तिबोध को इस बात का श्रेय है कि हिन्दी के बुद्धिजीवियों में जिस नये अवसरवाद का विकास हुआ उसे उन्होंने पहचाना। उन्होंने साम्राज्यवाद से उसके सम्बन्ध का उल्लेख एक से अधिक बार किया और उसकी प्रगति-विरोधी स्थापनाओं का खण्डन किया।' (नयी कविता और अस्तित्ववाद, पृष्ठ-232) यही नहीं मुक्तिबोध ने स्वाधीनता-आन्दोलन और छायावादी काव्य इन दोनों के प्रति सकारात्मक रुख अपनाया। डॉ० शर्मा के शब्दों में-- 'यह स्पष्ट है कि अस्तित्ववादियों के विपरीत छायावादी साहित्य के प्रति मुक्तिबोध का दृष्टिकोण सकारात्मक था, वह उस साहित्य की गरिमा स्वीकार करते थे।' (वही, पृष्ठ-232) यह सही है कि हिन्दी की आधुनिक प्रगतिवादी समीक्षा से मुक्तिबोध सन्तुष्ट नहीं थे और वे यह मानते थे कि प्रगतिवादी समीक्षक नई पीढ़ी की वास्तविक जिन्दगी के संघर्ष को नजर अन्दाज कर देते हैं और उनको तभी महत्त्व देते हैं जब वे 'प्रगतिवादी भावों' को उन्हीं के ढर्रे पर प्रकट करें। वे लिखते हैं-- 'जब यह पीढ़ी निराशा, घुटन, उदासीनता, प्रणय, स्नेह, सौन्दर्य, आश्चर्य, साहस, उत्साह, संघर्ष और विजय की भावनाओं का मनोवैज्ञानिक चित्रण करती है, तो उन्हें वह आत्मबद्ध, आत्म-ग्रस्त, कुण्ठामय, अवरुद्ध और व्यक्तिनिष्ठ, अहंवादी और गतिरुद्ध प्रतीत होती है। कुल मिलाकर नतीजा यह है कि ये आलोचक साहित्य की वास्तविक जन्मदात्री पीढ़ी की जिन्दगी समझ ही नहीं पाते।' (मुक्तिबोध रचनावली, 5, पृष्ठ-71) किन्तु यह भी सत्य है कि 'मार्क्सवाद' पर उनकी आस्था किसी भी अन्य जीवन-दर्शन से कहीं अधिक थी। उन्होंने स्पष्ट शब्दों में कहा है-- 'मार्क्सवाद मनुष्य की अनुभूति को ज्ञानात्मक प्रकाश प्रदान करता है। वह उसकी अनुभूति को बाधित नहीं करता, वरन् बोध-युक्त करते हुए उसे अधिक परिष्कृत और उच्चतर स्थिति में ला देता है।' (रचनावली, 5, पृष्ठ-88) यही नहीं मुक्तिबोध ने 'मानव-चेतना', 'कला', 'सौन्दर्यानुभूति', 'वस्तु और रूप' तथा 'साहित्य के उद्देश्य' आदि के सम्बन्ध में जो विचार व्यक्त किये हैं, उन पर मार्क्सवादी चिन्तन की छाप स्पष्ट है। साहित्य जीवन-सापेक्ष्य होता है। इसलिए साहित्य की सही समझ के लिए जीवन की समझ आवश्यक है।

जीवन की व्याख्या करते हुए मुक्तिबोध ने कहा है--'हमारा जीवन त्रिकोणात्मक है। उसकी एक भुजा हमारे बाह्य जगत् यानी मानव सम्बन्धों के विशिष्ट क्षेत्र अर्थात् के बीच से होती हुई, उस छोर तक पहुँच जाती है, जिसे हम देश और जाति की राजनीतिक सामाजिक स्थिति कह सकते हैं कि

जो स्थिति मानव इतिहास के विकास के एक विशेष स्तर और विशेष अवस्था का नाम है। इस त्रिकोण की दूसरी भुजा हमारा वह अन्तरंग जीवन है कि जो अन्तर्जीवन बाल्यकाल से ही बाह्य को, बाह्य की क्रियाओं और रूपों को आत्मसात् करता हुआ, उस बाह्य के विरुद्ध या अनुकूल प्रतिक्रियाएँ करता हुआ, उन प्रतिक्रियाओं के विभिन्न संवेदनात्मक पुंज बनाता हुआ और उन पुंजों के सहारे जीवन-ज्ञान का विकास करता हुआ और उस जीवन-ज्ञान के सहारे स्वयं को बाह्य से मिलाने और बाह्य को अपने से मिलाने अर्थात् उस बाह्य के साथ स्वयं को द्वन्द्व रूप में या सामंजस्य रूप में अथवा इन दोनों स्थितियों के संगत-असंगत सम्मिलित रूप में स्थापित करने, बाह्य को काट-छाँट कर उसे अपने अनुकूल बनाने या स्वयं ही काट-छाँट कर अपने को उसके अनुसार- बनाने का प्रयत्न करता रहता है..... हमारे जीवन के इस त्रिभुज की आधार-रेखा हमारी अपनी चेतना है, कि जो चेतना उपर्युक्त दो भुजाओं के बिना अपना स्वरूप और आकार ही स्थापित नहीं कर सकती।' (रचनावली, चार, पृष्ठ-215-16) मुक्तिबोध की उपर्युक्त मान्यता का निष्कर्ष है-- 'मनुष्य के अन्तर्जीवन का इतिहास बाह्य द्वारा दिये गये तत्त्वों से बना हुआ होता है।' (वही, पृष्ठ-215) और उसकी 'चेतना के तत्त्व' बाह्य के आत्मसात्कृत बिम्ब हैं।' उनका आधार बाह्यगत है, आकार बाह्यगत है किन्तु उनकी अग्नि और उनका तेज आत्मगत है।' (वही, पृष्ठ-217) जहाँ तक 'साहित्य' और 'कला' का प्रश्न है, मुक्तिबोध उसकी 'सापेक्ष स्वतन्त्रता' स्वीकार करते हैं। वे कहते हैं-- 'कला, चाहे वह यथार्थवादी कला ही क्यों न हो, एक आत्मपरक प्रयास है, वरन् उसकी अपनी एक सापेक्ष-स्वतन्त्रता है। वह व्यक्ति-सापेक्ष्य है, जीवन-सापेक्ष्य है, वर्ग-सापेक्ष्य है। वह स्वतन्त्र भी है। वह स्वतन्त्र इस अर्थ में है कि जो भाव-बीज कलाकार के अन्तःकरण में उदित होकर, उसके सहारे संवेदना और अनुभवों द्वारा परिपोषित होकर, विस्तार ग्रहण करके, उसके अन्तर्मन को आच्छादित करते हुए अपनी अभिव्यक्ति-लक्ष्य की ओर विकास-यात्रा करता है, तो उस भाव-बीज की विकास-यात्रा और उसकी अभिव्यक्ति अपने आप में विभिन्न और अनुकूल विपरीत तत्त्वों का एक गतिशील किन्तु संगतिबद्ध और सामंजस्य-बद्ध रूप बन जाती है।' (रचनावली, 5, पृष्ठ-360)

मुक्तिबोध ने सौन्दर्यानुभूति की दशा को आत्म-बद्ध दशा से परे इस जिन्दगी से हटकर मन की मुक्त या स्वतन्त्र संचरण की दशा माना है। वे कहते हैं-- 'सौन्दर्यानुभव अर्थात् कलात्मक अनुभव के लिए मनुष्य को क्षण भर के लिए ही क्यों न सही, अपनी दृष्टि बदलनी पड़ती है। आत्मबद्ध-दशा के भीतर रहकर जो हमारी दृष्टि होती है, वह बद्धता से मुक्ति की दशा में प्राप्त दृष्टि से भिन्न है। संक्षेप में क्षण भर के लिए ही क्यों न सही, आत्मबद्ध दशा के बाहर जाने, अर्थात् अपने पार जाने, या इस जिन्दगी से जरा हटकर दृष्टि का कोण बदलने के उपरान्त बाह्य प्रत्यक्ष अथवा मानस-प्रत्यक्ष में भीगने और रमने से ही आत्मबद्धता से रहित वह मुक्ति की अवस्था प्राप्त होती है, जब हमारे मन का स्वतन्त्र संचरण होता है और संवेदनात्मक उद्देश्यों के अनुसार उद्दीप्त कल्पना-शक्ति जीवनानुभवों को विशेष पैटर्न में उपस्थित करती हुई उन्हें संवेदनात्मक उद्देश्यों की पूर्ति की ओर ले जाती है।' (रचनावली, 5, पृष्ठ-265) उपर्युक्त कथन का सारांश यह है कि जब रचनाकार आत्मबद्ध दशा से मुक्त होकर बाह्य प्रत्यक्ष अथवा मानस प्रत्यक्ष में भीगने या रमने लगता है तब वह सौन्दर्य की अनुभूति करता है। इस दशा में उसकी कल्पना-शक्ति उद्दीप्त हो जाती है और वह जीवनानुभवों को विशेष पैटर्न में उपस्थित करती हुई संवेदनात्मक उद्देश्यों की पूर्ति की ओर ले जाती है। यहाँ यह ध्यान देने की बात है सौन्दर्यानुभूति के क्षणों में उद्दीप्त कल्पना-शक्ति जिस वस्तु को संवेदनात्मक उद्देश्यों की पूर्ति की ओर ले जाती है वह जीवनानुभव ही है। मुक्तिबोध यह नहीं मानते कि कला का प्रसव सौन्दर्यानुभूतियों के क्षण में ही होता है। वे कहते हैं-- 'कला का

प्रसव सौन्दर्यानुभूतियों के क्षण में ही होता है, यह एक अनिवार्य नियम नहीं है यदि सचमुच वैसा होता तो महाकाव्य और खण्ड-काव्य न लिखे जाते।' (रचनावली, 5, पृष्ठ-252) मुक्तिबोध यह मानते हैं कि 'तत्सम्बन्धी सौन्दर्यवादी सिद्धान्त 'नयी कविता' के क्षेत्र में किये गये शीत-युद्ध की उपज है और चूँकि वे एक विशेष प्रकार की मनोवृत्ति वाले कवियों के कुछ आन्तरिक आग्रहों को सन्तुष्ट करते थे, इसलिए उनका प्रचार भी काफी हुआ और अभी भी उनका पर्याप्त प्रभाव है।' (वही, पृष्ठ-262) इस प्रकार मुक्तिबोध 'नयी कविता' के 'क्षणवादी' सिद्धान्त का विरोध करते हैं। उन्होंने स्पष्ट कहा है-- 'कलाकार को अपनी कलाकृतियों की रचना के लिए सौन्दर्यानुभूतियों के क्षण की प्रतीक्षा करने की, उस पर सर्वथा निर्भर रहने की आवश्यकता नहीं होती।' (वही, पृष्ठ-262) मुक्तिबोध ने 'वस्तु' और 'रूप' के स्वरूप और अन्तःसम्बन्ध पर विस्तार से विचार किया है। 'वस्तु-तत्त्व' को स्पष्ट करते हुए वे कहते हैं--'सच तो यह है कि काव्य का वस्तु तत्त्व वह मनस्तत्त्व है जो कि अभिव्यक्ति के लिए आतुर हो उठा है, हाँ, यह सही है कि इस मनस्तत्त्व का आधार-कारण कवि की प्रकृति और जीवन-जगत् इन दोनों की परस्पर प्रतिक्रिया के गुम्फों से तैयार हुआ है।' (रचनावली, 5, पृष्ठ-99) मुक्तिबोध 'काव्य-वस्तु' और 'काव्य-विषय' में अन्तर करते हैं। वे कहते हैं-- 'तुलसी का मानस' और वाल्मीकी का 'रामायण' दोनों का विषय एक होते हुए भी मेरे ख्याल से दोनों के काव्यगत वस्तु-तत्त्व अलग-अलग हैं।' (रचनावली, 5, पृष्ठ-99) काव्य की वस्तु अर्थात् मनःतत्त्व कवि मन के भीतर की अन्तर्तत्त्व-व्यवस्था का ही एक भाग होता है। वस्तुतः रचनाकार का संवेदनशील मन बाह्य जीवन-जगत् का निरन्तर अभ्यन्तरीकरण करता रहता है। काव्य-वस्तु उसी अभ्यन्तरीकृत तत्त्व का रचनाकार की प्रवृत्ति द्वारा संशोधित-सम्पादित-विकसित रूप होता है। अपनी पूरी स्थापना को तीन सूत्रों में प्रस्तुत करते हुए मुक्तिबोध कहते हैं--

1. अन्तर्तत्त्व संशोधित-सम्पादित-आत्मसातकृत बाह्य जगत् ही है
2. मन का स्वातन्त्र्य सापेक्ष्य है
3. मन की ऊर्जा में ही उसकी स्वतन्त्रता है, किन्तु वह ऊर्जा भी देह-स्थिति और वातावरण से नियंत्रित है। (वही, पृष्ठ-100)

मन के भीतर अन्तर्तत्त्व को कला-वस्तु बनने के लिए मन की आँखों के सामने 1.तरंगायित, 2. उद्घाटित, 3. आलोकित, 4. अभिव्यक्ति के लिए आतुर होना आवश्यक है। इसी क्रम में मुक्तिबोध कला के तीन क्षणों की व्याख्या प्रस्तुत करके कला की रचना-प्रक्रिया को स्पष्ट करते हैं। वे कहते हैं--'तरंगायित होने का सम्बन्ध आवेग से है। उद्घाटित होने की अवस्था का सम्बन्ध बोध-पक्ष से हैं- ऐसे बोध पक्ष से जो ज्ञानात्मक आधार पर स्थिर होकर व्यक्तिबद्धता की स्थिति से अनुभवकर्ता को ऊँचा कर देता है। वस्तुतः यहीं से रूप-पक्ष का भी आरम्भ हो जाता है। मनस्तत्त्व यहाँ रूप लेकर प्रस्तुत होता है।' (वही, पृष्ठ-101)। कला का द्वितीय क्षण तब से आरम्भ होता है, जब वह मनस्तत्त्व अन्य अनुभवों से जुड़कर अधिक संश्लेषित और कल्पनालोकित हो जाता है। इस स्थिति में उसमें व्यापक अर्थ आ जाता है, वह अधिक सामान्य हो जाता है। व्यक्ति-बद्धता की स्थिति समाप्त हो जाती है और अनुभवकर्ता इस सामान्यीकृत मनस्तत्त्व को शब्द, स्वर, रंग में अभिव्यक्त करने के लिए आतुर हो जाता है। यहाँ से कला का तीसरा क्षण आरम्भ होता है। इस तीसरे क्षण में जब मनस्तत्त्व बाह्योन्मुख होकर अपने अनुकूल रूप लेकर मूर्त्त होता है तब प्रथम और द्वितीय क्षणों में प्राप्त रूप-पक्ष बहुत कुछ बदल जाते हैं। 'परिणामतः पूर्ण की हुई कविता, पूर्ण की हुई कलाकृति, अपनी पूर्वगत तत्त्वानुभूति की वास्तविकता से बहुत कुछ भिन्न हो जाती है।' (वही,

पृष्ठ-102) अपनी पूरी स्थापना को निष्कर्ष रूप में प्रस्तुत करते हुए मुक्तिबोध कहते हैं-- 'जिस प्रकार हम जीवन में बाह्य जीवन-जगत् को अपने अभ्यन्तर में संशोधित-सम्पादित कर आत्मसात् करते जाते हैं उसी तरह हम शब्दों द्वारा आत्मसात् कृत को बाह्यगत करते जाते हैं, चाहे ये शब्द साधारण बात-चीत में प्रकट हों, भाषणों में, लेखों में प्रकट हों अथवा छन्द-लय में उद्घाटित हों। बाह्य का अभ्यन्तरीकरण और अभ्यन्तरीकृत का बाह्यीकरण-- यह एक चक्र है जो अविरत है।' (वही, पृष्ठ-102) 'वस्तु और रूप' के अन्तर-सम्बन्धों की मनोवैज्ञानिक व्याख्या करते हुए भी मुक्तिबोध काव्य को केवल व्यक्तिगत मनोवैज्ञानिक प्रक्रिया नहीं मानते, वे उसे एक सांस्कृतिक प्रक्रिया मानते हैं। वे कहते हैं--'फिर से कह दूँ कि काव्य-रचना केवल व्यक्तिगत मनोवैज्ञानिक प्रक्रिया नहीं है। वह एक सांस्कृतिक प्रक्रिया है और भी एक आत्मिक प्रयास है। उसमें जो सांस्कृतिक मूल्य परिलक्षित होते हैं, वे व्यक्ति की अपनी देन नहीं, समाज की या वर्ग की देन हैं।' (रचनावली, 5, पृष्ठ-195) मुक्तिबोध 'नयी कविता' के ऐसे पक्षधरों को प्रतिक्रियावादी मानते हैं जो 'क्षणवाद' के समर्थक हैं और यह कहते हैं कि चित्त का द्रवण-क्षण ही काव्य-रचना का वास्तविक क्षण है। वे कहते हैं-- 'नये कवियों को यह बताया गया है कि तथाकथित एस्थेटिक इमोशन तक ही सीमित रहे। हृदय में संचित वास्तविक जीवनानुभवों को- यदि वे एस्थेटिक इमोशन के क्षण में बहकर नहीं आते - व्यक्त करना गलत होगा। यह एक ऐसा सिद्धान्त है, जिसके पीछे न केवल विशेष सौन्दर्याभिरुचि है, वरन् विशेष प्रकार के विषय-संकलन का आग्रह भी है। किन्तु इस सिद्धान्त का मुख्य हेतु यह है कि व्यक्ति को 'व्यक्तिबद्ध' बनाया जाये। यह सिद्धान्त मनोवैज्ञानिक दृष्टि से अनुचित और व्यावहारिक दृष्टि से प्रतिक्रियावादी है।' (वही, पृष्ठ-194) वे लेखक की ईमानदारी इस बात में मानते हैं कि वह अपने प्रति और अपने युग के प्रति उत्तरदायी हो। वे अन्तर्जीवन के चित्रण और आत्मपरकता को गलत नहीं मानते किन्तु वे यह चाहते हैं कि अन्तःकरण में स्थित जीवनानुभवों को उनके सम्पूर्ण बाह्य सन्दर्भों के साथ उपस्थित किया जाय। वे एक प्रकार से चेतावनी देते हुए कहते हैं-- 'प्रगतिवाद ने मनुष्य जीवन का केवल राजनैतिक पक्ष उठाया, उसने सम्पूर्ण मनुष्य को अपना काव्य-विषय नहीं बनाया। यदि इसी प्रकार 'नयी कविता' भिन्न प्रकार से एकांगी हो जाती है तो उसके लिए यह कल्याणकर सिद्ध नहीं होगा।' (वही, पृष्ठ-195) जो लोग शुद्ध साहित्यिक सौन्दर्य की बात कहते हैं, मुक्तिबोध उनसे कत्तई सहमत नहीं हैं। वे कहते हैं-- 'शुद्ध साहित्यिक सौन्दर्य, मात्र सौन्दर्य, सौन्दर्य की निरपेक्ष सत्ता स्वीकार करने वाले लोग या तो स्वयं धोखे में हैं, अथवा धोखा देना चाहते हैं।' (वही, पृष्ठ-45)

साहित्य के उद्देश्य पर विचार करते हुए मुक्तिबोध ने जो कुछ कहा है उससे उनका दृष्टिकोण और स्पष्ट होकर सामने आता है। वे कहते हैं-- 'जनता के साहित्य से अर्थ है ऐसा साहित्य जो जनता के जीवन-मूल्यों को, जनता के जीवनादर्शों को प्रतिष्ठापित करता हो, उसे अपने मुक्ति-पथ पर अग्रसर करता हो, इस मुक्ति-पथ का अर्थ राजनैतिक मुक्ति से लगाकर अज्ञान से मुक्ति तक है। अतः इसमें प्रत्येक प्रकार का साहित्य सम्मिलित है बशर्ते कि वह सचमुच उसे मुक्तिपथ पर अग्रसर करे।' (वही, पृष्ठ-50) मुक्तिबोध की साहित्य-दृष्टि को समझने के लिए उनके सिद्धान्त - विवेचन से अधिक उपयोगी उनकी व्यावहारिक समीक्षा है। उन्होंने 'कामायनी' और 'नयी कविता' की विस्तृत समीक्षा की है। इसके अतिरिक्त उन्होंने 'त्रिलोचन', 'सुभद्रा कुमारी चौहान', 'हरिशंकर परसाई', 'प्रेमचन्द', 'शमशेर', 'भारत भूषण अग्रवाल', 'सुमित्रा नन्दन पन्त', 'धर्मवीर भारती', 'दिनकर' और 'कुँवरनारायण' की रचनाओं की भी समीक्षा की है। इन समीक्षाओं में व्यक्त उनके विचार और निष्कर्ष उन्हें समझने के लिए नितान्त आवश्यक है। मुक्तिबोध ने 'कामायनी' की समीक्षा करते हुए

यह प्रतिपादित किया है कि 'प्रसाद' में जीवन-यथार्थ को समझने की क्षमता थी। उनकी संवेदनशीलता भी उच्च कोटि की थी। किन्तु जीवन-यथार्थ से उत्पन्न समस्याओं का जो समाधान उन्होंने प्रस्तुत किया वह वायवीय है, अव्यावहारिक है। वह वैयक्तिक धरातल पर, अद्वैतवादी दर्शन की आदर्शवादी परिणति के आधार पर किया गया है। स्वयं मुक्तिबोध के शब्दों में -- 'अधिक से अधिक, प्रसाद जी के सम्बन्ध में यह कहा जा सकता है कि उनका दर्शन एक उदार पूँजीवादी-व्यक्तिवादी दर्शन है, जो यदि एक मुँह से वर्ग विषमता की निन्दा करता है, तो दूसरे मुँह से वर्गातीत समाजातीत, व्यक्तिमूलक चेतना के आधार पर समाज के वास्तविक द्वन्द्वों का वायवीय तथा काल्पनिक प्रत्याहार करते हुए 'अभेदानुभूति' के आनन्द का ही सन्देश देता है। निश्चय ही समाजातीत, वर्गातीत, व्यक्तिमूलक आनन्दवादी अद्वैतवाद, अपने अन्तिम निष्कर्षों में, उसी विषमतापूर्ण समाज की स्थिति में कुछ सतही ऊपरी परवर्तन करके संतुष्ट है।' (रचनावली, चार, पृष्ठ-236) 'त्रिलोचन' की 'धरती' की समीक्षा 1946 ई० में प्रकाशित हुई थी और सुभद्रा कुमारी चौहान का मूल्यांकन 1948 ई० में। उस समय तक प्रगतिवाद का आकर्षण कम हो गया था किन्तु नयी कविता का दौर आरंभ नहीं हुआ था। 1946 में त्रिलोचन की संघर्षशील चेतना का उल्लेख करते हुए मुक्तिबोध ने कहा था-- 'इसी संघर्ष ने उसकी चेतना को मात्र विकसित ही नहीं किया है, उसे प्रसरणशील भी बनाया और जीवन के विविध अंगों को समझने की शक्ति भी दी। इस वैविध्य के प्रति संघर्षात्मक प्रसरणशील अनुरक्ति ने उसके मन को वस्तून्मुख और बुद्धि-प्रधान भी कर दिया है। इसके कारण ही उसके काव्य में बेचैनी और विह्वलता नहीं है, बल्कि एक विशेष प्रकार की तटस्थता है।' (रचनावली, 5, पृष्ठ-383) सुभद्रा जी के काव्य का मूल्यांकन करते हुए उन्होंने लिखा है-- 'प्रगतिशील आलोचकों तथा लेखकों के लिए सुभद्रा जी के काव्य में नवीन सामग्री है, आत्मसात् करने के लिए। विशेषकर उनकी काव्यशैली में जीवन-प्रसंगों की भूमिका तथा कुछ कविताओं के नाटकीय तत्त्व के साहित्यिक महत्त्व का आकलन आवश्यक है। साथ ही सर्वप्रधान वस्तु है, जीवन के वास्तविक धरातल पर बाह्य स्थिति परिस्थितियों से मानसिक संवेदनात्मक प्रतिक्रिया और उसको काव्योचित महत्त्व प्रदान करने का कार्य, जो हिन्दी के बहुत थोड़े कवियों ने किया है।' (वही, पृष्ठ-400) श्री हरिशंकर परसाई की विशेषता लक्षित करते हुए उन्होंने कहा-- 'परसाई का सबसे बड़ा सामर्थ्य संवेदनात्मक रूप से यथार्थ का आकलन है, चाहे वह राजनीतिक प्रश्न हो या चरित्रगत। हमारे यहाँ की साहित्यिक संस्कृति ने सच्चाई के प्रकटीकरण पर जो हदबन्दी करके रखी है, उसे देखते हुए परसाई जी की कला सहज ही वामपंथी हो जाती है।' (वही, पृष्ठ-423)

'प्रेमचन्द' उनकी दृष्टि में 'उत्थानशील भारतीय सामाजिक क्रान्ति के प्रथम और अन्तिम महान् कलाकार थे।' (वही, पृष्ठ-426) प्रेमचन्द के कथा-साहित्य के नैतिक प्रभाव से वे मुग्ध थे। उन्होंने कहा है--'प्रेमचन्द का कथा-साहित्य पढ़कर आज हम एक उदार और उदात्त नैतिकता की तलाश करने लगते हैं, चाहने लगते हैं कि प्रेमचन्द के पात्रों के मानवीय गुण हंममें समा जायें, हम उतने ही मानवीय हो जायँ जितना कि प्रेमचन्द चाहते हैं।' (वही, पृष्ठ-246) 'शमशेर' की कई विशेषताएँ उन्होंने लक्षित की है। उनकी दृष्टि में शमशेर की मूल मनोवृत्ति एक इम्प्रेशनिस्टिक चित्रकार की है। वे मनोवैज्ञानिक यथार्थवादी हैं। वे प्रणयजीवन के प्रसंगबद्ध रसवादी कवि हैं। वे विशिष्ट भाव-प्रसंग में विभिन्न संवेदनाओं के प्रभावकारी गुणों के चित्र इम्प्रेशनिस्टिक शैली में चित्रित करने में अन्यतम हैं। निष्कर्ष रूप में वे कहते हैं-- 'असल में शमशेर की आला एक रोमैन्टिक क्लासिकल प्रकार की है। किन्तु इम्प्रेशनिस्टिक होने के कारण, उनका जोर संवेदन-विशिष्टता और संवेदनाघात पर और केवल इसी पर होने से वे नयी कविता के एक अद्वितीय कवि के रूप में हमारे सामने आते हैं।'

(वही, पृष्ठ-436) भारत भूषण अग्रवाल का काव्य उन्हें इसलिए प्रभावित करता है कि उसने अनेक जीवन-सत्यों को उद्‌घाटित किया है। जीवन की असंगतियों का पर्दाफाश किया है। उनके ये उद्‌घाटन महत्त्वपूर्ण हैं, इसलिए उनका काव्य महत्त्वपूर्ण रहेगा।' (वही, पृष्ठ-441) धर्मवीर भारती के 'अन्धायुग' की उनकी समीक्षा अत्यन्त महत्त्वपूर्ण है। उन्होंने लिखा है--'पहली बात जो बार-बार दिमाग से टकराती है, वह यह कि श्री भारती ह्रास के लक्षणों को उसके कारणों से कन्फ्यूज कर देते हैं। नैतिक गिरावट स्वयं एक लक्षण है, जो अन्य घटनाक्रमों या अन्य मानसिक विकास दृश्यों का कारण हो सकती है किन्तु इस गिरावट का कारण व्यक्तिगत और मनोवैज्ञानिक है या ऐतिहासिक, समाजशास्त्रीय? इस प्रश्न पर या तो श्री भारती ने विचार नहीं किया या विचार करके उसे छोड़ दिया, उसकी तह में नहीं गये। स्पष्ट रूप से कहा जाय तो श्री भारती सभ्यता की आलोचना तो करते हैं किन्तु समाजशास्त्रीय जिज्ञासा के अभाव के शिकार होकर।' (वही, पृष्ठ-443) यह होने पर भी उन्होंने स्वीकार किया है कि 'अन्धायुग' नयी साहित्यिक पीढ़ी का एक अत्यन्त मूल्यवान और महत्वपूर्ण प्रयास है। 'सुमित्रा नन्दन पन्त' का मूल्यांकन करते हुए मुक्तिबोध ने एक प्रकार से 'छायावाद' के सभी प्रमुख कवियों-- निराला, प्रसाद, महादेवी-- का मूल्यांकन कर दिया है। उन्होंने लक्षित किया है कि 'वास्तविक जीवनानुभव की जितनी सम्पन्नता 'निराला' और 'प्रसाद' में है (महादेवी में भी) उतनी, उस हद तक, उस मात्रा में पन्त जी के पल्ले नहीं पड़ी। इसीलिए उनका काव्य मात्र दृष्टिकाव्य बनकर रह गया मर्मकाव्य नहीं बन सका।' वे कहते हैं-- 'जहाँ इस प्रकार दृष्टि-काव्य प्रकट हुआ, वहाँ-वहाँ जीवन तत्त्वों की रिक्तता सी प्रकट होने लगी।' (रचनावली, 5 पृष्ठ-477,) यह होने पर भी मुक्तिबोध अनुभव करते हैं कि पन्त जी में अद्‌भुत सहानुभूति क्षमता है। जनगण के प्रति उनकी सहानुभूति बौद्धिक नहीं हैं, छिछली नहीं है, सतही नहीं, वह बहुत गहरी है।' (वही, पृष्ठ-451) पन्त जी के काव्य की सबसे बड़ी विशेषता **यह है कि उसमें 'मनुष्य' चित्रित है। यह मनुष्य अमूर्त्त नहीं है, वह साक्षात् जनगण है**। मुक्तिबोध के शब्दों में-- 'जहाँ पन्त जी इस जनगण से एकीभूत होकर भावनास्तर पर बात करने लगते हैं, तब जिस प्रकृति-सौन्दर्य का वे चित्रण करते हैं उस सौन्दर्य में भी जन-जन के मुख झलकने लगते हैं। पन्त जी 'मानवतावादी' नहीं। 'मानवतावाद' का एक अरूपवाद है एक ऐब्स्ट्रैक्शन है। पंन्त जी मनुष्यवादी हैं, जनवादी हैं, उनका काव्य इस नयी भावना से उद्‌दीप्त हो उठा है।' (वही, पृष्ठ-455)

'दिनकर' की 'उर्वशी' की समीक्षा करते हुए मुक्तिबोध ने बताया है कि यह एक कृत्रिम मनोविज्ञान पर आधारित है। वस्तुतः कवि अपनी कामात्मक स्पृहाओं को उचित ठहराना चाहता है, इसलिए उसने आध्यात्मिक-रहस्यवाद का सहारा लिया है। मुक्तिबोध के शब्दों में, 'उर्वशी एक बृहत् कल्पना स्वप्न है, जिसके द्वारा और जिसके माध्यम से लेखक अपनी कामात्मक स्पृहाओं का आदर्शीकरण करता है और उन्हें एक सर्वोच्च आध्यात्मिक औचित्य प्रदान करता है। कथानक की ऐतिहासिकता केवल एक भ्रम है।' (वही, पृष्ठ-464) यहाँ यह स्मरणीय है कि डॉ० रामविलास शर्मा ने 'उर्वशी' को 'दिनकर' का शिखर, ग्रन्थ माना है और कहा है कि-- 'सामयिक कविता की उपलब्धियाँ, उसके आयाम और उसकी विधायें इस मेरु के आस-पास उगे हुए झाड़-झंखाड़ जैसी लगती हैं। कल्पना और यथार्थ, दर्शन और शृंगार के अद्‌भुत सम्मिश्रण के कारण यह ग्रन्थ प्रत्येक मनीषी, कवि और काव्य-प्रेमी के चिन्तन, अध्ययन और रसास्वादन का केन्द्र बनेगा।' (भाषा युग-बोध और कविता, पृष्ठ-204) मुक्तिबोध ने कुँवर नारायण के काव्य- 'परिवेश : हम-तुम' की विस्तृत समीक्षा की है। उनके अनुसार, **'कुँवर नारायण की कविता अन्तरात्मा की पीड़ित विवेक चेतना और जीवन की आलोचना है।'** (रचनावली, 5, पृष्ठ-473) वे मूलतः आदर्शवादी कवि हैं। उन्होंने

अपना एक शिल्प विकसित कर लिया है जिसमें कहने की सादगी, संवेदन की तीव्रता, रंगों की गहराई और ख्यालों की लकीरें साफ-साफ उभर कर आती है।' (रचनावली, 5, पृष्ठ 473) उनकी कमजोरी यह है कि उन्होंने वर्तमान सभ्यता का जो विश्लेषण किया है, वह सही नहीं है, वह अपूर्ण है। कुँवर नारायण के लिए वर्तमान सभ्यता यन्त्र सभ्यता है जबकि सत्य यह है कि यह सभ्यता अन्याय और शोषण पर आधारित पूँजीवादी सभ्यता है। फिर भी कुँवर नारायण के शब्द-चित्र मुक्तिबोध को प्रिय हैं। वे कहते हैं-- ''कुँवर नारायण ने जो बाह्य सौन्दर्य-चित्र प्रस्तुत किये हैं-- चाहे वह घर में आई किरन के हों या नारी रूप के, धूप के अथवा सिर्फ खुशी के, हमें यह कहना पड़ता है कि वे शब्द-चित्र बहुत प्रभावोत्पादक हैं और साथ ही 'नयी कविता' के विकसित रूप को सूचित करते हैं।'' (वही, पृष्ठ- 477)

मुक्तिबोध द्वारा की गयी उपर्युक्त समीक्षात्मक टिप्पणियाँ ध्यान देने योग्य हैं। 'प्रसाद' की 'कामायनी' में प्रस्तुत दार्शनिक समाधान को वायवीय और अव्यावहारिक कहना; 'त्रिलोचन' के काव्य में उनकी संघर्ष-चेतना को लक्षित करना, सुभद्रा कुमारी चौहान की कविता में जीवन-प्रसंगों की भूमिका को महत्त्व देना, परसाई द्वारा संवेदनात्मक रूप से किये गये यथार्थ के आकलन को उनकी सबसे बड़ी शक्ति बताना, प्रेमचन्द को भारतीय सामाजिक क्रान्ति का प्रथम और अन्तिम महान् कलाकार कहना, शमशेर को प्रणय-जीवन का प्रसंग-बद्ध रसवादी कवि कहना, जीवन-सत्य के उद्घाटन के कारण भारत-भूषण अग्रवाल की कविता को महत्त्व देना, 'भारती' में समाजशास्त्रीय जिज्ञासा का अभाव देखना, 'दिनकर' की उर्वशी को कृत्रिम मनोविज्ञान पर आधारित बताना और कुँवर नारायण द्वारा किये गये वर्तमान सभ्यता के विश्लेषण को अपूर्ण मानना मुक्तिबोध की प्रगतिशील-समीक्षा-दृष्टि का सूचक है। यह अवश्य है कि, मुक्तिबोध ने रचना के मनोवैज्ञानिक पक्ष पर भी ध्यान दिया है और रचनाकारों के शिल्प की भी सराहना की है। वे जितना महत्व 'रचना' को देते हैं उतना ही रचना-प्रक्रिया को भी। किन्तु उन्होंने कहीं भी रचना के समाजशास्त्रीय पक्ष और उसके नैतिक प्रभाव की उपेक्षा नहीं की है। रचना के मनोवैज्ञानिक पक्ष पर उचित महत्त्व देने के कारण उनका समाजशास्त्रीय-विश्लेषण अधिक विश्वसनीय हो गया है। कृति-विशेष के सम्बन्ध में उनके निर्णय से असहमत हुआ जा सकता है किन्तु समीक्षा-दृष्टि की प्रगतिशीलता से इन्कार नहीं किया जा सकता। इस सन्दर्भ में मुक्तिबोध द्वारा किया गया मध्ययुगीन भक्ति-आन्दोलन का विश्लेषण भी स्मरणीय है। हम यहाँ इस विवाद को नहीं उठाना चाहते कि--'निर्गुण मतवाद के जनोन्मुख रूप और उसकी क्रान्तिकारी जातिवाद विरोधी भूमिका के विरुद्ध तुलसीदास ने पुराण मतवादी वर्णाश्रम धर्म के पुनर्विजय की घोषणा की या नहीं की, हम मुक्तिबोध की इस मूल स्थापना-- **'भक्ति-आन्दोलन का आविर्भाव एक ऐतिहासिक-सामाजिक शक्ति के रूप में जनता के दुखों और कष्टों से हुआ'** को पेश करना चाहते हैं। निश्चित रूप से यह स्थापना उनके स्टीक समाजशास्त्रीय विश्लेषण और प्रगतिशील चिन्तन का प्रमाण है।

कोई भी समीक्षक अपनी समीक्षा-यात्रा में जिन पारिभाषिक शब्दों का प्रयोग बार-बार करता है, वे शब्द भी उसकी समीक्षा-दृष्टि के परिचायक होते हैं, शर्त यह है कि उन्हें उस सन्दर्भ में देखा जाय, जिसमें समीक्षक ने उनका प्रयोग किया है क्योंकि एक ही शब्द अलग-अलग समीक्षकों द्वारा अलग-अलग अर्थों में प्रयुक्त होता है।

अपने समीक्षा-कर्म के क्रम में मुक्तिबोध ने मुख्यतः आधुनिक 'भावबोध', 'यथार्थवाद', 'विचारधारा', 'सामाजिक यथार्थ', 'सापेक्ष स्वतन्त्रता', 'यथार्थोन्मुख-व्यक्तिवाद', 'वस्तुवादी

यथार्थोन्मुख दृष्टि', 'मानवतावाद', 'आत्माभिव्यक्तिवाद', 'क्षणवाद', 'रचना-प्रक्रिया', 'अर्थ-बिम्ब', 'बिम्ब-दृष्टि', 'मूर्तिविधान', 'फैन्टेन्सी' आदि पारिभाषिक शब्दों का प्रयोग किया है। इनमें से अधिकांश शब्दों का प्रयोग उनके पूर्व और समसामयिक समीक्षकों ने भी किया है। मुक्तिबोध इन शब्दों के उद्भावक नहीं है। उनका महत्त्व इस दृष्टि से अवश्य मान्य है कि उन्होंने इन शब्दों को अपनी समीक्षा-दृष्टि के अनुकूल विशिष्ट अर्थ प्रदान किया है। उन्होंने कुछ पारिभाषिक शब्दों की उद्भावना भी की है। 'विश्व-दृष्टि', 'ज्ञानात्मक संवेदन', 'संवेदनात्मक ज्ञान', 'अमूर्तीकरण' आदि शब्द उनकी मौलिक उद्भावना के द्योतक हैं। उनके द्वारा प्रयुक्त उपर्युक्त पारिभाषिक शब्दों में कुछ ऐसे बीज-शब्द हैं जिनकी उनके द्वारा की गयी व्याख्याएँ ध्यान देने योग्य हैं क्योंकि उनका सम्बन्ध उनकी समीक्षा-दृष्टि से हैं। सबसे पहले **'आधुनिक भावबोध'** को लें, मुक्तिबोध इसे 'नयी कविता' की आत्मा मानते हैं। वे कहते हैं-- 'नयी कविता की आत्मा है-- 'आधुनिक भावबोध' आज का सुशिक्षित मनुष्य अपने परिवेश-परिस्थितियों से जो संवेदनात्मक प्रतिक्रियाँ करता है, वे संवेदनात्मक प्रतिक्रियाएँ या उनका सामान्यीकरण नयी-कविता में प्रकट होता है। ऐसे सुशिक्षित मनुष्य का दृष्टिकोण मध्ययुगीन धार्मिक दृष्टि से अनुप्राणित अथवा छायावादी भावुकता से परिपूर्ण कल्पना-प्रधान नहीं होता। विज्ञान के इस युग में, उसकी दृष्टि यथार्थोन्मुख तथा संवेदनशील होती है। वह यथार्थ-सम्बन्धों को ग्रहण कर यथार्थबोध द्वारा संवेदनात्मक प्रतिक्रियाएँ करता है।' (रचनावली, 5, पृष्ठ-312) उपर्युक्त कथन का तात्पर्य यह है कि 'आधुनिक भावबोध' मध्ययुगीन धार्मिक-दृष्टि तथा छायावादी भावुकता से भिन्न आज के वैज्ञानिक युग के सुशिक्षित मनुष्य की अपने परिवेश के प्रति संवेदनात्मक प्रतिक्रिया है। जब यह प्रतिक्रिया सामान्यीकृत होकर 'नयी कविता' में प्रकट होती है तब हम उसे 'आधुनिक भावबोध' कहते हैं। मुक्तिबोध को खेद इस बात का है कि लोग यूरोप और अमेरिका को आधुनिकता का आदर्श देश मानते हैं और वहाँ के कवियों के भावबोध की नकल करते हैं। वे कहते हैं-- 'खेद की बात यह है कि आधुनिकता के आदर्श भूत देश यूरोप-अमेरिका माने गये हैं। फलतः बहुत से कवि यूरोपीय अमरीकी भाव-तत्त्वों को भारतीय वेश में उपस्थित करते से दिखाई देते हैं। अगर यूरोप-अमेरिका का कवि उदास है, और उसका जी काट खाने को होता है, तो हमारे यहाँ के कवि भी उदासी को फैशनेबुल समझकर कविता में उदासी का चित्रण करते हैं। यह गलत है।' (रचनावली, 5, पृष्ठ-311-12) मुक्तिबोध 'आधुनिक भावबोध' से क्या समझते थे यह एक दूसरे सन्दर्भ से अधिक स्पष्ट होता है। 'काव्यः एक सांस्कृतिक प्रक्रिया' शीर्षक निबन्ध में वे कहते हैं-- 'वस्तुतः आधुनिक भाव-बोध' क्या है? मैं अपनी खुद की जिन्दगी और दोस्तों की जिन्दगी के तजुर्बे से बता सकता हूँ कि **अन्याय के विरुद्ध आवाज बुलन्द करना, 'आधुनिक भाव-बोध'** के अन्तर्गत है। आधुनिक भाव-बोध के अन्तर्गत यह भी है कि मानवता के भविष्य-निर्माण के संघर्ष में हम और भी अधिक दत्त चित्त हों तथा हम वर्तमान परिस्थितियों को सुधारें, नैतिक ह्रास को थामें, उत्पीड़ित मनुष्य के साथ एकात्म होकर उसकी मुक्ति की उपाय-योजना करें। क्या यह आधुनिक भावबोध के अन्तर्गत नहीं कि मैं अपनी लेखनी द्वारा किसी विशेष लोकादर्श के लिए कविता लिखूँ।' (वही, पृष्ठ-192) यहाँ इतना लम्बा उदाहरण देने की आवश्यकता इसलिए पड़ी कि 'आधुनिक भाव-बोध' या 'आधुनिकता बोध' जैसे शब्द आधुनिक काव्य-चिन्तन के बीज-शब्द बन गये हैं। 'आधुनिकता बोध' और 'यथार्थबोध' ये दो शब्द ऐसे हैं जिनका प्रयोग मार्क्सवादी और अस्तित्ववादी दोनों ही खेमों के विचारकों ने किया है किन्तु दोनों की व्याख्याओं में अन्तर है। 'आधुनिक भाव बोध' से जो अर्थ मुक्तिबोध ने लिया है उससे भिन्न अर्थ इन्द्रनाथ मदान ने लिया है। उन्होंने पूरे आधुनिक हिन्दी-साहित्य में आधुनिकता बोध को पहचानने की कोशिश की है। वे

आधुनिकता के बोध को अस्तित्ववादी चिन्तन तक सीमित तो नहीं मानते किन्तु उसके अन्तर्गत विसंगति, व्यर्थता, विडम्बना आदि तत्त्वों को समाहित मानते हैं। 'भारती' के काव्य 'अन्धायुग' में 'आधुनिकता बोध' के प्रायः सभी तत्त्वों को लक्षित करते हुए वे कहते हैं-- 'आधुनिकता का बोध 'अन्धायुग' के रथ की धुरी है। 'रथ' और उसके भाग आधुनिकता को उजागर करने के लिए बड़े काम के हैं। इनके माध्यम से असंगति, विसंगति, व्यर्थता, विडम्बना, निरर्थकता आदि के स्वर ध्वनित होते हैं।' (आधुनिकता और हिन्दी साहित्य, पृष्ठ-24) तात्पर्य यह है कि असंगति, विसंगति, व्यर्थता, विडम्बना आदि का बोध, आधुनिकता बोध में समाहित है। मुक्तिबोध 'आधुनिकता बोध' की दूसरे खेमे द्वारा की जाने वाली व्याख्या से परिचित हैं। उसके रहस्य को स्पष्ट करते हुए वे कहते हैं-- 'यह भाव धारा कुछ इस प्रकार है। वर्तमान सभ्यता औद्योगिक सभ्यता है। चाहे वह साम्यवादी व्यवस्था क्यों न हो। उस व्यवस्था के अन्तर्गत व्यक्तित्व का समुचित विकास नहीं होता, व्यक्तित्व का नाश होता है। अतएव व्यक्तित्व-नाश प्रायः अवश्यम्भावी है। अतएव जो कवि सामाजिक परिवेश के बारे में, सामाजिक अवस्था के सम्बन्ध में सोचते हैं, उन्हें यह जानना चाहिए कि वर्तमान समाज-रचना में, वर्तमान जगत् में मानव-दुख अवश्यम्भावी है। यह औद्योगिक सभ्यता का दोष है। ऐसी सभ्यता में जो 'आधुनिक भावबोध' है, वह है अनास्था और दुख भावना का, ग्लानि और विरक्ति का, अगति का। महान् लोगों ने समाज में, समाज के साथ बड़े बड़े प्रयोग किये और असफल हो गये। इसलिए अगतिकता मनुष्य का मूलभूत भाग्य है उसे बदला नहीं जा सकता।' (रचनावली, 5, पृष्ठ-177) इस मुद्दे पर हम आगे चलकर नई समीक्षा का विवेचन करते हुए पुनर्विचार करेंगे। अब हम दूसरे बीज शब्द '**यथार्थवाद**' को लेते हैं। मुक्तिबोध के अनुसार-- 'स्वान्तर्जगत् और बाह्य जगत् की विरोधी स्थिति से उठकर, उन दोनों की साम्यावस्था से जनित जो व्यापक दृष्टिकोण है, वह 'यथार्थवाद' की आत्मा है। यथार्थवादी कला उस विरोधी स्थिति को मिटाने का प्रयत्न है जिसको मैं आध्यात्मिक कहता हूँ।' (रचनावली, 5, पृष्ठ-282) यथार्थ का सम्बन्ध जन-जीवन से जोड़ते हुए वे कहते हैं--'आज का यथार्थ जनता के जीवन का यथार्थ है जो हम स्वयं रोजमर्रा जीते हैं। यदि हमारी काव्य-प्रेरणा वस्तुतः जन-जीवन से उद्भूत हुई हो, तो जन-जीवन की वर्तमान परिस्थितियों और उसके कष्टों का कारण भी हमारे अनुभूति-क्षेत्र का अंग होगा।' (वही, पृष्ठ-285) मुक्तिबोध की पूरी समीक्षा-यात्रा में उनकी दृष्टि **यथार्थ-केन्द्रित** रही है। 'कामायनी' की समीक्षा करते हुए उन्होंने 'भाववादी कला' और 'यथार्थवादी शिल्प' का प्रश्न उठाया है। उनके अनुसार 'यथार्थवादी शिल्प' के अन्तर्गत यथार्थ के बिम्ब, यथार्थ के स्वरूप और गति के नियमों में बँधकर प्रस्तुत होते हैं। दूसरे शब्दों में, ''यथार्थवादी शिल्प के अन्तर्गत **विभाव-पक्ष (वस्तु पक्ष) का चित्रण होता है और उस पक्ष के आधार पर ही भाव-पक्ष का उद्घाटन**।'' (रचनावली, 4, पृष्ठ-218) इसके विपरीत **भाववादी शिल्प के अन्तर्गत भाव-पक्ष का ही चित्रण होता है और विभाव पक्ष नेपथ्य में डाल दिया जाता है**। भाववादी और यथार्थवादी शिल्प-भेद मानते हुए भी मुक्तिबोध जीवन को समझने की दृष्टि को इनकी सीमा में नहीं बाँधते। वे यह मानते हैं कि भाववादी शिल्प के अन्तर्गत भी जीवन को समझने की दृष्टि हो सकती है। वे कहते हैं-- 'यह बहुत ही संभव है कि यथार्थवादी शिल्प के विपरीत जो भाववादी शिल्प है-- उस शिल्प के अन्तर्गत जीवन को समझने की दृष्टि 'यथार्थवादी' रही हो। 'कवि के जीवन-ज्ञान के स्तर पर और कवि-व्यक्तित्व की अनुभव-सम्पन्नता के स्तर पर, उसकी दृष्टि पर, यह निर्भर है कि वह कहाँ तक वास्तविक जीवन-जगत् को, उसके सारे वास्तविक सम्बन्धों के साथ ग्रहण कर उसे वस्तुतः समझता है।' (वही, पृष्ठ-219) उपर्युक्त कथन से यह निष्कर्ष निकलता है कि 'वास्तविक जीवन-जगत् को उसके सारे वास्तविक सम्बन्धों के साथ ग्रहण

करने वाली दृष्टि ही यथार्थवादी दृष्टि है।

इस प्रकार वस्तुतः यथार्थवाद जीवन और जगत् को उसकी सारी जटिलताओं और वास्तविक सम्बन्धों के साथ देखने और समझने की दृष्टि है। मुक्तिबोध **'मनोवैज्ञानिक यथार्थवाद'** को भी महत्त्व देते हैं। उन्होंने 'रचना की प्रक्रिया' को सांस्कृतिक और मनोवैज्ञानिक दोनों माना है। इसीलिए उन्होंने यथार्थ के मनोवैज्ञानिक पक्ष पर भी विचार किया है। उनके अनुसार मनोवैज्ञानिक यथार्थवादी कलाकार वास्तविकता पर आधृत भाव-प्रसंग की महत्ता के अनुकूल अपनी संवेदनाओं की अभिव्यक्ति करता है। भाव-प्रसंग की वास्तविकता पर अपने मन का रंग चढ़ाना 'मनोवैज्ञानिक यथार्थ को विकृत करना है। इसी अर्थ में उन्होंने शमशेर को मनोवैज्ञानिक यथार्थवादी कवि माना है। तीसरा बीज शब्द **'रचना-प्रक्रिया'** है। भारतीय काव्य-चिन्तन में 'रचना' और उसके 'प्रभाव' का विवेचन किया गया है। रचना-प्रक्रिया का नहीं। 'रचना-प्रक्रिया' का विवेचन रचनाकार की मानसिक-यात्रा का विवेचन है। मुक्तिबोध ने कला के तीन क्षणों की व्याख्या में वस्तुतः रचना-प्रक्रिया का ही विवेचन किया है। 'रचना-प्रक्रिया' के विवेचन के ऐतिहासिक सन्दर्भ की ओर संकेत करते हुए वे कहते हैं-- 'प्रगतिशील काव्य-दृष्टि के विरोध में, अथवा उसकी प्रतिकूल स्थिति में, नयी काव्य-प्रवृत्ति में प्रकट 'स्व' के महत्त्व को स्थापित करने के लिए रचना-प्रक्रिया की स्वात्मकता को उठावदार-उभारदार बनाने के लिए, जिससे कि अन्य जनों का ध्यान उसकी रचनात्मकता पर खिंचे, रचना-प्रक्रिया के विश्लेषण की ओर प्रवृत्ति हुई, किन्तु आगे चलकर ज्यों ही प्रगतिशील पैटर्न और प्रवृत्ति क्षीण होकर तिरोहित होने लगी, रचना-प्रक्रिया के वास्तविक विश्लेषण से विमुखता होने लगी। यह विमुखता लाभकर नहीं, हानिकर है।' (रचनावली, 5, पृष्ठ-259) मुक्तिबोध यह मानते हैं कि रचना-प्रक्रिया का तत्परक (ऑबजेक्टिव) विश्लेषण कठिन है। क्योंकि यह सृजन की मनोवैज्ञानिक प्रक्रिया है और 'कवि स्वभाव, कवि-दृष्टि और विषय वस्तु (या कहिए कथ्य) के अनुसार, वह बनती-बदलती है।' (वही, पृष्ठ-249) 'रचना-प्रक्रिया' का विश्लेषण क्यों आवश्यक है। इस प्रश्न पर विचार करते हुए मुक्तिबोध ने मुख्यतः दो कारण बताए हैं। एक तो यह कि 'उसके अन्तर्तत्त्वों के विश्लेषण से सौन्दर्य सम्बन्धी किसी सामान्य सिद्धान्त पर आया जा सकता है।' दूसरे यह कि ''जीवन के विस्तृत क्षेत्र को साहित्य में लाने के लिए अर्थात् उसके प्रभावोत्पादक चित्र प्रस्तुत करने के लिए 'प्रभावोत्पादकता के रहस्य' को समझना आवश्यक है''। कुछ भी हो, काव्य की 'रचना-प्रक्रिया' के विश्लेषण में मुक्तिबोध का योगदान अविस्मरणीय है। उनके इस विश्लेषण से नये साहित्य का सौन्दर्यशास्त्र समृद्ध हुआ है। चौथा बीज शब्द **'फैंटेसी'** है। इस शब्द का प्रयोग तो पहले भी हुआ है किन्तु मुक्तिबोध ने अपनी कविता में इसके शिल्प का सार्थक प्रयोग और अपनी समीक्षा में इसके स्वरूप की विस्तृत विवेचना करके इसे नयी अर्थवत्ता प्रदान की है। उन्होंने 'कामायनी' को एक फैंटेसी माना है और इसी संदर्भ में उसकी व्याख्या करते हुए कहा है-- ''फैंटेसी के अन्तर्गत कवि-- कल्पना जीवन की सारभूत विशेषताएँ प्रकट करते हुए एक ऐसी चित्रावली प्रस्तुत करती है कि जिससे वह तथ्यात्मक जीवन, जिसकी कि स्वानुभूत विशेषताएँ प्रोद्भासित की गयी हैं अधिकाधिक प्रच्छन्न, गौण और नेपथ्यवासी हो जाय। संक्षेप में फैंटेसी के अन्तर्गत भाव-पक्ष प्रधान और विभाव पक्ष गौण और प्रच्छन्न तो होता ही है, साथ ही वह भाव-पक्ष, कल्पना को उत्तेजित करके, बिम्बों की रचना करते हुए, एक ऐसा मूर्त्त विधान उपस्थित करता है कि जिस विधान में उस विधान ही के नियम होते हैं।' (रचनावली, चार, पृष्ठ-217) कहना न होगा कि फैंटेसी की यह व्याख्या स्वयं मुक्तिबोध की कविताओं को समझने में हमारी सहायता करती है। मुक्तिबोध यह मानते हैं। कि फैंटेसी के प्रयोग से सुविधा-असुविधा दोनों होती है। सुविधा यह होती है कि हम

भोगे गये जीवन की वास्तविकताओं को कल्पना के रंगों में प्रस्तुत करते हैं और वास्तविकता के प्रदीर्घ चित्रण से बच जाते हैं। असुविधा यह होती है कि उसमें जीवन-तथ्य इस प्रकार प्रस्तुत होते हैं कि उन्हें पहचानना मुश्किल होता है। मुक्तिबोध के कथन का तात्पर्य यह है कि 'फैंटेसी एक झीना परदा है जिसमें से जीवन-तथ्य झाँक-झाँक उठते हैं।' (रचनावली, चार, पृष्ठ-220) इसलिए फैंटेसी शिल्प में रची गयी कविताओं में जीवन तथ्यों की पहचान कठिन होती है।

मुक्तिबोध ने अपने समीक्षा-कर्म में कुछ पारिभाषिक शब्दों की उद्भावना भी की है इनमें एक शब्द है-- **विश्व दृष्टि**। इसका प्रयोग उन्होंने अनेक सन्दर्भों में किया है। मानव की 'विश्वदृष्टि' को वे उसकी चेतना का अंग मानते हैं। इसलिए इसे समझने के लिए 'चेतना' के स्वरूप को समझना आवश्यक है। 'चेतना' की व्याख्या करते हुए मुक्तिबोध कहते हैं--मानव-चेतना, वस्तुतः मानव-सम्बन्धों से निर्मित तथा उससे उद्‌गत चेतना है। ये मानव सम्बन्ध समाज के विकास के साथ परिवर्तित होते रहते हैं तथा समाज की विशेष स्थितियों की उनमें विशेषताएँ प्रकट होती रहती हैं। विशेषता-संयुक्त ये मानव सम्बन्ध, मानव-चेतना की मूलभूत नीवें हैं, जिनके आधार पर कला, दर्शन, धर्म तथा साहित्य की सृष्टि होती है। इन्हीं मानव-सम्बन्धों की अवस्था-विशेष के अनुसार मानव की विश्व-दृष्टि भी बनती है। निश्चय ही, उसकी यह विश्व-दृष्टि उसकी चेतना का ही अंग है।' (रचनावली, 5, पृष्ठ-27) मुक्तिबोध के कथन का तात्पर्य यह है कि जैसे-जैसे समाज बदलता है वैसे-वैसे मानव सम्बन्ध भी बदलते हैं। मानव सम्बन्धों के बदलने से उसकी चेतना का स्वरूप भी बदलता है। चेतना के स्वरूप का परिवर्तन यांत्रिक नहीं होता। उसके अपने नियम हैं। वे सापेक्ष रूप से स्वतन्त्र हैं किन्तु यह तय है कि उनके परिवर्तन के नियंत्रक सामाजिक सम्बन्ध हैं। 'चेतना' का अंग होने के कारण मानव की विश्व-दृष्टि भी परिवर्तित होती रहती है और उसका भी नियमन मानव-सम्बन्धों के आधार पर ही होता है। उदाहरण के लिए, 'प्रसाद जी ने अतीत की भावुक गौरव छायाओं से ग्रस्त, वेदोपनिषदिक आर्ष वातावरण से अनुप्राणित समाजादर्श से प्रेरित होकर अपनी विश्व-दृष्टि तैयार की। यह विश्वदृष्टि कामायनी में प्रकट हुई।' (रचनावली, 4, पृष्ठ-224) प्रकट है कि प्रसाद की विश्वदृष्टि उन्हीं मानव सम्बन्धों पर आधृत है जो उनके युग की मानव-चेतना को प्रेरित और उद्‌बुद्ध कर रहे थे। निश्चय ही अतीत की गौरव-छाया प्रसाद युगीन चेतना का एक केन्द्रीय तत्त्व था। मुक्तिबोध का एक बहु-प्रयुक्त शब्द है **संवेदनात्मक ज्ञान** और **ज्ञानात्मक संवेदन**। इन शब्दों का प्रयोग उन्होंने 'नयी कविता' के सन्दर्भ में ही किया है। उनका कहना है कि रोमैंटिक कवि भावों के आवेग को उनके स्वच्छन्द प्रवाह को नियंत्रित नहीं करता था किन्तु नयी कविता का कवि अपने आवेश या व्याकुलता को बाँधकर, नियंत्रित कर ऊपर उठाकर, उसे 'ज्ञानात्मक संवेदन' के रूप में या '**संवेदनात्मक ज्ञान**' के रूप में प्रस्तुत कर देता है।' (रचनावली, 5, पृष्ठ-189) उपर्युक्त कथन से यह निष्कर्ष निकलता है कि 'ज्ञानात्मक संवेदन' या संवेदनात्मक ज्ञान अभ्यन्तर वास्तविकता (भाव तत्त्व) का विवेक नियंत्रित रागात्मक साक्षात्कार है। इस साक्षात्कार के बिना न कोई बड़ा रचनाकार बन सकता है न सफल समीक्षक। मुक्तिबोध का एक अन्य महत्त्वपूर्ण प्रयोग है '**अमूर्त्तीकरण**'। इस शब्द का प्रयोग उन्होंने काव्य की रचना-प्रक्रिया के विश्लेषण क्रम में ही किया है। उनके अनुसार, जिया और भोगा जाने वाला जीवन विशिष्ट वस्तु है। जब हम काव्य में उसकी पुनर्रचना करते हैं तो विशेष से सामान्य की ओर जाते हैं। पुनर्रचित जीवन वास्तविक जीवन से सारतः एक होते हुए भी स्वरूपतः भिन्न होता है, विलग होता है। इस विलगीकरण की प्रक्रिया में ही कला में एक प्रकार की अमूर्त्तीकरण या सामान्यीकरण की स्थिति उत्पन्न होती है। उन्हीं के शब्दों में,

'पुनर्रचित जीवन और वास्तविक जीवन के बीच जो अलगाव होता है, जो पृथक् स्थिति होती है, उस अलगाव और पृथक् स्थिति के कारण ही कला में एक अमूर्तीकरण और सामान्यीकरण उत्पन्न होता है।' (रचनावली, 5, पृष्ठ-242) 'विलगीकरण' की प्रक्रिया द्वारा ही, 'कला' अपना आत्मरूप प्राप्त करती है। वह स्वायत्त होती है। हम कह सकते हैं कि मुक्तिबोध का यह **'अमूर्त्तीकरण सिद्धान्त'** 'साधारणीकरण' के सिद्धान्त की मनोवैज्ञानिक व्याख्या है। निश्चय ही यह उनके काव्यचिन्तन की मौलिकता का प्रमाण है।

ऊपर के समस्त विवेचन के आधार पर हम कह सकते हैं कि मुक्तिबोध का काव्य-चिन्तन किसी 'वाद' के घेरे में बँधकर नहीं रह गया है। वे मार्क्सवादी अवश्य हैं किन्तु वे व्यक्ति की सम्पूर्ण मानवीय गरिमा की स्थापना भी करना चाहते हैं। वे काव्य को एक सांस्कृतिक प्रक्रिया ही नहीं, मनोवैज्ञानिक प्रक्रिया भी मानते हैं। वे अकेले मार्क्सवादी हैं जिन्होंने नयी कविता की एक धारा को महत्त्व दिया और उसे निम्न मध्य वर्गीय चेतना से सम्बन्ध मानकर उसकी व्याख्या की है। वे व्यक्ति-स्वातंत्र्य तथा साम्यमूलक समाज की स्थापना को एक ही सत्य के दो पहलू मानते हैं। उनकी दृष्टि में साहित्य समीक्षा का आदर्श क्या था? यह उन्हीं के शब्दों में देखिए-- 'इस पीढ़ी के संघर्षशील जीवन के स्नेह और मैत्री, बाधा और विजय, अनुत्साह और निराशा, उत्साह और विश्वास, लक्ष्य और आदर्श, को जरा नजदीक से देखने पर पता चलेगा कि उसके द्वारा पैदा किये गये साहित्य की समीक्षा किस ढंग की होनी चाहिए। एक ओर व्यक्ति-स्वातन्त्र्य और व्यक्तित्व की सम्पूर्ण मानवीय गरिमा की स्थापना और दूसरी ओर, सामाजिक प्रवंचनाओं तथा बाधावरोधों पर विजय की स्थिति की स्थापना, इस जिन्दगी का तकाजा है। व्यक्ति-स्वातन्त्र्य और व्यक्तित्व की सम्पूर्ण मानवीय गरिमा तथा नये साम्यमूलक शोषण-विहीन मानवोचित समाज की स्थापना, एक ही सत्य के दो पहलू और दो तकाजे हैं जो एक दूसरे पर अपनी पूर्ति के लिए, अपने विकास के लिए अवलम्बित हैं। प्रश्न यह है कि यह सत्य जिन्दगी में किस प्रकार, किन मानसिक क्रिया-प्रतिक्रियाओं, स्थिति-प्रतिस्थितियों, आघात, प्रत्याघातों द्वारा प्रकट होते हैं? इनका उद्घाटन करने वाला साहित्य, इनका उद्घाटन करने वाली समीक्षा, वस्तुतः महत्त्वपूर्ण साहित्य और महत्त्वपूर्ण समीक्षा होगी।' (रचनावली, 5, पृष्ठ-73) जाहिर है कि मुक्तिबोध ने इसी स्तर की सभीक्षा प्रस्तुत करने का प्रयत्न किया है।

— 0 —

दूसरी परम्परा के अन्वेषक : डॉ० नामवर सिंह

हिन्दी के मार्क्सवादी समीक्षकों में डॉ० नामवर सिंह का विशिष्ट स्थान है। रचना-विशेष के ऐतिहासिक सन्दर्भ, उसमें अन्तर्निहित विचारधारा तथा उसके रूपबन्ध और कला-चेतना को परखने की आपकी क्षमता निर्विवाद है। आपकी प्रथम कृति 'हिन्दी के विकास में अपभ्रंश का योग' 1952 ई० में प्रकाशित हुई थी। शोध कृति होने पर भी इसमें तथ्यान्वेषण की तुलना में आपकी प्रगतिशील समीक्षा-दृष्टि ही उभर कर सामने आयी थी। तब से लेकर आज तक निरन्तर आप हिन्दी-समीक्षा के केन्द्र में रहे हैं। आपकी प्रगतिशील समीक्षा-दृष्टि के समुचित मूल्यांकन के लिए आपकी प्रत्येक कृति को सामने रखकर विचार करना आवश्यक है। 'हिन्दी के विकास में अपभ्रंश का योग' के अध्ययन से स्पष्ट है कि आपने अपभ्रंश के कवियों और हिन्दी-साहित्य के आदिकालीन प्रवृत्तियों का विवेचन एक प्रगतिशील मार्क्सवादी विचारक की हैसियत से किया है। जैन कवियों द्वारा वर्णित राम-कथा के सम्बन्ध में आपने लिखा है-- 'इन्होंने (जैन कवियों ने) अति मानवीय प्रसंगों को बुद्धि-संगत और मानवीय रूप देने की चेष्टा की है। जैसे-- गंगा उत्पत्ति, वानरों की उत्पत्ति, रावण का दशानन होना आदि। इसी तरह रावण के चरित्र को जैन कवियों ने अधिक पराक्रम-युक्त दिखाया है और शूर्पणखा का चरित्र अपेक्षाकृत उज्ज्वल चित्रित किया है, यहाँ तक कि स्वयंभू ने उसका नाम 'चन्द्रनखी' दिया है।'[1] इसी प्रकार हिन्दी-साहित्य के आदिकाल में दो स्पष्ट विरोधी साहित्यिक प्रवृत्तियाँ प्रचलित थीं। एक प्रवृत्ति वह थी जो क्रमशः क्षीयमाण थी, दूसरी वह थी जो क्रमशः वर्धमान थी। पहली का सम्बन्ध राजस्तुति, सामंतों के चरित-वर्णन, युद्ध-वर्णन, केलि-विलास, बहु-विवाह के लिए विजयोन्माद आदि से था और दूसरी का सम्बन्ध नीची समझी जाने वाली जातियों के धार्मिक-असन्तोष, रूढ़ि-विरोध, बाह्याडम्बर-खण्डन, जातिभेद की आलोचना, उच्चतर आचार, व्यापक भगवत् प्रेम, मानवीय आत्मगौरव आदि से था। एक का नाम तथाकथित 'वीरगाथा काव्य' है और दूसरी का तथाकथित 'योगधारा'।[2] जैन कवियों द्वारा वर्णित राम-कथा में 'अति मानवीय प्रसंगों को बुद्धि-संगत रूप देने की प्रवृत्ति' और आदिकालीन हिन्दी-साहित्य की 'क्षीयमाण और वर्धमान' प्रवृत्तियों को लक्षित करके नामवर सिंह ने अपनी प्रगतिशील समीक्षा-दृष्टि का परिचय दिया है। कहना न होगा कि इस समय प्रगतिशील आन्दोलन संकट के दौर से गुजर रहा था। 'अज्ञेय' द्वारा सम्पादित 'दूसरा सप्तक' (1951 ई०) प्रकाशित हो चुका था। उन पर 'प्रयोगवादी' होने का आरोप लग चुका था। वे यह स्पष्ट कर चुके थे कि प्रयोग का कोई वाद नहीं होता। प्रयोग तो सत्य के साक्षात्कार और उसकी अभिव्यक्ति का साधन है। वस्तु और शिल्प दोनों क्षेत्रों में प्रयोग फलप्रद होता है। इस सन्दर्भ में उनकी 'दूसरा सप्तक' की भूमिका का ऐतिहासिक महत्त्व है। ऐसी परिस्थिति

---

1. हिन्दी के विकास में अपभ्रंश का योग, पृष्ठ 206
2. वही, पृष्ठ-267

में साहित्य के प्रति प्रगतिशील दृष्टिकोण अपनाना और उस पर दृढ़ रहना साहस का कार्य था। सन्1955 में आपकी 'छायावाद' पुस्तक प्रकाशित हुई। इसमें 'छायावाद' के काव्य-सौन्दर्य का विवेचन करते हुए आपने प्रतिपादित किया है-- 'यह सारा सौन्दर्य व्यक्ति की स्वाधीनता की भावना से उत्पन्न हुआ है और वह स्वाधीनता भी व्यक्ति के माध्यम से सम्पूर्ण समाज की स्वाधीनता की अभिव्यक्ति है।'[1] 'छायावाद' के स्थायित्व का आधार स्पष्ट करते हुए आपने कहा-- ''छायावाद का स्थायित्व उसके व्यक्तिवाद में नहीं, उसकी आत्मीयता में है, काल्पनिक उड़ान में नहीं, आत्म-प्रसार में हैं, समाज-भीरुता में नहीं, प्रकृति-प्रेम में है, प्रकृति पलायन में नहीं, नैसर्गिक जीवन की आकांक्षा में है; आवेग पूर्ण भावोच्छ्वास में नहीं, संवेदनशीलता में है; सौन्दर्य की कल्पना में नहीं, सौन्दर्य की भावना में है; स्वप्न में नहीं, स्वप्न की वास्तविक आकांक्षा में है; अज्ञात की जिज्ञासा में नहीं, ज्ञान के प्रसार में है, आदर्श में नहीं, यथार्थ में है; कल्पना में नहीं, वास्तविकता में है; दृष्टिकोण में नहीं, दृष्टि में है; उक्ति-वैचित्र्य में नहीं, अभिव्यंजना के प्रसार में हैं।''[2] 'छायावाद' के स्थायित्व और उसके आधार को स्वीकार करते हुए भी नामवर सिंह ने अनुभव किया था कि-- ''इस (छायावादी काव्य में व्यक्त) काव्यगत स्वाधीनता को तत्कालीन स्वाधीनता संग्राम के साथ मिलाकर देखने में पता चलता है कि 'छायावाद' में स्वाधीनता संग्राम के कुछ पहलू छूट गये हैं और कहीं-कहीं छाया भी बहुत धुँधली और मूल से बहुत दूर चली गयी है।''[3] कहना न होगा कि इस 'छाया' में मूल की और कल्पना में वास्तविकता की खोज नामवर सिंह की प्रगतिशील दृष्टि का ही परिणाम है।

सन् 1957 ई० में आपकी 'इतिहास और आलोचना' पुस्तक प्रकाशित हुई। इसमें सन् 1952 का लिखा हुआ एक निबन्ध है-- 'इतिहास का नया दृष्टिकोण'। इतिहास का नया दृष्टिकोण अर्थात् 'ऐतिहासिक भौतिकवादी दृष्टिकोण'। इस दृष्टिकोण अर्थात् 'ऐतिहासिक भौतिकवादी दृष्टिकोण'। इस दृष्टिकोण की विशेषता है-- इतिहास के अध्ययन के लिए द्वन्द्वात्मक प्रणाली का प्रयोग। इस प्रणाली की विशेषताओं को निर्दिष्ट करते हुए नामवर सिंह ने लिखा है--'द्वन्द्वात्मक प्रणाली की पहली विशेषता है किसी वस्तु, व्यक्ति, घटना या विचार को अन्य वस्तुओं, व्यक्तियों, घटनाओं और विचारों के अविभाज्य प्रसंग में देखना।' दूसरी विशेषता है--'वस्तुओं, व्यक्तियों, घटनाओं और विचारों को गतिशील, परिवर्तनशील और क्रमबद्ध रूप में देखना।' चौथी विशेषता है-- 'वस्तुओं, व्यक्तियों, घटनाओं और विचारों में असंगति अथवा अन्तर्विरोध को पहचानना।'[4] नामवर सिंह ने इतिहास की इसी द्वन्द्वात्मक प्रणाली के आधार पर हिन्दी साहित्य के इतिहास-ग्रन्थों की संक्षिप्त समीक्षा भी की है। उन्होंने आचार्य शुक्ल के इतिहास की कमजोरियों को लक्षित करते हुए कहा है कि इसमें हिन्दी-साहित्य को पूर्ववर्ती साहित्य और अन्य भारतीय भाषाओं के सम-सामयिक साहित्य से विच्छिन्न करके देखा गया है और वस्तुओं, व्यक्तियों, घटनाओं एवं विचारों में असंगति अथवा अन्तर्विरोध को नहीं पहचाना गया है। उन्होंने स्पष्ट किया है कि भाववादी दृष्टि से इतिहास की सही व्याख्या नहीं की जा सकती। इसी पुस्तक में एक निबन्ध 'कलात्मक सौन्दर्य का आधार' है। यह निबन्ध 1953 में लिखा गया है। इसमें प्रयोगवादी कविता के सन्दर्भ में नामवर सिंह

1. छायावाद, भूमिका
2. छायावाद, पृष्ठ-156
3. छायावाद, भूमिका
4. इतिहास और आलोचना, पृष्ठ-140-42

ने कहा है-- 'प्रयोगों में सारा नया रूप-विधान, नये रागात्मक सम्बन्धों के नाम पर केवल समाज-निरपेक्ष मध्यवर्गीय व्यक्ति की मानसिक बीमारियों का सहानुभूति पूर्ण और मोहक अलंकरण है।'[1] उन्होंने काव्य में विषय-वस्तु को महत्त्व देने पर बल दिया है और कहा है-- 'साहित्य में विषय-वस्तु पर बल देने का अर्थ है-- यथार्थ जगत् के सत्य का पूर्ण और गहरा ज्ञान।' जो लोग 'व्यक्ति स्वातन्त्र्य' का नारा देते हैं उनकी चर्चा करते हुए नामवर सिंह कहते हैं कि 'सामूहिक-स्वातन्त्र्य में ही सच्चा व्यक्ति स्वातन्त्र्य है, इस सत्य को वे नहीं समझ पाते।'[2] ऐसे साहित्यकारों का 'मार्क्सवाद' भी अमूर्त्त होता है क्योंकि जनता की यथार्थ शक्ति से उनका परिचय नहीं होता। इस पूरे निबन्ध में नामवर सिंह ने 'व्यक्तिवाद' का निषेध किया है और 'सामाजिक यथार्थ' के चित्रण पर बल दिया है। सन् 1962 ई० के आस-पास नामवर सिंह की 'आधुनिक साहित्य की प्रवृत्तियाँ' पुस्तक प्रकाशित हुई। इसमें आधुनिक हिन्दी साहित्य की चार प्रमुख प्रवृत्तियों-- छायावाद, रहस्यवाद, प्रगतिवाद और प्रयोगवाद का विवेचन किया गया है। 'छायावाद' के सम्बन्ध में नामवर सिंह के विचारों का अनुशीलन हम उनकी स्वतन्त्र पुस्तक के आधार पर कर चुके हैं। अतः यहाँ 'रहस्यवाद', 'प्रगतिवाद' और 'प्रयोगवाद' के सम्बन्ध में उनके विचारों की व्याख्या ही अभीष्ट है। 'रहस्यवाद' सम्बन्धी विवेचन की सबसे बड़ी विशेषता यह है कि इसमें नामवर सिंह ने पहली बार मध्ययुगीन सन्तों के 'रहस्यवाद' और योरोपीय प्रतीकवादी रहस्यवाद से हिन्दी के आधुनिक रहस्यवाद की भिन्नता, इनके सामाजिक आधार को दृष्टि में रखकर प्रतिपादित की है। आपने स्पष्ट किया है कि-- 'मध्य युगीन सन्तों का 'रहस्यवाद' प्रायः जाति-प्रथा, ऊँच-नीच के विचार, पुरोहितों के अत्याचार, सामन्ती शोषण के विरुद्ध विद्रोह से जुड़ा है।'[3] 'आधुनिक यूरोप का 'रहस्यवाद' पूँजीवादी संध्या के हताश मध्य-वर्ग की यथार्थ भीरु, प्रतिक्रियावादी विचारधारा से पोषित है।'[4] जबकि 'भारत के दूसरे दशक का 'रहस्यवाद' अपनी स्वाधीनता के लिए लड़ने वाले मध्यवर्गीय बुद्धिजीवियों की जीवन-दृष्टि का अंग है।'[5] जाहिर है कि नामवर सिंह का यह विश्लेषण उनकी प्रगतिशील साहित्य दृष्टि का ही परिणाम है। 'प्रगतिवाद' पर विचार करते हुए उन्होंने कहा है कि 'प्रगतिवाद और प्रगतिशील साहित्य' में भेद करना उचित नहीं है। 'प्रगतिवाद' का उद्‌भव और विकास अपनी ही सामाजिक और साहित्यिक परिस्थितियों में हुआ है। 'प्रगतिशील साहित्य' की व्याख्या करते हुए आपने कहा-- 'प्रगतिशील साहित्य' कोई स्थिर मतवाद नहीं है, बल्कि यह एक निरन्तर विकासशील साहित्य धारा है, जिसके लेखकों का विश्वास है कि प्रगतिशील साहित्य लेखक की स्वयंभू अन्तःप्रेरणा से उद्‌भूत नहीं होता, बल्कि सामाजिक और सांस्कृतिक विकास के क्रम में वह भी परिवर्तित और विकसित होता रहता है और उसके सिद्धान्त उत्तरोत्तर स्पष्ट तथा अधिक पूर्ण होते चलते हैं।'[6] आपने लक्षित किया कि 'प्रगतिवाद' के इन बीस वर्षों का इतिहास साहित्य में स्वस्थ सामाजिकता, व्यापक भावभूमि और उच्च विचार के निरन्तर विकास का इतिहास है, जो केवल

1. इतिहास और आलोचना, पृष्ठ-20
2. वही, पृष्ठ-25
3. आधुनिक साहित्य की प्रवृत्तियाँ, पृष्ठ-68
4. वही, पृष्ठ-68
5. वही, पृष्ठ-68
6. वही, पृष्ठ-76

राजनीतिक जागरण से आरम्भ होकर क्रमशः जीवन की व्यापक समस्याओं की ओर, आदर्शवाद से आरम्भ होकर क्रमशः यथार्थ की ओर और यथार्थवाद-नग्न यथार्थवाद से आरम्भ होकर क्रमशः स्वस्थ सामाजिक यथार्थ की ओर अग्रसर होता जा रहा है।'[1] 'प्रयोगवाद' के सम्बन्ध में आपने अपना दो टूक निर्णय देते हुए कहा कि चरम व्यक्तिवाद ही 'प्रयोगवाद' का केन्द्र-बिन्दु है। उसके 15 वर्षों का इतिहास 'व्यक्तिवाद' के दो सीमान्तों के बीच फैला हुआ है-- इनमें से एक सीमान्त है-- मध्यवर्गीय परिवेश के प्रति मध्यवर्गीय कवि का वैयक्तिक असन्तोष और दूसरा सीमान्त है जन-जागरण से डरे हुए कवि की आत्म-रक्षा की भावना। कुल मिलाकर यह चरम व्यक्तिवाद ही प्रयोगवाद का केन्द्र-बिन्दु है और विभिन्न राजनीतिक, नैतिक, सामाजिक मान्यताओं के रूप में यह संकीर्ण व्यक्तिवाद अपने को व्यक्त करता रहता है।'[2] प्रयोगवाद में शामिल कवियों में नेमिचन्द जैन, मुक्तिबोध और भारत भूषण अग्रवाल की विशेषताओं को निर्दिष्ट करते हुए आपने कहा-- 'अज्ञेय की तरह इन कवियों में भी घोर असन्तोष था किन्तु अज्ञेय के विपरीत इन कवियों में अपनी मुक्ति के लिए नवीन जन आन्दोलन से तादात्म्य स्थापित करने की आकांक्षा भी थी। इसीलिए इन कवियों में अज्ञेय के असन्तोष से थोड़ा भिन्न एक नये ढंग की 'कशमकश' दिखायी पड़ती है। यह 'कशमकश' है संस्कार और विवेक की आत्मस्थ होने की चाह की-- असमर्थता को विवेक द्वारा चीर डालने की कशमकश। नेमि और मुक्तिबोध में यह कशमकश अधिक तीव्र तथा मार्मिक है और इन दोनों कवियों में भी 'मुक्तिबोध' में सक्रिय जीवन-शक्ति और अधिक है।'[3] प्रयोगवाद के विकास-क्रम में थोड़ा बाद में आने वाले दो कवियों 'शमशेर' और 'रघुवीर सहाय' में भी नामवर सिंह ने 'नेमि' और 'मुक्तिबोध' वाला अन्तर्द्वन्द्व लक्षित किया किन्तु दोनों में सूक्ष्म भेद यह बताया कि 'रघुवीर सहाय' में यह अन्तर्द्वन्द्व 'मर्मस्पर्शी' दर्द और शक्ति अर्जित करने की वास्तविक आकांक्षा के रूप में व्यक्त होता है जबकि 'शमशेर' में यह स्पष्टतः विभाजित दो व्यक्तियों के रूप में स्थायी बन गया है, जिसमें अपने-अपने ढंग से जनवादी और वैयक्तिक दो प्रकार की भावनाएँ कविता का रूप ले लिया करती हैं-- निस्सन्देह एक कोरे कर्तव्य पालन के रूप में और दूसरी अनुभूति-प्रवणता के रूप में।'[4] यहाँ इतना लम्बा उद्धरण देने की आवश्यकता इसलिए हुई कि डॉ० रामविलास शर्मा ने भी 'मुक्तिबोध' और 'शमशेर' की 'कशमकश' का उल्लेख किया है। उनके अनुसार, 'मुक्तिबोध के भीतरी तनाव का कारण उन पर अनेक भाववादी रूमानी सौन्दर्य बोध और मार्क्सवादी विवेक की संगति का न बैठ पाना है।' कुछ भी हो, 'प्रयोगवाद' के मूल में 'चरम व्यक्तिवाद' की सत्ता स्वीकार करते हैं। वे कहते हैं-- 'कुल मिलाकर प्रयोगवादी कविताएँ ह्रासोन्मुखी, मध्यवर्गीय जीवन का यथार्थ चित्र हैं। इनमें मध्यवर्गीय हीनता, दीनता, अनास्था, कटुता, अन्तर्मुखता, पलायन आदि का मार्मिक चित्रण हुआ है।'[5] यह दूसरी बात है कि 'इन परिस्थितियों से निकलने का रास्ता न तो उन्हें (प्रयोगवादी कवियों) स्वयं मालूम है और न ये दूसरों को ही बतला सकते हैं।'[6]

---

1. आधुनिक साहित्य की प्रवृत्तियाँ, पृष्ठ-76
2. वही, पृष्ठ-121
3. वही, पृष्ठ-128
4. वही, पृष्ठ-128
5. वही, पृष्ठ-150
6. वही, पृष्ठ 151

नामवर सिंह 'नई कहानी' के भी मर्मी समीक्षक हैं। उनकी 'कहानी : नई कहानी' पुस्तक में 1958 से 65 ई० के बीच लिखे गये कहानी-समीक्षा सम्बन्धो निबन्ध संगृहीत हैं। इन निबन्धों के बीच से नामवर सिंह ने एक व्यापक समीक्षा पद्धति (ऐसी पद्धति जो कविता से इतर कथा-नाटक आदि साहित्य रूपों का विधिवत् विश्लेषण कर सके) विकसित की है। इस पुस्तक में स्वतन्त्रता प्राप्ति के बाद उभरने वाली प्रथम दौर और सन् 1959-60 के आस-पास उभरने वाली दूसरे दौर की कहानियों की समीक्षा विशेष रूप से हमारा ध्यान आकृष्ट करती है। नामवर सिंह ने इन दोनों दौर की कहानियों के 'भावबोध' और 'संवेदना' का अन्तर परिवर्तित सामाजिक संदर्भ में लक्षित और विश्लेषित किया है। नये काहनीकारों के सम्वन्ध में आपने कहा है--'चूँकि नये कहानीकार किसी पूर्व निर्धारित जीवन-दर्शन द्वारा निर्दिष्ट 'सामाजिक दायित्व' के ही आधार पर रचना में सामाजिकता को व्यक्त करने की कोशिश करते रहे हैं। इस दृष्टि से यह तो सत्य है कि प्रगतिवादी दौर की तरह इन कहानियों में सर्वहारा के चित्र नहीं हैं और न वैसी प्रखर वर्ग-चेतना ही है किन्तु व्यापक रूप से आज के उपेक्षितों और कल के उपेक्षितों के साथ आत्मीय लगाव अवश्य है। किसी लेखक में कम तो किसी में ज्यादा। चूँकि ज्यादातर लेखक शहरी और गाँवों के निम्न मध्यवर्ग की उपज हैं और हर लेखक का जोर साहित्य रचना में निजी अनुभव पर है इसलिए रचनाओं की विषय-वस्तु के साथ ही 'दृष्टिकोण' का भी निम्न मध्यवर्गीय सामाजिक स्थिति की सीमा में सीमित हो जाना अनिवार्य है। वैसे आज समाज में इस वर्ग की जो स्थिति और ऐतिहासिक भूमिका है, उसको देखते हुए इस वर्ग का सचेत लेखक प्रखर आलोचनात्मक यथार्थवादी साहित्य की सृष्टि कर सकता है। कहना न होगा कि नई कहानी की परंपरा में सामाजिक आलोचना का यह स्वर काफी प्रबल रहा है।' (कहानी नई कहानी, पृष्ठ-224) उपर्युक्त समीक्षात्मक टिप्पणी में 'रचना में सामाजिकता को व्यक्त करने की कोशिश', उपेक्षितों के साथ आत्मीय लगाव तथा 'प्रखर आलोचनात्मक' यथार्थ की सृष्टि की संभावना को लक्षित और संकेतित करके नामवर सिंह ने अपनी यथार्थोन्मुखी समीक्षा-दृष्टि का परिचय दिया है। सितम्बर सन् 1964 ई० में नामवर सिंह ने मुक्तिबोध की महत्त्वपूर्ण कृति 'एक साहित्यिक की डायरी' की समीक्षा की। इस समीक्षा में उन्होंने यह स्थापित किया कि डायरी की सबसे बड़ी उपलब्धि 'एक विलक्षण व्यक्तित्व है जो अतंतः पूरी-डायरी से उभर कर सामने आता है' (विवेचना संकलन, पृष्ठ-117) इस डायरी में उभरने वाले विलक्षण कवि-व्यक्तित्व की बगल में 'अज्ञेय' के 'आत्मनेपद' से उभरने वाले कवि-व्यक्तित्व को रखकर नामवर सिंह ने 'मुक्तिबोध' के काव्य-वैशिष्ट्य को उजागर किया है। वे कहते हैं-- 'अज्ञेय के 'आत्मनेपद' से बहुत कुछ एक शब्द-साधक एस्थीट अथवा सौन्दर्य-जीवी का रूप सामने आता है, जो एक दायरे में जीवन से पूरी तरह संसक्त होते हुए भी अपने रचना-जगत् में सर्वथा निःसंग हैः अमानुषिकता की हद को छूने वाली कलात्मक निःसंगता। इसके विपरीत मुक्तिबोध की डायरी से उभरने वाला कवि-व्यक्तित्व सामाजिक स्तर पर एक नितान्त सामान्य निम्न मध्यवर्गीय पारिवारिक प्राणी है जिसके लिए कविता अलग से किसी साधना की चीज नहीं बल्कि जीने की जटिल क्रिया का ही एक सहज अंग है, जो समाज से लड़ते हुए भी उसकी सहकारिता को संबल के रूप में स्वीकार करता हैः जितना कष्टप्रद इसका अस्तित्व-संघर्ष है उतना ही कष्टप्रद सर्जन-संघर्ष और जो अपनी निजी पीड़ा को व्यापक मानवीय पीड़ा से अर्थपूर्ण बनाता चलता है।'[1] अपनी तुलना को निर्णयात्मक स्वर देते हुए नामवर सिंह कहते हैं-- 'कुल मिलाकर मानवीय-नितान्त मानवीय मुक्तिबोध ने 'डायरी' में जिस प्रकार समकालीन साहित्य में प्रचलित 'एस्थीट' के

1. विवेचना संकलन, पृष्ठ-118

'विशिष्ट' और 'अद्वितीय' व्यक्तित्व पर प्रहार किया है, उससे साफ मालूम हो जाता है कि वे एक स्थापित कवि-प्रतिभा के स्थान पर साहित्य में एक नये कवि-व्यक्तित्व की प्रतिष्ठा करने के लिए कितने व्याकुल हैं।'[1]

1968 ई० में नामवर सिंह की प्रसिद्ध कृति 'कविता के नये प्रतिमान' प्रकाशित हुई। इसकी भूमिका में नामवर सिंह ने लिखा-- 'यह तथ्य अनदेखा नहीं किया जा सकता कि कविता के नये प्रतिमान के केन्द्र में मुक्तिबोध हैं।' इसी क्रम में उन्होंने यह भी कहा कि--'नयी कविता में मुक्तिबोध की स्थिति वही है जो 'छायावाद' में 'निराला' की थी।' वस्तुतः नामवर सिंह ने जब 'मुक्तिबोध' की रचना 'एक साहित्यिक की डायरी' की समीक्षा की थी तभी उन्हें स्पष्ट हो गया था कि जो नयी कविता निम्न वर्ग के जीवन-संघर्ष को यथार्थ के धरातल पर व्यक्त करती है उसके केन्द्र में 'अज्ञेय' नहीं 'मुक्तिबोध' हैं। 'कविता के नये प्रतिमान' में उन्होंने अपनी इस पूर्व-मान्यता को नये प्रतिमानों की मीमांसा के रूप में स्थापित किया। पुस्तक में दो खण्ड हैं। स्वयं लेखक के साक्ष्य पर कहा जा सकता है कि प्रथम खण्ड में 'विशेषतः तारसप्तक, कामायनी, उर्वशी आदि कृतियों और सामान्यतः छायावादोत्तर कविता की उपलब्धियों को लेकर पिछले दो दशकों (1948 से 68 ई० तक) में जो विवाद हुए हैं उनमें टकराने वाले मूल्यों की पड़ताल की गयी है और इसी प्रसंग में नये दावे के साथ प्रस्तुत 'रस सिद्धान्त' की प्रसंगानुकूलता पर भी विचार किया गया है। दूसरे खण्ड में कविता के नये प्रतिमान के नाम पर प्रस्तुत 'अनुभूति की प्रामाणिकता', 'ईमानदारी', 'जटिलता', 'द्वन्द्व', 'तनाव', 'विसंगति', 'विडम्बना', 'सर्जनात्मक भाषा', 'बिम्बात्मकता', 'सपाट-बयानी', 'फैन्टेसी', 'नाटकीयता' आदि आलोचनात्मक पदों की सार्थकता का परीक्षण किया गया है। 'सबसे पहले' अनुभूति की 'प्रामाणिकता' और 'ईमानदारी' को लें। अनुभूति की सच्चाई का प्रश्न पहले भी उठाया गया था। आचार्य शुक्ल ने स्वयं छायावादी कवियों की रहस्यानुभूमि की सच्चाई पर सन्देह किया था। अनुभूति की सचाई कविता की श्रेष्ठता की द्योतक पहले भी मानी जाती थी। 'नयी कविता' के सन्दर्भ में जब नामवर सिंह ने इसे एक प्रतिमान के रूप में प्रस्तुत किया तो उन्होंने मुक्तिबोध के कथन का सहारा लिया। मुक्तिबोध ने कहा था-- 'व्यक्तिगत ईमानदारी वहाँ लक्षित होगी जहाँ वस्तु का वस्तुमूलक आकलन करते हुए लेखक इस आकलन के आधार पर वस्तु-तत्त्व के प्रति सही-सही मानसिक प्रतिक्रिया करे। यदि वह ऐसा नहीं करता तो उसकी प्रतिक्रिया में सत्यतत्व का आविर्भाव नहीं होगा।' इस उद्धरण के बाद नामवर सिंह की टिप्पणी है--- 'इस प्रकार मुक्तिबोध ने ईमानदारी को आत्मनिष्ठता के दल-दल से निकाल कर वस्तुनिष्ठता की ठोस-भूमि पर प्रतिष्ठित किया और ईमानदारी में 'सत्यता' के प्रश्न को जोड़कर मूल्यांकन के लिए एक वस्तुनिष्ठ वैज्ञानिक औजार प्रदान किया।'[2] 'अनुभूति की जटिलता और तनाव' के प्रतिमान के सामाजिक-सन्दर्भ की ओर संकेत करते हुए नामवर सिंह कहते हैं-- 'ऐतिहासिक सन्दर्भ को देखते हुए भी कविता में आज द्वन्द्व और संघर्ष के मूल्य पर जोर देना अप्रासंगिक नहीं है। आज संघर्ष से घबड़ाने वाले वहीं होंगे, जो सत्ताधारी वर्ग के साथ यह सोचते हैं कि स्वाधीनता प्राप्ति के बाद जीवन में सारे संघर्षों का अन्त हो गया।'[3] तात्पर्य यह कि नयी कविता में जो अनुभूति की जटिलता और तनाव है उसका कारण

---

1. विवेचना संकलन, पृष्ठ-118
2. कविता के नये प्रतिमान, पृष्ठ-201-202
3. कविता के नये प्रतिमान, पृष्ठ-192

रचनाकारों की संघर्ष-चेतना और रचना की संघर्ष मूलकता है। यहाँ भी नामवर सिंह को मुक्तिबोध याद आते हैं और वे 'नयी कविता के आत्मसंघर्ष' से उनका यह कथन उद्‌धृत करते हैं-- 'काव्य या तो बाह्य जीवन जगत् के साथ सामंजस्य में या उसके अनुकूल उपस्थित होता है अथवा उसके साथ द्वन्द्व रूप में प्रस्तुत होता है अथवा काव्य-प्रवृत्ति एक स्तर या क्षेत्र में सामंजस्य और दूसरे स्तर या क्षेत्र में द्वन्द्व को लेकर प्रस्तुत होती है। संक्षेप में काव्य आभ्यन्तर या बाह्यीकरण, विश्व व्यापी सामंजस्य या द्वन्द्व अथवा दोनों के भिन्न रूप में उपस्थित होता है। आज की नयी कविता में उक्त सामंजस्य से अधिक द्वन्द्व ही है। इसलिए उसके भीतर तनाव या घिराव का वातावरण है।'[1] 'नयी कविता' के सन्दर्भ में बहुचर्चित प्रतिमान 'विसंगति और विडम्बना' के सूत्रों को पूर्ववर्ती काव्य-परम्परा से जोड़ते हुआ नामवर सिंह उसकी स्थिति 'निराला' के शोक गीत 'सरोज-समृति' और 'कुकुरमुत्ता' में लक्षित करते हैं और उसके बाद रामविलास शर्मा की कविता 'सत्यं शिवं सुन्दरम्', भवानीप्रसाद मिश्र कि कविता 'गीत फरोश', रघुवीर सहाय के कविता संग्रह 'आत्म-हत्या के विरुद्ध' तथा श्रीकान्त वर्मा, प्रभाकर माचवे, कुँवर नारायण, लक्ष्मी कान्त वर्मा, 'भारती', और 'धूमिल' आदि सभी कवियों में उसकी पूरी परम्परा की विस्तार से चर्चा करते हुए अन्त में मुक्तिबोध पर आते हैं और कहते हैं-- 'मुक्तिबोध की 'चम्बल की घाटी में' और 'अँधरे में' जैसी भयावह त्रासदीय रंग की नाटकीय कविताओं के अन्तर्गत काले बादलों को चीर कर बिजली की कौंध के समान हल्के-फुल्के संक्षिप्त प्रसंग झलक जाते हैं, जिनसे विडम्बना के सर्जनात्मक उपयोग का गहरा एहसास होता है।'[2]

'विसंगति' और 'विडम्बना' को कविता के प्रतिमान के रूप में महत्त्व न मिलने का कारण नामवर सिंह की दृष्टि में यह है कि एक तो ये कविताएँ रूमानी सुरुचि के आलोचकों के लिए ज्यादा तेज पड़ती हैं, दूसरे इन कविताओं में एक प्रकार की आक्रामकता है। इस आक्रामकता को नामवर सिंह साहित्येतर कारण मानते हैं और कहते हैं--'कविता' के प्रतिमान में अब तक यदि इस क्रीड़ा-भाव से उत्पन्न होने वाली विडम्बना को उचित स्थान नहीं मिला, तो साहित्यिक कारणों से अतिरिक्त एक साहित्येतर कारण भी है और वह है इन कविताओं की आक्रमण क्षमता का भय।'[3] प्रयोगशील नई कविता में 'भाषा' को मात्र माध्यम न मानकर कवि की 'बोध शक्ति का प्रमाण' माना गया। इसलिए 'काव्य-भाषा' को विशेष महत्व प्राप्त हुआ और भाषिक विश्लेषण पर बल दिया जाने लगा। काव्य-भाषा कवि की सर्जनात्मक-क्षमता का प्रतिमान बन गयी। नामवर सिंह ने भी काव्य-भाषा के प्रतिमान को महत्त्व देते हुए उस पर गम्भीरता से विचार किया किन्तु यहाँ भी वे मात्र भाषिक-विश्लेषण तक ही नहीं रुक गये। उनके अनुसार-- 'शब्द-प्रयोग की सार्थकता' सन्देह से परे हैं किन्तु उसके साथ 'अनुभव खण्ड या जीवन की वास्तविकता' भी संपृक्त है। यदि 'कथ्य' की उपेक्षा करके 'कथन' तक ही अपने को सीमित कर लिया गया तो सारे विवेचन के रूपवादी हो जाने का खतरा है। वे कहते हैं-- 'कथ्य को कथन के रूप में निःशेष कर देने में, निस्सन्देह आलोचना के अन्तर्गत रूपवादी रुझान का खतरा है। क्योंकि कुछ आलोचक कथन की भाषागत विशेषताओं के विश्लेषण को ही समूची काव्य-कृति का विश्लेषण समझने की भूल कर सकते हैं। किन्तु जो जागरूक समीक्षक शब्द के गिर्द बनने वाले समस्त अर्थवृत्तों तक फैलते जाने का विश्वासी है वह

1. कविता के नये प्रतिमान, पृष्ठ-192
2. वही, पृष्ठ-174
3. वही, पृष्ठ174

सन्दर्भ के अनुसार शब्द में निहित सभी अर्थापत्तियों को पकड़कर काव्य-भाषा के आधार पर ही काव्य का पूर्ण मूल्यांकन कर सकता है, जिसमें उसका नैतिक मूल्यांकन भी निहित हो।'[1] जहाँ तक 'बिम्ब' और 'प्रतीक' का सम्बन्ध है। नामवर सिंह इन्हें प्रतिमान के स्तर पर विशेष महत्त्व नहीं देते। नयी कविता के दौर में काव्य-बिम्ब के प्रचलन की ऐतिहासिक पृष्ठभूमि प्रस्तुत करते हुए उन्होंने बताया कि 'छायावाद' के अन्त में जब कविता भाव से विचार की ओर कल्पना से वास्तविकता की ओर मुड़ी तो कविता में वक्तव्य देने की बाढ़ आ गयी। इसके बाद 'नयी कविता' में जब 'लघु मानव' और 'क्षण' के दर्शन के सहारे 'नये मानव' और 'नये मूल्यों' की प्रतिष्ठा का प्रयत्न किया जाने लगा तो फिर 'वक्तव्यवादी कविताओं' की बाढ़ आ गयी। इसी ऐतिहासिक पृष्ठभूमि में तीसरे सप्तक के कवि केदार नाथ सिंह ने घोषित किया कि 'कविता में मैं सबसे अधिक ध्यान देता हूँ बिम्ब-विधान पर। बिम्ब-विधान का सम्बन्ध जितना काव्य की विषय-वस्तु से होता है उतना ही उसके रूप से भी। विषय को वह मूर्त्त और ग्राह्य बनाता है, रूप को संक्षिप्त और दीप्त।'[2] इस प्रकार 'नयी कविता' में 'बिम्ब' आया तो एक ऐतिहासिक आवश्यकता की पूर्ति के लिए किन्तु आगे चलकर 'सायास बिम्ब योजना' का परिणाम यह हुआ कि 'आलोचकों का ध्यान समूची कविता पर न जाकर कुछ चमकते हुए बिम्बों पर ही केन्द्रित हो गया।'[3]

अंग्रेजी साहित्य का हवाला देते हुए नामवर सिंह कहते हैं--'अंग्रेजी साहित्य में इधर बिम्ब-विधान के विरुद्ध इतनी गहरी प्रतिक्रिया हुई है कि अब इसे आलोचना की भाषा से निकाल देने का प्रस्ताव किया जा रहा है।'[4] अपने पूरे विवेचन का निष्कर्ष प्रस्तुत करते हुए वे कहते हैं-- 'निष्कर्ष यह कि कविता बिम्ब का पर्याय नहीं है। सामान्यतः जिसे 'बिम्ब' कहा जाता है उसके बिना भी कविताएँ लिखी गयी हैं और वे विम्बधर्मी कविताओं से किसी भी तरह कम अच्छी नहीं कही जा सकती।'[5] बिम्बों पर अधिक बल देने से बोल-चाल की सहज लय खण्डित हुई है, क्रियाएँ उपेक्षित हुई हैं विशेषणों का भार अनावश्यक रूप से बढ़ा है और काव्य कथ्य की ताकत कम हुई है। नामवर सिंह यह मानते हैं कि 'इन कमजोरियों को दूर करने के लिए ही कविता में तथाकथित 'सपाट बयानी' अपनायी जा रही है।'[6] नामवर सिंह ने 'नयी कविता' की 'संरचना' पर भी विचार किया है। उनके अनुसार 'नयी कविता' की 'संरचना' दो प्रकार की है 'प्रगीतात्मक' और 'नाटकीय'। नयी कविता के मूल्यांकन-क्रम में लम्बी नाटकीय कविताएँ उपेक्षित रह गयी हैं। प्रगीतात्मक कवियों की संरचना भी कई तरह की है। 'निराला' के प्रगीतों का विन्यास अखण्ड है। उनकी कला समग्रता में है। महादेवी के गीतों में 'तार्किक अन्विति' पर विशेष बल दिया गया है। पन्त के प्रगीतों में खण्ड-चित्र हैं। 'नयी कविता' की संरचना स्फटिक या क्रिस्टल जैसी ठोस और घनी है। 'लम्बी कविता' भी प्रगीतात्मक हो सकती है। 'अज्ञेय' की 'असाध्य वीणा' आकार में लम्बी होने पर भी 'भावबोध' के स्तर पर अनुचिन्तनात्मक है और

1. कविता के नये प्रतिमान, पृष्ठ-115-16
2. वही, पृष्ठ-124
3. वही, पृष्ठ-127
4. वही, पृष्ठ-138
5. वही, पृष्ठ-139
6. वही, पृष्ठ-139

उसकी संरचना भी वर्तुलाकार है।'[1] प्रगीतात्मक कविताओं से भिन्न मुक्तिबोध की लम्बी कविता 'अँधेरे में' 'नाटकीय एकालाप' है। इसकी पटभूमि विशाल है। यह स्वप्न-चित्रों की एक लड़ी है। इसमें फैंटेसी-शिल्प का प्रयोग किया गया है। कुल मिलाकर इस कविता का संसार एक साथ ही दहशत भरा और उम्मीद भरा दोनों ही है। यह फैंटेसी का दुहरा प्रयोग है। कवि ने यथार्थ पर अँधेरे की एक चादर डालकर उसके अन्दर से एक जीती-जागती स्पष्ट गोचर दुनिया को उभार कर रख दिया है जो यथार्थ से भी अधिक यथार्थ मालूम होती है।'[2] इसी क्रम में नामवर सिंह ने फैंटेसी के शिल्प पर भी विचार किया है। फैंटेसी के प्रयोग से कथा चित्रात्मक और सघन हो जाती है। साथ ही देश और काल की दृष्टि से असम्बद्ध वस्तुओं को भी एक साथ एकत्र रखा जा सकता है। नामवर सिंह यह मानते हैं कि फैंटेसी का शिल्प अयथार्थवादी है, किन्तु वे यह भी मानते हैं कि भाववादी शिल्प के अन्तर्गत भी जीवन को समझने की दृष्टि यथार्थवादी हो सकती है। यहाँ भी वे मुक्तिबोध का ही आधार लेते हैं। 'कामायनी : एक पुनर्विचार' में मुक्तिबोध ने कहा है-- 'यथार्थवादी शिल्प और यथार्थवादी दृष्टिकोण में अन्तर है। यह बहुत ही सम्भव है कि यथार्थवादी शिल्प के विपरीत जो भाववादी शिल्प है-- उस शिल्प के अन्तर्गत जीवन को समझने की दृष्टि यथार्थवादी रही हो।'[3] नामवर सिंह द्वारा स्थापित इन प्रतिमानों के सन्दर्भ में एक विशेष ध्यान देने वाली बात यह है कि मुक्तिबोध को केन्द्र में रखते हुए भी उन्होंने इनके सूत्र को पूर्ववर्ती काव्य में लक्षित किया है। इनके आधार पर अन्य नये कवियों की रचनाओं की समीक्षा की है और इन्हें समसामयिक राजनीतिक संदर्भ से जोड़ने की कोशिश भी की है। इस समीक्षा-क्रम में उनका ध्यान निरन्तर कलात्मक उपादानों के विवेचन के माध्यम से जीवन-यथार्थ को उद्घाटित करने पर केन्द्रित रहा है। रस की प्रासंगिकता के सन्दर्भ में नामवर सिंह यह मानते हैं कि रस का निर्णय 'अर्थ-मीमांसा' पर निर्भर करता है। अर्थगत मतभेद के कारण छन्द विशेष के रस-निर्णय में मतभेद दिखायी पड़ता है। आचार्य शुक्ल ने 'रस' के प्रतिमान को महत्त्व देते हुए अर्थ-मीमांसा पर भी बल दिया था। डॉ० नगेन्द्र के 'रस-सिद्धान्त' नामक प्रसिद्ध ग्रन्थ की ओर संकेत करते हुए वे कहते हैं-- 'यह आकस्मिक नहीं है कि जिस 'रस-सिद्धान्त' नामक ग्रन्थ में रस को शाश्वत एवं सार्वभौम काव्य-सिद्धान्त बनाने के लिए जैसे आकाश-पाताल एक कर दिया गया है उसी में सम्पूर्ण अर्थ-मीमांसा तो दर किनार 'ध्वनि' पर भी एक अध्याय नहीं है। सभी जानते हैं कि संस्कृत काव्यशास्त्र में अन्तिम रूप से 'रस' की प्रतिष्ठा 'रस ध्वनि' के रूप में हुई है, इसलिए ध्वनि के बिना रस की स्थापना निराधार है।'[4]

जिस समय नामवर सिंह की पुस्तक कविता के नये प्रतिमान प्रकाशित हुई थी उस समय इसको दृष्टि में रखकर नामवर सिंह की समीक्षा में रूपवादी प्रवृत्ति के बढ़ते हुए प्रभाव की शिकायत की गयी थी। 1974 ई० में नामवर सिंह ने अपनी पुस्तक के दूसरे संस्करण में इसका जवाब देते हुए कहा-- जो मार्क्सवादी आलोचना के विकास के लिए प्रयत्नशील हैं, वे जानते हैं कि अंग्रेजी 'नई समीक्षा' को 'साम्राज्यवादी साजिश' या 'पतनशील' पाश्चात्य प्रवृत्ति कहकर टाला नहीं जा सकता।'[5]

---

1. कविता के नये प्रतिमान, पृष्ठ-151
2. वही, पृष्ठ-159
3. वही, पृष्ठ-240
4. वही, पृष्ठ-47
5. द्वितीय संस्करण, भूमिका, पृष्ठ-11

नामवर सिंह का पक्ष यह है कि मार्क्सवादी समीक्षा को अधिक संगत, प्रभावी और पूर्ण बनाने के लिए अंग्रेजी 'नई समीक्षा' की रूप-तत्त्व-पद्धति कों स्वीकार करने में कोई हानि नहीं है। अंग्रेजी के मार्क्सवादी समीक्षक आर्नल्ड केटल ने भी नये समीक्षक डॉ० एफ० आर० लिविस का ऋण स्वीकार किया है। इधर (23 अप्रैल, 1989 को) इलाहाबाद विश्वविद्यालय के हिन्दी विभाग द्वारा आयोजित 'निराला व्याख्यान माला' के अन्तर्गत 'कविता के नये प्रतिमान : पुनर्विचार' विषय पर अपना वक्तव्य देते हुए नामवर सिंह ने अपनी पूर्व-स्थापनाओं में संशोधन किया है। उनका कहना है-- 'नयी कविता के चलते यह आम धारणा बनी कि बड़ा कवि वह है, सार्थक और महत्त्वपूर्ण कवि वह है जो 'आइडियालाजिकल' नहीं है। 'विचारधारा' कविता की दुश्मन है। 'अनुभूति की प्रामाणिकता' की मुख्य आधारशिला यही थी कि कविता में 'विचारधारा' महत्त्वपूर्ण नहीं है। महत्त्वपूर्ण है-- अनुभूति की प्रामाणिकता और अनुभूमि की प्रामाणिकता के आधार पर वह कविता महत्त्वपूर्ण है जिसमें अनेक विरोधी विचारों का बहुत ही नाजुक सन्तुलन हो। कवि स्पष्ट रूप से अपना पक्ष स्पष्ट न करे, बल्कि विभिन्न विचारधाराओं का द्वन्द्व, उनकी टकराहट दिखाये, उनका तनाव दिखाये।'[1] इसी क्रम में नामवर सिंह ने स्वीकार किया है कि दूसरे महायुद्ध के बाद 'नयी आलोचना' अमेरिकी विश्वविद्यालयों की सरकारी विचारधारा बन गयी थी। वे कहते हैं-- 'तो यह है शीत युद्ध का काव्यशास्त्र कोल्डवार पोयटिक्स। अमेरिकन 'नयी समीक्षा' की सारी शब्दावली 'विचारधारा के अन्त' की शब्दावली है।----- यानी जहाँ एक खास तरह का धुँधलका हो, 'एम्व्यूगिटी' हो, एक जमाने में रघुवीर सहाय ने इसके लिए बड़ा ही अच्छा शब्द दिया था-- 'उभय-सम्भव'। यानी यह भी सम्भव, वह भी सम्भव। कविता में एक खास तरह की जटिल अनिश्चयता। इस अनिश्चयता की सुविधा और दर्द में अनेक कविताएँ लिखी गयी थीं तो यह जटिलता, विसंगति, विडम्बना, तनाव ये सभी अमेरिकी प्रचार-तन्त्र के अंग थे। यह शीतयुद्ध की स्ट्रेटजी थी---- और मित्रो, यह हमारे तत्कालीन भारतीय परिस्थितियों के अनुकूल पड़ती थी।' 'कविता के नये प्रतिमान' के सम्बन्ध में वे स्पष्ट रूप से स्वीकार करते हैं-- 'कविता के नये प्रतिमान' का रूपवाद यह है कि उसमें रूपवाद की आलोचना भी रूपवादी ढंग से की गयी है अर्थात् तार्किक आधार पर उसका खण्डन किया गया है। ऐतिहासिक आधार पर नहीं किया गया है। जटिलता, विसंगति, अनुभूति की प्रामाणिकता आदि के मूल में जो राजनीति काम कर रही है उसका खण्डन नहीं किया गया है।'[2] सन् 1982 ई० में नामवर सिंह की पुस्तक 'दूसरी परम्परा की खोज' प्रकाशित हुई। यह पुस्तक आचार्य हजारीप्रसाद द्विवेदी को केन्द्र में रखकर लिखी गयी है। इसमें आचार्य द्विवेदी द्वारा संकेतित उस मौलिक इतिहास-दृष्टि को प्रतिष्ठित करने की चेष्टा की गयी है, जिसके आधार पर आचार्य द्विवेदी ने भारतीय संस्कृति और साहित्य की लोकोन्मुखी क्रान्तिकारी परम्परा को जीवित करने का प्रयत्न किया था। डॉ० नामवर सिंह इसी परंपरा को हिन्दी-साहित्य की प्रगतिशील परंपरा मानते हैं। आचार्य हजारीप्रसाद द्विवेदी ने इस परंपरा का बीज-वपन किया था। नामवर सिंह इसे केन्द्र में रखकर हिन्दी-साहित्य के इतिहास की व्याख्या में प्रवृत्त हैं। द्विवेदी जी ने जो 'विरह की चिंनगी' मेली थीं, डॉ० सिंह उसे फूँक कर सुलगा रहे हैं।

इधर आप कविता की भी दूसरी परम्परा का अनुसन्धान कर रहे हैं। उनके अनुसार 'नयी

1. कथ्य रूप, पृष्ठ-6
2. वही, पृष्ठ-5

कविता' के बाहर जो दूसरी परम्परा है उसके वाहक 'नागार्जुन' और 'त्रिलोचन' हैं। नामवर सिंह की नवीनतम प्रकाशित पुस्तक 'वाद-विवाद-संवाद' (1989) है। इसमें समकालीन भाषा, साहित्य और आलोचना-- कर्म की बुनियादी चिन्ताओं से सम्बद्ध विषयों-- 'जनतन्त्र और समालोचना', 'आलोचना की स्वायत्तता', 'आलोचना की संस्कृति और संस्कृति की आलोचना', 'कविता की राजनीति', 'आलोचना और संस्था', 'आलोचना की भाषा', 'प्रगतिशील साहित्यधारा में अन्ध लोकवादी रुझान', पर विचार किया गया है। वस्तुतः इन निबन्धों में प्रगतिशील चिन्तन को वर्तमान सन्दर्भ में आगे बढ़ाया गया है और मार्क्सवादी समीक्षा पर जो अनेक कोणों से प्रत्यक्ष-प्रच्छन्न प्रहार हो रहे हैं, उनका सतर्क, साधार जवाब दिया गया है। कई प्रच्छन्न प्रहार 'पूर्वाग्रह' पत्रिका की ओर से किये गये हैं। इसीलिए 'जनतन्त्र और समालोचना', 'आलोचना की स्वायत्ता', 'आलोचना की संस्कृति और संस्कृति की आलोचना' आदि कई निबन्धों के केन्द्र में 'पूर्वग्रह' पत्रिका और उसमें मार्क्सवादी समीक्षा के प्रतिपक्ष में प्रस्तुत अशोक वाजपेयी के वक्तव्य हैं। 'जनतन्त्र और समालोचना' में अशोक वाजपेयी के इस कथन-- 'विकल्पों की सम्भावना जनतन्त्र का मूलाधार है' का उत्तर देते हुए नामवर सिंह कहते हैं-- विकल्पों की संभावना अराजकता है और यह अराजकता उसके लिए अत्यन्त अनुकूल होती है जो राजसत्ता में है।'[1] इसी क्रम में वे कहते हैं-- 'विकल्पों की संभावना जनतन्त्र का मूलाधान नहीं, 'बहुलतावाद' (प्लूरलिज़्म) है।'[2] यह 'बहुलतावाद' अमेरिकी राजनीति का प्रधान अस्त्र है। नामवर सिंह के अनुसार 'अमेरिकी 'बहुलतावाद' का मुख्य शत्रु मार्क्सवाद है और इस मामले में अशोक वाजपेयी पीछे नहीं हैं, ज्यादा सही यह है कि वे अमेरिका के पीछे-पीछे हैं।'[3] वस्तुतः 'बहुलतावाद', 'विचारधारा' मात्र का विरोधी है। 'आलोचना की स्वायत्तता' का प्रश्न भी 'पूर्वग्रह' ने ही उठाया था। नामवर सिंह अनुभव करते हुए हैं कि यह प्रश्न भी 'विचारधारा' के विरोध में ही उठाया गया है किन्तु विडम्बना यह है कि 'स्वायत्तता' शब्द स्वयं अमेरिकी राजनीतिक विचारधारा की देन है। 'स्वायत्तता' ही नहीं, एक समय 'नई आलोचना' के बहु प्रचलित सभी पारिभाषिक शब्द-- 'टेंशन', 'विडम्बना', 'जेस्चर', 'एंबिग्यूटी', 'कम्प्लेक्सिटी', आदि गैर साहित्यिक प्रयोजनों की सिद्धि करते रहे हैं। नामवर सिंह के शब्दों में-- 'शीत युद्ध से ग्रस्त अमेरिकी समाज में इन शब्दों ने राजनीतिक भूमिका भी निभायी थी। यह बात उस समय भले ही प्रकाश में न आई हो, आज स्वयं अमेरिकी आलोचना में खुलकर कही जा रही है।'[4] इस निबन्ध में नामवर सिंह ने अत्यन्त संक्षेप में 'विचारधारा' को परिभाषित भी किया है। उन्होंने कहा है-- **'विचारधारा विचार मात्र नहीं, बल्कि अनुभूतियों की ऐसी संरचना है जिसमें अनेक प्रतीक, मिथक आदि भी घुले-मिले रहते हैं। विचारधारा बहुत कुछ संस्कार की तरह समूचे अस्तित्व का ऐसा अंग बन जाती है कि उससे आसानी से छुटकारा सम्भव नहीं होता।'**[5] 'आलोचना की संस्कृति और संस्कृति की आलोचना' निबन्ध भी अशोक वाजपेयी के एक सम्पादकीय के प्रतिवाद में लिखा गया है। अशोक वाजपेयी ने लिखा था-- 'साहित्य अपनी विशिष्ट संस्कृति भी विकसित करता है। यह साहित्यिक संस्कृति साहित्य में सक्रिय शक्तियों

---

1. वाद-विवाद-संवाद, पृष्ठ-34
2. वही, पृष्ठ-34
3. वही, पृष्ठ-35
4. वही, विवाद-संवाद, पृष्ठ-36
5. वही, पृष्ठ-362

और दृष्टियों के बीच संवाद का शील-निरूपण करती है। सीमाएँ निर्धारित करती हैं। खेल के नियम बनाती हैं ताकि कुछ सीमाओं का अतिक्रमण न हो सके।'[1] नामवर सिंह के अनुसार साहित्य की संस्कृति का यह नारा एक प्रकार का संस्कृतिवाद है। यह संस्कृतिवाद सन्तुलन और सामंजस्य के नाम पर वस्तुतः अभिजात वर्ग की सत्ता को चुनौती देने वाले नये वर्ग के उदय और उसके कारण उत्पन्न संघर्ष-चेतना का शमन करता है। संस्कृति की मूल अवधारणा को संकुचित करता है।, साहित्य में 'कलावाद' और 'रूपवाद' का पोषण करता है। नामवर सिंह के शब्दों में 'संस्कृतिवाद' एक ऐसी विचारधारा है जो जीवन की सारी समस्याओं को समेट कर संस्कृति की समस्या बना देती है क्योंकि उसके अनुसार जीवन की तमाम समस्याएँ सिर्फ संस्कृति की समस्याएँ हैं।'[2] इस पुस्तक का एक महत्त्वपूर्ण निबन्ध 'मार्क्सवादी सौन्दर्य-शास्त्र के विकास की दिशा' है। इसमें नामवर सिंह ने यह स्पष्ट करना चाहा है कि 'मार्क्सवाद' का जन्म एक आलोचनात्मक दर्शन के रूप में हुआ है। इसलिए खण्डन-मण्डन उसकी प्रकृति है। उसके सौन्दर्यशास्त्र को सूत्रबद्ध करने में सरलीकरण का खतरा है। रूस का उदाहरण देते हुए वे कहते हैं-- 'पहला उदाहरण है सोवियत संघ में 'समाजवादी-यथार्थवाद' का शास्त्र निर्माण। शास्त्र बनते ही सामाजिक यथार्थ भी सूत्रबद्ध हो गया और उस यथार्थ को अभिव्यक्त करने की शैली भी। देखते-देखते एक नया 'रीतिवाद' चल पड़ा। रचना में भी आलोचना में भी।'[3] तात्पर्य यह कि मार्क्सवादी सौन्दर्यशास्त्र आज विकास की जिस अवस्था में है, उसको देखते हुए उसके शास्त्र का निर्माण घातक होगा।

युवा लेखन का आकलन तो नामवर सिंह बराबर करते रहे हैं। इधर के युवा लेखन के विषय में उनका कहना है- 'युवा-लेखन का रचना-संसार निस्सन्देह बेहद, खूँखार, भयावह और अजनबी है किन्तु अपनी सृजनशीलता के द्वारा वह यह भी व्यंजित कर देता है कि यह यथार्थ नहीं बल्कि यथार्थ का कलात्मक भ्रम है और यह मायावीपन ही उसकी कलात्मकता का रहस्य है।'[4] उन्होंने यह भी लक्षित किया है कि युवा लेखन का युगबोध खण्डित नहीं है। वे कहते हैं--'युवा-लेखन कविता और कथा दोनों विधाओं में व्यक्त होने वाला एक समेकित आन्दोलन है, पिछले युग के नवलेखन के समान 'नई कविता' में कुछ और तथा नई कहानी में कुछ और जैसा विभक्त और खण्डित युग बोध नहीं।'[5] वस्तुतः आज की युवा पीढ़ी को न तो आजादी की लड़ाई में हिस्सा लेने का मौका मिला, न स्वाधीन भारत के निर्माण की सुविधा मिली। इस प्रकार वह इतिहास से 'बाहर' रही। इसलिए युवा लेखन में निहित मानव में 'गहरे स्तर पर अपनी नगण्यता का बोध बद्ध मूल है। आत्मदया; असहायता, आक्रोश, जिज्ञासा, उदासीनता, आदि सभी मनः स्थितियाँ इस नगण्यता से ही उत्पन्न और परिचालित होती हैं।'[6] नामवर सिंह ने 'साहित्य में प्रगतिशील आन्दोलन की ऐतिहासिक भूमिका' पर भी विचार किया है। इस निबन्ध में हिन्दी में प्रगतिशील आन्दोलन का इतिहास देने के साथ ही उन्होंने 'प्रगतिवाद' के 'विकासवाद' और 'यथार्थ' की व्याख्या

1. वाद-विवाद-संवाद, पृष्ठ-41
2. वही, पृष्ठ-47
3. वही, पृष्ठ-75
4. वही, पृष्ठ-126
5. वही, पृष्ठ-126
6. वही, पृष्ठ-121

भी की है। मुक्तिबोध के साक्ष्य पर डार्विन के विकासवाद से 'प्रगतिवाद' के 'विकासवाद' को अलग करते हुए वे कहते हैं-- 'दार्शनिक दृष्टि से 'प्रगतिवाद' ऐसे विकासवाद में विश्वास करता है जो डार्विन के विकासवाद से भिन्न है क्योंकि वह कार्य-कारणवाद को यांत्रिक अर्थ देता है। इस विकासवाद के विपरीत प्रगतिवाद का विकास द्वन्द्वात्मक गतिविधि द्वारा आविर्भूत 'और अधिक स्वतन्त्र' है। तात्पर्य यह है कि विकास में इच्छा शक्ति की भूमिका का महत्त्व है।'[1] **यथार्थ** को स्पष्ट करते हुए वे कहते हैं-- 'यह यथार्थ कोई वाद नहीं है। यह न कोई अमूर्त्त विचार है, न मनुष्य-निरपेक्ष कोई भौतिक वस्तु। अगर कुछ है तो मनुष्यों के माध्यम से जीवन में व्यक्त होने वाली सचाई। प्रगतिशील 'कला-व्यवस्था' यथार्थ की इसी समझ से सम्भव है।'[2] आज वामपंथ के गहरे संकट का एहसास करते हुए नामवर सिंह लक्षित करते हैं-- 'आज प्रगतिशील शिविर में भी 'परम्परावाद' का नया उभार स्पष्ट दिखाई पड़ रहा है। साहित्य में भी और राजनीति में भी, इतिहास बनाने वाले इतिहास लिखने में व्यस्त है। दृष्टि आगे की ओर नहीं पीछे की ओर है। अतीत की रक्षा में ही भविष्य की आशा दिखती है। भविष्य इतना अनिश्चित हो चला है कि आस्था टिकाने के लिए अतीत का ही आधार रह गया है। लोग भूलते जा रहे हैं कि परम्परा की रक्षा प्रगति से ही सम्भव है।'[3] नामवर सिंह की समीक्षा-दृष्टि को समझने के लिए 'आलोचना' पत्रिका में समय-समय पर प्रकाशित उनकी टिप्पणियाँ और लेख भी विचारणीय हैं। उनकी एक सम्पादकीय टिप्पणी-- 'एक नया काव्यशास्त्र त्रिलोचन के लिए' इसमें नामवर सिंह ने प्रतिपादित किया है कि त्रिलोचन की कविता हिन्दी की जातीय कविता है। उनकी कविता में मानवीय सामाजिक सम्बन्धों की गरमाई के बीच मनुष्य की वैयक्तिकता भी अक्षुण्ण है। उन्होंने पश्चिमी 'आधुनिकता' को पीठ देकर अपनी काव्य-यात्रा शुरू की थी। उनकी कविता हिन्दी की अपनी परम्परा से निकली हुई 'नई कविता' है जो जीवन्त शब्दों की दीप्ति से दमक रही है। नामवर सिंह के शब्दों में-- 'उस दौर की 'आधुनिकतावादी' कविताओं के साथ रखकर देखें तो प्रयोग और प्रगति के नाम पर लिखी जाने वाली कविताओं से कितनी अलग। हर तरह की अंग्रेजियत के खिलाफ। भाव में भी, भाषा में भी। यह है ठेठ हिन्दी की कविता। हिन्दी की 'नई कविता' हिन्दी की अपनी परम्परा से निकली हुई। आधुनिक लेकिन भारतीय। न पश्चिम से आयातित न आतंकित।'[4] इस प्रकार इधर नामवर सिंह की दृष्टि 'नयी कविता' के बाहर हिन्दी की अपनी जातीय परम्परा से विकसित 'नयी कविता' पर भी गयी है।

किसी भी आलोचक की आलोचना-दृष्टि को परखने के लिए उसके द्वारा प्रयुक्त पारिभाषिक शब्दों का विवेचन-विश्लेषण भी आवश्यक है। प्रत्येक पारिभाषिक शब्द किसी न किसी मूल्य बोध या विचारधारा से जुड़ा होता है और सन्दर्भ-विशेष में प्रयुक्त होकर अपने को संगत और सार्थक बनाता है। समीक्षक प्रत्येक शब्द को तौलकर, उसके प्रयोगगत औचित्य का आकलन करके तथा उसके मूल में विद्यमान जीवन-दृष्टि को समझकर उसे अपनी समीक्षा में स्थान देता है। इसलिए

---

1. वाद-विवाद-संवाद, पृष्ठ-17
2. वही, पृष्ठ-17
3. वही, पृष्ठ-98
4. आलोचना, जुलाई-सितम्बर, 1987

जीवन-दृष्टि सम्पन्न समीक्षक की मानसिक-यात्रा को सूत्र-बद्ध करने और उसकी रुझान की सही पहचान के लिए उसके द्वारा प्रयुक्त पारिभाषिक शब्दों पर दृष्टिपात करना आवश्यक है।

अपने पूरे समीक्षा-कार्य में नामवर सिंह ने जिन पारिभाषिक शब्दों का प्रयोग किया है वे निश्चय ही उनकी प्रगतिशील समीक्षा दृष्टि के परिचायक हैं। उन्होंने भाववादी कला-दृष्टि से सम्बद्ध पारिभाषिक शब्दों का प्रयोग भी किया है, किन्तु वह प्रायः प्रतिपक्ष की विचार-दृष्टि को सामने रखकर उसका प्रतिवाद करने की दृष्टि से प्रयुक्त हुए हैं। उनके द्वारा प्रयुक्त पारिभाषिक शब्दों में-- 'व्यक्तिवाद', 'प्रगतिवाद', 'यथार्थवाद', 'मानवतावाद', 'सामाजिक यथार्थ', 'भाववादी दृष्टि', 'भावबोध', 'प्रयोगवाद', 'वर्ग-चेतना', 'द्वन्द्वात्मक प्रणाली', 'आलोचनात्मक यथार्थवाद', 'अनुभूति की प्रामाणिकता', 'जटिलता', 'एम्ब्यूगिटी', 'द्वन्द्व', 'तनाव', 'विसंगति', 'विडम्बना', 'वस्तुनिष्ठता', 'बोधशक्ति', 'सर्जनात्मक भाषा', 'विम्बात्मकता', 'सपाटबयानी', 'फैटेंसी', 'नाटकीयता', 'संरचना', 'प्रगीतात्मकता', 'एकालाप', 'अर्थ मीमांसा', 'रस-ध्वनि', 'विचारधारा', 'बहुलतावाद', 'स्वायत्तता', 'संस्कृतिवाद', 'कलावाद', 'रूपवाद', 'आधुनिकतावाद', 'समाजवादी', 'यथार्थवाद', 'परम्परावाद' आदि प्रमुख हैं। इन शब्दों का तात्पर्य उनके द्वारा व्यक्त विचारों के सन्दर्भ वैशिष्ट्य से जुड़कर अपने आप खुलता गया है। बीच-बीच में उन्होंने कुछ शब्दों की व्याख्या भी की है। इन शब्दों के प्रयोग-क्रम में उन्होंने इनके सामाजिक-राजनैतिक परिवेश को भी स्पष्ट करने का प्रयत्न किया है। 'कविता के नये प्रतिमान' लिखते समय अमेरिकी 'नई समीक्षा' से गृहीत जिन पारिभाषिक शब्दों के पीछे कार्य करने वाली राजनीतिक चेतना का उद्‌घाटन उन्होंने उस समय नहीं किया था, उसे अब खोलकर रख दिया है। **'विचारधारा'** (आइडियालाजी) की व्याख्या इधर मार्क्सवादी समीक्षा में विशेष रूप से की जा रही है। इसको जिस रूप में नामवर सिंह ने अत्यन्त संक्षेप में स्पष्ट किया है, वह उनकी सूक्ष्म दृष्टि का परिचायक है। विचारों को सूत्रबद्ध करके उन्हें शास्त्र का रूप देने से किस प्रकार 'रीतिवाद' का खतरा पैदा हो जाता है और मार्क्सवादी चिन्तन भी इस रीतिवाद का शिकार हुआ है, इस ओर हमारा ध्यान आकृष्ट करके उन्होंने अपनी सजगता का परिचय दिया है। वामपंथी चिन्तन को निरन्तर गतिशील रखने और उसे परम्परा मोह से बचाने की दिशा में उनका प्रयास सराहनीय है। नामवर सिंह ने मार्क्सवादी और भाववादी दोनों ही प्रकार की समीक्षाओं का गहरा अध्ययन किया है। दोनों क्षेत्रों की नवीनतम गतिविधियों से उनका गहरा परिचय है। नयी-से-नयी रचना को परखने और उसकी तह में प्रवेश करने की उनकी क्षमता अद्‌भुत है। उनकी इस क्षमता का मार्क्सवादी-प्रगतिशील समीक्षा को पूरा लाभ मिला है। उन्होंने अंग्रेजी के पारिभाषिक शब्दों का भी आवश्यकतानुसार निस्संकोच प्रयोग किया है, किन्तु यह प्रयोग अभिव्यक्ति को सार्थक, प्रामाणिक और प्रासंगिक बनाने के लिए ही किया गया है। उनकी मान्यता है कि 'आलोचना' इतिहास का अंग नहीं है, इतिहास ही आलोचना का अंग है। हमारा विश्वास है, अपनी आलोचना से वे हिन्दी का नया इतिहास बनाने में सफल होंगे।

— 0 —

इतिहासधर्मा आलोचक : डॉ. बच्चन सिंह

डॉ. बच्चन सिंह समर्थ और साहित्येतिहास के अत्यन्त सतर्क अध्येता हैं। उन्होंने अपनी रचना-यात्रा का आरम्भ आधुनिक हिन्दी काव्य के सर्वाधिक प्राणवान, सशक्त और क्रान्तिकारी कवि 'निराला' की समीक्षा से किया था। यह कृति सन् 1947 में प्रकाशित हुई। इस प्रथम कृति में ही उन्होंने अपने व्यापक अध्याय, यथार्थोन्मुख जीवन-दृष्ट और सूक्ष्म अन्वीक्षण-क्षमता का परिचय दे दिया है। इसके बाद थोड़े-बहुत अन्तराल के साथ उनकी कृतियाँ एक के बाद एक प्रकाशित होती रही हैं। 'हिन्दी-नाटक' (1954 ई.), 'रीतिकालीन कवियों की प्रेम व्यंजना' (1956 ई.), 'बिहारी का नया मूल्यांकन' (1957 ई.), 'समकालीन साहित्य : आलोचना की चुनौती' (1968 ई.), 'आलोचक और आलोचना' (1970 ई.), आधुनिक हिन्दी-साहित्य का इतिहास' (1978 ई.), आधुनिक आलोचना के बीज शब्द' (1983 ई.), 'साहित्य का समाजशास्त्र और रूपवाद' (1984 ई.), 'भारतीय एवं पाश्चात्य काव्य शास्त्र का तुलनात्मक अध्ययन' (1987), 'आचार्य शुक्ल का इतिहास पढ़ते हुए' (1989 ई.), कथाकार जैनेन्द्र' (1993 ई.), हिन्दी साहित्य का दूसरा इतिहास (1996), उपन्यास का काव्यशास्त्र (2008 ई. आदि) आपकी अब तक की प्रकाशित महत्त्वपूर्ण कृतियाँ हैं। आपने लगभग एक दशक तक 'नागरी प्रचारिणी पत्रिका' का सम्पादन भी किया है। उपर्युक्त कृतियों के अतिरिक्त आपके अनेक निबन्ध स्तरीय पत्रिकाओं में बिखरे हुए हैं। आपने 'दूसरा इतिहास' शीर्षक से हिन्दी साहित्य का पूरा इतिहास भी लिखा है, जो अभी प्रकाशित नहीं हुआ है। उपर्युक्त कृतियों पर ध्यान देने से यह स्पष्ट है कि समीक्षा, काव्यशास्त्र और इतिहास आपके अध्ययन और रचना के मुख्य क्षेत्र हैं। 'आधुनिक आलोचना के बीज शब्द' को अपवाद मान सकते हैं किन्तु इसमें भी उनकी दृष्टि इतिहासधर्मी समीक्षक की ही है। वे यह मानकर चलते हैं। कि 'साहित्यिक दुनिया' के परिवर्तन की पहचान नित्य नूतन समीक्षात्मक शब्दावली के प्रयोग' को लक्षित करने से होती है। जाहिर है कि डॉ. बच्चन सिंह ने आधुनिक आलोचना के बीज शब्दों की अर्थ-सीमा निर्दिष्ट करते हुए साहित्य दुनिया के बदलाव को भी ध्यान में रखा है। भारतीय और पाश्चात्य काव्यशास्त्र का अध्ययन आपने मात्र शस्त्रज्ञान के लिए नहीं, वरन् दोनों के विवेकपूर्ण अन्वय से नई समीक्षा-पद्धति के विकास की दृष्टि से किया है। साहित्य के इतिहास का अध्ययन भी आपने मात्र इतिहास के तथ्यों को

क्रमबद्ध करने के लिए नहीं किया है। इतिहास के अध्ययन में प्रवृत्त होने का कारण यह है कि यह अध्ययन समीक्षा-दृष्टि को समृद्ध करता है। आपका स्पष्ट मत है—'साहित्य को साहित्य बनाने का दायित्व उसके सौन्दर्यपूर्ण पक्ष को है यानी उसकी विशिष्ट रूप-रचना को जिसमें शब्दों का चारुताधर्मी विन्यास, बिम्ब, मिथ, कथानक आदि का सन्निवेश होता है और 'इस रूप रचना का गहरा सम्बन्ध उस ऐतिहासिक प्रक्रिया से है जिसमें वे निर्मित होते हैं।' इसलिए साहित्य के सौन्दर्य पक्ष के विवेचन के लिए 'ऐतिहासिक प्रक्रिया अर्थात् व्यापक सन्दर्भों में अतीत और वर्तमान के द्वन्द्वात्मक सम्बन्धों का अध्ययन अनिवार्य है।' मानना होगा कि एक श्रेष्ठ और समर्थ समीक्षक के लिए काव्यशास्त्र और साहित्येतिहास दोनों का गहरा अनुशीलन अनिवार्य है। आचार्य शुक्ल इसके प्रमाण हैं। डॉ. बच्चन सिंह ने सोच-समझकर इस रास्ते पर चलने की कोशिश की है लेकिन यह कोशिश की है, लेकिन यह कोशिश ही है, पूर्ण सफलता का श्रेय नहीं दिया जा सकता।

आलोचनादर्श

डॉ. बच्चन सिंह के आलोचक-व्यक्तित्व को समझने के लिए आवश्यक है कि हम पहले उनके आलाचनादर्श को जानें। उनके लि ए आलोचना क्या है और आलोचक का कर्तव्य क्या है? इसे जाने बिना हम उनके आलोचक-व्यक्तित्व का ठीक-ठीक विश्लेषण नहीं कर सकते । डॉ. सिंह के अनुसार—'आलोचना में रूप - तत्त्व का महत्त्व अत्यधिक है क्योंकि आलोचना का महत्त्व इसी नींव पर टिका हुआ है। रूपवैलक्षण्य की पकड़ वस्तु या सामाजिक अर्थवत्ता की पकड़ है।' यहाँ यह ध्यान रखना होगा कि डॉ. सिंह सामाजिक अर्थवत्ता की उपेक्षा नहीं करते किन्तु उसे पकड़ने के लिए रूप-तत्व की विलक्षणता को पकड़ना आवश्यक मानते हैं। ऐसा इसलिए है कि 'वस्तु' काव्य में प्रत्यक्षतः उपस्थित न होकर वक्रतः उपस्थित होती है। वे कहते हैं—'वस्तु वही नहीं है जो काव्य में प्रत्यक्षतः उपस्थित होती है - इससे ज्यादा वह वक्रतः उपस्थित होती है यानी बिम्बों, प्रतीकों, प्रविधियों, शैलियों आदि में।' रूप में भी वस्तु को पूर्णतः लक्षित नहीं किया जा सकता। क्योंकि 'रूपात्मक संघटना के बीच-बीच में दरारें होती हैं, मौन होते हैं, अवकाश (स्पेस) होते हैं। भावों-विचारों के अनेक तत्त्व इनमें छिपे होते हैं। आलोचक का कर्तव्य है कि इन रिक्तताओं को भरें। (साहित्य का समाज शास्त्र, पृष्ठ-14)

प्रश्न उठता है कि क्या आलोचना का कोई ऐसा प्रतिमान है, या हो सकता जिसके आधार पर हम श्रेष्ठ और विशिष्ट रचनाओं की रूपात्मक-संघटना और उनके बीच में पायी जाने वाली दरारों, अवकाशों आदि का ठीक-ठीक विश्लेषण करके वस्तु-तत्त्व की विलक्षणता का आकलन कर सकते हैं? डॉ. सिंह का स्पष्ट उत्तर है—'नहीं'। वे कहते हैं - 'पूर्व और पश्चिम में समय-समय पर आलोचना के मान निर्धारित किये गये, पर उनमें से कोई भी मान ऐसा नहीं है जिसे सार्वभौम और शाश्वत मान की संज्ञा दी जाय। भारतीय काव्यशास्त्र में अनेक सिद्धान्तों और काव्य-

सम्प्रदायों का आविर्भाव इस बात का सबूत है कि किसी एक मान को निर्दोष मानकर ग्राह्य (ग्रहण) नहीं किया जा सकता। जब कभी इन्हें किसी कृति पर हू-ब-हू लागू किया गया है तब आलोचना का सारा उपक्रम उपहासास्पद हो गया है।' (आलोचक और आलोचना, पृष्ठ203) डॉ. सिंह सप्रमाण सिद्ध करते हैं कि रचना एक संलिष्ट रचनात्मक इकाई है इसलिए उसे किसी एक विशिष्ट प्रतिमान के आधार पर मूल्यांकित नहीं किया जा सकता। संस्कृत काव्यशास्त्र का विकास ध्वनि-सिद्धान्त तक आकर रुक गया। यदि हम ध्वनि को प्रतिमान मानकर व्यंजना व्यापार की श्रेष्ठता स्वीकार करते हैं तो 'निराला' का अभिधा-प्रधान काव्य उसकी श्रेष्ठता के आगे प्रश्न चिह्न लगा देता है। डॉ. सिंह के अनुसार आज के सन्दर्भ में 'कुन्तक की आलोचनात्मक दृष्टि और शब्दावली बहुत काम की है, पर वक्रोक्ति के भेदों को ज्यों का त्यों ग्रहण नहीं किया जा सकता है।' (वही, पृष्ठ204) इसी प्रकार आरोप का हवाला देते हुए वे कहते हैं—'योरप में भी अरस्तु और होरेस के क्लासिकल नियमों के विरोध में स्वच्छन्दतावादी मतों की प्रतिष्ठा हुई। आर. ए. रिचर्ड्स, एलिएट आदि ने स्वच्छन्दतावादी प्रवृत्तियों के विरोध में पुनः नियमानुवर्तन पर जोर दिया।। पर नये आलोचकों ने, साहित्य के सन्दर्भ में, उन्हें अस्वीकृत करके नये सिद्धान्तों की स्थापना की। पर इनसे भी कोई ऐसा प्रतिमान स्थापित नहीं हो पाया जो महान् कृति को अच्छी कृति से और अच्छी कृति को कम अच्छी कृति से अलग कर सके।' (वही पृष्ठ 204) डॉ. सिंह ने ऐतिहासिक, मनोविश्लेषणवादी, मार्क्सवादी, दार्शनिक, अभिव्यंजनावादी आदि समीक्षा-पद्धतियों की सीमाओं का संकेत करते हुए सभी को खारिज कर दिया है। विज्ञान के प्रभाव में आलोचना को विज्ञान की तरह वस्तुनिष्ठ बनाने का प्रयत्न दृष्टि में अनुचित 'वस्तुनिष्ठता साहित्य के सौन्दर्यीनुसंधान के लिए उपयोगी नहीं है।' आपका दो टूक निर्णय है कि 'रस अलंकार, रीति, ध्वनि, वक्रोक्ति आदि का सन्निवेश काव्य में होता है पर वह इनसे कहीं अधिक है। इसी प्रकार अन्विति, सरलता, जटिलता, विस्मय आदि काव्य में अनुस्यूत होते हैं। इन शब्दों के आधार पर आलोचना का मिथक तैयार हो सकता है, स्वयं आलोचना नहीं।' (वहीं पृष्ठ 206)।

डॉ. सिंह पुरानी आलोचना पद्धतियों का अध्ययन उनकी प्रासंगिकता की तलाश को दृष्टि में रखकर करते हैं। रचना के भाषिक विश्लेषण में वे जहाँ त्तक हमारी सहायता कर सकता है, वहाँ तक ग्राह्य है, इसके आगे नहीं। नई समीक्षा पद्धतियों में रूसी रूपवाद, नई आलोचना, संरचनावाद और डीकॉन्स्ट्रक्शन की चर्चा करने के बाद वे कहते हैं—'अपनी खामियों के बावजूद 'रूसी रूपवाद' और 'नई समीक्षा' हमें किन्हीं अर्थों में प्रशिक्षित करती है किन्तु 'संरचनावाद' तो एक चक्रव्यूह है। इसमें फँसकर समीक्षा तो मरती ही है अपने साथ साहित्यिक कृति को भी ले डूबती है।' (साहित्य का समाजशास्त्र और रूपवाद, पृष्ठ-86) 'डीकॉन्स्ट्रक्शन' को भी आप

लगभग इसी रूप में देखते हैं.. 'उनका सिद्धान्त उस घने जंगल की तरह है जिसमें कोई रास्ता नहीं है। रास्ता चलने वाला स्वयं अपना रास्ता बनाएगा। उत्तर, दक्षिण, पूर्व, पश्चिम वह कहीं भी जा सकता है। डीकॉन्स्ट्रक्शन 'जंगल के भीतर से जंगल के पार उस विचार-भूमि तक पहुँचना है जो अनुपस्थित है।' तात्पर्य यह कि समर्थ समीक्षक बने-बनाये साँचों के आधार पर रचना का मूल्यांकन नहीं करता, इनसे वह सहायता ले सकता है जिस प्रकार एक श्रेष्ठ रचनाकार परम्परा का अतिक्रमण करके अपनी मौलिक प्रतिभा से नई रचना प्रस्तुत करता है, उसी प्रकार समर्थ समीक्षक परम्परागत प्रतिमानों का अतिक्रमण करके जटिल भाषिक संरचना का विश्लेषण करता है, प्रत्येक श्रेष्ठ कृति उसके लिए एक चुनौती होती है। उसकी विशिष्ट रूप-रचना के विश्लेषण में समीक्षक की अपनी अर्न्तदृष्टि और प्रतिभा ही काम आती है। परम्परागत प्रतिमान समीक्षक की दृष्टि को समृद्ध करने में सहायक हो सकते हैं। इसके आगे भूमिका समाप्त हो जाती है।

आज के सन्दर्भ में आलोचना की सार्थकता पर विचार करते हुए डॉ. बच्चन सिंह कहते हैं आज की आलोचना के लिए सबसे जरूरी है आधुनिक मानवीय स्थिति के सन्दर्भ में भाषिक संरचना का विश्लेषण और मूल्यांकन।'' यहाँ यह ध्यान देने की बात है कि मात्र भाषिक विश्लेषण पर्याप्त नहीं है। भाषिक विश्लेषण मानवीय स्थिति के सन्दर्भ में किया जाना चाहिए। डॉ. सिंह यह मानते हैं रचनात्मक जटिलता का सम्बन्ध काव्यबद्ध जीवन-दृष्टि से होता है इसलिए 'आलोचक का कर्तव्य है कि रचनात्मक जटिलताओं को काव्य-बद्ध जीवन-दृष्टि से जोड़े। इसे अपने चिन्तित जीवनानुभव के सन्दर्भ में भी विश्लेषित करें।' जीवनानुभव को स्पष्ट करते हुए वे कहते हैं ''जीवनानुभव एक समग्र जीवन-दृष्टि है, जिसके आयाम हैं, जिसकी अनेक पर्त है। काव्यगत संश्लिष्टता में अर्थ की अनेक पर्तें संश्लिष्ट अनुभवों के कारण आती हैं'' (आलोचक और आलोचना, पृष्ठ-४०) डॉ. सिंह का अन्तिम वाक्य उनकी समीक्षा-दृष्टि को स्पष्ट कर देता है काव्यगत संश्लिष्टता का आधार अर्थ की अनेक पर्तें हैं और इन पर्तों का आधार है संश्लिष्ट जीवन-अनुभव। इसलिए आलोचना का दायित्व है कि वह भाषिक-सरचना के विश्लेषण द्वारा अर्थ की पर्तों का उद्घाटन करे और संश्लिष्ट जीवन अनुभव तक पहुँचे। जिस तरह रचना-विशेष को मोटे तौर पर देखकर उसमें निहित विचारधारा और जीवन यथार्थ की चर्चा वास्तविक आलोचना नहीं, उसी तरह भाषिक-संरचना का मात्र यांत्रिक विश्लेषण भी वास्तविक आलोचना नहीं। यह कारण है कि डॉ. सिंह समाजशास्त्रीय (विशेषतः एंतोनियो, ग्राम्शी, के साहित्य का समाजशास्त्र) और रूपवादी समीक्षा पद्धतियों के संश्लेषण से नई समीक्षा-पद्धति विकसित करना चाहते हैं।

व्यावहारिक समीक्षा का स्वरूप

'क्रान्तिकारी कवि निराला, 'बिहारी' का नया मूल्यांकन और 'कथाकार जैनेन्द्र' में डॉ. बच्चन सिंह की व्यावहारिक समीक्षा का स्वरूप होता है यों 'रीतिकालीन कवियों की प्रेम-व्यंजना' शोधात्मक होने पर भी अपनी प्रकृति में समीक्षात्मक ही है। लगभग यही स्थिति 'हिन्दी-नाटक' की भी हैं 'हिन्दी-नाटक' के 'अन्तरंग का विवेचन-विश्लेषण', 'प्रवृतियों की तुलनात्मक छानबीन' तथा 'एक ही तरह की टेकनिक की तुलनात्मक छानबीन' की प्रमुखता के कारण यह कृति भी समीक्षापरक ही मानी जायगी। विस्तार भय से हम यहाँ इन सभी कृतियों में व्यावहारिक समीक्षा की पद्धति अपनाई गयी है उसका विश्लेषण नहीं कर सकेंगे। डॉ. सिंह की उपर्युक्त तीन कृतियों को ही सामने रखकर हम उनकी समीक्षा का स्वरूप विवेचन करना चाहेंगे। 'क्रान्तिकारी कवि निराला' का नवीनतम संस्करण (1992ई.) हमारे सामने हैं। इसमें 'निराला' की 'भाषा' और रचना-प्रक्रिया' का जो विवेचन आपने किया है वह आपकी समीक्षा के प्रौढ़तम रूप का साक्षी है। 'प्रौढ़तम कृतियाँ' शीर्षक से आपने 'तुलसीदास' 'सरोज स्मृति' और 'राम की शक्ति पूजा' का जो समग्र मूल्यांकन किया है, वह श्लाघ्य हैं 'राम की शक्ति पूजा' की निम्नांकित पंक्तियाँ सामने रखकर उनका जो विवेचन आपने किया है उस पर ध्यान दीजिए। पंक्तियाँ इस प्रकार हैं—

श्लथ धनुगुण है, कटिबन्ध स्रस्त तूणीर-धारण,
दृढ़ जटा-मुकुट हो बिपर्यस्त प्रतिलट से खुल,
फैला पृष्ठ पर , बाहुओं पर, वक्ष पर, विपुल
उतरा ज्यों दुर्गम पर्वत पर नैशांधकार,
चमकती दूर ताराएँ ज्यों हो कहीं पार।।

समीक्षा देखिए

'चित्र को पूर्णतः ऐंद्रिय बनाने के लिए अर्थगर्भ शब्दों का चुनाव, लय का लाघव-विस्तार यथोचित अप्रस्तुत-योजना, और लघु-दीर्घ स्वरों का प्रयोग किया गया हैं। 'श्लथ' 'स्रस्त' और 'विपर्यस्त' शब्दों को लें। ये अपनी ध्वनि में ही अपेक्षित अर्थ दे देते हैं। दृढ़ जटा-मुकुट का बिखरकर पृष्ठ, बाहु और वक्ष पर फैलाना एक विशेष मानसिक दशा का द्योतक हैं। नैश अंधकार में अ+अ का दीर्घ स्वर अंधकार की प्रसरणशीलता को अपूर्व ढंग से चित्रित कर देता है। 'चमकती दूर ताराएँ' द्वारा आशा के अति क्षीण स्वर को भी चित्रित कर दिया गया है। इस चित्र में वेषपरक रेखाओं द्वारा अवसाद पूर्ण मनोदशा का बहुत ही प्रभावोत्पादक दृश्य अंकित किया गया है। कहना न होगा कि डॉ. सिंह का भाषिक विश्लेषण अर्थ की पर्तों का उद्घाटन करने वाला है। इस उद्घाटन से राम की मनोदशा सामने आती है। जिसका सम्बन्ध निराला

के जीवन-अनुभव से भी है। 'भाषा : जातीय जीवन, ध्वनि, बिम्ब और सर्जना' शीर्षक अध्याय में भाषिक विश्लेषण और गहरा हो गया है। यहाँ वे जातीय जीवन का सम्बन्ध भाषा से जोड़ते हैं। जातीय जीवना का विकासोन्मुख राष्ट्र की अलग सांस्कृतिक पहचान बनाने वाली समस्त आकांक्षाओं की समष्टि के रूप में परिभाषित करते हैं। विश्व-जीवन के सन्दर्भ में जातीय जीवन के जटिल होते जाने का उल्लेख करते हैं और इस जटिलता की अभिव्यक्ति के लिए नवीन 'अर्थागम' की आवश्यकता पर बल देते हुए यह स्पष्ट करते हैं कि अपनी कविताओं में 'निराला' इस दिशा में सर्वाधिक सचेत हैं। डॉ. सिंह काव्य-भाषा में 'तनाव' को विशेष महत्त्व देते हैं। तनाव के रूपायन को सर्जना का आधार मानते हैं और लक्षित करते हैं कि 'निराला' की छन्दों-बद्ध रचनाओं में 'आवेग और भाषिक संरचना में अजीब तनाव' है। आपकी दृष्टि में 'राम की शक्ति पूजा' में यह तनाव सबसे अधिक है। तनाव के कई स्तर हैं। एक तनाव कार्य के अपने स्तर पर है दूसरा तनाव गाथात्मक कथानक को महाकाव्योक्त औदात्य देने के स्तर पर है और तीसरा संरचना के स्तर पर है। संरचना के स्तर पर 'तनाव' की स्थिति पर विचार करते हुए आप कहते हैं— 'आरम्भ में ही 'तनाव' और 'द्वन्द्व' को युद्ध के वातावरण में तत्सम शब्दावली द्वारा स्वर-बद्ध किया गया है। इस स्वर या ध्वनि से ही सघन अर्थ आया है। 'लौटे युग दल' के बाद तनाव ढीला पड़ जाता है और तद्नुसार शब्दावली मे वह कठोरता नहीं रहती। दो स्वरों (ध्वनियों) से दो प्रकार के तनावों को एक साथ रखा गया है। 'निराला' की रचना-प्रक्रिया के विश्लेषण, क्रम में डॉ. सिंह भाषिक –संरचना में इतिहास का द्वन्द्ववाद देख लेते हैं। निराला की निम्नांकित कविता---

नहीं देखे हैं पर केवल कवल से छूटते शर देखे
अलग किरने अँधेरे के उपद्रव से निकलती हैं
कृपा के जैसे कोमल कर नहीं देखे, मगर देखे।
उद्धृत करने के बाद वे कहते हैं ---

'यहाँ कहा गया है कि अँधेरे के उपद्रव से अलग अनदेखी किरणें निकलती हैं। यह इतिहास का द्वन्द्ववाद है। अँधेरे के उपद्रव के प्रतिरोध में उसी के भीतर किरणें पलती रहती हैं। इस किरण को किसी की कृपा नहीं चाहिए। वह तो एक ऐतिहासिक नियम के तहत उगती हैं। पर हाँ, अन्तर्दृष्टि सम्पन्न व्यक्ति उसे देख लेता है। निराला की तरह- मर देखे।' (क्रान्तिकारी कवि निराला, पृष्ठ-175) 'सरोज-स्मृति' की संरचना का विवेचन करते हुए आप क्लीन्थ ब्रुक्स द्वारा काव्य-भाषा के सन्दर्भ में प्रतिपादित 'विसंगति' और 'विडम्बना' का उल्लेख करते हैं और कहते हैं—'सरोज स्मृति की ट्रेजिडी में उनका अत्यन्त महत्त्वपूर्ण योग है। ' इसके बाद कविता की पंक्तियाँ उद्धृत करते हैं और कहते हैं— 'इस शोक गीत में विडम्बना का स्वर शोक

की गम्भीरता को ऊपर-ऊपर से हल्का कर देता है। लेकिन इसका सन्निवेश कुछ वैसा ही है कि 'देखा उसे उस दृष्टि से जो मर खा रोई नहीं।' (क्रान्तिकारी कवि निराला, पृष्ठ-150) डॉ. सिंह अप्रस्तुत-विधान में उपलक्षित चित्र-योजना (फिगरेटिव इमेजरी) को बहुत महत्व देते हैं। इसकी चर्चा उन्होंने 'रीतिकालीन कवियों की प्रेम यंजना में भी की है। इसे वे हिन्दी के लिए एक नवीन उपलब्धि मानते हैं। वे कहते हैं..'उपलक्षित चित्र-योजना में कवि उन्हीं अप्रस्तुतों का जयन करता है जो उसके व्यापक अनुभव-जगत् में अधिक अनुकूल पड़ते हैं और उसके मनोनुकूल बिम्ब प्रस्तुत करने होते हैं।' (वहीं, पृष्ठ-152)। प्रसाद, पन्त और निराला के अप्रस्तुतों की तुलना करने के बाद आपका निर्णय है कि प्रसाद के बिम्ब अत्यधिक मधुर, भावुकतापूर्ण और आह्लादक हैं। पन्त के अप्रस्तुत विस्मयात्मक भाव उत्पन्न हैं किन्तु 'निराला' के 'अप्रस्तुत विराट् बिम्ब प्रस्तुत करते हैं जो तलस्पर्शी अर्थगांभीर्य तथा जीवन की जटिलताओं से भी सम्बन्धित होते हैं।' (वहीं, पृष्ठ-154) 'निराला' की काव्य भाषा की लगभग सभी विशेषताओं का एक साथ उल्लेख करते हुए आप कहते हैं....'भाषा का मिला जुला रूप, ध्वनि नाटकीयता, विडम्बना, प्रस्तुत बिम्ब आदि निराला की काव्य निर्मित को अन्य छायावादी कवियों की निर्मितियों से अलग कर देते हैं। (क्रान्तिकारी कवि निराला, पृष्ठ-155) भाषिक-विश्लेषण में तनाव, विसंगति, विडम्बना, बिम्ब आदि का उल्लेख 'क्रान्तिकारी कवि निराला' के प्रथम संस्करण में नहीं रहा होगा, क्योंकि उस समय तक 'नई समीक्षा को विश्लेषण दृष्टि का उपयोग हिन्दी-समीक्षा में नहीं हो सका था। किन्तु भाषिक-विश्लेषण के बिना काव्य-मर्म तक नहीं पहुँचा जा सकता, डॉ. सिंह के सामने भी स्पष्ट था। 1958 ई. में प्रकाशित 'रीतिकालीन कवियों की प्रेम व्यंजना' इसके प्रमाण हैं। इसमें आपने 'शब्दों के नये सम्बन्ध, शब्द-ध्वनि, विशेषण, लक्षित चित्र-योजना, रेखाचित्र वर्णचित्र, वर्णों की गतिशीलता, अनुरूप वर्ण योजना (मैंचिंग कलर) वर्णों का मिश्रण (कांबिनेशन आफ कलर), वर्ण परिवर्तन (चेंज आफ कलर), उपलक्षित चित्र योजना (प्रस्तुत-विधान और चित्र-योजना अलंकार-योजना (क) आलम्बन के रूप में आदि को रमणीय बनाने की दृष्टि से (ख) प्रेमभाव को तीव्रतर बनाने के रूप में (ग) चमत्कार सर्जना की दृष्टि से आदि का विवेचन करके भाषिक विश्लेषण की एक व्यवस्थित पद्धति प्रचलित करने की कोशिश की थी। यह सारा विश्लेषण प्रेम-व्यंजना के विभिन्न स्तरों को प्रत्यक्ष करने के लिए किया गया है। डॉ. सिंह की विशेषता यह है अपनी समीक्षा-यात्रा में वे निरन्तर अपने को समृद्ध और परिष्कृत करते रहे हैं। नवीन से नवीन समीक्षा पद्धतियों के सार्थक तत्त्वों को ग्रहण करते चलना और निस्सार को छोड़ते चलना आपकी प्रवृति है। आप संग्रह और त्याग दोनों करते हैं किन्तु पहचान कर।

'आधुनिक हिन्दी साहित्य का इतिहास' में भी आपका समीक्षक रूप कम नहीं उभरा है। इसका एक ही उदाहरण पर्याप्त होगा। मुक्तिबोध की प्रसिद्ध कविता –'अँधेरे में' पर टिप्पणी करते हुए आप कहते हैं-'न तो इसमें अस्मिता की खोज है और न विलय। यदि अस्मिता को लेकर ही विचार करना है तो मुक्तिबोध की शब्दावली में इसे अस्मिता का विकास कहा जा सकता है। खंडित व्यक्तित्व के दो भागों में एक द्वन्द्वात्मक है। विकास की दिशा इसी से निर्धारित होती है, वह दिशा है आत्म सम्भव परम अभिव्यक्ति। द्वन्द्व का प्रथम पक्ष दहशत, तानाशाही का टेटर, बुद्धिजीवी की कायरता आदि है तो दूसरा पक्ष 'रक्तालोक स्नात पुरुष', 'कोई वह ज्ञान परम अभिव्यक्ति' आदि है। इन दोनों की टकराहट में ही अस्मिता पूर्ण अवस्था तक पहुँचेगी।' (आधुनिक हिन्दी साहित्य का इतिहास, पृष्ठ 18 1968 ई.) इसके बाद कविता के एक-एक बन्ध को लेकर आपने उसका जो सूक्ष्म विश्लेषण किया है वह अत्यन्त महत्त्वपूर्ण है। ध्यान से देखा जाय तो पूरा इतिहास समीक्षा-धर्मी है। इसमें आपने रचनाकारों का सूत्र रूप में वैशिष्ट्य प्रतिपादन किया है। वैशिष्ट्य का आधार बताया है। रचनाकारों की भिन्नताओं को रेखांकित किया है। उनकी कमियों की ओर इशारा किया है और अनेक अवसरों पर उनकी सार्थकता को लेकर प्रश्न भी उठाया है। 'बिहारी का नया मूल्यांकन' कवि-विशेष का समग्र मूल्यांकन करने वाली दूसरी कृति है। इसका पहला संस्करण 1957 में प्रकाशित हुआं था। इस समय जो संस्करण हमारे सामने है वह चौथा है। इस पर नई समीक्षा का यत् किंचित् प्रभाव भी है। कम से कम बिहारी का देखा हुआ समाज' उनकी कविता के भीतर से ही मूर्त्त हुआ है। इसे इतिहास के पन्नों से फाड़कर चिपकाया नहीं गया है। बिहारी के काव्य-सौन्दर्य का विवेचन लगभग उसी पद्धति पर किया गया है जिस पद्धति पर रीतिकालीन कवियों की 'प्रेम-व्यंजना' का। बिहारी की संमूर्तन कला के विवेचन मे ध्वनिचित्रों का वैशिष्ट्य, लक्षित उपलक्षित चित्र योजना का महत्व भाषा वर्णचित्रों का सूक्ष्म विश्लेषण, व्यंजक शब्दों की योजना, अलंकारों की योजना में उनकी राग बोधात्मक क्षमता की गहरी पहचान तथा अप्रस्तुत विधान में गूढ़-संवेगों की सक्रियता का आकलन, यह सब डॉ. सिंह के समीक्षक व्यक्तित्व की प्रौढ़ता का साक्षी माना जा सकता है। डॉ. सिंह ने बिहारी को दरबारी कवि न मानकर सामंतीय कवि माना हैं। तर्क यह है कि उनमें चाटुकारिता की प्रवृत्ति नहीं थी। उनका ठाट-बाट किसी सामंत से कम न था। उनका प्रेम, उनका नारी सम्बन्धी भाव तथा गाँव सम्बन्धी उनके विचार एक सामंत के थे। इसे ठीक भी मान लिया जाय तो इस स्थापना से रीति-काव्य सन्दर्भ में उनके व्यक्तित्व के मूल्यांकन में क्या फर्क पड़ जायेगा? इस आधार पर रीतिबद्ध और रीति मुक्त भेदों के अतिरिक्त दो भेद और करने होंगे सामन्तीय चेतना के रीति कवि और दरबारी-चेतना के रीतिकवि। इसके अतिरिक्त क्या सामन्तीय चेतना का कवि हो जाने से बिहारी को प्रगतिशील कवि माना जायेगा।

इतिहास के व्यापक सन्दर्भ में जब अपने युग की पीड़ा का गहरा अहसास कराने वाले महाकवि तुलसीदास प्रतिक्रियावादी माने जा सकते हैं तो बिहारी कहाँ ठहरेंगे।

बिहारी का नया मूल्यांकन उनकी 'छवि' में क्या जोड़ रहा है यह विचार का विषय है। चौथे संस्करण की दस पंक्ति की संक्षिप्त में डॉ. सिंह ने लिखा है..'सन् 1941 में शुक्ल जी ने 'हिन्दी साहित्य का इतिहास' में बिहारी को बुरी तरह ध्वस्त करने का प्रयास किया। शुक्ल जी के इतिहास में बिहारी का जो मूल्यांकन है उसकी एक-एक पंक्ति ध्यानपूर्वक देखी जाने पर कहीं ऐसा नहीं लगा कि वे बिहारी को ध्वस्त कर रहे हैं। उनके विषय में जो यह लिख सकता है..(क) इसका एक-एक दोहा हिन्दी साहित्य में एक-एक रत्न माना जाता हैं (ख) अनुभावों और भावों की ऐसी सुन्दर योजना कोई श्रृंगारी कवि नहीं कर सकता है। (ग) अतः जिस कवि में कल्पना को समाहार शक्ति के साथ भाषा को समास-शक्ति जितनी ही अधिक होगी उतना ही वह मुक्तक की रचना में सफल होगा। यह क्षमता बिहारी में पूर्ण रूप से वर्तमान थी..यह उन्हें ध्वस्त कर रहा है, यह किसी भी तरह कयास में नहीं आता। देखा जाय तो डॉ. सिंह ने बिहारी की चित्र और बिम्ब योजना का जो विवेचन किया है वह कल्पना की समाहार शक्ति और भाषा की समास-शक्ति का ही सोदाहरण पल्लवन है। शुक्ल जी ने कुल इतना ही कहा है..'कहीं-कहीं इनकी वस्तु-व्यंजना औचित्य की सीमा का उल्लंघन करके खेलवाड़ के रूप में हो गयी है। इसे आप बिहारी को ध्वस्त करना समझे तो बाद दूसरी है। मजे की बात यह है कि जायसी के साथ बिहारी के विरह ताप का मूल्यांकन करते हुए आचार्य शुक्ल ने बिहारी के सम्बन्ध में जो निर्णय दिया है उसे डॉ. सिंह ने पूरी तरह स्वीकार कर लिया हैं (देखिए, बिहारी का नया मूल्यांकन, पृष्ठ-53) आचार्य शुक्ल के बिहारी सम्बन्धी सारे नकारात्मक कथन स्वीकार्य हैं तो विरोध किस बिन्दु पर है? डॉ. सिंह को 'बिहारी की रीतिकाल का प्रतिनिधि कवि' मान लिये जाने पर आपत्ति हैं आचार्य शुक्ल ने बिहारी को रीतिकाल का प्रतिनिधि कवि इसलिए कहा है कि दोहों को बनाते समय बिहारी का ध्यान लक्षणों पर अवश्य था। अपने कथन को विश्वसनीय बनाने के लिए शुक्ल जी ने यह भी कहा है कि कई टीकाकारों से बिहारी के दोहों को 'नख-शिख', 'नायिका-भेद', 'षट्-ऋतु के अन्तर्गत रखा भी हैं आचार्य शुक्ल का यह भी मानना है कि 'अनेक स्थानों पर बिहारी के दोहों के व्यंग्यार्थ को स्फुट करने के लिए केवल रीति या रूढ़ि ही पाठक की सहायता करती है' और 'उसे पूरे प्रसंग का आक्षेप करना पड़ता है'। जब तक शुक्ल जी की इन सभी युक्तियों को खारिज नहीं कर दिया जाता, तब तक बिहारी को रीतिकाल का प्रतिनिधि कवि ही माना जायेगा। रह गयी 'रीतिबद्ध दृष्टि से आलोचना करने की बात' तो वह तो आलोचक की सीमा है। ऐसे आलोचकों का भी कमी नहीं है जो सूरदास और घनानन्द को भी रीतिबद्ध-दृष्टि से देखते हैं। सच्चाई यह है कि डॉ. सिंह का 'बिहारी का नया मूल्यांकन' आचार्य शुक्ल के संक्षिप्त सार-गर्भित मूल्यांकन का ही विकास है। यह अवश्य है कि डॉ. सिंह की दृष्टि आचार्य शुक्ल के बाद आलोचना जगत् में जो कुछ घटित है उसे पचाकर कुछ नई अवश्य हुई है इसीलिए पुरानी मान्यताओं की वे थोड़ा बहुत नया संस्कार दे सके हैं। यह नया संस्कार इतिहास के व्यापक सन्दर्भ में बिहारी को कोई नया स्थान नहीं दिला सकेगा। दरबारी कवि से ऊपर सामन्तीय कवि हो जाने

से न वे सूर का स्थान ले सकते हैं, न तुलसी का। वे दरबार में ही शोभित होंगे। चाहे वह मिर्जा राजा जय सिंह का हो चाहे किसी और का।

नाट्य-समीक्षा

डॉ. बच्चन सिंह स्वीकृत नाट्य-समीक्षक है या नहीं, इसमें मतभेद हो सकता है किन्तु उनकी नाट्य-समीक्षा के महत्त्व से इन्कार नहीं किया जा सकता। मोहन राकेश के 'आधे-अधूरे' नाटक की समीक्षा आपने संरचना और मंचीय प्रभाव दोनों दृष्टियों से की है। संरचना पर टिप्पणी करते हुए आपने कहा है-'संरचना की दृष्टि में भी नाटक निर्दोष नहीं कहा जा सकता। नाटक की प्रस्तावना नाटकीय ट्रिक बन कर रह गयी है। वह नाटक से थिगली की तरह मिली हुई प्रतीत होती है। पुरुष एक, दो, तीन और चार तक प्रतीकात्मक विधान किसी विशिष्ट अर्थबोध का वाहक नहीं बन पाता। केवल सावित्री की दृष्टि में सिद्ध करने के लिए कि सभी पुरुष एक तरह के होते हैं, प्रतीक का यह विधान आडम्बर के अतिरिक्त और कुछ भी नहीं लगता।' (हिन्दी नाटक, पृष्ठ-177)। मंचीय प्रभाव के सम्बन्ध में आप कहते हैं-'महेन्द्र का टूटे घर में वापस लौटना हमें एक सामान्य घटना लगती है। पाठकों के मन में अकेलेपन की आधुनिकता के प्रति कोई तीखा रोष नहीं उत्पन्न होता। जिस तरह नाटक के एक पात्र का दूसरे पात्र से संवाद होकर भी विसंवाद की स्थिति बनी रहती है उसी प्रकार के दर्शन रंगमंच पर सब कुछ देखकर भी असंवाद की स्थिति में लौट आता हैं' (वही, पृष्ठ 177) 'विसंवाद' की स्थिति क्यों बनी रहती है? इसका कारण बताते हुए आप मोहन राकेश के अन्य नाटकों को भी सामने रखते हैं और कहते हैं कि कालिदास (आषाढ़ के एक दिन में) अपने निजी परिवेश से हटकर वृहत्तर परिवेश और समस्याओं से जुड़ा हैं इसी प्रकार 'नन्द (लहरों का राजहंस में) के विरोध में गौतम बुद्ध का व्यापक एवं गम्भीर परिवेश है।' किन्तु महेन्द्र का जो कुछ अपना है वह शायद उतना भी अपना नहीं है कि उसके साथ तारतम्य की अनुभूति हो सके। महेन्द्र का परिवेश लेखक के मस्तिष्क की उपज है। उसे वास्तविकता की जमीन पर उतारा ही नहीं गया है। अन्य नाटककारों के सम्बन्ध में भी आपने सटीक और सार्थक टिप्पणियाँ की है। जैसे जगदीश चन्द्र माथुर के कोणार्क में लोक-तन्त्र की बुनियादी समस्याएं उठाई गयी हैं। 'पहला राजा' में नेहरू युगीन लोकतन्त्र की अनेकानेक समस्याओं को लिया गया है। 'अश्क' जीवन के जटिल सन्दर्भों में नहीं जुड़ पाते। श्री लक्ष्मीनारायण मिश्र का महत्त्व हिन्दी-नाट्य-साहित्य की यथार्थवादी शैली से अभिमंडित करने के कारण ही नहीं मध्य वर्गीय समस्याओं में अपेक्षाकृत गहरे पैठने से भी है। भीष्म साहनी का 'हानूश' उनके कथाकार की छाया में पनप नहीं पाया है। 'मुद्राराक्षस' एक सशक्त नाटककार होने की प्रक्रिया में कहीं स्थगित हो गये हैं। मन्नू भण्डारी का 'बिना दीवारों का घर' अनुभूति की तल्खी लिए हुए है किन्तु उसमें जीवन की संश्लिष्टता नहीं है। दूधनाथ सिंह की 'यमगाथा' में सारी कथा को सामयिक सन्दर्भों में, मानवीय धरातल पर, इस तरह पुनः सर्जित किया गया है कि पहले की सारी कथा में

अजनबियत का समावेश हो जाता है। यह सब होने पर भी 'हिन्दी-नाटक' को हिन्दी-नाट्य साहित्य का शुद्ध समीक्षा ग्रन्थ नहीं कहा जायेगा। ऐतिहासिक नैरन्तर्य को रेखांकित करने का दबाव बराबर बना हुआ है। डॉ. सिंह परवर्ती नाटकों पर विचार करते हुए उन्हें उसी स्तर के पूर्ववर्ती नाटकों की परम्परा से बराबर जोड़ते हैं।

कथा–समीक्षा

डॉ. बच्चन सिंह ने अपने इतिहास (आधुनिक हिन्दी-साहित्य का इतिहास) में ऐतिहासिक नैरन्तर्य को दृष्टि में रखकर हिन्दी कथा-साहित्य (कहानी-उपन्यास) का जो मूल्यांकन किया है, वह उनके समर्थ कथा-समीक्षक होने का प्रमाण है। व्यवस्थित कथा-समीक्षा उन्होंने केवल जैनेन्द्र की की है। यह समीक्षा जैनेन्द्र के वैशिष्ट्य की समग्रताः रेखांकित करने वाली है। इसकी विशेषता यह है कि इसमें किसी पूर्व निश्चित प्रतिमान के सहारे जैनेन्द्र का मूल्यांकन नहीं किया गया है। जैनेन्द्र के निजी विचारों और मान्यताओं को अवश्य ध्यान में रखा गया है। डॉ. सिंह की मान्यता है कि जैनेन्द्र ने कथा-बंध के पारंपरिक ढाँचे को तोड़ा हैं। जैनेन्द्र ने साँचे में ढले समाज और साँचा-बद्ध उपन्यास दोनों के ढाँचे को तोड़ा है। जैनेन्द्र के अनुसार –'अच्छा साहित्य वह है जो हम पर हमारी सीमाओं की बंदिश को ढीला करे, जो हमें खोजे, जो हमारे भीतर सोई सम्भावनाओं को जगाए. जो चीजे बाँधे रहती हैं, उनकी जकड़ को काटे। अच्छा साहित्य यह है जो दुःखी को खुदा की ओर ले जाय। जैनेन्द्र के कथन को स्पष्ट करते हुए डॉ. सिंह कहते हैं-'अर्थात व्यक्ति को रूढ़ियों, संकीर्णताओं, फार्मूलों से मुक्त करे और नई सम्भावनाओं की ओर ले जाये। जैनेन्द्र व्यक्ति को रूढ़ियों और संकीर्णताओं से मुक्त तो करना चाहते हैं किन्तु समाज को तोड़ना नहीं चाहते, परिणाम यह होता है कि उनके पात्र स्वयं टूटते जाते हैं। स्वयं टूट कर वे समाज के पारम्परिक ढाँचे के सम्मुख प्रश्न चिन्ह लगाते हैं। इस प्रयोग में वे अति वैयक्तिक हो जाते हैं। जिन सांस्कृतिक मूल्यों के आधार पर हमारे समाज का ढाँचा खड़ा किया गया है उनका बोध कराने वाले शब्द हैं। परमात्मा, यज्ञ, अर्पण, भाग्य, प्रेम, देह, आत्मा सतीत्व आदि। चूँकि समाज का ढाँचा नहीं तोड़ना है इसलिए जैनेन्द्र इन शब्दों को स्वीकार करते हैं। किन्तु चूँकि व्यक्ति को रूढ़ियों से मुक्त करना है इसलिए वे इन शब्दों में नया अर्थ भरते हैं। पात्रों में, उनके आचरण में इन शब्दों के नये अर्थ को चरितार्थ करते हैं और पात्र अबूझ हो जाते हैं। जैनेन्द्र यज्ञ को 'आत्माहुति' के रूप में देखते हैं और वैधव्य को आत्माहुति का माध्यम मानते हैं। इसलिए विधवा-विवाह का समर्थन नहीं करते। आत्मा के स्तर पर एक दूसरे के प्रति पूर्ण समर्पण किन्तु शरीर के स्तर पर एक दूसरे से न मिल पाने की स्थिति को वे वैधव्य मानते हैं। 'परख' की 'कट्टो' ऐसा ही जीवन जीती है। यह वैधव्य एक तरह की आत्माहुति है। एक तरह का यज्ञ है। कट्टी का चरित्र विशिष्ट होकर भी अविश्वसनीय लगता है। डॉ. सिंह ने इस अविश्वसनीयता को रेखांकित किया है। जैनेन्द्र के कथा-साहित्य की सहानुभूति के साथ समीक्षा करने के बाद डॉ. सिंह लिखते

हैं 'इन शब्दों (यज्ञ, अर्पण, भाग्य, परमात्मा, प्रेम, आत्मा, सतीत्व पातिव्रत्य आदि) के बार-बार प्रयोग की विचारधारा और वैश्विक दृष्टि का पता लगता है। लेकिन ये प्रयोग एक अर्थ में 'कंडीशन्ड' हो गये हैं जो जैनेन्द्र की सीमा बन जाते हैं। इसके बावजूद डॉ. सिंह मानते हैं-'इससे उनकी चिन्तन-प्रक्रिया रहस्यात्मक होकर भी रहस्य मुक्त हो उठती है।' इसके बाद वे टिप्पणी करते हैं-ध्यान रखना चाहिए कि प्रेमचन्द कथा कहते हैं, जैनेन्द्र कथा सोचते हैं। प्रेमचन्द निश्चयात्मकता के कथाकार हैं तो जैनेन्द्र अनिश्चयात्मक के। जीवन में पदे-पदे अनिश्चयात्मकता लगी रहती है। इसलिए वे अपने पात्रों, स्थितियों, को प्रायः विडम्बनात्मक बना देता हैं। यह औपन्यासिक रचना का वैशिष्ट्य है।' (कथाकार जैनेन्द्र, पृष्ठ-161) औपन्यासिक रचना का वैशिष्ट्य यदि रचना को विश्वसनीय नहीं बनाता है तो निश्चय ही वह पाठक की सहानुभूति खो देता है। यही कारण है कि 'त्याग-पत्र' तक तो जैनेन्द्र पाठक को प्रभावित करते हैं किन्तु उसके बाद की उनकी रचनाएँ उनके वैशिष्ट्य का निदर्शन करके रह जाती हैं।

डॉ. सिंह ने जैनेन्द्र के उपन्यासों की भाषिक संरचना का तो विवेचन किया है यह महत्त्वपूर्ण हैं वे कहते हैं "जैनेन्द्र का कथा साहित्य सकारणात्मक कम अकारणात्मक अधिक है। सकारणता में कार्य-कारण सम्बन्ध और वर्णन-विवरण रहता है। जहाँ-जहाँ कारण सम्बन्ध नहीं सा या अज्ञेय होता है वहाँ की भाषा अनेकार्थक (एंबिग्युअस), जटिल, रहस्यपरक हो जाती है। काव्यात्मक का अभिप्राय है तर्केतर, विम्बात्मक और प्रतीकात्मक। जहाँ इनसे काम नहीं चलता, वहाँ डॉट, मौन, मितकथन आदि प्रविधियों से काम लिया जाता है, वे आइडिया के कथाकार हैं, इसलिए उनसे सपाटबयानी का स्थान जटिल बयानी ले लेती है और जटिल बायानी लीरिकल और मेटाफेरिक हो जाती है।" (कथाकार, जैनेन्द्र, पृष्ठ-144) इस स्थापना के बाद इन्हीं प्रतिमानों के आधार पर डॉ. सिंह ने जैनेन्द्र की कथा-भाषा का विवेचन किया है। जैनेन्द्र के पूरे मूल्यांकन में डॉ. सिंह इस बात को बार-बार रेखांकित करते हैं कि जैनेन्द्र आइडिया या सोच के कथाकार है। उनके श्रेष्ठ उपन्यासों में अति वैयक्तिक विश्वास व्यक्त हुआ है। प्रश्न यह है कि यह अति वैयक्तिकता कहाँ तक अभिनन्दनीय और ग्राह्य है? जहाँ यह अबूझ और रहस्यमय हो जाती है वहाँ किन मूल्यों का सर्जना करती है? शायद अपने इतिहास में डॉ. सिंह के उपन्यासों का अधिक सटीक मूल्यांकन किया है। उन्होंने कहा है-नियति ईश्वर, धर्म आदि में अटूट आस्था के कारण उनके उपन्यास आधुनिक नहीं बन पाते। अनेक असित्व मूलक प्रश्नों को लेकर वे रोमैंटिक एगोनी का रूप ले लेते हैं। (आधुनिक हिन्दी साहित्य का इतिहास, पृष्ठ-368।)

उपन्यास का काव्यशास्त्र (2008 ई.) में लेखक ने किन्हीं सिद्धान्तों को दृष्टि में रखकर उपन्यासों का आकलन नहीं किया है वरन उपन्यासों की कसौटी पर सिद्धान्तों को देखा-परखा गया है। लेखक का मानना है कि समय के साथ-पाठकों आलोचकों के विचार और आस्वाद में परिवर्तन हो जाता है। वे साहित्य को देश-काल

की परिवर्तित स्थितियों में देखने को बाध्य हो जाते है। लेखक ने 'गोदान' 'सुनीता', 'बाणभट्ट की आत्मकथा', 'शेखर एक जीवनी, 'झीनी झीनी बीनी चदरिया' ' कितने पाकिस्तान' और 'काशी का अस्सी' आदि उपन्यासों की दृष्टि में रखकर यह प्रतिपादित किया है कि इन उपन्यासों ने परंपरागत औपन्यासिक ढाँचे को तोड़ा है। समय के साथ दृष्टि बदलती है और दृष्टि के बदलने से पुराने ढाँचे अप्रसांगिक लगते हैं। इस दृष्टि में यह पुस्तक मूल्यांकन की दिशा में एक नवीन प्रयोग कहीं जा सकती है। इस कृति में कुल पाँच कहानियों का भी विवेचन किया गया है। विवेचित कहानियाँ हैं-'उसने कहा था', 'एक रात', 'शतंरज के खिलाड़ी', 'कफन' और 'एक राजा निरवंसिया'। कहना न होगा कि कहानियों की समीक्षा के प्रतिमान नये हैं। किसी प्रतिमान के आधार पर कहानियों को नहीं देखा गया है। लेखक को पाश्चात्य विशिष्ट कहानियों का भी अच्छा ज्ञान है। प्रायः वह उनका हवाला देकर अपनी समीक्षा आरंभ करता है। सब मिलाकर देखा जाय तो आलोचक ने आलोचना के सिद्धान्तों को महत्त्व न देकर रचना को ही विवेचन के केन्द्र में रखा है। इस प्रकार यहाँ सिद्धान्त महत्वपूर्ण नहीं है। रचना महत्वपूर्ण हैं। ऐसा लगता है कि लेखक का विश्वास किन्हीं बँधे-बधायें सिद्धान्तों पर नहीं हैं। हर मौलिक रचना अपना पैटर्न लेकर आती है, चाहे वह उपन्यास हो या कहानी। बच्चन सिंह की यह कृति निश्चय ही उनकी बदली हुई दृष्टि का प्रमाण है।

इतिहास-दृष्टि

डॉ. सिंह का 'दूसरा इतिहास (1996 ई.) प्रकाशित हो गया है। उनकी इतिहास-दृष्टि को समझने के लिए हमारे सामने तीन आधार हैं—एक, 'आधुनिक हिन्दी–साहित्य का इतिहास' दूसरा, 'आचार्य शुक्ल का इतिहास पढ़ते हुए' शीर्षक से प्रकाशित साहित्येतिहास के जीवन प्रश्नों को सामने लानेवाली कृति तीसरा, हिन्दी-साहित्य का इतिहास आधुनिक हिन्दी-साहित्य के इतिहास में आपने कहा है-'इतिहास का विकास-क्रम की तरह कार्य-कारण की श्रृंखला से बँधा नहीं रहता। इतिहास मनुष्य का होता है। वस्तुतः वह एक मानवीय तत्त्व हैं मनुष्य को अपनी विकास-यात्रा में ऐसी घटनाओं का सामना करना पड़ता है जो उसके नियंत्रण में नहीं होती। इन घटनाओं से भी देश और जाति का नक्शा बदल जाता है। ऐसी स्थिति में डॉ. सिंह का यह मानना है कि 'इतिहास का कोई दर्शन इतना मुकम्मल नहीं, जिसके आधार पर इतिहास को उसकी पूर्ण समग्रता में समेटा जा सके। डॉ. सिंह साहित्य के साथ भी इसी नियम के चरितार्थ होने की बात कहते हैं। उनकी दृष्टि में साहित्य के इतिहास लेखक का दायित्व दुहरा है। उसे ऐतिहासिक-सामाजिक विकास तत्त्वों के नैरन्तर्य को भी देखना पड़ता है और साहित्य के भी, और दोनों सामंजस्य करते चलना पड़ता है। डॉ. सिंह ने आचार्य शुक्ल के इतिहास की एक-एक पंक्ति को ध्यान से पढ़ा है। इससे उनकी इतिहास-दृष्टि बहुत प्रभावित है। अत्यन्त संक्षेप में कुछ सूत्रों में उनकी इतिहास-दृष्टि को इसका प्रकार

प्रस्तुत किया जा सकता है...

क. अतीत और वर्तमान के द्वन्द्वात्मक सम्बन्धों को उनके व्यापक सन्दर्भों में देखना की इतिहास है। इसी दृष्टि को केन्द्र में रखकर साहित्य का इतिहास लिखा जाना चाहिए ।

ख. साहित्य के सौन्दर्य पक्ष यानी उसकी विशिष्ट रूप-रचना के विधायक तत्त्व शब्द-विन्यास, प्रतीत, बिम्ब, मिथ आदि के विकास को भी ध्यान में रखना होगा क्योंकि जिस ऐतिहासिक प्रक्रिया में इनका निर्माण होता है। उसका महत्त्व साहित्येतिहास में कम नहीं है।

ग. हिन्दी साहित्य के इतिहास को अन्तर्देशी परिप्रेक्ष्य में बदलना होगा।

घ. आज की इतिहास-दृष्टि इहलौकिक, लोक-तांत्रिक, धर्म निरपेक्ष और ऐक्यपरक होगी। समूचे हिन्दी-साहित्य की मुख्य धारा यही हैं अतः इतिहास-लेखन काल-क्रमिक भी होगा और एक कालिक भी।

ङ डॉ. सिंह के इतिहास लेखन की की मूल उपपत्ति लगभग वही रहेगी जो आचार्य शुक्ल की है। अर्थात् 'जबकि प्रत्येक देश का साहित्य जनता की चित्तवृत्ति का संचित प्रतिबिम्ब होता है, तब यह निश्चित है कि जनता की चित्तवृत्ति के परिवर्तन के साथ-साथ साहित्य के स्वरूप में भी पविर्तन होता है।' इससे वे इतना ही बदलाव चाहते हैं कि जहाँ 'संचित' शब्द है वहाँ 'रचनात्मक' रख दिया जाय।

च. साहित्य के इतिहास का जो ढाँचा शुक्ल जी ने खड़ा किया है, उसे तोड़ना तो जरूरी है किन्तु किसी बने बनाए ढाँचे को साहित्य पर आरोपित करना भी ठीक नहीं हैं यह ढाँचा साहित्य के भीतर से ही खड़ा करना होगा।

वस्तुतः इतिहास-दृष्टि सम्बन्धी विचारों को सूत्रबद्ध करने से ही इतिहास नहीं लिखा जाता। वास्तविक कठिनाई लिखते समय होती है। इतिहास लिखने के लिए जितनी तैयारी आपेक्षित है, सौन्दर्य चेतना, रूप-रचना और सामाजिक चेतना के अन्तः सम्बन्धों की जटिलता के विश्लेषण की जिस क्षमता की आवश्यकता होती है, उसके अभाव में इतिहास नहीं लिखा जा सकता। डॉ. सिंह का 'दूसरा इतिहास' सामने आने पर ही उनकी सजगता और नवीनता के विषय ने कुछ कहा जा सकता है। अभी तो इतना ही कह सकते हैं कि वे कठिनाइयों से अवगत हैं इतिहास लेखक के दायित्व का बोध उन्हें है। उनकी जानकारी भी अच्छी है। कुछ नया कहने की इच्छा और उत्साह भी उनमें कम नहीं है। वे यह भी जानते हैं कि हिन्दी-साहित्य के नयें इतिहास लेखक के सामने वास्तविक चुनौती को वे किस रूप में स्वीकार करते हैं। किसी कवि के बारे में कुछ नया कह देना या किसी काल की प्रवृत्ति के निरूपण में कुछ जोड़ना-घटाना और बात है, पूरे इतिहास की संगति देना, प्रगति और प्रतिक्रिया, स्थिति और गति के द्वन्द्वात्मक विकास को पहचानना एक ही धारा के विकास क्रम में आने वाले रचनाकारों

के वैशिष्ट्य को अलग-अलग रेखांकित करना, ऊपर-ऊपर से समान प्रतीत होने वाली साहित्य रुझानों के भीतरी अलगाव को लक्षित करना और आध्यात्मिक –धार्मिक चेतना की प्रमुखता के आधार पर अपनी पहचान कायम करने वाली कृतियों को धर्म-निरपेक्ष इहलौकिक आधार पर व्याख्यायित करना बिल्कुल दूसरी बात है।

मूल्यांकन

डॉ. बच्चन सिंह आलोचना की नवीनतम पद्धतियों से परिचित हैं। उन्हें समीक्षा के नये-पुराने सभी औजारों का अच्छा ज्ञान है। रूप-रचना के विश्लेषण में उन औजारों का प्रयोग करना भी उन्हें आता है। एक विद्वान वरिष्ठ समीक्षक के रूप में में उनकी ख्याति भी कम नहीं हैं किन्तु समीक्षा के क्षेत्र में उन्हें वह स्थान नहीं मिल सका जो डॉ. रामविलास शर्मा, डॉ. नामवर सिंह को प्राप्त है। कारण क्या है? शायद इसका कारण यह है कि डॉ. सिंह आगे बढ़कर नयी काव्य-संवेदना के प्रतिनिधि कवियों की समीक्षा की पहल नहीं करते। उदाहरण के लिए उनके देखते-देखते समकालीन रचनाकारों से जूझते हुए डॉ. नामवर सिंह मुक्तिबोध के समर्थ आलोचक के रूप में उभर आये। इधर हाल के वर्षों में नन्दकिशोर नवल ने समकालीन कवियों मुक्तिबोध, विजयदेव नारायण साही, कुँवर नारायण, सर्वेश्वर दयाल सक्सेना, रघुवीर सहाय, केदार नाथ सिंह, श्रीकान्त वर्मा, राजकमल चौधरी, धूमिल से टकराते हुए आलोचक के रूप में अपनी पहचान बना ली। मध्य प्रदेश में प्रभाकर श्रोत्रिय ने सहसा अपनी ओर ध्यान आकृष्ट कर लिया। किन्तु डॉ. सिंह एक विद्वान साहित्य अध्येता की भूमिका ही निभाते रहे।

डॉ. बच्चन सिंह ने आलोचना के नये औजारों से टकराने और उनकी उपयोगिता एवं औचित्य की छान-बीन करने में अधिक रुचि दिखाई है, नये रचनाकारों की ताजी रचनाओं के विवेचन विश्लेषण में कम। यह दूसरी बात है कि जब वे प्रतिष्ठित रचनाकारों पर विचार करते हैं तो पूरी संजीदगी और सतर्कता से काम लेते हैं और प्रायः प्रतिष्ठित और स्वीकृत आलोचकों से अलग हटकर अपनी बात भी कहते हैं। कहा जा सकता है कि इतिहास बनाने की जगह की जगह उन्होंने इतिहास लिखने में अधिक दिलचस्पी दिखाई है। इसलिए उनके लेखन में संतुलन और समग्रता तो है किन्तु नवलता और ताजगी नहीं हैं। डॉ. सिंह हमेशा अपने को परिष्कृत करते रहते हैं। निरन्तर नई संवेदना से जुड़कर चलने की कोशिश करते हैं किन्तु निर्णय बहुत सोच-समझकर देते हैं। जब तक वे सोच समझ कर नपी तुली बात कहते हैं तब तक प्रवाह आगे बढ़ जाता है। वस्तुतः वे एक इतिहास-धर्मा आलोचक हैं। इसलिए ये जब कुछ नया घटित होता है तब पीछे की ओर देखकर जाँचते हैं कि वह कितना ग्राह्य है। ग्रहण वे उतना ही करते हैं जितने से इतिहास का नैरन्तर्य खंडित नहीं होता। अतिवाद से बचकर इतिहास धर्म की रक्षा करते हुए चलना उनकी नियति बन गयी है। यदि उन्होंने थोड़ा जोखिम उठाया होता तो शायद इतिहास कुछ दूसरा होता। 'हिन्दी साहित्य का दूसरा इतिहास' की भूमिका में डॉ. बच्च्न सिंह ने कहा है न तो आचार्य रामचन्द्र

शुक्ल के हिन्दी साहित्य के इतिहास को लेकर दूसरा नया इतिहास तर्क रखा जा सकता है और न उसे छोड़कर नये इतिहास के लिए शुक्ल जी का इतिहास एक चुनौती है। डॉ. सिंह ने अपने दूसरे इतिहास में आचार्य शुक्ल के इतिहास के पैटर्न को तोड़ने की कोशिश की है। उन्होंने यथा संभव नया पैटर्न अपनाया है। इसलिए कहा जा सकता है कि शुक्ल जी के बाद के इतिहासों में बच्चन सिंह का इतिहास अप्रतिम न सही तो नवीन अवश्य है।

भाषा और अनुभूति के अद्वैत की तलाश : डॉ० रामस्वरूप चतुर्वेदी की समीक्षा-दृष्टि

हिन्दी के नये समीक्षकों में डॉ० रामस्वरूप चतुर्वेदी मुख्यतः काव्यभाषा को केन्द्र में रखकर समीक्षा-कर्म में प्रवृत्त हुए हैं। आप की दृष्टि में अनुभूति और भाषा एक है। आपके शब्दों में 'अनुभव का अनुभव यानी कि अनुभूति या कि भाषा है।' उदाहरण देकर अपनी बात समझाते हुए आप कहते हैं-- 'जाड़ा लगना' अनुभव है और यह कि 'जाड़ा लग रहा है' अनुभव का अनुभव है यानी कि अनुभूति या कि भाषा है। फिर इस अनुभव के अनुभव का अनुभव कवि के यहाँ सम्भव होता है। निराला की पंक्ति है-- 'शिशिर की शर्वरी, हिंस्र पशुओं भरी' कविता की इस पंक्ति में 'जाड़ा लगना' यह मूल अनुभव त्रासद भाव-चित्र बन गया है। आपके अनुसार भाषा अपने में ऐसी प्रक्रिया है जहाँ परम्परा, परिवेश और व्यक्तित्व, विचार और अनुभव जो काव्य-रचना करते समय वह उसे सर्जनात्मक बनाता है। भाषा का सर्जनात्मक स्तर बिम्बविधान की स्थिति में सर्वाधिक विकसित होता है। 'बिम्ब' में अर्थ के कई स्तर संश्लिष्ट हो जाते हैं। जीवन के मूल सन्दर्भ काव्य में पहले 'प्रतीक' बनकर आते हैं और उसके बाद 'बिम्ब' का रूप लेते हैं। प्रतीकों को भाव-चित्र या बिम्ब के रूप में 'संघटित' करना कवि की सर्जनात्मक दक्षता पर निर्भर है। सफल बिम्ब रचना न होने पर प्रतीक, 'कथानक रूढ़ि' बन जाते हैं और अपनी सर्जनात्मक क्षमता खो देते हैं। डॉ० चतुर्वेदी उदाहरण देकर स्पष्ट करते हैं कि 'चक्रव्यूह' महाभारत का एक विशिष्ट सन्दर्भ है। बहुत समय तक 'चक्रव्यूह' शब्द के साथ महाभारत का पूरा परिवेश-गर्भवती सुभद्रा को व्यूह-रचना की जटिलता समझाना, गर्भस्थ शिशु के रूप में अभिमन्यु का उसे सुनना आदि जुड़ा हुआ था। कालान्तर में यह शब्द एक प्रतीक बन गया और इससे मानसिक उलझनों में घिर जाने का अर्थ लिया जाने लगा। इसके बाद 'नयी-कविता' में 'चक्रव्यूह' जब 'भाव-चित्र' या 'बिम्ब' के रूप में संक्रमित हुआ तो इसका बिम्बार्थ हुआ-- 'मृत्यु के भय से युद्ध करता हुआ आधुनिक व्यक्ति-मन' यहाँ आकर महाभारत के मूल सन्दर्भ से अलग कवि ने स्वयं एक अपना परिवेश निर्मित कर लिया। इस प्रकार सर्जनात्मक काव्य-भाषा के विकास का चक्र पूरा हो गया। प्रतीकार्थ काव्य-भाषा के विकास का एक स्तर है। इससे अधिक विकसित स्तर विम्ब-विधान का है। यह कई अर्थों के संश्लेषण को सघन भाव-चित्रों के माध्यम से व्यक्त करता है इसका कोई एक सीमित, निर्दिष्ट, पूर्वस्वीकृत और स्थिर अर्थ नहीं होता। चाक्षुष संवेदन बाह्य रूपाकार की प्रतीति करना है जबकि सफल बिम्ब आन्तरिक भाव-स्थितियों को भी व्यंजित करता है। चतुर्वेदी जी के अनुसार-- 'चाक्षुष पक्ष यानी कि एक दृश्य-प्रतिमा का निर्माण कर सकना, वस्तुतः बिम्ब-विधान की एक प्राथमिक और गौण स्तर है। मुख्य बात यह है कि संश्लिष्ट गठन होने के कारण 'बिम्ब' में उसके विभिन्न तत्त्वों के बीच सम्पर्क और टकराहट से एक द्वन्द्वात्मक (डाइलेक्टिक) प्रक्रिया परिचालित होती है जो अर्थ को विकसनशील बनाती है। इस तरह 'बिम्ब' प्रधानतः और अनिवार्यतः एक अर्थ-संश्लेष है और इसलिए रचना में

काव्य-भाषा या कि काव्य बनने की मुख्य प्रक्रिया है।' (सर्जन और भाषिक संरचना, पृष्ठ-48)।

भाषा और अनुभूति के अद्वैत को केन्द्र में रखकर समीक्षा के क्षेत्र में सक्रिय डॉ० चतुर्वेदी साहित्य में 'संवेदना' को विशेष महत्त्व देते हैं ये यह मानते हैं कि भाषा और संवेदना की स्थिति संश्लेषणात्मक है। भाषा और संवेदना दोनों का विकास युगपत होता है। संवेदना के विकास-स्तरों को भाषा के विकास-स्तरों के साथ पहचाना जा सकता है। उनकी मान्यता है कि चित्तवृत्तियों का संश्लेष ही संवेदन है। रचनाकार युग-विशेष की संवेदना को समझकर अपनी रचना में उसे प्रतिबिम्बित करता है। संवेदना का बदलाव साहित्यिक युगों के बदलाव का साक्षी होता है। इसलिए चतुर्वेदी जी साहित्य के विकास के साथ-साथ संवेदना के विकास को रेखांकित करना इतिहासकार के कर्म का आवश्यक अंग मानते हैं। मानवीय संवेदना को सर्जनात्मक अभिव्यक्ति देने के कारण मानव-जीवन में भाषा का विशेष महत्त्व है। सचाई तो यह है मानव के पशु-सुलभ धरातल से ऊपर उठकर मनुष्य बनने की प्रक्रिया भाषा के आविर्भाव से ही शुरू हुई थी। चतुर्वेदी जी के शब्दों में 'आरंभिक संवेदनों और सहज वृत्तियों पर निर्भरता से ऊपर उठा वयस्क मनुष्य भाषा में अपनी चेतना को सदैव सक्रिय पाता है, यहाँ तक कि स्वप्न में भी उससे छुटकारा नहीं। तब क्या हम यह नहीं कह सकते कि मनुष्य भाषा में जीता है, जीने का अनुभव करता है और जब तक और जिस सीमा तक भाषा नहीं बनी थी तब तक और उस सीमा तक मनुष्य पशु ही था।' (सर्जन और भाषिक संरचना, पृष्ठ-17) चतुर्वेदी जी काव्य की रचना को 'सर्जना' मानते हैं और इसे 'उत्पादन' और 'सृष्टि' से अलग करते हुए कहते हैं-- 'उत्पादन में 'एकरूपता' का भाव है, सृष्टि में विशिष्टता का और सर्जन में अद्वितीयता का। यन्त्र से पदार्थों का उत्पादन होता है, सृष्टि जीवधारियों की होती है और सर्जन कलाओं का होता है।' (सर्जन और भाषिक सरंचना, पृष्ठ-1)

किसी विचार या अनुभव को दूसरे व्यक्ति में इस रूप में संक्रमित करना कि वहाँ उसका नया विकास सम्भव हो, सर्जन-प्रक्रिया का आरंभिक चरण है। अनुभव या विचार का यह संक्रमण भाषा में ही सम्भव है। इसलिए सर्जन और भाषिक संरचना एक ही प्रक्रिया की दो संज्ञायें मानी जा सकती हैं। सर्जन में 'अद्वितीयता' के भाव को विशेष महत्त्व देते हुए चतुर्वेदी जी 'अज्ञेय' की काव्य-दृष्टि के निकट पहुँच जाते हैं। 'अनुभव की महनीयता' अज्ञेय की काव्य संवेदना का केन्द्र-बिन्दु है। इसलिए चतुर्वेदी जी यह अनुभव करते हैं कि 'आधुनिक साहित्य में मानवीय व्यक्तित्व और उसकी सर्जनात्मकता की सबसे गहरी और सार्थक चिन्तना स० ही० वात्स्यायन 'अज्ञेय' के कृतित्व में मिलती है।' (हिन्दी साहित्य और संवेदना का विकास, पृष्ठ-231) कहना न होगा कि डॉ० चतुर्वेदी की समीक्षा-यात्रा के केन्द्र में अज्ञेय का साहित्य है। हिन्दी नव लेखन (1960 ई०) के रचनाकाल में उन्होंने 'आधुनिकता' को समझने और व्याख्यायित करने की कोशिश की थी। चतुर्वेदी के अनुसार ''ऐतिहासिक दृष्टि से हिन्दी-कविता में 'आधुनिकता' का प्रवेश 'अज्ञेय' द्वारा सम्पादित 'तार सप्तक' (1943 ई०) के प्रकाशन के साथ होता है।'' (हिन्दी नवलेखन, पृष्ठ-40 ई०) आधुनिकता को परिभाषित करते हुए चतुर्वेदी जी कहते हैं-- 'आधुनिकता का प्रश्न अपने आप में बहुत उलझा हुआ है। फिर भी इतना तो कहा जा सकता है कि आधुनिकता एक जड़ स्थिति न होकर विकास की स्थिति है। उसकी प्रकृति सदैव गत्यात्मक रहती है। नवीन परिस्थितियों के सन्दर्भ में अपने आप का संस्कार करनां ही आधुनिकता है। संस्कार करने की यह स्वचेतन प्रक्रिया आरोपित न होकर सहज स्वाभाविक होती है...... आधुनिकता संस्कृति की ग्रहणशीलता तथा विकासोन्मुखता की परिचायक दृष्टि है, इसलिए वह समूची जीवन-व्यवस्था को प्रभावित करती है, उसके किसी खण्ड-विशेष को नहीं। .... कुल मिलाकर आधुनिकता एक भविष्योन्मुखी दृष्टि है,

वर्तमान के सन्दर्भ में।' (हिन्दी नव लेखन, पृष्ठ-13)

चतुर्वेदी जी 'आधुनिकता' और 'समकालीनता' में भेद करते हैं। वे कहते हैं-- 'प्रत्येक युग में आधुनिकता के सूचक उपकरण भिन्न-भिन्न रहे हैं। जो पहले आधुनिक है, वह शायद आगे न रह सके। दृष्टि में आधुनिकता का यह विकास भविष्य की संभावनाओं को ध्यान में रखकर होता है। इसीलिए समसामयिक और आधुनिक में बराबर अन्तर बना रहता है।' (हिन्दी नवलेखन, पृष्ठ-226)

डॉ० चतुर्वेदी के अनुसार नव लेखन (मूलतः नयी कविता) की तीन प्रधान प्रवृत्तियाँ हैं-- आधुनिकता, स्वचेतना तथा बौद्धिकता।

अज्ञेय की प्रसिद्ध कविता--

यह दीप अकेला स्नेह भरा,
है गर्वभरा मद-माता; पर,
इसको भी पंक्ति को दे दो।

को उद्धृत करने के बाद वे कहते हैं-- 'अज्ञेय की यह कविता आधुनिकता, स्वचेतना तथा बौद्धिकता - नयी कविता की तीनों प्रधान प्रवृत्तियों की सशक्त अभिव्यक्ति है। चतुर्वेदी जी अनुभव करते हैं कि कविता अज्ञेय के लिए आनन्द उपभोग की वस्तु न रहकर जीवन के गहन अर्थों तथा भाव-स्तरों के साथ संपृक्त हो गयी है। 'अज्ञेय' की उपर्युक्त कविता में निहित 'व्यक्तित्ववाद' को स्पष्ट करते हुए वे कहते हैं-- 'अज्ञेय को 'व्यक्तिवादी' (Individualist) कहकर उनका तिरस्कार प्रायः किया गया है, पर ऐसा वे ही कर सके हैं जो अपनी सीमित दृष्टि के कारण 'व्यक्तित्ववादी' (Individualist) तथा 'व्यक्तित्ववादी' (Personalist) के बीच अन्तर को नहीं समझ सके। अज्ञेय की दृष्टि व्यक्तित्व को प्रधान मानकर चलती है, ऐसा व्यक्तित्व जो 'गर्व भरा' तथा 'मदमाता' होने पर भी स्वतः 'विसर्जित' है।' (हिन्दी नव लेखन, पृष्ठ-45) समग्रतः रचना के स्तर पर आधुनिक होने का प्रयास 'अज्ञेय' का है। इस सूत्र को चतुर्वेदी जी ने कई जगह दुहराया है। वे बल पूर्वक कहते हैं-- 'विशिष्ट अर्थ में आधुनिक रचना के जो तत्त्व समझे जाते हैं-- स्वेचतना, बौद्धिकता, गैर रोमैण्टिकवृत्ति और भाषिक सर्जनात्मकता पर बल, जिसके फलस्वरूप मितकथन और अमूर्त्तन का विकास होता है-- इनका आरंभिक विकास हमें अज्ञेय के कृतित्व में मिलता है। इस दृष्टि से सही अर्थ में आधुनिक रचना की समस्या से, सर्जनात्मक स्तर पर जूझने का हिन्दी साहित्य के इतिहास में पहला महत्त्वपूर्ण उपक्रम अज्ञेय का है।' (अज्ञेय और आधुनिक रचना की समस्या, पृष्ठ-174-175)

आधुनिक रचना के उपर्युक्त तत्त्वों के सामाजिक-सांस्कृतिक आधार का विश्लेषण भी चतुर्वेदी जी ने किया है। उनके अनुसार उन्नीसवीं शती में विज्ञान के विकास ने परम्परागत धार्मिक आस्था को विघटित कर दिया था। बीसवीं शती में दो महायुद्धों ने मानवीय संवेदना को झकझोर कर रख दिया। परम्परागत सारे नैतिक-सांस्कृतिक मूल्य विघटित हो गये। यन्त्र के सामने मनुष्य अपने को बौना समझने लगा है। मृत्यु की विभीषिका ने उसे अपने अस्तित्व के प्रति अधिक चिन्तातुर कर दिया। ईश्वर के प्रति आस्था समाप्त हो गयी। अभी तक नैतिक मूल्यों का स्रोत ईश्वर था। अब मनुष्य स्वयं में नैतिक मूल्यों के स्रोत का अनुसंधान करने लगा। विज्ञान ने हमारी जीवन-दृष्टि को अधिक बौद्धिक बना दिया। धर्म और ईश्वर के स्थान पर 'व्यापक मानवतावाद' की प्रतिष्ठा हुई। बौद्धिक चेतना के जाग्रत होने से 'गैर रोमैंटिकवृत्ति' विकसित हुई। इस वृत्ति ने अतीत और प्रकृति के सम्मोहन को समाप्त कर दिया, फलस्वरूप 'तटस्थ निर्वैयक्तिक' दृष्टि विकसित हुई। रचनाकार के सामने 'मानव' और 'प्रकृति' के साथ ही 'प्रविधि' से भी सामंजस्य स्थापित करने की

समस्या उत्पन्न हुई। यन्त्रों के असन्तुलित विकास ने मनुष्य को पदार्थ बना दिया। मनुष्य की स्वतन्त्रता दो स्तरों पर सीमित होने की स्थिति में आ गयी। राजनीतिक स्तर पर फासिज्म ने उसे निर्मूल करने की कोशिश की और वैज्ञानिक स्तर पर यांत्रिकता ने। चतुर्वेदी जी के अनुसार **स्वातन्त्र्य की चेतना अज्ञेय के व्यक्तित्व और जीवन-दृष्टि का केन्द्रीय तत्त्व है।** नयी कविता और नवलेखन की पूरी परम्परा इस समस्या से जूझती रही है। राजनीतिक परिवेश को दृष्टि में रखकर विचार करने पर प्रजातन्त्र की मौलिक मान्यताएँ स्वातन्त्र्य-चेतना के अनुकूल हैं। फासिज्म, टोटेलिटेरियनिज्म, अधिनायकवाद तथा एकतन्त्रीय राज्य प्रणालियाँ इसके प्रतिकूल हैं। 'अज्ञेय' साम्यवादी विचारधारा का समर्थन इसीलिए नहीं कर पाते कि 'स्वातन्त्र्य के विभावन' की सीधी टकराहट साम्यवादी विचारधारा से होती है। बौद्धिकता को चतुर्वेदी जी आज के परिवेश में एक अनिवार्यता मानते हैं। वे कहते हैं-- 'आज का मानव जिस परिवेश में प्रतिष्ठित है, उसकी समस्याएँ प्रमुख रूप से बौद्धिक हैं। 'आवेग', 'आवेश', 'उत्साह', तथा 'दया' सम्भवतः वर्तमान संदर्भ में अनावश्यक से हो चले हैं। लोकतन्त्र की आधारशिला तर्क-पद्धति है। भावुकता, फासिज्म, टोटेलिटेरियनिज्म, अधिनायकवाद अथवा एकतन्त्रीय राज्य प्रणालियों के अधिक अनुकूल है। प्रजातन्त्र की मौलिक मान्यताओं से विकसित 'नयी-कविता' को इसीलिए मूलतः बौद्धिक रहना है।' (हिन्दी नव लेखन, पृष्ठ-80) बौद्धिकता गैर रोमैंटिक प्रवृत्ति को विकसित करती है। 'अज्ञेय' में गैर रोमैंटिक वृत्ति का निरन्तर विकास लक्षित किया जा सकता है। इस वृत्ति के विकास से चीजों के प्रति रागात्मक तटस्थता का भाव उत्पन्न हुआ, जिसके चलते 'अज्ञेय' को इलियट का 'निर्वैयक्तिकता' का काव्य-सिद्धान्त मान्य हुआ। गैर रोमैंटिक वृत्ति विकसित होने से ही आज के रचनाकार की समस्याओं का समाधान नहीं हो जाता। इतिहास मोह, परंपरागत धार्मिक विश्वास, ईश्वर, आदि से मुक्त होकर जब आधुनिक मनुष्य ने स्वयं को सारे नैतिक मूल्यों के मौलिक स्रोत के रूप में प्रतिष्ठित किया तो स्वभावतः उसका दायित्वबोध बढ़ गया। वह अपने विषय में गहन चिन्तन में लीन हुआ। आणविक अस्त्रों के खतरे ने भी मनुष्य को अपने अस्तित्व और उसकी सार्थकता के विषय में बुनियादी ढंग से सोचने के लिए विवश किया। फलस्वरूप आधुनिक साहित्य में 'स्वचेतनता' की प्रवृत्ति बढ़ी। इस प्रकार 'स्वचेतनता' और 'निर्वैयक्तिकता' के बीच एक प्रकार की टकराहट उत्पन्न हुई। चतुर्वेदी जी के शब्दों में, **'आधुनिक युग में उत्तरोत्तर बढ़ती हुई 'स्वचेतनता' की प्रतिक्रिया में स्व रक्षात्मक कवच के रूप में लेखक ने 'निर्वैयक्तिकता' विकसित की है और इन दोनों वृत्तियों का द्वन्द्व आधुनिक कला की शक्ति का मुख्य उत्स है और यह द्वन्द्व ही पूरी रचना में कलात्मक संघटन और तनाव उत्पन्न करता है।** (अज्ञेय और आधुनिक रचना की समस्या, पृष्ठ-175) यूरोप में 'स्वचेतनता' की प्रवृत्ति ने अस्तित्ववादी दर्शन को जन्म दिया। अस्तित्ववाद 'क्षण' की वास्तविकता को महत्त्व देता है। जीवन की अनुभूति दे सकने वाले प्रत्येक क्षण का महत्त्व उसे मान्य है। अज्ञेय ने 'क्षणवाद' को विशेष महत्त्व दिया है। 'नदी के द्वीप' में रेखा कहती है-- 'मेरे लिए काल का प्रवाह भी प्रवाह नहीं, केवल क्षण और क्षण का योगफल है-- मानवता की तरह ही काल-प्रवाह भी मेरे निकट युक्ति सत्य है, वास्तविकता क्षण ही की है। क्षण सनातन है। 'अस्तित्ववाद की दूसरी महत्त्वपूर्ण मान्यता मृत्यु के संत्रास की है। अज्ञेय इसको स्वीकार नहीं करते। वे नहीं मानते कि मृत्यु का संत्रास पूरे जीवन को अनर्थक बना देता है। उनकी मान्यता है कि नश्वरता का भाव ही जीवन को सर्जनात्मक, रसमय और सार्थक बनाता है। इस प्रकार 'अज्ञेय' के रचनाकार व्यक्तित्व में पश्चिम और पूर्व का सामंजस्य लक्षित होता है। चतुर्वेदी जी के शब्दों में - 'एक ओर काल की अनन्त असीम भारतीय परिकल्पना को छोड़कर अस्तित्ववादी क्षण को महत्त्व देना है और दूसरी ओर अस्तित्ववादी निरर्थकता के संकट से ऊपर

उठकर नश्वरता को सर्जनात्मकता का प्रेरक तत्त्व मानते हुए आस्था की भारतीय दृष्टि का आख्यान है, यों अज्ञेय के व्यक्तित्व में पूर्व और पश्चिम बड़े सहज भाव से, पूरे आत्मसम्मान और निष्ठा के साथ सम्पृक्त हुए हैं। (अज्ञेय और आधुनिक रचना की समस्या, पृष्ठ-95) चतुर्वेदी जी नवलेखन के सन्दर्भ में बाह्य प्रभाव की बात स्वीकार नहीं करते हैं। वे कहते हैं-- 'समस्त नये साहित्य का अध्ययन विदेशी प्रभावों के रूप में न होकर एक अन्तर्राष्ट्रीय स्थिति के रूप में होना चाहिए। बीसवीं शती के पूर्वार्द्ध में यूरोप, अमेरिका तथा एशिया के कुछ देशों की समस्याएँ एक सी रही हैं। औद्योगिकता की प्रवृत्ति, महायुद्ध की विभीषिका, एक व्यापक शंका का वातावरण और मानवीय व्यक्तित्व के खतरे, विज्ञान के नये चरण, धार्मिकता का विघटन और आस्थाहीनता, समाजवादी प्रजातन्त्र का उदय तथा एक व्यापक मानववाद में आस्था का पुनः स्थापन-- आधुनिक इण्डो-यूरोपीय संस्कृति के विकास के पद-चिह्न हैं। (हिन्दी नव लेखन, पृष्ठ-212) इसी भारोपीय सांस्कृतिक परिवेश में संवेदनात्मक सूक्ष्मता, रागात्मक तटस्थता और बौद्धिकता तथा लोक-संपृक्ति के तत्त्वों का विकास हुआ है। इसलिए ये तत्त्व अन्तर्राष्ट्रीय कहे जा सकते हैं। चतुर्वेदी जी की दृष्टि में अंग्रेजी 'न्यू राइटिंग' और 'हिन्दी नव लेखन' दोनों के सन्दर्भ एक नहीं है। अंग्रेजी 'न्यू राइटिंग' की पृष्ठभूमि में यांत्रिक और युद्ध-प्रिय संस्कृति है जबकि हिन्दी नव लेखन 'मुख्यतः आर्थिक और सामाजिक विषमता तथा व्यक्तित्व के विघटन का आख्यान है।'

'अज्ञेय' के अतिरिक्त चतुर्वेदी जी ने 'प्रसाद' और 'निराला' का भी विस्तृत मूल्यांकन किया है। 'प्रसाद निराला अज्ञेय' (1989 ई०) उनकी चर्चित कृति हैं। इसी में उन्होंने 'मुक्तिबोध' की प्रसिद्ध रचना 'अंधेरे में' की भी समीक्षा की है। इस सन्दर्भ में यह ध्यान देने की बात है कि डॉ० चतुर्वेदी ने 'प्रसाद', 'निराला', 'अज्ञेय' और 'मुक्तिबोध' आधुनिक हिन्दी-साहित्य के इन चारों महान् कवियों को एक बिन्दु पर जोड़ने की कोशिश की है। 'निराला' की अप्रतिम रचना 'राम की शक्ति पूजा' और 'अज्ञेय' की प्रख्यात रचना 'असाध्यवीणा', दोनों के अंतिम अंश उद्धृत करने के बाद वे कहते हैं- 'आत्मदान के माध्यम से 'शक्तिपूजा' के राम 'शक्ति-साधना' करते हैं और आत्मदान के ही माध्यम से 'असाध्यवीणा' का कलावंत 'वीणा' को साधता है। यही शक्ति और सृजन के रहस्य का साक्षात्कार है।'-- (प्रसाद निराला अज्ञेय पृष्ठ-91)

चतुर्वेदी जी कहना चाहते हैं कि 'निराला' के राम शताब्दियों से पराधीन और पिछड़े भारतीयों में पुनः सौन्दर्य, उल्लास और शक्ति की चेतना जाग्रत करने के लिए शक्ति की आराधना करते हैं और आत्मदान के द्वारा शक्ति को अपने भीतर जाग्रत करते हैं। यह शक्ति सृजनशक्ति है। कवि को नये भारत का सृजन करना है। इसीलिए वह शक्ति की दृढ़ आराधना उस सीमा तक करता है जहाँ दोनों का अभेद हो जाता है। 'अज्ञेय' के सामने भी केन्द्रीय प्रश्न सृजन का ही है। यन्त्र और सर्वसत्तावाद के आतंक में फँसे मानवीय व्यक्तित्व को सर्जनात्मकता की दिशा में गतिशील करना उनका भी लक्ष्य है। इसके लिए वे भी आत्मदान के द्वारा 'असाध्यवीणा' को साधते हैं। वीणा तभी सधती है जब वे **'सब कुछ की तथता'** से अद्वैत स्थापित कर लेते हैं। वीणा का साधना सर्जनात्मक शक्ति का लब्ध होना ही है। चतुर्वेदी जी के अनुसार मुक्तिबोध की लम्बी कविता 'अँधेरे में' भी रचना-शक्ति की खोज का आख्यान है। वे कहते हैं-- 'अँधेरे में' के लम्बे खण्डों में कवि की समस्या है समाज के उत्थान-पतन और आन्दोलनों के बीच अपनी रचना के प्रेरक-तत्त्वों का अभिज्ञान और उनकी बनावट की पहचान'। (प्रसाद निराला अज्ञेय, पृष्ठ-111)। कविता के अन्त में कवि ने जिस 'खोई हुई परम अभिव्यक्ति अनिवार आत्मसम्भवा' के खोजने की बात कही है वह उसकी सर्जनात्मक शक्ति ही है। 'अँधेरे में' और 'असाध्यवीणा' की तुलना करते हुए चतुर्वेदी जी कहते हैं--

''कवि की अनखोजी रही 'परम अभिव्यक्ति'-- जिसे कवि गुरु-स्थानीय मानता हैः मैं उसका विषय हूँ। वह मेरी गुरु है।'' शक्ति का वह विराट् रूप है जो गुहा से निकर कर भीड़ में मिल जाता है और जहाँ से कवि की खोज फिर शुरू होती है-- 'खोजता हूँ पठार पहाड़-समुन्दर'। दोनों कविताओं की वस्तु और विधान ही नहीं, उनके शीर्षक भी सर्जन प्रक्रिया के अन्वेषण को संकेतित करते हैं। 'अँधेरे में' सृजन का आवश्यक परिवेश और सन्दर्भ है। 'असाध्यवीणा' को साधने के क्रम में कलाकार भी अपने को 'सघन निविड़' में उतारता है। अन्दर और बाहर की अन्तर-प्रक्रिया इन दोनों लम्बी कविताओं में रचनात्मकता का उत्स है।'(प्रसाद निराला अज्ञेय, पृष्ठ-115) 'प्रसाद' के सामने भी मुख्य समस्या सर्जनात्मक शक्ति के विकास की ही है। 'कामायनी' में काम शाप देता है कि मानवीय सृष्टि मरणशील होगी। देव-सृष्टि अजर-अमर थी। मानवीय सृष्टि आरम्भ में ही मृत्यु के लिए अभिशप्त हो गयी। 'प्रसाद' के मनु इस चुनौती को स्वीकारते हैं। वे मनुष्य में प्रेम और सर्जनात्मक शक्ति को विकसित करके मरणशीलता के शाप को वरदान में बदल देते हैं। चतुर्वेदी जी के अनुसार-- 'बुनियादी तौर पर ये दोनों प्रक्रियाएँ भी एक दूसरे से जुड़ी हुई हैं। मनुष्य मृत्यु पर विजयी होता है अपने प्रेम से, और अपनी रचना में जो स्थूल स्तर पर उसकी संतान है और सूक्ष्म स्तर पर दर्शन विज्ञान, साहित्य और कलाएँ हैं। यों अभिशाप को काम्य नियति के रूप में बदल लिया जाना 'कामायनी' की वस्तु का एक प्रधान तत्व है। मनुष्य अपनी मरणशीलता को सर्जनात्मक शक्ति के प्रेरक तत्त्व रूप में स्वीकार करता है।' (प्रसाद निराला अज्ञेय, पृष्ठ-1123)

चतुर्वेदी जी ने 'कविता यात्रा', 'नयी कविताएँ एक साक्ष्य', 'हिन्दी नव लेखन' तथा 'हिन्दी साहित्य और संवेदना का विकास' आदि कृतियों में अन्य नये कवियों का भी मूल्यांकन किया है। इस मूल्यांकन में उन्होंने नव लेखन के आधारभूत तत्त्वों-- आधुनिकता, स्वचेतनता, मानवीय, नियति, बौद्धिकता, भाषिक सर्जनात्मकता आदि के अतिरिक्त अलग-अलग रचनाकारों की निंजी विशेषताओं को भी रेखांकित किया है। उदाहरण के लिए- 'जीवन के कटुतम संघर्षों को लेकर उन्हें कविता में एकदम तरल बना सकना शमशेर बहादुर सिंह के काव्य-व्यक्तित्व की पहचान है।' 'इतिहास और संस्कृति की परतों में औसत भारतीय जीवन आज कितना पाखंडी हो गया है, इसको कवि (सर्वेश्वर दयाल सक्सेना) उधार देना चाहता है।' 'मनुष्य जीवन की नियति को उसके समूचे विस्तार में देखना और प्रासंगिक बनाए रखना रघुवीर सहाय के कवि कर्म का केन्द्रीय तत्त्व है।' मानवीय नियति की सार्थकता का प्रश्न बड़े संगत भाव के कुँवर नारायण ने 'आत्मजयी' में उठाया है। 'अन्धा युग बनाम आस्था' पूरी रचना (भारती के अंधायुग) का संघर्ष यही है। 'अँधेरे की शक्तियों से जूझने का उपक्रम अपने-अपने ढंग से निराला में है, मुक्तिबोध में है, भारती में है।' 'केदारनाथ सिंह काव्य-विकास के अपने हर दौर में वस्तु के स्तर पर जमीन से जुड़े रहे हैं और विधान के स्तर पर 'बिम्ब' से'। तीखेपन और व्यंग्य विद्रूप से रचने की क्षमता श्रीकांत वर्मा की विशेषता है। 'मानवीय प्रणय और सामाजिक इतिहास की शक्तियों तथा उनकी अन्तरक्रिया को सूफी संतों जैसी सांकेतिक रहस्य शैली में व्यक्त करना साही (विजय देव नारायण साही) की विशेषता है। साधारण जन और साधारण प्रकृति का साहचर्य केदारनाथ अग्रवाल की काव्य क्षमता का मुख्य स्रोत है।' चतुर्वेदी जी द्वारा अलग-अलग कवियों का यह वैशिष्ट्य-निदर्शन आचार्य शुक्ल की याद दिलाता है।

परिवर्तन को सहज और विकास को प्रयत्न साध्य तथा आधुनिकता को स्वचेतन प्रयत्न मानने वाले चतुर्वेदी जी ने नव लेखन के बाद युवा लेखन के दौर पर भी विचार किया है। चतुर्वेदी जी के अनुसार युवा लेखन में 'नव लेखन' की स्वचेतनता के प्रति विरोधी प्रतिक्रिया हुई है। इस पीढ़ी की रचना के मूल में विक्षोभ, आक्रोश और विद्रोह का भाव प्रेरक रहा है। इनका विद्रोह यौन-जीवन के

प्रचलित रूपों के विरुद्ध सीधी अभिव्यक्ति के रूप में प्रकट हुआ है। इसीलिए इसकी परिणति अश्लीलता में हुई है। सीधी अभिव्यक्ति के बाद 'सपाटबयानी' का दौर चला। इसकी शुरुआत धूमिल से हुई। राजकमल चौधरी ने भी सपाटबयानी को महत्त्व दिया, किन्तु वे कविता-आन्दोलन से जुड़कर यौन-जीवन के चित्रण को महत्त्व देने लगे। उनकी तलखी और चुस्त मुहावरेदानी ने नयी पीढ़ी को प्रभावित किया। धूमिल के साथ लीलाधर जगूड़ी का नाम लिया जा सकता है। इनमें भी तल्खी और बेचैनी का वही स्वर मिलता है जो धूमिल में है। सपाटबयानी के साथ युवा कवियों ने व्यंग्य को विशेष महत्त्व दिया। व्यंग्य की प्रवृत्ति नयी कविता में भी थी किन्तु वहाँ वह एक उपकरण मात्र थी। नयी पीढ़ी ने उसे पूरे विधान के केन्द्र में रख दिया। चतुर्वेदी जी के अनुसार युवा पीढ़ी यथार्थ के बहुआयामी और बहुस्तरीय रूप को न समझकर यथार्थ के अतिसरलीकरण पर उतर आई है। उनका निष्कर्ष है कि 'यह सब समकालीन जीवन में राजनीति का अनुपात महत्त्वशाली होते जाने की परिणतियाँ हैं।' (हिन्दी साहित्य और संवेदना का विकास, पृष्ठ-319)

हिन्दी में गद्य की अपनी कोई निजी सत्ता न मानने वाले डॉ० चतुर्वेदी आधुनिक हिन्दी-साहित्य में गद्य-विधाओं के विकास से कत्तई सन्तुष्ट नहीं हैं। वे चिन्तित हैं कि रचना के क्षेत्र में सूचनात्मक गद्य छाया हुआ है। उन्हें वर्णन और अनुभव की तरलता का सही अनुपात महादेवी, हजारीप्रसाद द्विवेदी, अज्ञेय और शमशेर के गद्य में ही (एक सीमा तक) दिखाई पड़ता है। कथा-साहित्य में सूक्ष्म और जटिल अनुभव को संप्रेषित करने की प्रक्रिया का विकास नहीं हो पा रहा है। कथाकार यथार्थ को रचने और संप्रेषित करने की समस्या से कतराकर यथार्थ की प्रस्तुति करने में जुटे हैं। इसलिए पूरा कथा-साहित्य असमय वृद्ध हो गया है। उपन्यास के क्षेत्र में प्रेमचन्द, जैनेन्द्र, अज्ञेय, रेणु, यशपाल, अमृतलाल नागर और हजारीप्रसाद द्विवेदी के बाद कोई नई सम्भावना नहीं दिखाई देती। इनमें भी सूक्ष्म संवेदना के विकास की दृष्टि से हम 'अज्ञेय' तक आकर रुक गये हैं। नाटकों के क्षेत्र में भी 'प्रसाद', भुवनेश्वर, जगदीशचन्द्र माथुर, लक्ष्मीनारायण लाल और मोहन राकेश के बाद सर्जनात्मक विकास अवरुद्ध-सा हो गया है। चिन्तन के गद्य की स्थिति भी उत्साह वर्धक नहीं है। नये अकाल्पनिक गद्य वृत्तों, संस्मरण, रेखाचित्र, यात्रावृत्त, डायरी आदि का विकास इतिवृत्त से अनुभव की ओर अवश्य हुआ है और इनमें भाषा के हल्के सर्जनात्मक संवेदनांशील रूप को लक्षित किया जा सकता है किन्तु इनसे गद्य-साहित्य रचना के स्तर पर बहुत समृद्ध हुआ हो, ऐसा नहीं कहा जा सकता। हिन्दी का आलोचनात्मक गद्य भी सूक्ष्म चिन्तन से हटकर वर्गीकरणों की भीड़ में खो गया है। सब मिलाकर आधुनिक हिन्दी-गद्य अपनी निजी पहचान नहीं बना सका है।

हिन्दी-साहित्य की वर्तमान स्थिति से भी चतुर्वेदी जी सन्तुष्ट नहीं हैं। युवा लेखन न कविता के क्षेत्र में उन्हें सन्तुष्ट कर सका है न गद्य-रचना के क्षेत्र में। यह अकारण नहीं है कि 'हिन्दी-साहित्य और संवेदना का विकास' का अन्त उन्होंने आचार्य शुक्ल, प्रसाद, तुलसीदास, मैथिलीशरण गुप्त और प्रेमचन्द को याद करते हुए किया है। भाषा और अनुभूति के अद्वैत को सर्जनात्मकता की चरम निष्पत्ति मानने वाले डॉ० चतुर्वेदी अपने विवेचन-क्रम में भाषिक विश्लेषण की सीमाओं में ही उलझकर नहीं रह जाते हैं। वे काव्य-भाषा के जटिल विकास-क्रम-सन्दर्भ-प्रतीक-भाव-चित्र (बिम्ब)-मितकथन-अमूर्त्तन को निरन्तर ध्यान में रखते हुए भाषिक विश्लेषण द्वारा रचना में निहित केन्द्रीय सन्दर्भ तक पहुँचने की पूरी कोशिश करते हैं। उन्होंने 'निराला', 'प्रसाद', 'अज्ञेय', 'मुक्तिबोध' की समीक्षा करते हुए उनकी काव्य-भाषा की विशेषताओं को निर्दिष्ट करने के साथ ही उनकी रचनाओं में अन्तर्निहित समकालीन राष्ट्रीय सन्दर्भों, व्यक्तिगत जीवन-संघर्षों, व्यापक मानवीय मूल्यों एवं सांस्कृतिक टकराहटों तथा सृजन की केन्द्रीय प्रेरक संवेदना को भी स्पष्ट किया है। यह

अवश्य है कि सर्जनात्मक विकास की चरम निष्पत्ति को समीक्षा के केन्द्र में रखने के कारण डॉ० चतुर्वेदी की समीक्षा-भूमि कुछ संकुचित हो गयी है। समीक्षा-भूमि का यह संकोच गद्य-रचनाओं के मूल्यांकन में साफ लक्षित होता है। चतुर्वेदी जी ने उपन्यास की समीक्षा में काव्य-भाषा की तरह कथा-भाषा का प्रश्न उठाया है। वे कहते हैं-- 'वर्णन की परंपरित स्थूल भाषा और नयी कविता की अमूर्त्त और विरूपीकृत भाषा को एक रचना-विधान में कैसे संघटित किया जाय, जिससे दोनों के बीच न जोड़ दिखाई दे और न दरार ही, यही आधुनिक उपन्यास की मूल समस्या है।' (हिन्दी साहित्य और संवेदना का विकास, पृष्ठ-319) इस प्रकार डॉ० चतुर्वेदी ने उपन्यास की समस्या को भाषा की समस्या का पर्याय मान लिया है और तब वे अनुभव करते हैं कि नये उपन्यासकारों में डॉ० देवराज, नरेश मेहता, लक्ष्मीकान्त वर्मा, प्रभाकर माचवे, रघुवंश, कृष्ण बलदेव वैद, विपिन कुमार अग्रवाल और गंगा प्रसाद विमल ने ही वर्णन की स्थूल भाषा से ऊपर उठने का प्रयत्न किया है। कहना न होगा कि डॉ० चतुर्वेदी की कसौटी पर खरे उतरने वाले उपर्युक्त उपन्यासकारों में किसी को भी अन्य समीक्षकों ने श्रेष्ठ उपन्यासकारों की श्रेणी में नहीं रखा है। वस्तुतः भाषा और अनुभूति का अद्वैत कविता में भले सध जाय, उपन्यास में उसको साधना कठिन है। उपन्यास में रचनाकार को अपनी संवेदना का इतना प्रसार करना पड़ता है कि वह पूरे समाज का एक संघटित संश्लिष्ट चित्र अनुभव की भाषा में प्रस्तुत कर सके। वर्णन की स्थूलता का अतिक्रमण 'अज्ञेय' के 'नदी के द्वीप' में किया गया है किन्तु इस अतिक्रमण का या यों कहिए कि भाषा और अनुभूति के अद्वैत को साधने की प्रक्रिया का परिणाम यह हुआ है कि 'नदी के द्वीप' अपनी अद्वितीयता के बावजूद एक प्रणय-कथा बनकर रह गया है। कुछ भी हो, भाषा और अनुभूति के अद्वैत के प्रतिमान के आधार पर नये साहित्य का मूल्यांकन करके डॉ० चतुर्वेदी ने नयी समीक्षा को प्रतिष्ठित करने में महत्त्वपूर्ण योगदान किया है। इसे अस्वीकार नहीं किया जा सकता।

अपनी नवीनतम प्रकाशित पुस्तक - 'कविता का पक्ष' (1994) में डॉ० चतुर्वेदी दो अत्यन्त महत्त्वपूर्ण प्रश्न उठाये हैं। एक है-- राजनीति और विचारधारा के सर्वग्राही चरित्र से कविता की रक्षा और दूसरा है-- सांस्कृतिक प्रदूषण - जो अमेरिकी राजनीतिक सांस्कृतिक साम्राज्यवाद के फैलाव के साथ हमारी संस्कृति को बुरी तरह प्रदूषित कर रहा है - को दूर करने का कविता का दायित्व। अर्थात् माध्यम के संयुक्त मोर्चे से कविता की रक्षा भी करनी है दूसरी ओर सांस्कृतिक साम्राज्यवाद के फैलाव से उत्पन्न सांस्कृतिक प्रदूषण से अपनी संस्कृति को मुक्त रखने में कविता को जो भूमिका निभानी है उसके प्रति उसे जागरूक भी करना है। निश्चय ही ये दोनों प्रश्न आज के परिवेश में विशेष रूप से विचारणीय हैं। आज के परिवेश में कविता का पक्ष प्रस्तुत करके डॉ० चतुर्वेदी ने एक सजग समीक्षक के दायित्व का निर्वाह किया है।

किसी समीक्षक की समीक्षा-दृष्टि को समझने के लिए उसके द्वारा प्रयुक्त पारिभाषिक शब्दों पर भी विचार करना आवश्यक है। क्योंकि पारिभाषिक शब्द समीक्षक-विशेष की समीक्षा-यात्रा के साक्षी होते हैं।

अपनी समीक्षा-यात्रा में डॉ० चतुर्वेदी ने 'अस्तित्ववाद', 'अतियथार्थवाद', 'प्रयोगवाद', 'व्यक्तिवाद', 'नव मानवतावाद', 'आधुनिकता', 'लघु मानव', 'क्षणवाद', 'निर्वैयक्तिकता', 'सृजनात्मक रहस्यवाद', 'संवेदना', 'संवेदनात्मक संघात', 'भाषिक सर्जनात्मकता', 'अनुभव की अद्वितीयता', 'प्रतीक', 'अभिप्राय', 'संश्लिष्ट भाव चित्र', (बिम्ब), 'अमूर्त्तन' आदि पारिभाषिक शब्दों का प्रयोग किया है। आलोचना की परंपरित शब्दावली का प्रयोग आपने कम किया है। 'ध्वनि',

'रस', 'सहृदयता', 'साधारणीकरण', 'अप्रस्तुविधान' जैसे शब्दों का प्रयोग करते हुए आपने यह स्पष्ट करना चाहा है कि ये शब्द अब सन्दर्भच्युत हो गये हैं। डॉ० चतुर्वेदी के प्रिय पारिभाषिक शब्द हैं-- 'सर्जनात्मकता', 'संवेदना', 'संश्लिष्ट भाव-चित्र' या 'बिम्ब' तथा 'विभावन' इनकी प्रियता का कारण है। आधुनिक अस्तित्ववादी चिन्तन ने जो मृत्यु का आतंक उत्पन्न करके जीवन को अनर्थक बना दिया है उससे बचने के लिए **सर्जनात्मकता** अनिवार्य है। **'संवेदन'**, चित्त वृत्तियों का वह संश्लेष है जो युग-परिवर्तन के साथ बदलता रहता है। इसलिए साहित्य के विकास के साथ-साथ संवेदना के विकास को रेखांकित करना साहित्य के इतिहासकार के लिए आवश्यक है। **'संश्लिष्ट भाव चित्रों'** या 'बिम्बों' की भाषा ही वास्तविक काव्य भाषा है। काव्य भाषा ही वह आधार है जिसके सहारे कविता के संघटन को समझा जा सकता है। **'बिम्ब-विधान'** का विश्लेषण भारतीय काव्यशास्त्र में नहीं हुआ है। इसलिए तात्विक विश्लेषण और व्यावहारिक मूल्यांकन दोनों स्तरों पर बिम्ब-विधान को महत्त्व देना नये समीक्षक का कर्तव्य है। **'विभावन'** शब्द अपने आप में अत्यन्त प्राचीन है। इसका अर्थ है-- प्रत्यक्ष ज्ञान, निश्चय विवेक, निर्णय, विचार-विमर्श, गवेषण, प्रत्यय आदि। डॉ० चतुर्वेदी ने इसमें अंग्रेजी के 'कान्सेप्ट' का अर्थ 'सम्पृक्त कर दिया है और इसे एक नयी मर्यादा प्रदान कर दी है। आपके अनुसार 'लक्षणा', 'व्यंजना' प्राचीन साहित्य-शास्त्र के विभावन हैं। इसी प्रकार 'प्रतीक' तथा 'भाव-चित्र' नव्य समीक्षा के 'विभावन' हैं। डॉ० चतुर्वेदी ने 'विभावन' शब्द का खूब प्रयोग किया है। 'लोक मंगल का विभावन', 'संश्लिष्ट चित्र' इन दो विशिष्ट पारिभाषिक शब्दों में 'संश्लिष्ट चित्र' को अधिक महत्त्व दिया है। ऐसा लगता है कि उन्होंने हिन्दी नव्य-समीक्षा को आचार्य शुक्ल की परम्परा से जोड़ने के लिए इस आधार सूत्र का विवेक और निष्ठा के साथ प्रयोग किया है। उनके अनुसार आचार्य शुक्ल की आलोचना-प्रक्रिया को समझने के लिए केन्द्रीय शब्दावली है- संश्लिष्ट चित्रण और लोक-मंगल। हिन्दी-समीक्षा के इतिहास में 'लोक मंगल' की चर्चा अधिक हुई, 'संश्लिष्ट चित्रण' की कम, कदाचित् इस कमी को पूरा करने के लिए चतुर्वेदी जी ने 'संलिष्ट चित्रण' को 'संश्लिष्ट भाव-चित्र' या 'बिम्ब-विधान' के रूप में विकसित किया और इसे अपनी समीक्षा के केन्द्र में प्रतिष्ठित किया। सब मिलाकर डॉ० चतुर्वेदी ने अपनी समीक्षा-यात्रा में भाषा और अनुभूति के अद्वैत को पूरी निष्ठा से प्रतिष्ठित किया है और इस अद्वैत को ही सर्जनात्मकता की चरम निष्पत्ति प्रमाणित किया है।

— 0 —